구별짓기

La Distinction critique sociale du jugement

문화와 취향의 사회학 上

구별짓기

문화와 취향의 사회학 上

삐에르 부르디외 최종철 옮김

새물결

La Distinction — crtitque sociale du jugement by Pierre Bourdieu
Copyright © Les Éditions de Minuit, 1979
Korean translation copyright © Saemulgyul Publishing House, 2006
Korean Édition is published by arrangement with Les Éditions de Minuit, Paris

옮긴이 최종철

서울대학교 사범대학 불어교육과(문학사), 서울대학교 대학원 사회학과(사회학석사), 파리-소르본대학 사회학과(사회학박사), 서울대학교 지역종합연구소 특별연구원 역임. 논문:『한국 기독교 교회들의 정치적 태도, 1972~1990』,『해방 이후 한국과 대만에서 기독교 교회의 정치화에 대한 비교사적 접근』,『프랑스에서의 사회적 조절, 그 허와 실』, 『유럽에서의 사회학 교육: 그 전통과 변화』 역서:『자본주의의 아비투스』(동문선, 1995) 등이 있다.

구별짓기: 문화와 취향의 사회학 上
지은이 삐에르 부르디외 | 옮긴이 최종철 | 펴낸이 조형준 | 펴낸곳 (주)새물결
1판 1쇄 2006년 12월 6일 | 등록 서울 제15-55호(1989.11.9)
주소 서울특별시 은평구 연서로 48길 12, 513동 502호
전화 (편집부) 02-3141-8696
E-mail saemulgyul@gmail.com
ISBN 89-5559-205-1(03330)
    89-5559-203-5(세트)

이 책의 한국어판 저작권은 Les Edition de Minuit와 독점 계약한 새물결 출판사에 있습니다. 신저작권법에 의해 한국 내에서 보호를 받는 저작물이므로 무단 전재와 복제를 금합니다.

차례

구별짓기〔上〕

이 책의 이해를 돕기 위해 11
서 문 19

제1부 취향에 대한 사회적 비판 33

제1장 문화귀족의 칭호와 혈통 35

문화귀족의 칭호 46
　칭호의 효과 55 | 미적 성향 66
　순수 취향과 '야만적' 취향 69
　대중 '미학' 73 | 미적 이화효과(異化效果) 77
　반(反)-칸트적 미학 87 | 미학, 윤리학, 유미주의 92
　중성화와 가능성의 세계 103 | 필요로부터의 거리 109
　구분감각으로서의 미적 감각 114

문화귀족의 혈통 127
　매너와 문화의 획득방식 131
　'학자'와 '사교가' 137 | 경험과 학식 149
　태어난 세계 153 | 상속 자본과 획득 자본 159
　두 개의 시장 168 | 여러 요소와 힘 180

제2부 실천의 경제　189

제2장 사회공간과 그 변형　191

계급의 조건과 사회적 조건화　196
　변수와 변수체계　197 | 구성된 계급　205
　사회계급과 궤적의 집합　211 | 자본과 시장　217
3차원 공간　219
전환 전략　243
　계급화, 계급탈락, 재계급화　246
　전환 전략과 형태 변화　254 | 이해하는 시간　262
　남용된 세대　266 | 계급탈락에 대항한 투쟁　271
　학교제도의 변화　282 | 경쟁 투쟁과 구조 이동　289

제3장 아비투스와 생활양식 공간　309

공간들간의 상동(相同)관계　320
　형식과 실체　322
　세 가지 차별화 방식　334 | 격식없이 혹은 거리낌없이?　351
　보이는 것과 보이지 않는 것　362 | 양식적 가능성의 세계　374

제4장 장(場)의 역학(力學)　405

　상품생산과 취향생산의 상응관계　414
　상동성의 효과　419 | 선택적 친화　434
상징투쟁　440

〔下〕
제3부 계급의 취향과 생활양식

제5장 차별화의 감각 - 지배계급
예술작품의 전유양식 | 지배적 취향의 변형태 | 시간의 각인 | 세속적 권력과 비세속적 권력

제6장 문화적 선의(善意) - 중간계급
인지와 승인 | 학교와 독학 | 경사(傾斜)와 경향(傾向) | 쁘띠 부르주아지 취향의 변이형 | 쇠퇴하는 쁘띠 부르주아지 | 실행 쁘띠 부르주아지 | 신흥 쁘띠 부르주아지 | 의무로부터 쾌락의 의무로

제7장 필요한 것의 선택 - 민중계급
필요취향과 순응의 원리 | 지배의 효과

제8장 문화와 정치
여론조사와 검열 | 신분과 능력 | 정치적 발언권 | 개인적 의견 | 의견의 생산양식 | 의미의 박탈과 유용(流用) | 도덕적 질서와 정치적 질서 | 계급의 아비투스와 정치적 의견 | 의견의 수요와 공급 | 정치공간 | 궤적의 고유효과 | 정치언어

결론: 계급과 분류
육화(肉化)된 사회 구조들 | 개념없는 지식 | 이해관심이 개입된 귀속판단(歸屬判斷) | 분류투쟁 | 표상의 현실과 현실의 표상

후기: '순수' 비평에 대한 '통속적' 비판을 위하여
안이(安易)한 것에의 혐오 | '반성의 취향'과 '감각의 취향' | 부인된 사회적 관계 | 여록(餘錄)Parerga과 보유(補遺)Paralipomena | 독서의 쾌락   897

부록
부록1 조사방법에 대하여 | 부록2 보충자료 | 부록3 통계자료 — 앙케트 | 부록4 사회학적 게임

옮긴이 후기 | 사진 출전 | 찾아보기

표

〈표 1〉 가수와 음악작품에 대한 계급별 선호도   43
〈표 2〉 학력자본에 따른 미적 성향(%) a   80
〈표 3〉 소속계급과 학력에 따른 미적 성향(%)   81
〈표 4〉 교육과 출신계급에 따른 작곡가와 음악작품에 대한 지식 (%)   129
〈표 5〉 교육과 출신계급에 따른 지배계급의 가구 구입장소   156
〈표 6〉 몇 가지 지표를 통해 살펴본 지배계급의 다양한 분파의 경제자본, 1966.a   223
〈표 7〉 몇 가지 지표를 통해 본 지배계급의 다양한 분파의 문화적 실천, 1966.a   224
〈표 8〉 지배계급 내의 직업계층별 독서 경향 (%), 1966.a   228
〈표 9〉 지배계급내의 직업별로 본 부친의 직업(%), 1970.a   229
〈표 10〉 학력별로 본 25~34세 여성의 취업률, 1962년과 1968년   251
〈표 11〉 계급 분파별로 나타나는 인구변화와 자산구조(1954~1975)   255
〈표 12〉 계급 분파별로 나타나는 인구변화와 자산구조(1954~1969)   256
〈표 13〉 지배계급내의 인구변화(1954~1975)   261
〈표 14〉 중간계급내 인구변화(1954~1975)a   261
〈표 15〉 직업별 인구변화와 진학율, 취학율의 변화(1954~1968)   291
〈표 16〉 사무노동자, 직공장, 숙련공의 식료품 소비구조 (보충자료 3)   330
〈표 17〉 교수, 자유업 종사자, 공업실업가-대상인의 지출구조 (보충자료 3)   335
〈표 18〉 지배계급 안의 여러 분파들의 식료품 소비구조 (보충자료 3)   336
〈표 19〉 계급분파별 접대방식의 차이 (보충자료 43)   359
〈표 20〉 육체, 미용과 몸치장에 부여하는 가치의 차이, 1976.a   366
〈표 21〉 스포츠 활동과 스포츠에 대한 판단의 차이 (1975) (단위 %)a   386

그림

〈그림 1〉 3개의 음악작품에 대한 계급분파별 선호도   44
〈그림 2〉 쁘띠 부르주아지의 미적 성향(각 계급분파가 아름다운 사진이 될 것이라고 말하는 비율(%)에 따라 다양한 대상을 순서대로 열거해 보았다)   119
〈그림 3〉 상속자본과 학력자본의 관계   161
〈그림 4〉 특정분야에 대한 능력과 예술에 대한 의견   177
〈그림 5〉 사회적 위치공간   238
〈그림 6〉 생활양식공간   238
〈그림 7〉 16~18세 인구의 취학률 변화(1954~1975)   292
〈그림 8〉 생활조건, 아비투스 그리고 생활양식   313
〈그림 9〉 식품소비공간   342
〈그림 10〉 이상적인 집안의 모습   447

<일러두기>

1. 이 책은 삐에르 부르디외의 저서 *La Distinction: critique sociale du jugement* 번역서로 불어 원서와 함께, 각각 일본어판(『デイスタンクシオン: 社會的 判斷力批判』, 石井洋一郎 역, 藤原書店)과 독일어판(*Die finen Unterschiede: Kritik der gesellschaftlichen Urteilskraft*, Bernd Schwibs und Achim Russer역, Suhrkamp 출판사) 그리고 영어판(*Distinction: A Social Critique of the Judgement of Taste*, Richard Nice 역, 하바드 대학 출판부)을 참조하였다.
2. 원주는 원전의 형태대로 각주로 처리했으며, 옮긴이 주를 붙인 경우에는 *로 표시해두었다.
3. 작품명과 신문, 잡지명은 모두 『 』로 표시했으며, 논문의 경우 서양어로 된 경우에는 " "로 한글로 옮긴 경우에는 「 」로 표시했다.
4. 직접 인용문의 경우 " ", 간접 인용문의 경우 ' '로 표시했다.
5. 강조는 고딕으로 표시하였다.
6. 원서 중 글자크기가 작게 되어 있는 부분(자료를 분석하고 있는 부분)은 번역본에서도 글자 크기를 줄였다.
7. 자료들을 모아 놓은 원서의 부록은 下권에만 옮겨 놓았다.
8. 인용문의 출전 표기는, 본문의 경우에만 국역하고 각주의 경우는 따로 국역하지 않고 불어 원문에 있는 그대로 옮겨 놓았다.
9. 국내에 이미 소개된 바 있는 인용문의 경우 전적으로 다시 번역하였다.

이 책의 이해를 돕기 위해

1 용어해설

부르디외는 새로운 학술용어를 사용하거나 기존의 학술용어에 나름대로 새로운 의미를 부여하여 사용하기 때문에 부르디외를 처음 접하는 독자들의 이해를 돕기 위하여 몇 개의 기본개념들을 간단히 소개하고자 한다.

디스뗑끄시옹distinction: 이 책의 원제목이기도 한 이 말은 이 책 속에서 매우 복합적인 의미로 사용되고 있다. 이 말이 기본적으로 함축하는 의미는 남들로부터 자신을 구별하여 두드러지게 하는 것이 계급분화와 계급구조를 유지하는 기본원리 중의 하나라는 것이다. 이 책 속에서는 문맥에 따라 '구별', '차별화', '탁월화', '변별적 기호' 등으로 번역되고 있다.

장(場)champ: field: 장(場)에 대한 부르디외의 구상은 막스 베버의 종교사회학 이론에서 비롯된다. 즉 사제와 예언자, 그리고 마술사 간의 관계에 대한 분석을 발전시킨 개념이라고 할 수 있다. 그러나 다른 한 편 구조주의적 유산을 간직하고 있는 이 장(場) 개념은 위치로 구조화된 공간을 공시적(共時的)으로 파악하고, 이 위치들의 속성을 사회공간 속에서의 위치에 종속시키며 따라서 그 위치의 점유자의 속성과는 (상대적으로) 독립적으로 분석된다. 장은 정치의 장, 종교의 장, 학문의 장, 예술의 장 등으로 다원화되지만, 그 장들이 갖는 일반적 법칙은 추출할 수 있다. 각각의 장은 고유한 투쟁목표와 이해관심들로 구성되며, 따라서 한 장의 투쟁목표와 이해관심은 다른 장으로 환원될 수 없다. 이러한 측면에서 부르디외는 다원주의적 입장을 취하고 있다고 볼 수 있다. 이러한 장의 구조는 특수한 자본의 분배를 둘러싼 투쟁 속에 개입된 행위자 또는 제도들간의 역관계의 한 상태로, 이전의 투쟁과정에서 축적된 자본이 차후의 전략을 규정하게 된다. 이 구조는 그것의 변동을 노리는 전략의 원칙에 따르게 되기 때문에 항상 게임의 논리가 나타나며, 여기서 정당한 폭력(특수한 권위)의 독점을 목표로 두 진영이 나뉘어 진다. 즉 특수한 자본의 분배구조를 보존('정통正統'의 방어)하려는 전략과 그것을 전복('이단異端')하려는 전략이 그것이다.

실천pratique: practice: 부르디외가 말하는 실천이란 개념은 '관습적 행동'이라고도 할 수 있는데, 여기에는 정치적 입장의 선택처럼 의식적인 행위로부터 몸놀림이나 말투처럼 거의 무의식적인 일상적 행동에 이르기까지 일상생활에서의 갖가지 차원의 행동이 포함된다. 이것은 '사회적 행위주체'acteur social(부르디외는 이 말보다 '사회적 행위자'agent social란 용어를 선호한다)의 적극적 관여를 전제로 하지 않는다는 점이 강조되어야 한다. 따라서 이 개념은 마르크스주의적(또는 사르트르적) '실천'praxis과는 구별되어야 한다.

아비투스habitus: 이 말은 아리스토텔레스의 'hexis'(토마스 아퀴나스에 의해 'habitus'로 번역됨)개념에서 발전된 것으로, 원래는 '교육 같은 것에 의해 영향받을 수 있는 심리적 성향'을 가리키는 것이었으나, 부르디외는 사회구조(즉 장)와 개인의 행위(즉 실천) 사이의 인식론적 단절을 극복하는 매개적 메커니즘으로서 개념화한다. 즉 아비투스는 일정 방식의 행동과 인지(認知), 감지(感知)와 판단의 성향체계로서 개인의 역사 속에서 개인들에 의해서 내면화(구조화)되고 육화(肉化)되며 또한 일상적 실천들을 구조화하는 양면적 메커니즘이라고 할 수 있다. 우리말로 굳이 번역하자면 '실천감각'정도로 할 수 있으나 '습관'이나 '습성'과는 구별된다. 부르디외에 따르면, '습관'은 반복적이며, 기계적이고, 자동적이며, (생산적이기보다는) 재생산적인 데 반해서, 아비투스는 고도로 '생성적générateur이어서 스스로 변동을 겪으면서 조건화의 객관적 논리를 생산하는 경향이 있다. 아비투스는 역사에 의해 생산되는 창안invention의 원칙이면서도 역사로부터 (상대적으로) 벗어난다.

문화자본capital culturel: 부르디외는 마르크스와는 달리 자본을 결코 경제적 차원에 국한시키기를 거부하면서, 자본을 사회적 경쟁에서 (의식적으로 또는 무의식적으로) 도구로 사용할 수 있는 모든 에너지로 봄으로써, 경제적 갈등과 다른 갈등의 분석을 가능케 한다. 부르디외가 경제적 차원 이외의 형태로 문제삼는 자본은 '문화자본', '사회관계 자본' 그리고 '상징자본'으로 나눌 수 있다. 문화자본은 다음의 세 가지 형태로 존재할 수 있다. 첫째로, 육화된 상태로, 즉 유기체의 지속적 성향들의 형태로 존재한다. 이 단계의 문화자본의 특징은, 이 자본을 축적하려면 주입inculcation과 동화assimilation에 따른 육화를 요구하며, 이것을 획득하려면 일정한 시간의 (대신할 수 없는) 개인별 투자를 요구한다는 점에서 찾을 수 있다. 여기서 문화자본은 경제자본에 연결되는 것이다(가족의 경제적 조건에서 비롯되는 최대한의 자유시간은 최대한의 문화자본에 사용된다). 구체적으로 지식, 교양, 기능, 취미, 감성 등을 들 수 있다. 둘째로, 문화자본은 객체화된 상태로, 즉 문화적 상품(그림, 책, 사전, 도구, 기계)의 형태로 존재하는데, 그것은 법률적 속성으로만 양도가능하고(예컨대, 수집된 그림) 특수한 전유(專有) 조건에서는 육화된 형태로서의 문화자본과 유사하다. 끝으로, 문화자본은 제도화된 상태로, 즉 학교 졸업장 같은 제도로 존재한다.

학력자본(學歷資本)capital scolaire: educational capital: 학교제도에 의해 주어지는 학력 및 그것에 부수되는 다양한 개인적 능력이나 사회적 가치의 총체로서 문화자본의 세번째 형태와 거의 중복되며 첫번째 형태와도 관련된다. 학교의 장에서 획득된 문화자본의 한 특수형태라고 할 수 있다.

사회(관계) 자본capital de relation social: social capital: 사회자본은 상호인식interconnaissance과 상호인정inter-reconnaissance으로부터 제도화된 지속적 관계망의 소유와 관련된 현재적이고 잠재적인 자본이다. 달리 표현하면, 공통적 속성을 가졌을 뿐만 아니라, 영속적이고 유용한 관계에 의해 뭉쳐진 사람들의 총체인 한 집단에 소속함으로써 얻게 되는 자원으로서 '인맥'이란 개념에 가깝다. 한 사람이 소유한 사회자본의 총량은 그가 동원할 수 있는 연결망réseau de liaison의 범위와 그 연결망에 연결된 각 사람의 경제, 문화, 상징자본의 총량이 된다. 그러나 여기서 상호인정을 제도화하는 사회관계 자본의 교환은 최소한의 객관적인 동질성의 인정을 전제한다는 점을 염두에 둘 필요가 있다(벼락부자의 경우, 경제자본의 양을 사회자본의 양으로 환원할 수 없다).

2 계급 및 사회직업 범주catégories socio-professionnelles: socio-professional categories

여기서는 부르디외가 상정하고 있는 프랑스 사회의 계급구조와 각 계급에 상응하는 사회-직업 범주들을 소개하고자 한다(각 계급의 직업별 구성은 통계상의 목적에서 단순화되었기 때문에 근사치에 가깝다).

계 급	계 급 분 파 들	사회-직업 범주들
상층계급 또는 지배계급	지배분파 1. 구 부르주아지 2. 신흥 부르주아지	상공업 경영자, 자유업, 상급관리직(공기업. 관청 관리직, 사기업 관리직)
	피지배분파	교수(중등교육, 고등교육) 상급기술직, 예술제작자
중간계급	신흥 쁘띠 부르주아지	공예장인, 의료보건 서비스직 종사자, 문화매개자, 비서
	상승 쁘띠 부르주아지	일반관리직(판매계통, 사무계통), 사무노동자(사무원, 상점원), 일반기술직, 초등학교 교사
	구 쁘띠 부르주아지	장인, 소상인, 중소기업 경영자
민중계급	생산노동자 소 농업경영자	숙련공, 단순기능공, 단순노무자, 직공장, 자영농
	소 봉급생활자	파출부, 농업노동자

(출처: A. Accardo et P. Corcuff, *La sociologie de Bourdieu*, Editions Le Mascaret, Bordeaux, 1986, pp. 224~225에서 재구성)

3 학력자격

학력-자격증	한국사회에서의 해당학력(근사치)
CEP(직업교육증서)	초등학교 졸업
CAP(직업적성증서)	초등학교 졸업
BEPC(중등교육 전기과정 수료증서)	중학교 졸업
바깔로레아Baccaloréat	고교졸업-대입자격증서
쁘띠뜨 제꼴Petites écoles 졸업	전문대학 졸업
	고등교육 중퇴, 대학 중퇴
학사호Licence	대학졸업
교수자격Agrégation	대학원수료 이상
그랑 제꼴Grandes écoles 졸업	대학원수료 이상

    1. CEP, CAP는 모두 꼴레쥬(중학교에 해당)에 진학은 했으나 졸업할 수 없어서 직업교육 리세로 진출한 사람이 취득하는 자격으로서, CEP는 제5학급(꼴레쥬 2년차)에서 15세가 된 자를 대상으로 하며, 취득자는 주로 단순기능공이 된다. CAP는 같은 제5학급에서 14세가 된 자를 대상으로 하며 CEP보다도 높이 평가되고 주로 숙련공이 된다.

    2. BEPC는 꼴레쥬를 수료한 자 가운데 리세(고등학교에 해당) 진학자 이외의 사람에게 시험을 거쳐 수여된다. 리세 진학자에게는 자동적으로 '꼴레쥬 수료증서'가 수여된다.

    3. '쁘띠뜨 제꼴'은 바깔로레아 취득자 가운데 대학이나 다른 장기교육과정에 진학하지 않은 자를 위한 교육기관으로 공업기술 단기대학이나 각종 전문학교를 말한다.

    4. 학사는 보통 대학 3년째 취득한다(석사학위는 보통 4년째 취득한다).

    5. 교수자격시험에 응시하면 '아그레제'agrégé가 되며, 리세 또는 대학에서 가르칠 수 있다(실제로는 '아그레제'라도 교수직을 얻을 수 있는 자는 매우 적다).

6. '그랑 제꼴'은 대학과는 별개의 특수엘리트 교육기관으로 이곳에 들어가기 위해서는 바깔로레아 취득 후 2년간 리세의 특별학급('그랑 제꼴' 준비학급)에서 공부해야 한다.

서 문

예, 정말 그렇죠, 기사 양반.
의당 획득한 지식을 보호하기 위한 법이
있어야겠지요.
예를 들어 아주 뛰어난 한 학생에 대해 얘기해 볼까요.
겸손하고 바지런한 그 학생은
문법 수업을 받기 시작한 아주 어린 나이부터
자그마한 노트에 온갖 문장을 기록하기 시작했죠.
20여년동안 선생님의 말씀을 열심히 귀기울여
들은 그 학생은 엄청난 지식을 쌓아올렸습니다.
그리하여 그 아이의 지식은
마치 창고에 들어 있는 다른 재화들처럼
엄청나게 쌓이게 되었죠. 하지만 이 지식이란 게
대관절 집이나 돈과 똑같은 것이 될 수 있을까요?

폴 클로델 *Paul Claudel*
『비단구두』, *2막의 세번째 날*

문화 상품에도 독특한 논리를 가진 경제économie가 존재한다. 사회학자들은 이러한 상품의 소비자들과 각 상품에 대한 이들의 취향이 생산되는 조건을 확인하려 하며, 이와 함께 특정한 순간에 예술작품으로 간주되는 이들 대상을 음미하는 다양한 방식과 함께 정통적인 것으로 간주되는 전유(轉有) 양식의 구성 조건을 서술하려 한다. 하지만 일상적으로 사용되는 협소하고도 규범적인 의미의 '교양'culture을 문화인류학적 의미의 '문화'culture의 포괄적인 맥락으로까지 확대하지 않는다면, 그리고 극히 세련된 대상에 대한 미려한 취향을 음식 맛에 대한 기본적인 취향과 연결하지 않는다면 문화적 실천을 완벽하게 이해할 수는 없다.

카리스마적(카리스마란 원래 은총으로 주어진 특별한 능력이란 뜻으로 선천적으로 부여받은 범접할 수 없는 권위나 능력을 가리킨다 — 옮긴이) 이데올로기는 정통적인 문화에 대한 취미나 선호를 자연의 선물로 간주하는 반면 과학적 관찰은 이러한 문화적 욕구가 양육과 교육의 산물이라는 사실을 보여준다. 여러 조사 결과를 보면 모든 문화적 실천(박물관 관람, 음악회 참가, 독서 등), 문학, 회화, 음악에 대한 선호도는 교육수준(학위나 학교에 재학한 햇수에 의해 측정된다)과 그리고 이차적으로는 출신계급과 밀접하게 관련되어 있음을 알 수 있다.[1] 가문의 배경과 형식적 교육(이 교육의 유효성과 지속성은 출신계급에 크게 의존한다)의 상대적 비중은 다양한 문화적 실천이 교육체계에 의해 공인되고 교육되는 정도에 따라 다르며, '자유교양'이나 아방-가르드 문화에서는 다른 조건이 동일하다고 할 경우 출신계급의 영향력이 가장 크다. 사회적으로 공인된 예술 그리고 각 예술의 장르와 유파, 또는 시대의 위계에 소비자들의 사회적 위계가 상응한다. 이 때문에 취향은 '계급'의 지표로 기능할 수 있는 것이다. 문화 획득 방식은 사용 방식에서도 그대로 남아 있게 된다. 매너에 그토록 커다란 중요성이 부가되는 것은 다음과 같은 이유 때문이다. 즉 이처럼 제대로 측량하기 어려운 실천이 문화 획득의 다양하고 서열화된 양식(조기에 또는 뒤늦게, 가정에서 또는 학교에서 획득할 수 있다)과 각 양식을 통해 특징을 부여받는 개인들의 집단(예를 들어 '학자형'과 '사교가형' 등을 꼽을 수 있다)을 구분해주기 때문이다. 문화(교양) 또한 교육체계를 통해 부여되는 귀족의 칭호titre와 혈통pedigree을 갖고 있으며, 각 칭호와 혈통 내의 위치는 귀족에 진입한 후의 시간적 길이에 의해 평가된다.

    문화적 귀족을 어떻게 규정할까 하는 문제는 17세기부터 현재까지 서로 다른 문화관을 갖고 있을 뿐만 아니라 문화와 예술 작품에 대한 정통적인 관계 방식에 대한 생각에서도 크게 차이가 나며, 따라서 이러저러한 성향을 낳는 조건을 획득할 수 있는 조건도 크게 다른 여러 집단간에 끊임없이 진행되어온 투쟁의 핵심적인 문제이다. 심지어는 교실 안에서조차 문화와 예술작품을 음미하는 정통적인 방식에 대한 규정은 교양 있는 가정이든 학교교육의 장의 바깥에서건 이전에 이미 정통적인 문화에 접근한 아동들에게 유리한 방향으로 내려지게 된다. 왜냐하

---

1) P. Bourdieu et al., *Un art moyen: essai sur les usages sociaux de la photographie*, Paris, Ed. de Minuit, 1965; P. Bourdieu et A. Darbel, *L'Amour de l'art: les musées et leur public*, Paris, Ed. de Minuit, 1966.

면 교육체계 안에서조차 너무 학술적인 지식이나 해석은 '너무 전문적'이라거나 '현학적'이라고 가치를 낮게 평가하고 그 대신 직접적 경험이나 꾸밈없는 즐거움을 강조하기 때문이다.

때로 전형적인 '현학적' 용어로 예술작품에 대한 '독해'라고 불리는 행위의 논리가 위와 같은 대립의 객관적인 토대를 보여주기도 한다. 이 경우 소비는 의사소통과정의 한 단계 즉 판독 또는 해독 행위로서, 이를 위해서는 암호나 약호에 실천적으로 통달해 있어야 한다. 이러한 의미에서 볼 수*voir* 있는 능력은 지식*savoir* 또는 개념 즉 단어들에 의해 측정되며, 지식이나 개념들은 보이는 것들을 명명하며, 따라서 지각을 위한 프로그램을 제시한다. 예술작품은 오직 문화적 능력, 즉 해독의 기준이 되는 약호를 갖고 있는 사람에게나 의미가 있고 오직 그런 사람의 관심만을 불러일으킬 수 있다. 한 시기, 유파, 저자의 특징을 드러내는 스타일을 인식하고, 더 일반적으로는 미학적 향유를 요구하는 작품의 내재적 논리에 익숙해지려면 암묵적으로 은폐되어 있건 아니면 명시적으로 드러나 있건 사물을 지각하고 음미하는 도식(이 도식이 회화적 교양 또는 음악적 교양을 구성한다)을 의식적으로건 또는 무의식적으로 활용해야 한다. 하지만 이러한 조건이 은폐되어 있기 때문에 특수한 약호를 결여하고 있는 감상자는 영문도 모른 채 음과 리듬, 온갖 색채와 선의 카오스 속에서 '익사할' 수밖에 없게 되는 것이다. 각 상황에 걸맞은 성향을 받아들이는 방법을 배우지 못했기 때문에 그는 어윈 파노프스키(Erwin Panofsky)가 '감지할 수 있는 속성'이라고 부른 것만을 주목해 사람의 피부가 부드럽다고 하거나 아니면 레이스가 절묘하게 짜여져 있다는 식으로 평가하는 데서 그치거나, 아니면 이러한 속성이 환기하는 정서적 반향에 머물러 색채가 '꾸밈이 없다'거나 멜로디가 '흥겹다'는 평가를 내리고는 그만두게 된다. 감지할 수 있는 속성을 넘어서 해당 작품의 독특한 양식적 속성을 구별해 줄 수 있는 개념을 소유하지 못하는 한 그는 '일상적인 체험에 기반해서 우리가 포착할 수 있는 의미의 일차적 층'으로부터 '이차적인 의미 층', 즉 '의미되는 것의 의미의 수준으로' 나아갈 수 없다.[2] 따라서 예술작품과의 만남이란 일반적으로 생각하듯 '첫눈에 반하는 것'과는 전혀 다르며, 예술을 사랑하는 사람에게 큰 기쁨을 주는 감정적 융합, 감정이입 *Einfühlung*도 인지 행동, 해독 작업을 전제하는데, 그렇게 하려면 유산으로 물려받은 인식 방법이나 문화적 약호를 가동해야 한다.[3]

이처럼 전형적으로 주지주의적인 예술지각 이론은 문화에 대한 정통적인 정의에 가장 가까이 있는 예술 애호가들의 경험과 정면으로 배치된다. 이들은 분명하게 느끼지는 못하지만 가정 안에서 문화에 익숙해지면서 정통 문화를 획득하기 때문에 그러한 획득 과정을 망각한 채 문화는 마술적 경험이라고 생각하는 경향이 부추겨지게 된다.[4] '안목

---

[2] E. Panofsky, "Iconography and Iconology: An Introduction to the Study of Renaissance", *Meaning in the Visual Arts*, New York, Doubleday, 1955, p. 28
[3] 우리가 '문화'와 '교양'이라고 특징지은 육화된 약호는 일종의 문화자본으로 기능하는데, 이것은 불평등하게 분배되기 때문에 자동적으로 구별이익을 가져다준다는 점을 아래에서 자세히 살펴볼 생각이다.
[4] 익숙하다는 느낌이 결코 잘못된 약호를 적용하기 때문에 발생하는 자민족중심적인 오해를 배제하는 것은 아니다. 예를 들어 인종학의 역사에 관한 마이클 박산달(Michael Baxandall)의 저서는 오늘날의 관점에서 15세기(Quattrocento) 회화를 조명하는 지각도식과 당대의 직접적인 수신인들이 적용했던 지각도식 간의 많은 차이점을 조명할 수 있도록 해준다. 15세기 사람들의 '도덕적이고 종교적인 눈'은, 다시 말해 세계와 그 세계의 회화적 재현을 지각하는 토대가 되는 인식적-가치평가적 성향들의 체계는 현대의 '교양 있는' 감상자들이 예술작품을 바라보는 (무엇보다 먼저, 경제적 가치에 대한 모든 언급으로부터 정화된) '순수한 시선'과는 근본적으로 다르다. 당시의 여러 계약서가 잘 보여주듯이 필리포 리피(Filippo Lippi), 도메니코 기를란다이오(Domenico Ghirlandaio) 또는 삐에로 델라 프란체스카(Piero della Francesca)의 고객들은 '돈에 걸맞은 가치'를 뽑아내는 데 주로 관심이 있었다. 이들은 한 눈에 양과 가격을 즉각 계산해낼 수 있는 상인의 중상주의적 성향을 갖고 예술작품에 접근했으며, 갖가지 색채의 가격 — 금색과 군청색을 최고로 쳤다 — 을 매기기 위한 몇 가지 놀랄만한 평가기준을 중심으로 작품을 평가했다. 이러한 세계관을 공유하고 있던 예술가들은 측량과 계산하려는 취향에 영합하기 위해서 작품의 구성 속에

(眼目)'은 역사의 산물로, 교육에 의해 재생산된다. 현재 정통적인 것으로 받아들여지고 있는 예술적 지각 양식, 즉 정통적인 것으로 간주되도록 만들어진 작품, 다시 말해 정통적인 예술작품뿐만 아니라 예를 들어 과거의 원시예술이나 현대의 대중적 사진 또는 키치kitsch처럼 아직 성별(聖別)되지 않은 예술적 대상과 자연적 대상을 포함한 세상의 모든 것을 그 자체로 또 자율적인 모습 자체로 그리고 내용과 형식 양면에 걸쳐 바라볼 수 있는 미학적 성향이나 능력에 대해서도 이와 똑같은 이야기를 할 수 있다. '순수한' 응시 또한 자율적인 예술생산의 장, 즉 생산물의 생산과 소비 과정에 그 자체의 독특한 규범을 부여할 수 있는 장의 등장과 관련된 역사적 발명품이다.5) 인상파 회화 이후의 모든 예술은 재현 대상보다는 재현 양식의 우선성을 강조하는 예술관의 산물로, 이것은 단지 조건적으로만 형식을 요구했던 이전의 예술과 달리 형식에 대한 무조건적인 주목을 요구한다.

예술가들은 자율성을 추구하며, 즉 자신의 생산물의 완벽한 주인이길 바라는 다른 생산자들과 마찬가지로 전문가들이나 학자들이 선험적으로 강제하는 '프로그램'뿐만 아니라 행동거지와 언행을 규정해온 고래적 위계에 따라 귀납적으로 작품에 부가되는 해석을 거부하려 한다. 따라서 내재적으로 그리고 교묘하게 다의미성을 갖도록 만들어진 '열린 작품'open work의 생산은 예술적 자율성을 추구하는 시인들과 이들

대수학적이고 기하학적인 장치를 끌여들였을 뿐만 아니라, 동시에 절묘한 기술적 기교를 전면에 배치하려는 경향을 보였는데, 이러한 맥락에서는 바로 그러한 기교가 작품에 들인 공의 양과 질을 가장 확실하게 보증해주는 징표라고 할 수 있었다(Michael Baxandall, *Painting and Experience in Fifteeth Century Italy: A Primer in the Social History of Pictoral Style*, Oxford, Oxford University Press, 1972).

5) P. Bourdieu, "Le marché des biens symboliques", *L'année sociologique*, Vol. 22, 1971, p. 49~126; "Eléments d'une théorie sociologique de la perception artistique", *Revue internationale des sciences sociales*, XX, 4, 1968, pp. 640~664.

의 궤적을 따르는 화가들(이들은 오랫동안 작가들이 자신들의 작품을 '보여주고', '설명해'주는 데 의지해왔다)이 하는 노력의 마지막 단계를 보여준다고 할 수 있다. 생산의 자율성을 주장하는 것은 곧 특정한 기능(재현하고, 의미하고, 뭔가를 전달하는 가장 초보적인 기능이라 하더라도 전혀 상관이 없다)에 종속될 수밖에 없는 '주제'나 외적인 지시 대상보다는 형식이나 양식, 스타일처럼 예술가가 주인으로서 쉽게 장악할 수 있는 요소의 자율성에 일차성을 부여하는 것을 의미한다. 그러므로 이것은 동시에 문제가 되는 예술분과의 특수한 조건에 각인되어 있는 필연성 이외의 다른 필연성은 결코 인정하지 않는 것을 의미한다. 다시 말해 자연을 모방하는 예술로부터 예술을 모방하는 예술로 이행하여, 오직 자체의 역사로부터만 독창적인 실험의 원천 그리고 심지어는 전통과의 단절의 원천을 끌어내려 한다. 따라서 점점 더 자체의 역사를 지시하게 되는 예술을 역사적으로 바라보지 않으면 안 된다. 그리고 또한 이 역사는 외적인 지시대상, 즉 재현되거나 지시된 '현실'이 아니라 과거와 현재의 예술작품으로 구성된 우주를 가리키는 것으로 해석되어야 한다. 특정한 장에서 생성되는 예술적 생산과 마찬가지로 심미적 지각 또한 독특한 스타일을 만들어 내는 편차*écarts*에 대해 서로 다른 방식으로, 즉 관계적으로 주목하는 한 필연적으로 역사적일 수밖에 없다. 특정한 장, 즉 그 장의 특수한 조건 밖에서 활동하는 소위 소박한 화가가 예술사와는 외적인 관계만을 맺듯이, '소박한' 감상자 또한 오직 예술적 전통의 특수한 역사와 관련해서만 의미와 가치를 갖게 되는 예술작품을 구체적으로 파악할 수는 없다. 극히 자율적인 생산의 장의 생산물들이 요구하는 미학적 성향은 특수한 문화 능력과 분리될 수 없다. 이러한 역사적 문화는 관여성의 원리로서, 즉 눈앞에 제시되는 여러 요소 중에서 모든 변별적 특징을 구별하도록 해주고 또 이를 통해 무의식적이건 아니면 의식적이건 그러한 특징을 가능한 여러 대안의 체계와 대조할 수 있도록 기능한다. 이러한 능력은 대부분 예술작품과 접촉하기만 해도, 즉 분명한 규칙이나 기준 없이도 낯익은 얼굴을 구분할 수 있도록 해주는 일면식과 유사한 암묵적인 배움을 통해서도 획득될 수 있으며, 대개는 나날의 일상생활 속에서 그대로 행사되고 있다. 이 때문에 우리는 각 스타일의 독자성을 구성하는 여러 특징을 명확하게 구분하거나 분명하게 표현하지 않고도 스타일, 즉 특정한 시대, 문명, 또는 유파의 전형적인 특징을 이루는 표현양식을 구분할 수 있는 것이다. 이 모든 사실로 미루어 보아 심지어는 전문적인 감식가들에게도 통상 이들의 판단의 근거가 되는 '전형적인 작품'의 양식적인 특성을 규정하는 기준은 통상 여전히 암묵적인 상태로 남아 있는 것처럼 보인다.

순수한 시선은 세계에 대한 통상적인 태도와의 단절을 함축하는데, 그러한 단절이 이루어지는 상황에 따라 그것은 동시에 사회적 단절을 의미하기도 한다. 오르테가 이 가세트(Ortega y Gasset)는, 현대 예술은 일관되게 '인간적인' 요소, 즉 변별적이고 탁월한 것과는 대립적인 생성적이며 통상적인 것, 즉 열정, 감정, 느낌 등 '보통' 사람이 '보통' 생활 속에서 느끼는 일반적 감정의 속성을 거부하는 특징을 갖고 있다고 주장하는데, 그의 이러한 주장은 아주 정확하다고 할 수 있다. '대중적 미학'(괄호를 친 이유는 이 미학이 '대자적'이기보다는 '즉자적'이기 때문이다)은 예술과 삶이 연속되어 있다는 확신 위에 기반하고 있는 것처럼 보인다. 따라서 여기서는 형식이 기능에 종속될 수밖에 없다. 소설 특히 연극을 보면 이 점이 분명하게 드러나는데, 이 경우 민중계급의 독자나 관객은 모든 종류의 형식 실험을 거부하며, (무대장치나 플롯과 관련하여) 지금까지 용인된 실천으로부터 거리를 둠으로써 관객들이 연극에 너무 빨려 들어가 등장인물들과 자신을 완벽하게 동일시하려는 것을 방해하는 결과를 가져오는 온갖 효과(나는 여기서 브레히트Bertold Brecht의 '낯설게 하기'Verfremdung 효과 또는 누보 로망*nouveau roman*의 플롯의 단절 효과를 염두에 두고 있다)를 거부한다. 미학이론에 따르면 예술작품을 자체로, 즉 자율적 또는 자립적selbständig인 상태로 파악할 수 있는 유일한 방법인 초연한 태도나 사심 없는 태도와는 정반대로 '대중 미학'은 '안이한' 연루나 '통속적인' 향유를 거부하는 태도(이러한 태도가 형식적인 실험을 즐기는 취향의 토대를 이루고 있다)를 무시하거나 거부한다.

그리고 회화나 사진에 대한 대중적 평가는 칸트 미학과는 대극(對極)에 놓여 있는 '미학'(이것은 실제로는 에토스이다)에서 유래한다. 미학적 판단의 특수성을 개념적으로 파악하기 위해 칸트는 기쁨을 주는 요소와 희열을 가져다주는 요소, 더 일반적으로는 대상을 주시하는 말 그대로의 미학적 특징을 보장해 주는 유일한 요소인 무사무욕(無私無慾)désintéressement과 선(善)을 규정하는 이성(즉 실천이성 — 옮긴이)의 이해관심을 구분하려고 노력한 반면 민중계급은 모든 이미지가 분명하게 하나의 기능을 하기를(단지 기호로서만 기능하더라도 마찬가지다) 바라며, 도덕규범이나 기꺼움 등을 참조로 하여 작품에 대해 판단을 내린다. 그리고 이러한 태도는 흔히 아주 분명하게 드러난다. 비난하건 칭찬하건 이들의 음미는 항상 윤리적 토대를 갖고 있다.

대중적 취향은 삶의 일상적 환경 속에 뿌리박고 있는 에토스의 도식을 정통적인 예술 작품에 적용하며, 이를 통해 예술에 관한 사항을 체계적으로 삶으로 환원시키는 기능을 한다. 이러한 대중적 취향이 픽션이나 이러저러한 표상에 투여하는 진지함(또는 순박함)은 '소박한' 참여를 유예하도록 하는 순수한 취향과는 정반대의 모습을 보여주는데, 이것은 세계의 여러 요구와 맺게 되는 '유사(類似)-유희적' 관계의 한 차원을 구성한다(돈 뀌호테). 통상 지식인들은 재현되는 사물보다도 재현 자체 즉 문학, 연극, 회화를 더 믿는 반면, 대중들은 표상이나 이러한 표상을 지배하고 있는 실천이 재현 대상들을 '그 모습 그대로' 믿을 수 있도록 만들어 준다고 믿는다. 순수 미학은 윤리적 요소에 뿌리를 두고 있다. 또는 사회세계와 자연세계의 요구로부터 선별적으로 거리를 두려는 에토스에 뿌리를 두고 있다고 할 수 있는데, 이것은 오히려 도덕적 불가지론(윤리적 침범이 예술적인 선입견*parti pris*이 될 때 분명하게 드러난다) 또는 미학적 성향을 보편타당한 원리로 제시하며 사회세계를 거부하는 부르주아적 태도를 극단으로 끌고 가려는 유미주의의 형태를 취할 수도 있다. 순수한 시선의 초연함은 부정적인 경제적 요구, 즉 안락한 삶을 위해 적극적으로 다양한 필요나 요구로부터 거리를 두도록 유도하는 경제적 조건화의 역설적 산물로 나타나는 세계에 대한 일반적 태도와 분리할 수 없다.

예술이 미학적 성향에 가장 커다란 무대를 마련해 주는 것은 분명하나, 실제로 기본 욕구나 충동을 순화하고, 세련화시키며, 승화시키려는 의도가 드러나지 않는 실천의 영역은 존재하지 않는다. 다시 말해 삶의 양식화, 즉 기능보다는 형식을, 소재보다는 매너를 우선시하지 않는 영역은 존재하지 않는다. 그리고 별 볼일 없는 대상 심지어는 '평범한' 대상(이 대상들이 평범한 이유는 '보통' 사람들이 이것을 자신들의 대상 특히 미학적 목적으로 사용하기 위한 대상으로 만들기 때문이다)에 미학적 지위를 부여할 수 있는 능력만큼, 또는 미학을 윤리에 복속시키는 대중적 성향을 완전히 전복시켜 '순수' 미학의 원리를, 예를 들어 요리나 의복, 또는 실내장식처럼 일상생활에서 가장 일상적인 선택에 적용할 수 있는 자질만큼 변별적이고 탁월한 기능을 하는 것도 없다.

실제로 현실이나 허구와 관계를 맺는 다양한 방식, 그리고 허구와 이들 허구가 빚어내는 현실을 믿게 되는 다양한 방식은 각 방식의 전제조건을 이루는 경제적-사회적 조건을 매개로 (각각의 거리나 초연함의 정도는 경우에 따라 다르지만) 사회 공간에서 각 요소들이 차지하는 여러 위치와 밀접하게 관련되어 있으며, 따라서 각 계급과 계급분파마다 특이하게 나타나는 성향의 체계(아비투스habitus)와 밀접하게 연결되어 있다. 취향은 구분하고, 분류하는 자를 분류한다. 다양한 분류법에 의해 구분되는 사회적 주체는 아름다운 것과 추한 것, 탁월한 것과 천박한 것을 구별함으로써 스스로의 탁월함을 드러내며, 이 과정에서 각 주체가 객관적 분류 과정에서 차지하는 위치가 표현되고 드러난다. 그리고 실제로 여러 통계자료를 분석해 보면 문화적 실천에서 나타나는 구조상의 대립이 식품 소비에서도 그대로 나타나고 있음을 확인할 수 있다. 양과 질, 화려하게 꾸민 식사와 격의 없는 식사, 실 내용물과 형식 간의 대립은 필수품에 대한 기호, 즉 가장 "영양가가 많으며" 가장 경제적인 (즉 값이 싼 — 옮긴이) 식품을 선호하기 마련인 기호와 자유소비재 또는 사치품에 대한 기호 즉 매너(요리를 내놓는 방식, 서비스 방식, 식사방법 등)를 강조하며 기능을 부정하고 양식화된 형식을 선호하는 취향 간의 대립과 상응하며, 생활필수품으로부터의 다양한 거리와 밀접하게 연결되어 있다.

취향과 문화 소비를 연구하는 과학은 전혀 미학적이지 않은 방식으로 침범이 이루어지는 경우에 시작된다. 즉, 음악이나 음식, 회화, 스포츠, 문학과 헤어스타일에 대한 선호도처럼 얼핏 보기에는 전혀 같은 잣대로 잴 수 없어 보이는 '선택들'을 서로 연결시키고 있는 관계를 이해 가능한 형태로 드러내려면 정통 문화를 고립무원의 독립된 우주로 분리시키고 있는 성스러운 경계선을 없애버려야 한다. 이처럼 '야만적이지만' 억지로라도 미학적 소비를 일상적 소비의 세계로 재통합시키게 되면 칸트 이래로 고급스런 학문적 미학의 토대를 이루어온 '감각의 취향'과 '반성의 취향', 그리고 감각의 쾌락으로 환원될 수밖에 없는 쾌락인 '안이한' 쾌락과 쾌락 자체가 순화된 쾌락으로 도덕적 탁월함의 상징이자 진정 인간적인 사람을 재는 잣대가 되는 승화능력을 가리키는 지표인 순수한 쾌락 간의 대립을 폐기할 수 있다. 이러한 마술적 구분으로부터 유래하는 문화는 성스러운 가치를 갖게 된다. 문화적 성별 의식(儀式)은 각 의식이 손대는 대상과 사람과 상황에 가톨릭의 성체변화와 유사한 일종의 존재론적 승격을 부여해준다. 마치 사회학자를 기쁘게 하기 위해 쓰이기라도 한 듯한 아래의 두 문장만 보아도 이를 분명하게 확인할 수 있다.

"나를 가장 놀라게 한 것은 다음과 같은 사실이다. 우리나라의 유수한 극장에서는 무엇 하나 외설적일 수 없는 것이 그것이다. 오페라 좌(座)의 발레리나는 물론이고 심지어는 벌거벗은 댄서나, 공기의 요정들, 작은 요정, 바쿠스의 무녀(巫女)들은 한결같이 변함없는 순수성을 그대로 유지하고 있다."6)

"외설적인 자세가 있다. 성교를 흉내 낸 외설적인 모습에 나의 두 눈은 커다란 충격을 받고 말았다. 분명히 이러한 작태는 허용할 수 없다. 물론 춤의 중간에 이러한 장면을 삽입하는 경우, 영화가 매일 관람객들의 눈앞에 쏟아 붓는 친숙한 베드신에서는 찾아볼 수 없는 상징적-미학적 측면이 추가되더라도 마찬가지다.… 누드 신의 경우 짤막해야 하며, 그나마 무대 효과가 거의 없다는 점 말고 달리 무슨 할 말이 있을까? 물론 나도 연극이 순정해야 하니 무구해야 하니 하고 이야기하고 싶지는 않다. 무릇 상업적인 것에는 전혀 그러한 말이 어울리지 않기 때문이다. 그리 충격적이지도 않은데 단지 히트시키기 위해서 누드 신을 이용한다는 점만을 비난할 수 있을 뿐이다.…「헤어」의 누드신은 상징성을 결여하고 있다."7)

저급하고 조잡하고 천박하며 타산적이고 비굴한, 한 마디로 자연스런 기쁨을 부인하는 것, 바로 이것이 문화의 성역을 구성한다. 그리고

---

6) O. Merlin, "Mlle. thibon dans la vision de Marguerite", *Le Monde*, 1965년 12월 9일자.
7) F. Chenipue, "Hair est-il immoral", *Le Monde*, 1970년 1월 28일자.

이것은 은연중에 세속의 천한 사람들은 영원히 접근할 수 없는 승화된 즐거움, 세련되며, 무사무욕하며, 대가를 바라지 않으며, 우아하고 단순한 쾌락을 누릴 수 있는 사람들이 우월하다는 사실을 재삼재사 확인해 준다. 예술과 문화 소비가 애초부터 사람들이 의식하건 그렇지 않건 또는 원하든 그렇지 않든 간에 전혀 상관없이 사회적 차이를 정당화하는 사회적 기능을 하게 되는 것은 바로 이 때문이다.

제1부 취향에 대한 사회적 비판

> 만약 집안의 노복(奴僕)들이 사라져도
> 문화생활이 가능한지
> 지금으로서는 알 길이 없다.
>
> 알렝 브장송(Alain Besançon),
> 19세기의 러시아인의 생활양식

1장 문화귀족의 칭호와 혈통

사회학이 지배계급과 문화 생산의 장에서 진행되는 투쟁의 가장 핵심적인 사안 중의 하나인 취향과 같은 대상에 직면하는 경우보다 사회적 정신분석학과 흡사해지는 경우도 드물다. 그것은 단순히 취향판단le jugement de goût이 **분별력**discernement을, 즉 이성과 감수성을 조화시킴으로써, 다시 말해서 느끼지 않고 이해하는 학자형과 이해하지 못하고 느끼기만 하는 사교가형을 조화시키고 있는 완벽한 개인을 규정하는 분별력을 가장 탁월한 형태로 드러내주기 때문만은 아니다. 또 여러 분야의 예의범절을 규정하고 있는 모든 법칙이 한결같이 미리 이처럼 도저히 규정할 수 없는 본질을 규정하려는 기획을 속물주의의 분명한 표현으로 지적하기 때문만도 아니다. 이러한 예의범절이 알로이스 리이겔(Alois Riegel)과 하인리히 뵐플린(Heinrich Wölfflin)으로부터 엘리 포르(Elie Faure)와 앙리 포시용(Henri Focillon)까지, 그리고 고전에 대해 극히 현학적인 주해를 붙인 학자들로부터 아방-가르드적인 기호학자들에 이르기까지 예술작품에 대한 형식주의적인 독해를 요구하는 아카데믹한 예의범절이건 아니면, 취향은 진정한 귀족적 품격의 가장 확실한 기호(記號)이기 때문에 이 취향 자체 말고는 다른 무엇에 견주어서도 감히 언급되어서는 안 된다고 믿는 상류계급의 예의범절이건 전혀 상관이 없다.

여기서 사회학자들은 **특히**par excellence 사회적인 것이 부정되는 영역에 발을 들여놓게 된다. 최초의 자명한 현상들을 극복하는 것만으로는, 즉 취향, 다시 말해 창조되지 않았지만 모든 '창조'의 원천을 이루는 취향을 그것을 낳은 사회적 조건과 연결시키는 것만으로는 충분하지 않다. 취향과 교육, 이미 교양이 구비된 상태로서의 문화와 교양화 과정으로서의 문화 간의 분명한 관계를 덮어버리려는 사람들도 누군가 이처럼 자명한 사실을 과학적으로 입증하려고 애쓰는 모습을 보면 경이감을 표시할 것이기 때문이다. 그 또한 오직 외견상으로만 자기-해명적으로 보일 뿐인 그러한 관계에 대해 질문해야 하며, 유독 교육체계가 전혀 교육적 효과를 발휘하지 못하는 영역에서 학력자본과의 관계가 강력한 힘을 발휘하는 역설을 드러내야 한다. 게다가 사실을 자의적으로 왜곡하는 실증주의적 방법론에 호소하지 말고 그렇게 해야 한다. 학력자본 또는 출신계급과 이러저러한 유형의 지식 또는 적용방식 간의 통계적 관계의 이면에는, 문화자본의 획득정도와 이 자본을 갖고 문화시장에서 가장 많은 이윤을 뽑아낼 수 있는 조건에 따라 문화에 대한 서로 다른, 심지어는 상호 적대적인 관계를 맺고 있는 여러 집단들간의 관계가 은폐되어 있다. 하지만 그렇다고 외견상으로만 자명해 보이는 측면을 모두 넘어설 수 있는 건 아니다. 이러한 질문의 내용과 형식이 여기서 고찰하고 있는 여러 관계를 변형시키기에 충분한지를 확인하려면 이 문제 자체에 대해 질문할 필요가 있다. 다시 말해 이러한 질문이 **암묵적**으로 어떤 관계에 유리하게 작용하는지를 질문해야 한다. 문화게임jeu de la culture으로부터 빠져나올 수 있는 방법은 전혀 없다. 이 게임의 진정한 본성을 객관화할 수 있는 유일한 기회는 이러한 객관화를 달성하기 위해 어쩔 수 없이 사용하도록 강요되는 절차를 가능하면 완벽하게 객관화하는 방법뿐이다. 이것은 바로 당신의 이야기다De te fabula narratur. 사회학자들뿐만 아니라 독자들도 이 점을 명심해야 한다. 역설적으로 들리겠지만, 문화게임은 언제나 이 게임에 참가하고 있는 행위자들이 부분적인 객관화를 수행하기 때문에 객관화에 저항한다. 따라서 학자들은 자신들의 활동의 진정한 본성을 파악하는 일을 포기하면 몰라도 이들 사교가들의 객관적 실상을 파악할 수 없다. 이들의 적대자들의 경우도 마찬가지다. 이같은 상호 자명성과 반영적 맹목성이 '지식인'과 '부르주아지'(또는 생산의 장의 경우에는 이들의 대변인들) 간의 적대적인 관계를 지배하고 있다. 그리고 계급 관계에서 정통적인 문화가 수행하는 기능을 염두에 두더라도 사람들은 쉽게 이러저러한 형태로 자신의 이해관심이 투영될 문화적 표상을 받아들이는 쪽으로 끌려들어가기 십상이다. 그리고 실제로 '지식인'과 부르주아지들은 바로 이러한 표상을 둘러싸고 끊임없이 서로에게 이전투구하고 있기도 하다. 지금까지 생산의 사회학과 문화의 생산자들은 결코 대립적인 이미지들의 유희에서 벗어나오지를 못했다. 이 유희에서 (현재 널리 유행하고 있는 용어를 사용하자면) '우파 지식인'이나 '좌파 지식인' 모두 반대자들과 이들의 전략을 객관주의적으로 환원시켜버렸으며, 특정한 이해관심intér-essée 때문에 그러한 환원이 훨씬 수월하게 진행되었다. 그러나 그러한 객관화는 항상 **부분적**일 수밖에 없으며, 따라서 객관화하는 관점을 포함시키지 않는 한 언제나 잘못될 수밖에 없다. 그리하여 게임을 전체적으로 구성하는 데도 실패할 수밖에 없다. 오직 여러 위치들의 장 전체의 수준에서만 이 게임에 참여하는 사실과 연관되어 있는 생성적 이해관심과 다양한 위치에 부가되는 특수한 이해관심 모두를 파악할 수 있다. 그리고 이를 통해 이러한 이해관심이 드러나는 위치표명의 형식과 내용을 포착할 수 있다. 얼핏 보아 객관성을 갖고 있는 듯하지만 전통적으로 '우파 지식인들'의 전유물이었던 '지식인들의 사회학'이나 전통적으로 '좌파 지식인들'의 전공분야였던 '우파적 사고'에 대한 비판 모두 결국 일련의 상징의 집합에 다름 아니었으며, 이것들은 누구도 감히 나

무랄 데 없는 과학의 중립성으로 치장할 때마다 새로이 힘을 덧보태왔다. 이들은, 모두 암묵적으로 핵심적인 부분인 객관적 위치들의 구조를 즉 특히 이러저러한 입장을 취하는 사람이 다른 입장을 취하는 사람에 대해 갖는 관점의 근거이자 한 집단의 부분적 진리가 각 집단간의 객관적 관계 전체를 설명하고 있는 양 제시하고 또 그렇게 받아들이는 각 집단의 성향의 특수한 형태와 힘을 규정하는 객관적 위치들의 구조를 은폐하고 넘어가는 데 동의하고 있다.

우리는 이 연구를 통해, 소비되는 문화상품의 본성과 소비방식을 통해 드러나는 교양된 성향과 문화적 능력compétence이 소비자 범주와 적용영역, 즉 회화나 음악과 같은 극히 정통적인 영역으로부터 옷이나 가구, 요리기구와 같은 극히 '개인적인' 영역에 따라, 그리고 지배적인 영역 안의 경우에도 각 상품이 위치하게 되는 시장에 따라, 즉 '학교적' 시장이냐 아니면 '비학교적' 시장이냐에 따라 어떻게 다르게 나타나는지를 확인해보려고 했다. 이를 통해 두 가지 기본적인 사실이 확인되었다. 먼저 다양한 문화 실천(또는 그에 상응하는 의견)과 학력자본(학위에 의해 측정된다) 그리고 이차적으로는 출신계급(아버지의 직업에 의해 평가된다) 간에는 극히 밀접한 연관관계가 존재한다. 둘째 학력자본의 수준이 동일한 경우 최고로 정통적인 문화 영역으로부터 멀어질수록 실천이나 선호(選好)의 설명체계에서 출신계급이 차지하는 비중이 증가하게 된다는 점이 그것이다.[1]

측정된 능력이 학교 교육제도에 의해 공인될수록, 그리고 측정기술

---

[1] 아래의 분석은 1963과 1967~68년 동안 1,217명을 대상으로 설문지를 통해 실시한 앙케트에 기반하고 있다(<부록 1>을 보면 표본의 구성, 설문지, 그리고 분석을 위한 주요 절차에 관한 자세한 내용을 알 수 있다. <부록 3>에는 다른 자료로부터 얻은 통계치와 함께 이 앙케트에서 얻어낸 통계자료가 들어있다).

이 '학교적일수록' 수행 능력performance과 학력자격titre scolaire 간의 관계는 밀접하게 된다. 일반적으로 정규 학교교육을 받은 햇수를 표시하는 지표로 기능하는 이 학력자격은 가족으로부터 상속되는가 아니면 학교에서 획득되는가에 따라 다소 차이는 있지만 문화자본을 완벽하게 보증해주며, 이 문화자본의 지표가 된다. 우리는 아래와 같은 경우에 수행능력과, 학교 교육체계(이것이 문화자본의 획득을 가능하게 해줌은 불문가지다)에 의해 공인되고 보증되는 문화자본으로서의 학력자본 간의 극히 밀접한 상관관계를 찾아볼 수 있다.[2]

조사자들은 16개의 음악작품 목록을 나열한 다음 응답자에게 각 곡의 작곡가가 누구인지 물어보았다. CEP나 CAP 취득자 중 67%가 두 명 이상의 작곡가를 알아 맞추지 못한데 반해, 이 비율은 BEPC 취득자 중에서는 45%, 바깔로레아 취득자 중에서는 19%, 전문대(쁘띠 에꼴) 또는 고등교육기관 중퇴자의 경우에는 17%가 되며 학사 이상에 상당하는 학위보유자가 되면 마침내 7%까지 떨어진다. 이 앙케트에 응한 생산노동자ouvrier나 사무원employé 중 앞서 제시된 16개의 작품에 대해 12명 이상의 작곡가를 알아 맞춘 사람은 하나도 없었던 데 반해, 예술 생산자나 교수는 52%(그리고 고등 교육기관의 교수들은 78%)가 12명 이상의 작곡가를 알아 맞추었다.

좋아하는 화가나 음악작품에 관한 설문에 대한 무응답의 비율 또한 교육수준, 그리고 지배 계급과 민중 계급, 장인과 상인 간의 대립과 밀접하게 관련되어 있다(하지만 이 경우 사람들의 대답여부는 의문의 여지없이 순수한 능력만큼이나 이들의 성향에 따라 크게 달라지기 때문에 판매

---

[2] 우리는 일련의 음악작품의 작곡가에 대한 질문을 해보았다. 이 때 우리의 설문은 교육체계에 의해 가르쳐지고 교육 시장에서 확실하게 공인되는 지식과 가까운 지식을 토대로 아주 '학교적인' 형태로 제출되었다(앙케트 절차에 관해서는 <부록 1>을 보라).

계통의 일반관리직과 의료보건 서비스직 종사자, 비서, 문화 매개자들과 같은 신흥 쁘띠 부르주아지처럼 문화적 상승지향 성향〔제6장을 보라〕을 가진 사람들은 이 기회를 호기로 여기게 된다). 이와 마찬가지로 '프랑스 -음악(France Musique)' 방송국이나 '프랑스-문화(France Culture)' 방송국처럼 가장 '고급스런' 라디오 방송이나 음악 프로나 교양 프로를 듣는가, 레코드 플레이어를 갖고 있는가, 레코드를 어느 정도 듣는가(장르는 따로 묻지 않는다. 따라서 취향의 편차가 최소화된다), 미술관에는 어느 정도 자주 가는가, 회화에 대한 식견은 어느 정도인가, 즉 서로 밀접하게 상호연관되어 있는 다양한 질문들 또한 이와 동일한 논리를 따르고 있으며, 학력자본과 밀접하게 연결되어 있기 때문에 다양한 계급과 계급 분파를 서열화시키게 된다(버라이어티variety 프로그램을 듣는 사람들의 분포도는 이와 정반대이다). 시각예술이나 악기연주와 같은 활동은 일반적으로 교육체계 밖에서 획득한 문화자본이 있어야 비로소 가능하며 학위 증서의 수준과는 (상대적으로) 독립되어 있는 반면 사회계급과의 상관성은 아주 강하게 나타나며, 이것은 해당 계급의 사회적 궤적trajectoire sociale을 매개로 확립된다(그리고 바로 이 궤적이 신흥 쁘띠 부르주아지의 특수한 위치를 설명해준다).

음악이나 회화처럼 가장 정통적인 영역에 가까이 다가갈수록 그리고 정통성의 실행 정도에 따라 위계화될 수 있는 각 영역 안의 특정한 장르나 작품에 가까이 다가갈수록 학력자본의 차이는 오페라와 오페레타, 또는 4중주단과 교향악단, 그리고 현대 예술과 고전 예술과 같은 각 시기별, 각 작곡가들, 각 작품들간의 주요한 차이(이러한 차이 또한 똑같은 원리에 의해 생산된다)와 그만큼 긴밀하게 연결된다. 예를 들어 음악작품 중에서는 「피아노 평균율」이나 「왼손을 위한 협주곡」(아래에서 더 자세히 살펴보겠지만 이 두 곡은 각 곡의 획득양식과 소비양식에서 아주 독특한 특징을 갖고 있다)은 슈트라우스의 왈츠나 「검(劍)의 춤」과 대립적인 위치에 서게 되는데, 후자의 두 곡은 하급 장르('경음악')라는 이유로 또는 대중적 인기(차별화distinction와 상승지향prétention의 변증법은 '대중화되는' 정통적인 작품을 별로 높이 평가할 수 없는 '중간수준'의 예술로 치부한다)를 누린다는 이유로 가치를 높이 평가받지 못하게 된다.3) 마치 음악 세계에서 조르쥬 브라상스(Georges Brassens)와 레오 페레(Léo Ferré)가 조르쥬 게따리(Georges Guétarry)와 페츄라 클라크(Petula Clark)와 정반대의 위치에 서 있듯이 이 두 경우 모두 이러한 차이는 학력자본의 차이와 상응하고 있다4)(<표 1>을 보라).

따라서 소비자가 선택하도록 제공되는 모든 대상 중에서 정통적인 예술작품만큼 강력한 분류효과를 가진 것은 없으며, 이러한 작품은 일반적으로 변별작용을 하면서 장르, 시대, 스타일, 저자 등으로의 구별과 세분(細分)을 이용한 구분의 생산을 무한대로 가능하게 해준다. 따라서 연속적인 구분에 의해 재창조될 수 있는 특수한 취향의 우주 안에서는 여전히 주요한 대립은 그대로 유지한 채 대략 교육수준과 사회계급에 상응하는 세 개의 취향의 영역을 구분할 수 있다. 먼저 (1) **정통적 취향** *goût légitime* 즉 「피아노 평균율」(<그림 1>의 막대그래프 1을 참조하라), 「푸가의 기법Art de la Fugue」, 「왼손을 위한 협주곡」 또는 회화의 경우

---

3) 알비노니(Albinoni)의 '유명한 아다지오' 또는 채 20년이 되지 않아 음악학자들이 발견해낸 위엄 있는 지위로부터 대중적인 라디오 방송국과 쁘띠 부르주아지들의 레코드 플레이어의 유행가로 전락한 (최소한 레코드 재킷에서는 이런 식의 운명을 피하지 못하고 있다) 비발디의 수많은 작품이야말로 정통적인 음악 세계에서 나타나는 이러한 효과를 가장 분명하게 드러내주는 예라고 할 수 있다.
4) 물론 자본구성, 상속된 문화자본의 총량(또는 사회적 궤적), 나이, 주거장소 등 이차적 요소들의 비중은 각 작품마다 상이하게 나타난다. 예를 들어 (어떤 순간에) 전혀 정통적이지 않은 작품에 접근할수록 나이라는 요소가 점점 더 중요하게 된다. 『랩소디 인 블루』나 『헝가리 광시곡』은 교육, 아버지의 직업범주, 성 또는 주거장소보다는 나이와 밀접한 상관관계가 있다.

<표 1> 가수와 음악작품에 대한 계급별 선호도

소속계급	학력	N	케마티	P. 플라크 브라상스	쾌폐	음악작품 『아듬답고 푸른 도나우 강』	『접의 춤』	『피아노 평균율』	『원순을 위한 협주곡』
민중계급	무학력, CEP, CAP	143	33.0	31.0	38.0	20.0	65.0	28.0	1.0	0
	BEPC 이상	18	17.0	17.0	61.0	22.0	62.5	12.5	0	0
중간계급	무학력, CEP, CAP	243	23.0	29.0	41.0	21.0	64.0	26.0	1.5	1.5
	BEPC, 이상	335	12.5	19.0	47.5	39.0	27.0	16.0	8.0	4.0
	BEPC, 박	289	12.0	21.0	46.5	39.0	31.0	17.5	5.0	4.0
	고등교육 수료	46	17.0	9.0	54.0	39.0	3.0	5.0	21.0	4.0
상류계급	무학력, CEP, CAP	25	16.0	44.0	36.0	12.0	17.0	21.0	8.0	8.0
	BEPC, 이상	432	5.0	17.0	74.0	35.0	16.0	8.0	15.0	13.0
	BEPC, 박	107	8.5	24.0	65.0	29.0	14.0	11.0	3.0	6.0
	고등교육수료	325	4.0	14.5	77.0	39.0	16.5	7.0	19.0	15.0
	전문학교	80	5.0	20.0	73.5	32.0	19.5	5.5	10.0	18.0
	학사	174	4.5	17.0	73.0	34.5	17.0	9.5	29.5	12.0
	아그레가숭, 그랑 제꼴	71	0	3.0	90.0	49.5	11.5	3.0	29.5	12.0

이 표를 보는 방법은 다음과 같다: 첫번째 열의 경우 무학력이거나 또는 CEP 또는 CAP를 마친 민중계급 출신의 100명의 응답자 중 33%가 (12명의 가수의 리스트에서) 케마티를, 31%가 쾌쥬마 끌라크를 꼽았다. 그리고 (16개의 곡목 중에서) 자신이 좋아하는 곡을 하나 고르라는 설문의 경우 65%가 『아듬답고 푸른 도나우 강』을, 28%가 『접의 춤』을 꼽았다.

43

<그림 1> 3개의 음악작품에 대한 계급분과별 선호도

1. 『피아노 평균율』

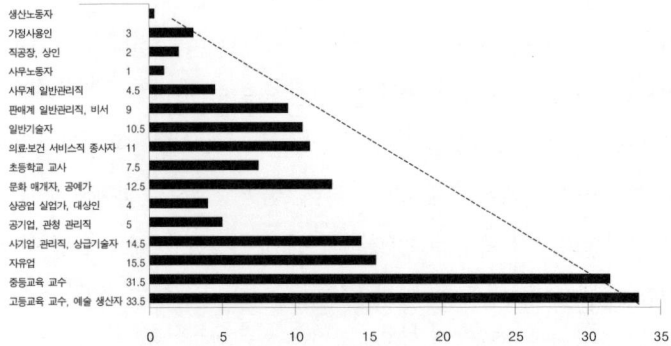

2. 『랩소디 인 블루』

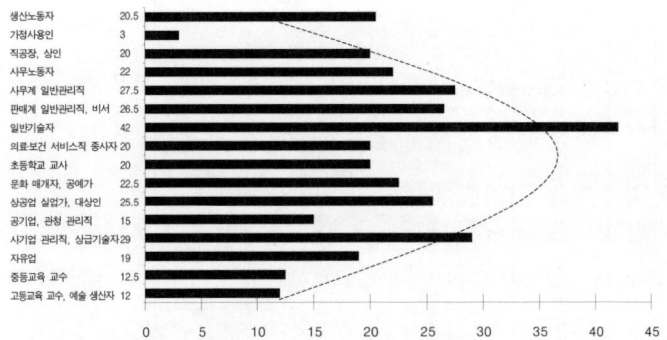

3. 『아름답고 푸른 도나우 강』

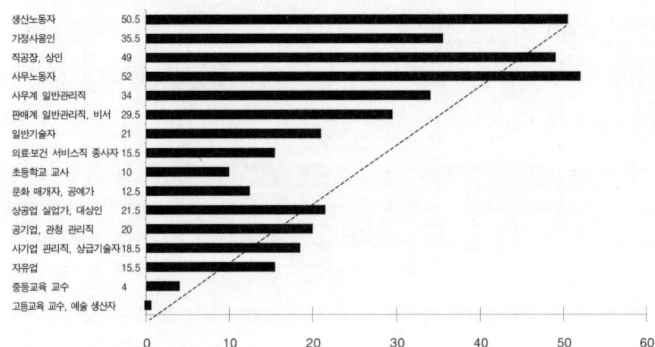

에는 브뤼겔(Bruegel)이나 고야(Goya)의 작품으로 대변되는 정통적인 작품에 대한 취향을 들 수 있다. 아마 극히 자기만족적인 심미주의자들은 영화나 재즈 또는 심지어 (예를 들어 레오 페레, 자끄 두에(Jacques Douai)의) 샹송처럼 아직도 정통화 과정 중에 있는 작품 중에서 가장 정통적인 작품에 대한 취향도 여기에 포함시킬 것이다. 이 취향은 교육수준이 높을수록 증대하며, 지배계급 중 학력자본이 가장 풍부한 분파에서 최고 수치에 도달한다. (2) '중간층' 취향goût 'moyen'으로, 「랩소디 인 블루」(<그림 1>의 막대그래프 2를 보라),「헝가리 광시곡」그리고 회화에서는 유트리요(Utrillo), 뷔페(Buffet) 또는 심지어 르느와르(Renoir)와 같은 주요 예술의 하위 작품이나 샹송분야의 자끄 브렐, 질베르 베꼬(Gilbert Bécaud)와 같은 하위 예술의 주요 작품이 모두 이 범주에 포함된다. 이 취향은 민중계급classes populaires이나 지배 계급의 '지식인' 분파들보다는 중간계급classes moyennes에서 훨씬 일반적으로 나타난다. (3) 마지막으로 '대중적' 취향goût populaire이 있는데, 이것은 '경'음악이나 「아름답고 푸른 도나우 강」(<그림 1>의 막대그래프 3을 보라),「라 트라비아타」또는 「아를르의 여인들」처럼 통속화되었다는 이유로 높이 평가받지 못하는 고전음악 특히 루이스 마리아노(Luis Mariano), 게따리, 페츄라 클라크의 샹송처럼 예술적 야심이나 욕망을 전혀 찾아볼 수 없는 작품을 선택하는 취향으로 나타난다. 이는 민중계급에서 가장 쉽게 찾아볼 수 있는 취향으로 학력자본과 반비례한다(이러한 취향이 초등학교 교사나 문화 매개자들보다 상공업 경영자나 상급관리직에서 약간 높이 나타나는 것은 바로 이 때문이다).[5]

---

[5] <그림 1>에 나와 있는 세 개의 분포도는 다양한 계급 분파(각 계급 안에서 학력자본에 따라 위계적으로 배치된다)마다 아주 특징적으로 나타나는 다양한 선택사항의 분포도를 그리려는 경우 어김없이 나타나는 특징을 전형적으로 보여준다. 첫번째의 「피아노 평균율」의 분포도는 위에서 언급한 다른 모든 작곡가나 작품에서도 그대로 나타나며, 설문사항

문화귀족의 칭호

　한편으로는 학력자본(이것은 재학기간의 크기에 의해 측정된다)과 다른 한편으로는 재즈나 영화는 물론 음악이나 회화처럼 학교교육과는 무관한 분야의 지식이나 실천 사이에는 앞서 이야기한 바와 같이 밀접한 관계가 존재하는데, 박물관에 가는 횟수와 학력자본의 상관관계처럼 밀접한 관계를 맺고 있는 이러한 관계는 이 문제 자체의 의미에 대해 아주 중요한 문제, 다시 말해 바로 이런 식으로 결부된 두 개념이 실제로 어떤 함수관계를 형성하는가 하는 문제를 제기한다. '독립' 변수와 '종속' 변수 간에 일정한 관계가 존재한다는 사실을 확인해보았지만 아무 것도 설명할 수 없으며, 따라서 아무 것도 이해할 수 없다. 각각의 경우 즉 각각의 관계에서 각 사항이 구체적으로 무엇을 가리키는지(예를 들어 교육수준과 작곡가에 대한 지식)를 결정할 때까지 통계적인 관계는 아무리 숫자적으로 정확하더라도 아무런 의미도 없는 순수한 자료에 지나지 않는다. 이 경우 사회학자들은 일반적으로 이 관계의 '강도'(强度)를 측정하는 방법을 세밀하게 가다듬는 일에만 관심을 집중한 채 '직관적인' 어림짐작과 함께 변수 중에 의연히 상수가 존재한다는 환상에 빠지거나 '지수들'(이들이 무엇을 가리키건 상관이 없다) 또는 이들을 가리키는 용어들의 명목상의 동일성만을 살피고 넘어가려 하지만 그러한 어림짐작은 이러저러한 관계 속에서 각 용어가 취하게 되는 의미뿐만

중 '철학 에세이를 읽는가'나 '박물관을 관람하러 가는가' 하는 설문(<부록 1>을 보라)에도 그대로 적용된다. 두번째 분포도(「랩소디 인 블루」)는 위에서 언급된 모든 작품과 작곡가들(「신들의 황혼」도 여기에 포함된다) 이외에도 '사진', '편안하고 아늑한 집' 등의 전형적인 특징을 보여준다. 세번째 분포도(「아름답고 푸른 도나우 강」)는 '러브 스토리love story'나 '깨끗하고 말끔한 집'에도 그대로 적용된다.

아니라 그와 관계된 각 용어들의 의미를 질문할 수 없도록 만들어버리고 만다.

매 경우 각 관계의 양쪽 사항 모두에 대해 질문해야 한다. 다양한 효과를 낳는 직업, 성별, 연령, 아버지의 직업, 주거지 등의 독립변수와 이 독립변수에 의해 세분화되는 각 집단에 따라 아주 다양하게 나타나는 성향을 드러내는 종속변수 모두에 대해 말이다. 다양한 정통 예술, 즉 회화, 음악, 연극, 문학 등과의 관계와 관련하여 각 계급간에, 또는 동일한 계급 안에서 나타나는 차이를 제대로 해석하려면 각 예술, 장르, 또는 제도들의 사회적 용도(정통적인 경우와 비정통적인 경우를 모두 포함해야 한다)를 철저하게 분석하지 않으면 안 된다. 예를 들어 음악 취향만큼 한 사람의 '계급'을 분명하게 확정해주고, 이것만큼 틀림없이 한 사람을 '분류해'줄 수 있는 것도 없다. 이 경우 그에 상응하는 성향을 획득할 수 있는 조건이 아주 드물기 때문에 음악회에 가거나 '귀족적인' 악기를 연주하는 것(다른 조건이 동일하다면, 이것은 아직 연극을 보러가거나 박물관을 관람하는 일 또는 현대 예술작품을 전시해놓은 화랑에 가는 일보다는 대중적이지 않다)보다 '계급분류적인 작용'을 하는 것도 없기 때문이다. 하지만 이것은 동시에 '음악적 소양'을 과시하는 일이 다른 경우처럼 문화적 소양을 드러내는 일과는 전혀 무관하기 때문이기도 하다. 사회적 규정과 관련해 볼 때, '음악적 소양'은 음악에 대한 지식이나 경험의 양 또는 음악에 대해 이야기할 수 있는 능력과는 좀 다른 것이다. 음악은 정신예술 중에서 가장 '정신적인' 것으로, 음악에 대한 사랑은 '정신적 깊이'에 대한 보증이 된다. 단지 오늘날 세속화된 종교언어적 함의를 갖게 된 '듣는 일'(예를 들어 정신분석학의 언어를 보라)과 관련된 모든 어휘에 얼마나 엄청난 가치가 부여되고 있는지만 생각해보아도 충분할 것이다. 다양한 용어나 표현으로 변주되어 나타나는, 음악의 혼이니 영혼의 음악이니 하는 용어가 잘 보여주듯이 음악은

'가장 심원한' '내면성'('내면의 음악'이라는 용어를 보라)과 불가분의 관계를 맺고 있으며, 따라서 모든 연주회는 정신적이다. 대중과의 관계가 영혼과 육체의 관계와 비슷하다고 생각하는 부르주아지 세계에서 '음악에 대한 둔감함'은 의문의 여지없이 물질만 중시하는 야만적인 심성을 가장 께름칙하게 드러내는 형태를 대변하게 된다. 하지만 이것이 전부는 아니다. 음악은 특히 순수한 예술이다. 이것은 아무 것도 말하지 않으며, 말할 것이 하나도 없다. 단 한번도 진정한 의미에서 표현기능을 수행한 적이 없는 음악은 따라서 드라마, 즉 극히 세련된 형태를 취하는 경우에도 여전히 사회적 메시지를 갖고 있으며 관객들의 가치나 염원과 직접적이고 심원하게 일치해야만 비로소 '내용을 전달할 수 있는' 드라마와 대립된다. 연극은 관객을 나누고, 또 연극 그 자체를 나눈다. 파리에서 볼 수 있는 센 강 우안(右岸)의 연극과 좌안(左岸)의 연극, 부르주아지 연극과 아방-가르드 연극 간의 대립은 미학적 대립인 동시에 정치적 대립으로, 양자가 불가분하게 얽혀있지만 음악에서는 전혀 그렇지 않다(드물지만 최근에는 몇 가지 예외적인 현상이 나타나고 있기는 하다). 음악은 부르주아적 에토스가 모든 종류의 예술에 대해 요구하는 세계 특히 사회 세계에 대한 부정 중 가장 급진적이며 절대적인 형태를 대변한다.

「피아노 평균율」과 「왼손을 위한 협주곡」에 대한 선호도가 직업, 나이 또는 성별과 관련하여 어떻게 나타나는가를 표시하고 있는 표 안에 함축되어 있는 의미를 제대로 해석하려면 무턱대고 지수(指數)를 맹목적으로 사용하는 관행뿐만 아니라, 단지 특수한 경험을 일반화하고 말뿐인데도 외양만 그럴듯한 본질주의적 분석 모두와 단절하고, 특정한 시기에 사회적 행위자 전체 그리고 특히 각 작품에 의해 서로 구분되거나 이들 작품에 대해 각자 의견을 달리하는 여러 범주의 개인들(특히 '상속자들'과 '신참들'이 중요하다)에게 각 작품이 가질 수 있는 서로 모순되는 다양한 의미를 완벽하게 밝혀내야 한다. 이 경우 먼저 사회적으로 각 작품에 부여되는 특성, 즉 각 작품의 사회적 이미지('바로크적이다'/'현대적이다', 평균율/불협화음, 엄격성/서정성 등), 작곡가의 사회적 이미지, 그리고 특히 각 곡을 연주하는데 필요한 악기의 사회적 이미지(현악기의 날카롭고 격렬한 음색/타악기의 포근하고 부르주아적인 음색)를 염두에 두어야 한다. 그리고 이와 함께 각 작품이 다양한 계급 또는 계급 분파("이건 ~계급 식이다")와의 관계(이러한 관계는 각 경우마다 명확하게 감지되는 정도가 다르다) 그리고 그에 상응하는 수용조건(레코드를 통해 음악을 아주 늦게 접하게 되는 경우/특히 부르주아적인 악기인 피아노 연주를 통해 어릴 적부터 음악을 접해온 경우)과의 관계 속에서 획득한 분배상의 속성을 고려해야 한다.6)

그리고 또 유난히 '인상파'를 선호하는 부르주아지의 취향을 제대로 해석하려면 무엇이 필요한지 별로 어렵지 않게 찾아낼 수 있다. 이와 동시에 본래적인 자연이나 인간 본성에 대한 서정적이고 자연주의적 접근에 그토록 매달리는 이들의 태도는 사회 세계의 사실주의적real-istic 재현이나 또는 비판적 재현(이 때문에 꾸르베Courbet나 도미에

---

6) 분배상의 속성의 수준에서 발견되는 지속적인 대립은 일반적으로 양식상의 특징의 수준에서 찾아볼 수 있는 대립항과 상동관계에 있다. 왜냐하면 생산의 장에서 생산자들(또는 작품들)이 차지하는 위치와 사회 공간(즉 전체적인 계급 구조 또는 지배계급의 구조) 안에서 소비자들이 차지하는 위치 간에 아주 빈번하게 상동관계가 나타나기 때문이다. 대략 말라르메를 읽는 초심자는 졸라의 경우에도 초심자인 경우가 많으며, 그 역도 마찬가지다. 각 작품간의 차이는 작가들의 차이를 표현하는 경향이 있다. 그 이유는, 부분적이지만 내용과 스타일 모두에서 각 작품이 사회적으로 구성된 작가의 성향(즉, 출신계급)의 흔적(이것은 생산의 장에서 각자가 차지하는 위치의 기능으로 재번역되며, 각 성향은 이 장의 형태를 결정하는 과정에서 결정적인 역할을 한다)을 포함하고 있는 데서 찾을 수 있다. 그리고 또 부분적으로는 각 작품이 생산의 장에서 작품 그리고 작가들의 대립을 통해 나타나는 사회적 의미작용의 흔적(즉 좌파냐/우파냐, 명확하냐/애매모호하냐 등)을 그대로 지니게 되기 때문이기도 하다. 이러한 의미작용은 전통이 보편성을 획득함에 따라 영구적으로 굳어진다.

Daumier는 두말할 필요 없이 르느와르와 고야가 서로 대립적으로 나타나게 된다)뿐만 아니라 온갖 형태의 추상화와 묘한 대조를 이룬다. 다시 한번 다양한 스포츠의 계급별 분포를 이해하려면 각 계급에 고유한 지각도 식(圖式)과 평가도식에 따라 각 계급이 다양한 스포츠에 따르는 (경제적, 문화적, '육체적') 비용과 이익을 어떻게 표상하는지를 염두에 두어야 한다. 이러한 이익은 아주 다양하게 나타나는데, 예를 들어 (건강과 미, 힘처럼) 직접적이거나 아니면 후에 나타나는 '육체적' 이익이 있으며(예를 들어 건강은 '보디 빌딩'을 통해 뚜렷하게 나타나거나, 아니면 꾸준한 운동을 통해 보이지 않게 나타날 수 있다), (사회적 지위 향상 등) 경제적-사회적 이익도 있으며, 각 스포츠의 분포상 또는 지위상의 가치(즉 각 스포츠는 희귀성 정도에 따라 또 각 계급과 연관되는 명확성의 정도에 따라 각기 다른 가치를 갖게 되는데, 권투와 축구, 럭비 또는 보디 빌딩은 노동계급을 연상시키는 반면, 테니스와 스키는 부르주아지계급을, 골프는 상류 부르주아지 계층을 연상시킨다)에 따라 직접적인 또는 사후적인 상징적 이익도 있다. 그리고 신체 자체에 직접적으로 나타나는 효과(미끈하다/선탠을 했다/밖으로 뚜렷이 드러나는 근육질 피부 등) 또는 (골프나 폴로처럼) 스포츠를 통해 형성되는 극히 선별적인 집단에 접근함으로써 얻는 차별화distinction 이익도 있다.

이처럼 지수들의 명목상의 동일성을 무조건 신뢰하는 실증주의에 필연적으로 따라 다닐 수밖에 없는 직관주의로부터 완벽하게 벗어날 수 있는 유일한 방법은, 고려하고 있는 각 속성이나 실천 — 루이 15세 양식의 장롱, 브라암스의 교향곡, 『이스또리아 Historia』나 『르 피가로Le Figaro』 구독, 럭비, 아코디언 연주 등 — 의 사회적 가치를 말 그대로 **무한대로 분석하는 방법뿐이다.** 만약 사회학자들이 프루스트가 "'신문을 읽는' 그 구역질나지만 열락(悅樂)을 가져다주는 행위"를 어떻게 분석하고 있는지를 염두에 둔다면 신문구독의 계급별 분포에 대한 통계자료를 훨씬 덜 맹목적으로 해석할 수 있을 것이다. 프루스트에 따르면 "신문 읽는 행위는 지난 24시간 동안 세계가 겪은 온갖 불행과 분열상, 즉 5만 명의 생명을 앗아간 전쟁, 온갖 범죄행위, 파업, 파산, 화재, 독살사건, 자살, 이혼, 정치가들과 배우들의 비통한 심정 등 전혀 그런 일에 관심을 갖지 않는 우리들에게 개인적 소일거리를 위한 아침의 성찬으로 변형되기 때문에, 신문은 카페오레를 몇 모금 들이키며 이리저리 들척일 수 있는 소품으로서는 정말 탁월하고 짜릿한 감흥을 맛볼 수 있도록 해준다"(M. Proust, "sentiments filiaux d'un parricide" in *Pastiches et melanges*, Paris, Galimard, lère éd. 1919, ldées, 1970, p. 200). 한 탐미주의자에 의해 이처럼 독특하게 변형되어 나타나는 신문읽기에 대한 이러한 묘사를 읽는 우리는 신문을 통해 제공되는 사회세계에 대한 다소 추상적인 체험을 수용할 때 계급별로 나타나는 가변요소와 불변요소를 해석해보고 싶은 유혹을 느낀다. 예를 들어 사회적-공간적 거리(한쪽 극에는 지역의 일간지에 실리는 지방 소식, 즉 결혼, 사망, 사건 등의 지방 뉴스가 있으며, 그 대극에는 국제 뉴스 또는 이와 규모는 다르지만 화려한 표지사진을 실은 잡지들에 실리는 왕실의 약혼식이라든가 결혼소식이 있다)와 (프루스트의 글에 나타나는 무관심에서부터 행동주의자의 분개나 열광에 이르는) 정치적 참여정도와 같은 요소가 각 계급별로 어떻게 나타나는지를 분석해보아야 한다.

실제로 지수(指數)의 사회적 의미에 대한 이러한 종류의 예비적 분석이 결여되는 경우 외견상 극히 엄밀하게 보이는 앙케트도 사회학적 독해에는 전혀 합당하지 않을 수 있다. 예를 들어 소비행태에 관한 수많은 앙케트에서 외견상 항상 똑같은 모습을 띠는 제품도 막상 사회적으로는 다양하게 사용된다는 점을 모르기 때문에 본래 나누어야 할 것(예를 들어 흰콩과 완두콩)을 묶어서 취급하고, 또 반대로 묶을 수 있는 것(예를 들어 흰콩과 바나나 — 바나나를 과일로 볼 수 있듯이 흰콩은 야채로 묶을 수 있다)을 구별하고 마는 등 직접 통계학자의 무의식에서 튀어나온 분류법을 그대로 적용하고 만다. 빵과 러스크(살짝 구운 빵 — 옮긴이), 쌀, 파스타pâtes, 밀가루 등 분명히 누가 봐도 중립적인 '곡물'이라는 범주아래 뭉뚱그려놓은 제품의 집합체에 대해 무슨 이야기를 할 수 있단 말인가? 게다가 개개의 생산물에 대한 소비방식이 계급에 따라 크게 달라진다면? 이미 '쌀'이라는 똑같은 말이라도 '리오레'(riz au lait, 쌀을 우유로 물들인 다음 설탕을 넣은 디저트의 일종 — 옮긴이)나 (통상 '노동계급'의 식사를 대변하는) 리오 그라(riz au gras; 부이용으로 양념한 볶은 쌀 — 옮긴이)가 있는가 하면 특정한 생활양식을 가리키는 리 꽁쁠레(riz complet; 일종의 현미로 프랑스에서는 극히 한정된 가게에서만 판매하며, 다른 쌀보다 비싸다 — 옮긴이)는 굳이 언급하지 않더라도 부르주아적인(더 정확히는 '인텔리적인') '리오 뀌리'(riz au curry; 카레라이스의 일종 — 옮긴이)까지 있으니 말이다. 물론 어떤 '자연적' 제품이나 제조된 제품도 모든 사회적 용도에 한결같이 이용될 수는 없으며, 이와 동시에 '한 가지 용도로만 사용되는' 제품도 드물며, 따라서 사회적 용도를 물건 자체로부터 도출하는 것은 전혀 불가능하다. ('다이어트용 빵'처럼) 특별히 특수한 용도를 위해 고안된 제품들이나 전통(프랑스의 경우 차)이나 비싼 가격(캐비어)에 의해 특정한 계급과 밀접하게 관련되어 있는 음식을 제외한 대부분의 제품은 그들이 사용되는 사회적 용도로부터 사회적 가치를 얻게 된다. 따라서 이 영역에서 계급별 편차가 어떻게 나타나는지를 알아낼 수 있는 유일한 방법은 처음부터 그러한 편차들을 도입하는 방법뿐이다. 이 과정에서 우리는 말과 사물을 이들이 비로소 완벽한 규정성을 얻도록 해주는 사회적 용도로 대체해야 하는데, 말과 사물의 경우 외견상으로는 누가 봐도 명백해 보이기 때문에 무의식적으로 학교에서 배운 대로 추상적으로 분류하는 사람들은 이 양자에 대해 별다른 문제의식을 느끼지 않는다. 따라서 예를 들어 사진을 찍는 방법이나 요리 방법을 주목할 필요가 있다. 즉 요리의 경우, 스튜밥솥을 사용하는가 아니면 압력밥솥을 사용하는가, 다시 말해 시간과 돈이 얼마 들어도 상관하지 않는가 또는 신속하고 경제적으로 만드는가를 따져보아야 한다. 그리고 이러한 노동의 산물에 대해서도 주의를 기울여야 한다. 즉 사진이면 가족사진인가 아니면 민속무용 사진인가 그리고 요리라면 뵈프 부르기뇽(boeuf bourguignon; 양파와 적포도주로 양념을 한 소고기 찜 ― 옮긴이)인가 아니면 '리오 꿔리'인가를 살펴보아야 한다.[7]

하지만 '설명적 요소'를 찾아 나설 때야말로 실체주의적인 사유방식이 가장 거리낌 없이 나타난다고 할 수 있다. (비트겐슈타인의 용어를 조금 바꾸어 사용하자면) 명사substantif로부터 실체substance로, 명사의 불변성으로부터 실체의 불변성으로 미끄러져 들어가면서 이 실체론적 사고는 직업이나 연령, 성 그리고 학력 등 행위자에게 부여되는 여러 속성을 힘forces으로, 그것도 행위자들이 '행동하는' 관계와는 무관한 힘으로 간주하게 된다. 이러한 사유방식은 결정변수 중에서 과연 어느 것이 결정적인지 그리고 피결정 변수 중에서는 과연 어떤 것이 종속적인지 하는 문제, 다시 말해 의식적이건 무의식적이건 각각의 경우에 동원되는 지수들에 따라 선택되는 속성들 중 과연 어떤 것이 각각의 속성이 규정되는 관계를 실제로 규정할 수 있는 상관적 속성propriété pertinente을 구성하는지 하는 문제를 제거해 버린다. 특수한 지표와 특정한 실천 간

---

[7] 여기서 다시 한번 반복하자면, 현상은 항상 현상을 지지하게 마련이다. 그리고 처음부터 이러한 차이를 도입하지 않는 한 사회계급들간의 차이를 간과할 수 없기 때문에 단순히 굳은 신념을 유지하고 완전무결한 방법만 찾아다니다가 실증주의의 자유방임에 투항해 버리고는 이러한 차이들을 해체시켜 버리고 마는 사람들에게는 아무래도 사회과학은 편파적으로 보일 수밖에 없다.

의 상관성의 정도에서 나타나는 다양한 변화들을 아무리 순수하게 통계적으로 계산해 보더라도 이러한 통계적 관계에서 표현되는 효과들을 특히 사회학적으로 계산할 필요를 제거할 수는 없다. 만약 통계분석이 그 자체의 이해가능성을 찾아 나선다면 얼마든지 그러한 효과를 찾아낼 수도 있다. 그러나 우리는 이러한 관계 자체를 연구대상으로 삼아 통계학적 '의미significativite'가 아니라 사회학적 의미작용signification을 면밀하게 검토해야 한다. 우리는 오직 이러한 방식으로만 소위 상수에 가까운 변수와 다양한 실천 간의 관계를, 비록 일련의 다양한 효과, 즉 특정한 지수와 다양한 실천들 간의 통계적 관계들 속에서 드러나는 동시에 은폐되지만, 사회학적으로 인지가능한 상수적인 관계들로 대체할 수 있을 것이다. 진정 과학적으로 접근하려면 직접적인 이해의 거짓된 명증성(겉으로만 세련되어 보이는 통계분석, 예를 들어 **경로 분석**path analysis은 이러한 명증성에 전혀 예기치 않은 원군援軍을 보태주게 된다)과 단절해야 한다. 이러저러한 '종속 변수'와 교육수준이나 출신계급과 같은 변수들 간의 현상적 관계(이것은 실제로는 **상식적 관념**에 지나지 않으며, 이 개념들의 외양적인 '설명적 힘'은 사회세계의 **상식적 인식**을 양산해내는 정신적 실천으로부터 유래한다)대신에 '명확하게 규정된 개념들간의 엄밀한 관계' 즉 통계적 관계는 무조건 기록하는 여러 가지 효과의 합리적 원칙을 확립해야 한다.[8] 예를 들어 교육체계에 의해 부여되는 귀족 칭호(또는 치욕적인 낙인烙印)와 각 칭호가 함축하고 있는 실천 간의 관계나 또는 정통적인 예술작품을 통해 획득하는 성향과 의식하건 그렇지 않건 교묘하게 학교에서 교육받게 되는 성향 간의 관계가 중요하다(영어의 school이나 프랑스어의 école의 어원인 그리스어 schopè는 원래 '한가한 시간'이라는 의미를 갖는데, 그것이 사색에 빠지는 방법을 배울 수 있는 시간적

---

[8] G. Bachelard, *Le rationalisme appliqué*, Paris, PUF, 1949, p. 106.

여유라는 의미로 특수화되어 그 장場인 학교, 학원을 가리키는 말로 사용되게 되었다 — 옮긴이).

칭호의 효과

문화자본이 계승되고 교육체계가 기능하는 논리를 통해 가족으로부터 상속된 문화자본과 학력자본 간의 관계를 파악한다면 음악이나 회화 분야에서의 능력(그리고 이러한 능력이 전제하는 동시에 비로소 가능하게 해주는 실천)과 학력자본 간에 존재하는 것으로 관찰되는 강력한 연관성을 오로지 학교 교육제도의 작용의 결과로 돌릴 수는 없을 것이다(더욱이 그러한 제도가 제공하는 특수한 예술교육 탓으로 돌릴 수는 없을 것이다. 그러한 것은 거의 존재하지 않는다). 학력자본은 실제로는 가족을 통한 문화계승과 학교에 의한 문화계승(이러한 계승의 효율성 정도는 가족으로부터 직접적으로 상속받을 수 있는 문화자본의 양에 따라 좌우된다)이 복합적으로 얽히면서 나타난 결과이기 때문이다. 학교는 이와 동시에 특정한 가치를 주입하고 부과하는 작업을 통해 정통적인 문화를 따르도록 하는 일반적이며 이항가능한 성향을 형성하는 데 기여한다. 정통적인 문화는 처음에는 학교라는 장에서 공인되는 지식이나 관행과 관련하여 획득되고(그 정도는 최초의 성향 즉 출신계급에 따라 크게 달라진다), 그 다음에는 서서히 학과과정의 경계를 넘어서까지 응용되며, 학교 시장에서는 직접적인 이익을 가져다주지 않는 경험과 지식을 축적하려는, 즉 '목전의 이익을 탐내지 않는' 성향의 형태를 취하게 된다.[9]

9) 교육체계는 지배문화 안에서 시간표에 포함되어야 할 영역과 시험을 통한 통제방식의 한계를 규정함으로써 정규 학과과정에 포함되지 않는 '일반' 교양la culture 'libré'을 부정적으로 규정한다. 가장 '학교적인' 문화적 대상은 교육의 가장 낮은 수준('학교교육'의 극단적인 형태는 '초등학교'에서 찾을 수 있다)에서 가르쳐지고 요구되며, 점점 더 높은 수준의 교육제도로 올라갈수록 학교 교육제도는 점점 더 '일반' 교양에 높은 가치를 부여하고,

하지만 이처럼 교육에 의해 길러지는 성향의 일반화 경향은 문화획득을 위한 충분조건이 아니라 필요조건에 지나지 않는다. 이러한 조건은 객관적인 요구로서 부르주아지에 속한다는 자격 그리고 부르주아지의 권리와 의무에 접근할 수 있도록 해주는 자격 안에 각인되어 있다. 무엇보다 먼저 교육체계의 여러 효과 중 가장 은폐되어 있는 효과 즉 '칭호' 부여를 통해 나타나는 효과를 고려해야 하는 것은 바로 이 때문이다. 이러한 칭호는 긍정적이든(귀족화) 아니면 부정적이든(오명을 찍는 일) 신분을 가르는 특수한 방식 중의 하나로, 모든 집단은 각 개인에게 위계상의 **특정한 계급을 지정한다**. 교육제도상으로 공인되지 않은 문화자본의 보유자들의 경우 **실제로** 보여주는 방법 말고는 달리 자신의 능력을 드러낼 길이 없게 된다. 이들은 스스로 만들어낸 생산물의 부산물이기 때문에 항상 능력을 입증하라는 요구를 받는 반면, 문화귀족의 칭호를 보유한 사람들의 경우 모든 실천의 가치를 각 실천의 최초의 고안자들로부터 끌어내고, 그러한 실천 자체가 각 실천의 **핵심**의 재확인과정이자 영구화과정이기 때문에 ― 혈통, 유산, 인종, 과거, 조국, 전통 등에 대한 충실도에 의해 '존재'가 규정되므로 결코 특정한 '행동'이나 기량 또는 기능으로 환원될 수 없는 귀족 작위를 가진 성원들처럼 ― 그저 있는 그대로의 모습만을 보여주면 그만이다.10) 현재의 존재 자체가 특정한 성향을 띠도록 미리 규정하고, 현재의 모습을 정당화시켜주

(작가나 날짜 그리고 사건 등에 대한 직접적이고 폐쇄적인 질문과 같은) 교양에 대한 '학교적인' 평가를 거부한다는 점이 지적되어 왔다.
10) 앙케트에 대한 가장 강력한 저항은 극히 높은 학력자격을 가진 사람들이 보여주었는데, 이를 통해 규정상 교양인 이들은 자신들의 지식에 대해서 질문해서는 안 되며 오직 자신들의 기호(嗜好)에 대해서만 질문할 수 있을 뿐이라는 사실을 과시한 셈이 되었다(작가와 예술가들은 '문학 앙케트'에는 진지하게 응답한다는 것은 익히 알려져 있다. 이들은 통상 이러한 조사를 자신들의 '창조적 재능'과 '새로운 발견'의 '천재성'의 보편성에 경의를 표하는 행위로 간주한다).

며, 또 존재의 서열에 따라 각 기능을 분화해야 한다는 플라톤의 꿈처럼 각 개인의 행동을 정수의 드러남, 즉 그 이전의 모든 드러남보다 근원적이고 장대한 본질의 드러남으로 보이도록 만들어주는 칭호에 의해 규정되는 이들의 위상은 독학자나 '대역(代役)'처럼 이중으로 무시되는 신분이나 할당받는 문화의 서민(庶民)들과는 종(種)적인 차이에 의해 뚜렷하게 구분된다.11)

귀족들은 **본질주의자**들이다. 존재를 본질의 발현이라고 생각하기 때문에 이들은 관청의 공공문서에 기록되어 있는 상벌이나 각종 서류에 기록되어 있는 공훈이나 비행(非行)에 내적인 가치를 부여하지 않는다. 이들은 오직 어떤 행동이 비록 형태는 조금씩 다르더라도 각 행위가 수행될 수 있도록 해주는 어떤 본질을 영구화하고 널리 알려주는 특정한 영감에 따른 결과라는 사실이 분명하게 드러나는 경우에만 그 행동을 상찬한다. 이들이 그러한 본질이 요구하는 바 그대로 — 고귀함에는 의무가 따른다noblesse oblige라는 원리대로 — 스스로에게 부과하고, 그 밖의 다른 누구도 요구할 수 없는 바를 스스로에게 요구하고 자신의 본질에 '부끄럽지 않은 삶을 살아가도록' 강제하는 것 또한 바로 이러한 본질주의라고 할 수 있다.12)

이것은 학교의 성적평가나 등급분류 효과를 꿰뚫어볼 수 있도록 해

---

11) 칭호의 사회적 가치가 침해받지 않는 한 별로 문제가 되지 않는 이러한 본질주의는 필연적으로 표현의 형태를 얻어야 하며, 자본이 위협받는 경우 최소한 인종주의라는 전도된 형태로라도 표현되어야 한다(예를 들어 몰락하고 있는 귀족을 보라).
12) 위기가 발생하는 경우 가장 많은 특권을 누려오던 사람들 따라서 가장 완강하게 이전 상황을 고수하려는 사람들이 가장 뒤늦게 전략을 바꿀 필요성을 이해하고, 결국 자신이 누려오던 특권의 희생물이 되는 것은 바로 이러한 메커니즘 때문이다(예를 들어 몰락했지만 생활양식을 바꾸기를 거부하는 귀족, 또는 하층 계급의 여자와 결혼하느니 독신을 고집하는 만석군 가문의 상속인을 그러한 예로 들 수 있다). 이와 마찬가지로 여전히 일부 농민과 전통적인 수공업자 분파에서 '노블레스 오블리제'의 윤리를 찾아볼 수 있는데, 이것은 이들 두 계급의 자기-착취적인 성격을 이해하는데 큰 도움이 된다.

준다. 그럼에도 불구하고 이 문제를 완벽하게 이해하려면 모든 귀족의 또 다른 속성을 고려해보아야 한다. 이들이 스스로를 드러내는 원천이라고 생각하는 그 본질은 어떤 규정을 통해서도 규정될 수 없다. 이들은, 사소한 규정이나 규칙에 얽매이지 않는 이 본질은 규정상 원래 자유라고 말한다. 따라서 학력 귀족이 보기에 '교양인'의 본질에 스스로의 삶을 일치시킨다는 이야기는 곧 교양인이 되기 위해 반드시 필요한 조건, 교양인이라는 말 속에 암묵적으로 포함되어 있는 조건을 받아들인다는 이야기와 마찬가지가 되는데, 각 칭호의 위광이 높아질수록 이러한 조건도 크게 늘어나게 된다.

따라서 학교 교육체계가 정통적인 독학을 목표로 제시하고 그에 필요한 수단을 제공해주는 것은 전혀 역설적인 일이 아니다. '일반 교양'을 획득하기 위해 필요한 이러한 **정통적인 독학**(獨學)은 (각 부문, 과목, 전공 또는 등급간에 존재하는) 교육의 위계의 상층으로 올라갈수록 그만큼 강력하게 요구된다. '정통적 독학'이라는 말은 본질적으로는 모순적인 표현인데, 이 말을 사용하는 것은 아주 높이 평가되는 학력자격증 소지자의 '자유 교양'과 독학자의 비정통적인 자유 교양 간의 종적(種的)인 차이를 가리키기 위해서다. 대중적인 과학 잡지인 『과학과 삶Science et Vie』의 독자가 유전자 암호나 근친상간의 타부에 대해 이리저리 떠들어대며 자신의 분수를 넘어서는 경우 즉각 조롱거리가 되는 반면, 끌로드 레비-스트로스(Claude Lévi-Strauss)나 자끄 모노(Jacques Monod)는 음악이나 철학의 영역을 건드려도 단지 이들의 권위만이 한층 올라갈 뿐이다. 비정통적 자유 교양의 사회적 부가가치는 오직 기술적 효율성의 정도만큼만 가치화되며, 따라서 사적 공간이나 가정이라는 우주를 벗어나 공인된 능력과 경합을 벌일 때마다 (무자격 의사에 대한 제재처럼) 법적인 제재에 노출된다. 그러한 교양이 독학에 의해 축적된 지식이건, 아니면 요리법이나 식물재배법, 공예가의 기술 또는 다른 사람으로는 대체할 수 없는 전문지식처럼 실천 속에서 또 실천을 통해 그리고 특히 특정한 실천을 주입하고 그러한 실천의 획득여부를 공인하기 위해 설립된 기관의 통제 밖에서 획득하는 '경험'이건 상관이 없다.

따라서 이것은 **공식적으로** 특수한 능력을 보장하는 학위증(고급기술자 자격증을 예로 들 수 있다)의 암묵적인 규정 속에 명기되는데, 이러한 자격증은 그 소유자가 '일반 교양'을 즉 자격증의 권위가 보장해주는 만큼 폭넓은 일반 교양을 소유하고 있음을 **실제로** 보증해준다.[13] 그리고 역으로, 그 자격증이 형식적으로 그리고 실제로 보증하고 있는 내용을 실질적으로 보장해줄 수 있는 다른 것을 찾을 필요가 없으며, 이러한 상징 부여 효과는 문화적 엘리트들을 성별(聖別)하기 위한 학위에서 가장 강력하게 작용한다. 프랑스의 그랑 제꼴에서 수여받은 자격증은 다른 어떤 보증물 없이도 각 자격증이 보증해줄 수 있는 것으로 추정되는 것을 훨씬 넘어서는 능력을 보증해준다. 이것은 각 자격증의 약관 때문에 그러한데, 각 약관은 아무리 암묵적이더라도 먼저 자격증 소지자 자체를 규정하며, 따라서 이들은 각자의 지위에 따라 자신에게 부여되는 속성들을 실제로 확보할 것을 요구받는다.[14]

학교 교육제도는 학생들을 분류하여 어떤 학생은 정통적이고 실천적인 행동을 충실히 따르기 때문에 높이 평가할 수 있는 학생으로, 다른 학생은 그와 달리 별로 높이 평가받을 수 없는 학생으로 분류하는 등 여러 가지 소망과 희망, 다시 말해 자기-이미지와 자기-평가를 조작

---

13) 설문자들은 정통적인 또는 곧 정통성을 획득할 작품을 상징적으로 획득할 수 있는 수단에 실제적 또는 의식적으로 숙달해 있는 형태(특정한 순간의 지배적인 규정에 따르면 이것이 바로 '교양인'의 전형적인 특징을 보여준다)로 나타나는 정통적인 또는 곧 정통성을 획득할 문화를 측정하려고 했다.
14) 정통적인 문화(특히 역사나 과학처럼 정말 전형적으로 남성적인 영역), 특히 정치처럼 남성에게 할당되는 모든 영역에서 양성(특히 노동계급과 중간계급)간에 차이가 나타나는 주된 이유 또한 이러한 할당효과에서 찾을 수 있다.

하는데, 이것은 학교교육의 모든 과정에서 나타난다. '직업 배치'allocation 또는 어떤 분야나 학과(극단적인 예를 들자면, 철학이나 지리학, 수학이나 지질학 등) 또는 교육기관(엄청난grande 명성이 따르는 그랑 제꼴 grandes école, 또는 학부)등으로의 할당 효과는 주로 당사자가 차지하고 있는 위치의 사회적 이미지, 그리고 각 위치 안에 객관적으로 각인되어 있는 전망들, 무엇보다 먼저 어떠한 유형으로 문화를 축적해나갈 것인가 그리고 어떠한 형식으로 교양을 완성해나갈 것인가 하는 문제에 대한 사회적 이미지를 통해 나타난다.15) 학력이나 등급 구분에 의한 공식적 차이는 분류되는 각 개인들에게 누구나 그러한 차이를 공식적으로 인정하고 지지하고 있다는 믿음을 불어넣음으로써 실제적인 차이를 만들어내는(또는 재강화하는) 경향이 있으며, 따라서 이를 통해 실제적인 존재를 공인된 존재와 일치시키려는 행동을 취하도록 만든다. 따라서 일기를 쓰거나, 진한 화장을 하는 일, 극장에 가는 일, 또는 댄스홀에 가는 일, 시를 쓰거나 럭비를 하는 일 등 제도의 명확한 요구사항과는 전혀 무관한 행동들도 다양한 매개를 통해 끊임없이 강조되는 암묵적인 요구로서 교육기관 안에 할당된 위치 안에 각인될 수 있다. 이러한 매개체 중 가장 중요한 것으로는 교사의 의식적이거나 무의식적인 기대와 동료집단의 압력을 꼽을 수 있는데, 다시 이들의 윤리적 성향 자체는 교육기관에 의해 도입되고 재강화되는 집단적 가치에 의해 규정된다. 이러한 할당효과와 이 안에 담겨있는 신분배분 효과는 분명 학교 안에서는 가르치지도 않고 심지어는 명확하게 요구하지도 않지만, 신분

---

15) 높은 자부심과 야망이야말로 지적인 또는 과학적 경쟁에서 높은 학력자본이 가져다주는 '이익'을 가장 분명하게 보여주는 사례의 하나라고 할 수 있는데, 이것은 동시에 매달리고 있는 문제의 폭(예를 들어 어떤 문제는 아주 '이론적'일 수 있다), 그리고 문제해결 유형의 지고함의 정도에서도 찾아볼 수 있다(P. Bourdieu, "Le champ scientifique," *Actes de la recherche en sciences sociales*, 2~3, 1976, pp. 88~104).

이 가리키는 위치에 부여되어 있는 속성과 그러한 위치가 부여해주는 각종 자격증이나 또는 이를 통해 접근할 수 있는 사회적 위치 등으로 구성된 문화적 실천을 성공적으로 강제하는 데서 아주 중요한 역할을 하게 된다.

의문의 여지없이 이러한 논리는 특수한 부류의 작품들, 즉 학교의 기본도서목록에 의해 공인된 문학작품이나 철학저서와의 빈번한 접촉을 통해 획득한 정통적 성향이 예를 들어 아방-가르드 문학처럼 그보다는 덜 정통적인 작품이나 또는 영화처럼 그보다는 학교의 공인을 적게 받는 영역으로 확대되어 나가는 과정을 설명하는 데 큰 도움이 된다. 결국 이러한 일반화 경향은 정통적인 작품을 인지*reconnaître*하는 성향, 즉 작품의 정통성을 인지하고 작품 자체를 칭송할 만한 가치를 가진 것으로 느낄 수 있는 적성이나 능력의 원리 안에 각인되며, 다시 이것은 각 작품 안에서 뭔가 이전부터 알려져 있는 것, 즉 작품의 독특함(이것은 "렘브란트의 그림이야." 또는 "이것은 『헬멧 쓴 사람』이야")이나 특정 유파("이것은 인상파의 그림이야")에 독특하게 나타나는 양식상의 특징과 분리할 수 없게 된다. 영화감독의 이름처럼 '쓸데없는' 지식을 축적할 수 있는 적성이나 능력이, 수입이나 주거장소 그리고 나이에 따라 크게 빈도수가 달라질 수밖에 없는 영화관람보다는 학력자본과 밀접하고 긴밀하게 연결되어 있는 것은 바로 이 때문이다.

20개의 영화 목록을 보여준 다음 어떤 영화를 보았느냐는 질문에 대해 당연히 교육을 많이 받은 사람들이 교육을 덜 받은 사람들보다 영화를 보러가는 빈도가 높았지만, 이와 동시에 지방사람들(릴)보다는 파리사람들이, 소득수준이 낮은 사람들보다는 높은 사람들이, 늙은 사람들보다는 젊은 사람들이 영화관에 가는 빈도수가 높았다. CESP(Centre d'études des supports de publicité)가 실시한 조사에서도 똑같은 관계를 확인할 수 있다. 앙케트를 하기 바로 전 주에 최소한 한번(이것은 일년에 몇 번 영화관에 가느냐는 질문보다는 훨씬 더 신뢰할 만한 행동의 지수이다. 전자의 경우 사실을 과장하는 경향이 특히 강하게 나타난다)은 극장에 갔었다고 대답한 비율은 여성들보다는 남성들 사이에서 더 높았으며(7.8% 대 5.3%), 10만 명 이상이 넘는 도시나 농촌지역들보다는 파리지역에서 높았으며(10.9% 대 7.7% 그리고 3.6%), 상급관리직이나 자유업(11.1%) 쪽이 일반관리직(9.5%)이나 사무원(9.7%), 숙련공이나 직공장(7.3%), 단순기능공(6.3%), 소경영자(5.2%), 농업종사자들(2.6%)보다 높았다. 하지만 가장 커다란 차이는 청년층(21~24세의 청년들 중 22.4%가 앙케트가 실시되기 전주에 최소한 한번은 극장에 갔다고 대답했다)과 중년층(35~49세의 사람들 중 오직 3.2%만이 극장에 갔다고 대답했다)과 노년층(50~64세 사람들 중 오직 1.7%만이 그리고 65세 이상의 노인들 중에서는 오직 1.1%만이 극장에 갔다고 대답했다)사이, 그리고 고학력자와 저학력자(고등교육을 받은 사람의 18.2%나 중등교육을 받은 사람의 9.5%에 비해, 초등학교 또는 전혀 교육을 받지 않은 사람들의 2.2%만이 앙케트를 실시하기 전주에 극장에 다녀왔다고 대답했다) 사이에서 나타난다(ESP, 『영화관객 연구』, 파리 1975 16, p. 100; 보충자료 13 후편).[16]

    영화감독에 대한 지식은 단순한 영화관람보다는 문화자본과 한층 긴밀하게 연결되어 있다. 응답자 중 초등교육만 받은 사람들은 오직 5%만이 BEPC 또는 바깔로레아 소지자들은 10%가, 고등교육을 받은 사람들은 2%가 20명의 영화감독 목록 중 4명의 영화감독 이름을 거명할 수 있었다. 그리고 20편의 영화 중 최소한 4편의 영화를 본 사람의 비율은 각 범주별로 22%, 33%, 40%였다. 따라서 영화관람도 학력자본에 따라 크게 달라지지만(하지만 박물관 관람이나 연주회에 가는 일만큼 그렇게 크

---

16) '보충 자료'란 이 책의 부록으로 실려 있는 통계자료 목차의 항목을 가리킨다.

게 달라지지는 않는다) 소비형태의 차이만으로는 다양한 학력자격증 소지자간에 나타나는 영화감독에 대한 지식의 차이를 설명하기에 충분하지 않다. 이러한 결론은 재즈, 만화, 추리소설 또는 공상과학(SF) 소설처럼 이제 막 문화적으로 성별되기 시작한 장르들에도 그대로 적용될 수 있을 것이다.[17]

배우들에 대한 지식은 교육수준에 따라 약간 상승하기는 하나(저학력자의 13%로부터 중등교육을 받은 사람의 18%, 그리고 최고 학력을 가진 사람의 23%에 이르기까지 다양하게 나타난다) 직접 본 영화의 수에 따라 크게 달라진다는 점도 추가할 필요가 있다. 이러한 지식은 TV 사회자의 사생활상의 여러 가지 사소한 일에 대한 지식과 마찬가지로 정통적인 성향보다는 일상사와 여러 인물에 대한 일반 지식을 획득하기 위해 필요한 성향을 전제하고 있다. 그리고 실제로 저학력자 중 정기적으로 극장에 가는 사람들은 고학력자들만큼 많은 영화배우 이름을 알고 있었다.[18] 동일한 수준의 교육을 받은 경우 이전에 본 영화가 많을수록 영화

---

17) 학력 수준이 동일한 경우 영화감독에 관한 지식은 릴보다는 파리지역에서 훨씬 높게 나타났으며, 극히 아카데믹하고 정통적인 영역으로 다가갈수록 파리 사람들과 지방 사람들 간의 격차가 그만큼 커지게 된다. 이러한 현상을 설명하려면 의문의 여지없이 몸에 밴 성향이 '문화적 환경'이라고 불리는 모든 것으로부터 끌어내는 끊임없는 재충원 효과, 즉 주거장소에 따라 동일한 사회적 구성과 문화수준 따라서 동일한 문화적 성향을 갖는 동료집단이 제공하는 여러 자극을 염두에 두지 않으면 안 된다. 그리고 이들에게 제공되는 막대한 문화상품도 이것과 떼려야 뗄 수 없는 관계로 묶여있다.
18) 앞에서 언급된 20편의 영화 중 최소한 4편을 본 사람들 중 초등학교 교육만 받은 사람의 45%가 4명의 배우이름을 들 수 있었던 데 반해 중학교를 마친 사람은 35%만이 그리고 고등교육을 받은 사람의 47%만이 이름을 거명했다. 배우에 대한 관심은 공무원들 사이에서 가장 크게 나타난다. 이들은 평균적으로 2.8명의 영화배우와 한명의 영화감독의 이름을 거명한 반면 장인이나 상인, 숙련노동자, 직공장은 평균적으로 0.8명의 배우이름과 0.3명의 영화감독 이름만을 거명했다(많은 영화배우 이름 — 평균 2.4명 — 을 알고 있는 비서들이나 판매계통 일반관리직들은 배우들보다 감독들 — 평균 1.4명 — 에 더 흥미를 갖고 있었으며 의료보건 서비스직 종사자들도 배우들 — 평균 1.4명 — 보다 감독 — 1.7명 — 에 더 커다란 관심을 갖고 있었다). 스타들의 사생활의 이면사에 대한 정보를 싣고

감독에 대한 지식도 늘어나지만, 이 영역에서도 아무리 꾸준히 영화를 보러 다니더라도 그것이 학력자본의 부재를 대체할 수는 없다. CEP 보유자 중 제시된 20편의 영화 중 최소한 4편의 영화를 본 사람들의 45.5%가 단 한 명의 영화감독 이름도 거명할 수 없었던데 반해 이 수치는 BEPC 또는 바깔로레아 소지자에서는 27.5% 그리고 고등 교육을 받은 사람에서는 13%로 줄어든다.

이러한 능력은 본질적으로는 일부 '영화광'이나 '재즈 팬들'이 몰두하고 있는 '아카데믹한' 노력(예를 들어 영화의 판권 안에 언급되는 내용을 카드식 상자에 일일이 베껴놓는 일을 들 수 있다)을 통해서는 획득할 수 없다.19) 이런 능력은 흔히 가정이나 학교에서 정통 문화를 몸에 익히거나 주입받으면서 획득한 성향을 바탕으로 해서야 비로소 가능해지는 무의식적 학습을 통해 습득된다. 결국 이러한 성향은 일반적으로 사용할 수 있는 일련의 지각도식과 평가도식을 갖고 있기 때문에 다른 영역에도 이항가능하며, 따라서 이러한 능력의 소유자들이 다른 문화적 경험들도 이와 비슷한 태도로 대하도록 하며, 각 경험을 상이하게 지각

있는 센세이셔널한 주간지(예를 들어 『이시 파리*Ici Paris*』)를 읽는 것은 영화배우들에 대한 관심을 유도하는 성향과 비슷한 성향의 산물이다. 이러한 잡지를 읽는 비율은 남성들보다는 여성들에서(앙케트를 실시하기 전주에 여성들의 10.8%가 『이시 파리』를 읽은 반면 남성은 9.3%만이 읽었다) 그리고 일반 관리자들(8.6%), 특히 상급관리직과 자유업(3.8%) 보다는 숙련노동자와 직공장(14.5%), 단순기능공(13.6%) 또는 공무원(10.3%)에서 높게 나타난다(Centre d'étude des supports de publicité, *Onzième étude sur les lecteurs de la presse*, 1975, 1 ère partie, p. 242).
19) 극히 헌신적인 '영화광'은 문화자본을 물려받은 쁘띠 부르주아지 사이에서 찾아볼 수 있는데, 감독이나 영화배우에 대한 이들의 지식은 해당 영화에 대한 직접적 체험을 훨씬 넘어선다. 공무원의 약 31%가 보지도 않은 영화배우의 이름을 거명했으며, '의료보건 서비스직 종사자'의 약 32%가 보지도 않은 영화감독의 이름을 거명했다(장인이나 상인 중에서는 전혀 찾아볼 수 없는 현상이다. 숙련노동자와 직공장의 7%만이 보지 않은 영화에 나오는 영화배우들의 이름을 거명할 수 있었다.

하고, 분류하고, 기억할 수 있도록 해준다. 예를 들어 똑같은 영화에 대해서도 어떤 사람들은 '버트 랭커스터가 나오는 서부 영화'라고만 이야기하는 반면 다른 사람들은 '존 스터게즈 감독의 초기작품' 또는 '샘 펙킨파의 최신작'이라고 말한다. 이때 어떤 부분을 볼만한 가치가 있는 것으로 보고, 따라서 제대로 영화를 보는 올바른 방식을 정할 때, 각자는 자신이 속해있는 사회계급 전체("그 영화 봤니?"나 "그 영화는 꼭 봐야 돼"하는 식의 말을 통해 지침을 주고 주의를 환기시킨다) 그리고 각 집단에 의해 정통적인 분류방법과 거명할 만한 예술적 향유에는 반드시 따라다니게 되는 담론을 생산하도록 권한을 위임받은 비평가 집단의 협력을 통해 지침을 얻는다.

따라서 학교에서 가르치지도 않을 뿐만 아니라 명시적으로 요구하지도 않는 문화적 실천들이 학력자격과 밀접한 관련을 갖고 변화하는 이유 또한 이런 식으로 충분히 설명될 수 있다(물론 여기서는 지금 우리가 검토하고 있는 상관관계에서 학교가 하는 역할과 다른 사회화 기관 특히 가족의 역할 간의 관계를 구분하는 문제는 일단 유보하기로 한다). 하지만 정교하게 은폐되어 있는 다음과 같은 또 다른 효과, 즉 교육체계가 부르주아지 가족의 작업에 박차를 가함으로써 여러 가지 지식을 주입하도록 해주는 조건을 통해 행사하는 효과를 고려하지 않고는 학력자격이 정통 문화의 세계로 들어갈 수 있는 조건으로 기능한다는 사실이 충분히 설명될 수 없다. 왜냐하면 바로 이것이 학력자격을 통해 일정하게 생활조건을 짐작할 수 있도록 해주기 때문이다. 즉 여기서 학위나 미적 성향, 즉 정통 문화의 세계에 들어가기 위해 (항상 암묵적으로) 요구되는 여러 가지 요구사항 중 가장 철저하게 요구되는 미학적 성향을 획득할 수 있는 전제조건을 구성하는 조건이 나타나게 된다. 그리고 앞으로 좀 더 자세히 살펴보겠지만, 대략 학력자격이 미학적 성향을 몸에 익힐 수 있는 능력을 보장해주는 것처럼 보이는 이유는 그것이 부르주아적 혈통이나 아니면 전에 오랜 기간 학교에 다녀야 비로소 습득할 수 있는 준(準)-부르주아적 존재양식과 긴밀하게 연결되어 있기 때문으로, 특히 (가장 흔하게는) 이 양자가 결합되어 나타나기 때문이라고 할 수 있다.

미적 성향

실제로 모든 정통적인 작품은 자체에 고유한 지각 규범을 강제하는 경향이 있으며, 암묵적으로 특정한 성향과 능력을 활용하는 지각방식을 유일하게 정통적인 지각방식으로 규정한다. 하지만 이러한 사실을 인식한다고 해서 특정한 지각 방식을 본질로 구성하고, 이를 통해 예술적 정통성을 승인하는 토대가 되는 환상 속으로 빠져 들어가서는 안 된다. 그 대신 모든 행위자들이, 호불호와 관계없이 또는 적응 수단의 소유여부와도 관계없이 객관적으로 그러한 규범에 의해 평가되는 사실을 주목해야 할 필요가 있다. 이와 동시에 예술작품과의 관계를 카리스마적으로 설명하는 이데올로기가 주장하듯이 이러한 성향과 능력이 자연nature의 선물인지 아니면 학습의 결과인지를 결정하고, 예술작품이나 일반적으로는 고급문화와의 영감어린 만남을 가능하도록 해주는 능력을 불평등하게, 즉 계급별로 상이하게 해주는 경이로운 사건이 일어나도록 해주는 조건의 이면을 조명할 수 있어야 한다.

미적 성향, 즉 사회적으로 예술작품으로 규정되며, 따라서 예술작품으로 인식하고 구성할 수 있는 미적 의도를 갖고 접근하도록 요구하는 대상에 접근할 수 있는 유일하게 '적절한'légitime 방법으로 사회적으로 공인되는 방법에 대한 본질주의적 분석은 모두 반드시 실패할 수밖에 없다. 교육에 의해 끊임없이 '재-생산'되어야 하는 이러한 역사적 산물의 집단적이고 개인적인 생성과정을 고려하는 것을 거부하는 한 교육의 유일한 존재이유, 즉 교육제도의 자의적 필요의 기저에 놓여 있는 역사적 이유를 재구성할 수는 없다. 파노프스키의 말대로 정말 '미학적 의도에 따라 지각되길 요구하는' 예술작품이라면, 그리고 자연적이건 인공적이건 모든 대상이 미학적으로 지각될 수 있다면 '예술작품을 만드는 것'은 바로 미학적 의도이며, 또는 소쉬르의 공식을 조금 바꿔 말하자면, 미학적 대상을 창조하는 것은 바로 미학적 관점이라는 결론을 도대체 어떻게 피할 수 있단 말인가? 그래서 이처럼 고약한 순환고리로부터 빠져나오기 위해 파노프스키는 예술작품에 스콜라철학적인 의미의 '의도'라는 개념을 부여할 수밖에 없었다. 하지만 순전히 '실용적인' 지각은 이러한 객관적 의도와 상충된다. 미적 지각이 어떤 의미에서는, 예를 들어 빨간 불처럼 '실용적' 반응, 즉 정지를 요구하는 신호의 객관적 의도의 실용적 부정이듯이 말이다. 따라서 자체가 자연적인 대상들과는 대립적으로 규정된 가공대상들 안에서도 예술적 작품은 미적으로 지각될 것을 요구받는다는 점에서, 다시 말해 **기능**이 아니라 **형식**이 중시된다는 점에서 다른 대상과 구분될 수 있다. 하지만 이러한 규정은 어떻게 실제로 작용할 수 있을까? 파노프스키 본인은 과연 어떤 순간에 가공된 물건이 예술적 대상이 되는지를, 즉 어떤 순간에 형식이 기능보다 우위에 서게 되는지를 과학적으로 규정하기는 실제로는 불가능하다고 말한다. "만약 어떤 친구에게 저녁식사 초대장을 보낸다면 나의 편지는 주로는 의사소통을 위한 것이다. 하지만 편지의 형식에 강조점을 둘수록 이것은 그만큼 예술작품 또는 시작품이 되어간다."[20]

그렇다면 결국 기술적 대상의 세계와 미학적 대상의 세계 간의 구분선은 생산자들의 '의도'에 따라 달라진다는 이야기인가? 실제로는 이러한 '의도' 자체가 이미 사회적 규범과 관습의 산물로, 이 양자가 결합

---

[20] E. Panofsky, *Meaning in the Visual Arts*, New York, Doubleday Anchor Books, 1955, p. 12.

해 항상 불안정하고 역사적으로 변화하는 기술적 대상과 예술적 대상의 경계선을 규정한다. 파노프스키는 "고전적 취향은 사신(私信), 법률적 연설, 영웅들의 문장(紋章) 등이 '예술적일' 것을 요구하고… 현대적 취향은 건축이나 재떨이가 '기능적일' 것을 요구한다"고 지적한다.[21]

하지만 작품이해와 평가는 분명히 소유자의 의도에 따라서도 크게 달라지지만, 이 의도 자체는 이미 특정한 역사적-사회적 상황에서 예술작품과 관계를 맺는 방식을 규정하고 있는 실천적 규범과 이러한 규범에 적응할 수 있는 소유자의 능력 즉 예술적 훈련의 산물이기도 하다. 그러므로 이러한 악순환에서 벗어나려면 예술작품을 '순수하게' 예술작품 자체로 지각한다는 이상은 상대적으로 자율적인 예술 영역에 자리잡게 되는 진정 미학적인 정통성을 구성하는 원리들이 공표되고 체계화된 결과란 점을 간파하기만 해도 충분할 것이다. 오늘날 미적 지각양식은 '순수한' 형식을 획득했지만 이 형식 자체가 이미 예술 생산양식의 특정한 상태에 조응하고 있다. 기능에 대한 형식의 절대적 우위, 즉 재현되는 대상에 대한 재현양식의 절대적 우위를 주장하는 예술적 의도에서 생겨난 예술, 예를 들어 인상파 이후의 회화들은 이전의 예술이 조건적으로만 요구했던 순수 미적 성향을 정언적으로catégoriquement 요구한다. 어떤 대상에든 자체목적적인 예술적 효과의 순수한 의도를 적용할 수 있는 예술가의 창조주적 야망이 실현되려면 미적 의도에 따라 생산되었건 그렇지 않건 모든 대상에 진정 미학적인 의도를 적용할 수 있는 유미주의자의 무제한의 수용능력을 갖고 있어야 한다.

이러한 요구는 미술관에서 객관화된 상태로 표출된다. 이곳에서 미적 성향은 제도가 된다. 실제로 여러 작품을 병렬해 놓는 것보다 더 미학적 범주외의 이해관심이나 기능에 대해 미학적 활동의 자율화를 분

---

21) E. Panofsky, *ibid*, p. 13.

명하게 표현하고 완벽하게 성취하도록 해주는 것은 없다. 따라서 원래는 (십자가에 못 박힌 그리스도 상이나 주물呪物, 피에타 상 또는 정물화처럼) 전혀 다른 기능 또는 전혀 허용할 수 없는 기능을 위해 배치되었겠지만, 이런 식으로 배치된 작품들은 암묵적으로 기능보다는 형식, 주제보다는 기교를 주목할 것을 요구하며, 또 스타일상 상호 배제적이지만 동시에 똑같이 서로가 필요한 방식으로 구성되었기 때문에 일상적인 미학의 자의적인 규범을 따르는 리얼리즘의 재현의 기대치에 대한 실천적인 도전이 되며, 따라서 자연스럽게 양식상의 상대주의로부터 재현 기능 자체의 중성화로 이끌리게 된다. 그래서 전에는 수집가의 호기심의 대상이나 역사적 또는 민족지적 자료로 취급되어온 대상들이 예술 작품의 지위를 획득함에 따라, 그리고 이를 통해 예술적 시선의 전지전능성이 구체화됨에 따라 ─ 이러한 절대적 권력에 대한 자의적이고 의구심에 가득 찬 확증은 아니더라도 ─ 예술적 명상이 이제 순수한 쾌락의 핵심적 요소인 순간적 계시라는 환상을 깨버릴 수 있을 정도로 어느 정도는 엄밀한 감식이라는 요소를 포함하게 된다는 점을 무시할 수 없게 만든다.

순수 취향과 '야만적' 취향

간단히 말해 이처럼 새로운 물신(fétiche; 나무, 돌 등 원시인들의 숭배물 ─ 옮긴이)만큼 감상자에 의해 절박하게 요구되는 것도 없을 것이다. 이제 감상자도 예술가가 (아주 복잡하게 얽혀있는 지적인 장을 동원하여) 이 물신을 생산하면서 동원하는 기본적인 절차를 그대로 '재-생산'하도록 요구받는다.22) 하지만 그 대가로 그만큼 많은 것을 되돌려 받는 경

---

22) 말 그대로 미학적인 성향과 '실용적' 성향 간의 대립관계, 그리고 건망증 때문에 '자연

우도 없을 것이다. '과시적인 소비'의 단순 소박한 과시욕, 다시 말해 제대로 다룰 줄도 모르는 사치품을 조야한 방식으로 과시함으로써 남과 다르다는 점을 부각시키려는 과시욕은 순수한 시선의 독특한 능력, 즉 '인물' 자체 안에 각인되어 있는 것처럼 보이는 근본적 차이에 의해 미학적 소양을 갖춘 사람들을 범인(凡人)과 구분시켜주는 준(準)-창조적 힘에 비하면 아무 것도 아니다. 카리스마적 이데올로기가 "본질적으로 비대중적이고 실로 반(反)-대중적인 예술" 그리고 또 예술의 "대중을 두 개의 '적대적인 카스트 계급', 다시 말해 이해할 수 있는 자와 그렇지 못한 자로 구분함으로써 만들어내는 기묘한 사회학적 효과" 속에서 어떤 방식으로 재강화되는지를 보려면 오르테가 이 가세트를 읽기만 해도 충분하다. 그는 계속 다음과 같이 이야기한다. "이것은 곧 일부 사람들은 다른 사람들이 소유하고 있지 못한 이해 기관을 소유하고 있으며, 다시 이것은 곧 일부 사람들은 같은 인간이지만 전혀 다른 인종이라는 의미를 함축하고 있다. 새로운 예술은 낭만주의 예술과 마찬가지로 모두를 위한 것이 아니라, 별난 재주를 가진 소수만이 향유할 수 있도록 되어 있다." 그리고 그는 대중들이 당혹감을 느끼며 '예술적 성사(聖事)'는 자신과는 전혀 상관없다는 느낌을 갖게 되는 것은, '이러한 종류의 특권, 감수성의 귀족주의, 본능이 귀족처럼 세련화되어 있는 사람'들이 느끼는 '모멸감', '분명하지는 않지만 어쨌든 피하기 힘든 열등감' 때문이라고 본다. "지난 한 세기 반 동안 '민중', 즉 대중들은 자신들이 사회 전체라고 주장해왔다. 스트라빈스키의 음악이나 피란델로의 희곡들은

적인 것'으로 구성되는 경향이 있는 '순수한' 성향의 집단적-개인적 기원에 대한 한층 자세한 분석에 대해서는 P. Bourdieu, "Disposition esthéthique et compétence artistique", *Les Temps Modernes*, 1971, 295, pp. 1345~1378 et P. Bourdieu, "L'invention de la vie d'artiste", *Actes de la recherche en sciences sociales*, 1975, 2, pp. 67~93을 보라. 미학적 환상illusio과 이것을 낳는 공모관계collusio에 대한 분석으로는 P. Bourdieu, "La production de la croyance", *Actes de la recherche en sciences sociales*, 1977, 13, pp. 3~43.

이들이 스스로를 본래의 모습 그대로 즉 '보통 사람들'로, 사회구조의 수많은 구성요소 중의 단순한 요소의 하나로, 역사과정의 전혀 무기력하고 소박한 재료로써, 정신적 우주의 이차적 요소로써 보도록 강제하는 사회학적 힘을 갖고 있다. 이와 반대로 새로 등장하는 예술은 '최고로 뛰어난 사람들이' 다수 대중의 어두움 속에서 서로를 구분하고 인지하도록 해주며, 숫자상으로는 소수지만 다수 대중에 맞서 투쟁해나가야 할 자신들의 사명감을 깨닫도록 해준다."23)

'행복한 소수*happy few*의 자기정당화적인 상상력'에는 한도가 없다는 점을 보려면 수잔 랭거(Suzanne Langer), 즉 "세계에서 가장 영향력 있는 철학자 중의 하나"라는 랭거의 최근의 글을 살펴보기만 해도 충분하다. "과거에 대중들은 예술에 접근조차 할 수 없었다. 음악, 회화 심지어는 책까지도 부유한 사람들만이 맛볼 수 있는 즐거움이었다. 혹시 그러한 기회가 주어졌더라면 가난한 사람들 즉 '보통 사람들'도 똑같이 그것들을 즐길 수 있었으리라고 가정해볼 수 있다. 하지만 이제 모든 사람이 읽고, 박물관에 가고, 명곡을 들을 수 있고, 최소한 라디오는 들을 수 있게 되었기 때문에 이러한 일들에 대한 대중들의 판단은 현실이 되고, 또 이를 통해 위대한 예술은 직접적인 감각적 쾌락이 아니라는 점이 분명해졌다. 그렇지 않다면 이것은 쿠키나 칵테일처럼 교양 있는 취향에 못지않게 전혀 교육받지 못한 취향도 충분히 만족시켜줄 수 있을 것이다."24)

---

23) J. Ortega y Gasset, "La deshumanización del arte y ortos ensayos de estética," 11ème éd., Madrid, Revista de occidente, 1976 (1ère éd. 1925), pp. 15~17.
24) Suzanne K. Langer, "On Significance in Music", in *Aesthetic and the Arts*, éd. par Lee A. Jacobus, McGraw Hill Book Cy, New York, 1968, pp. 182~212, p. cit. 183(우리는 여기서 순수한 쾌락과 감각적 쾌락을 이율배반으로 보는 칸트적 주제 — 이것은 의식적으로 칸트를 참조하지 않고도 끊임없이 재고되는 주제이다 — 를 간파할 수 있는데, 이 문제는 「후기」에서 따로 자세히 다룰 생각이다).

하지만 그렇다고 하여 구별distinction 관계(이것은 스스로를 보통 사람들과 구분하겠다는 의식적인 의도를 함축하고 있을 수도 그렇지 않을 수도 있다)가 미학적 취향의 우연적 구성요소일 뿐이라고 생각해서는 안 된다. 순수한 시선은 자체로 볼 때는 세계에 대한 일상적 태도와의 단절을 함축하고 있으며, 이를 통해 사회와도 단절하게 된다. 이 점에서, 우리는 단지 르네상스 이후의 예술에 함축되어 있는 의도를 극단적인 결론까지 밀고나갈 뿐인 현대 예술은 모든 '인간적인 것'을 체계적으로 거부한다는 오르테가 이 가세트의 주장에 동의할 수 있는데, 가세트의 '인간적인 것'이라는 말은 **보통** 사람들에게 **보통** 생활 속에서 느끼는 여러 가지 정열과 감동, 느낌 따라서 이러한 감정상태를 불러일으킬 수 있는 모든 주제와 대상을 가리킨다. "사람들은 자신들에게 제시되는 인간의 운명에 관심을 가질 수 있을 때 희곡을 좋아하는데, 마치 연극이 현실 세계에서 벌어지고 있는 사건인 양 연극 속에 몰입한다."[25] '인간적인 것'을 거부한다는 것은 분명히 만인에게 적합한 것 즉 **평범하고** '쉽게' 즉각적으로 접근할 수 있는 것, 그리고 무엇보다도 먼저 미적 동물인 인간을 순수하고 단순한 동물성으로, 감성적 쾌락이나 관능적 욕망으로 환원해버리는 모든 것을 거부하는 것을 의미한다. 사람들로 하여금 아름다운 대상, 특히 오감과 감수성에 가장 직접적으로 호소하는 대상들의 재현을 '아름답다'고 말하도록 이끌어주는 재현의 내용에 대한 관심은 얼마든지 재현에 대한 판단을 재현 대상의 본성으로 종속시키기를 거부하는 무관심과 거리감을 택하기 위해 거부될 수 있다.[26] 또

---

[25] J. Ortega y Gasset, *op. cit.*, pp. 18~19.
[26] '교양 있는' 관람객들이 구별distinction에 관심을 갖는 것은 외적인 요구(이것은 수수료라는 형태로 가장 분명하게 드러난다)에 맞서 자신의 자율성을 고수하고, 기능보다 자신이 완전하게 통제할 수 있고 예술을 위한 예술, 즉 예술가들을 위한 예술을 통해 순수한 형태의 예술로 나가도록 이끌어주는 형식을 우선시하려는 예술가의 관심(생산의 장의 자율성이 높아질수록 이것도 증가하게 된다)과 비견될 수 있다.

한 소박한 시선을 묘사하지 않으면서 순수한 시선을 묘사하는 것이 결코 생각만큼 쉽지는 않다. 두 시선은 상대방과 비교해 스스로를 규정하기 때문이다. 따라서 이 대립적인 시선을 **중립적으로**, 즉 불편부당하고 '순수하게' 묘사할 수 있는 방법은 전혀 없다(물론 그렇다고 하여 미학적 상대주의에 동의해야 한다는 이야기도 아니다. 왜냐하면 '대중 미학'은 '고급' 미학과의 관련 속에서 규정되고, 정통적인 예술에 대한 참조와 '대중적' 취향에 대한 부정적 판단은 단 한번도 미에 관한 대중들의 경험에 영향을 미친 적이 없기 때문이다). 그렇다면 대중 미학은 학문적 미학에 대한 거부인가 아니면 단순한 학문적 미학의 결여일 뿐인가? 아무튼 객관적으로 보면 미적 동기를 찾을 수 없는 보통 사람들의 체험방식에 체계적 미학의 일관성을 부여하려는 유혹은, 아무리 무의식적이라도 모든 '고급' 미학의 토대가 되는 보통의 시선을 한결같이 부정적으로 바라보려는 유혹만큼이나 위험하기 짝이 없다.

대중 '미학'

모든 것은 마치 '대중 미학'이 예술과 삶의 연속성(이것은 기능에 대한 형식의 종속을 함축한다)의 확증 위에, 즉 (이렇게 말할 수 있을지 모르지만) 고급 미학의 출발점이 되는 부정에 대한 부정, 다시 말해 일반적 성향과 진정 미적인 성향의 명확한 분리에 기반하고 있는 것처럼 나타난다. 문화자본이 전혀 풍족하지 않기 때문에 노동계급과 중간계급 분파들이 모든 종류의 형식 실험recherche formelle에 대해 갖게 되는 적대감은 연극과 회화에서 분명하게 드러나며, 이 두 부분보다 훨씬 더 정통성이 없는 사진과 영화에서는 한층 분명하게 드러난다. 영화도 마찬가지지만 연극에서 일반 청중들은 논리적-연대기적으로 해피 앤드hap-py end를 향해 나가는 플롯을 즐기며, 애매모호하고 상징적인 인물이나 행동 또는 **잔혹극**의 수수께끼 같은 문제들보다는 단순하게 설정된 상황이나 인물들과 스스로를 '동일시'하는 쪽을 훨씬 더 선호한다. 굳이 끊임없이 사람들의 호기심을 유예시키는 베케트(Samuel Becket) 희곡의 등장인물들의 절묘한 활력이나 핀터(Pinter)의 대화의 낯설고, 황당하게 들리지만 기묘하게 일관성을 갖고 진행되는 대화까지는 언급할 필요도 없겠다. 이들이 말하기를 꺼려하거나 거부하는 것은 친숙하지 않기 때문이 아니라 오히려 뿌리 깊은 참여요구 때문인데, 형식 실험은 이러한 요구를 체계적으로 좌절시키며 특히 환상극에서, 즉 연극적 픽션fiction에 매력을 주는 '통상적인 요구'가 '극중 극'의 다양한 형태를 통해 철저하게 거부될 때에 이들의 요구는 한층 체계적으로 좌절된다. 피란델로는 등장인물들이 전혀 연기할 줄을 모르는 연극, 즉 『작가를 찾아 나선 여섯 명의 등장인물』, 『각인각설各人各說』, 『오늘 밤은 즉흥적으로』에서 이에 대한 패러다임을 제공해주며, 장 쥬네(Jean Genet)는 『흑인들』의 서문에서 이를 전형적으로 보여주는 공식을 하나 제시한다. "의사소통이 불가능하도록 손님들이 가르친 대로 겸손해지도록 하자. 요란한 제스처와 매너, 뻔뻔스러움을 통해 처음부터 우리들 사이에 가로놓여 있는 거리를 넓히자. 왜냐하면 우리도 배우니까 말이다." 게임에 참여하고 싶은 욕망 즉 등장인물의 즐거움과 고통을 함께 나누고 이들의 운명에 대해 걱정하고, 이들의 희망과 이상을 그대로 따르고, 이들의 삶을 함께 나누려는 욕망은 자기 투사의 형태로서 감격하기 쉬운 관객의 '소박함', 순진함, 별로 의심하지 않고 쉽게 믿어버리고 마는 태도("즐기면 그만이지. 뭐, 그리 복잡하게 생각해")에 기반하고 있으며, 이러한 태도는 곧 망각되어 작품의 실체를 인식하는 데 방해가 되지 않는 만큼만 형식 실험과 예술에 고유한 효과를 받아들이는 경향이 있다.

서로 다른 예술작품 군(群)을 각 군에 고유한 청중과 결부시켜버리는 문화적 분열상황이 존재하기 때문에 민중 계급은 현대 예술의 형식주의적 혁신이나 실험에 대해 직접적으로 판단을 내리기가 쉽지 않다. 하지만 일정한 형태의 '고급' 예술 공연을 안방으로 끌어들인 TV 또는 일시적이나마 노동계급들이 고급 예술 또는 때로는 아방-가르드 예술과 접촉할 수 있도록 해주는 (보부르 센터Beaubourg centre나 문화의 집 Maisons de la culture과 같은) 특정한 문화기구들은 실제로는 실험적 상황을 만들어내는데, 이것은 노동계급의 환경안의 정통 문화에 관한 모든 앙케트에 의해 필연적으로 드러나는 것보다 훨씬 더 인위적이거나 비현실적이지도 그와 반대로 또 덜 그렇지도 않다. 따라서 몇몇 전시회 ─ 나는 여기서 개관 직후에 보부르 박물관에서 전시된 벤Ben의 작품, 즉 석탄으로 높이 쌓아올린 작품을 염두에 두고 있다 ─ 에서는 낭패한 반응이 나타나기도 하며, 때로 이것은 격렬한 거부감과 뒤섞인 당혹감으로 이어지기도 하는데, 전적으로 예술적 장과 상대적으로 자율적인 역사에 의해 규정되는 전시품의 패러디적 의도는 상식과 양식 있는 사람에 대한 일종의 공격, 도전으로 비추어진다. 이와 마찬가지로 형식실험이 통상적인 오락 속에 제도화된다면(예를 들어 장-크리스토프 애버티 Jean-Christoph Averty의 쇼처럼 복잡한 기술적 효과를 노리는 TV 버라이어티 쇼) 노동계급 시청자들은 이처럼 환상적인 유희를 할 필요를 느끼지 않을 뿐만 아니라 바로 그러한 유희를 통해 자신들을 배제하는 생산의 장의 논리가 작동된다는 점을 이해하기 때문에 거부감을 느끼게 될 것이다. "나는 저렇게 잘난 체하는 사람들은 좋아하지 않아요. 머리며, 코며 다리 좀 봐요… 저, 가수 좀 봐요. 키는 3m이고 양팔은 2m나 되는군요. 우습지 않아요? 아, 정말 보기 싫군요, 바보 같지 않아요. 사물을 그렇게 뒤틀어놓으면 도대체 어떻게 하겠다는 거죠"(그레노블의 빵 가게에 근무하는 한 아가씨).

노동계급 대중들의 눈으로 보기에 형식적 세련화 ─ 문학과 연극에서 이것은 난해함으로 연결된다 ─ 는 아마추어들을 떼어버리려는 의도나 또는 몇몇 TV 프로그램에 대한 응답결과가 잘 보여주듯이 아마추어들에게 "머리 꼭대기에서" 이야기하려는 의도를 드러내주는 징표의 하나일 뿐이다.27) 이것은 차가움마저 느껴지는 대미술관의 엄숙함, 오페라좌나 대극장의 호화스러움, 콘서트 홀의 무대장식이나 예의처럼 고급문화의 성스러움, 즉 다른 것으로부터 분리되어 있는 동시에 다른 것을 분리시켜버리는 성격을 드러내는 여러 장치의 일부일 뿐이다.28) 하지만 민중계급의 청중들은 희미하게나마 예술뿐만 아니라 삶에서 보이는 과시적인 형식성 안에 함축되어 있는 것, 즉 표현력이 아주 풍부한 대중적 언어의 **다양한 표현** 속에서 **작렬하는** 표현적 내용에 대한 일종의 **검열**, 또는 같은 얘기지만, 모든 형식적 탐구의 계산된 냉정함 안에 내재해 있는 거리두기 효과, 즉 자신이 전달하고 있는 내용을 재회수하고 거부하는 예술뿐만 아니라 철저한 형식주의를 통해 영원히 친밀함의 유혹을 떨쳐버리려는 부르주아적 예의범절에서도 의사소통 자

---

27) 일련의 앙케트는 어떤 종류건 이들이 모든 형식실험에 대해 적대적 태도를 갖고 있음을 확인해준다. 한 연구는 대부분의 관람객들이 『페르시아인들 Les Perses』 앞에서 커다란 당혹감을 느끼고 있음을 보여주는데, 양식실험의 성격이 강한 이 작품은 대화와 눈에 띄는 플롯이 없기 때문에 제대로 따라가기가 여간 어렵지 않다(Les Téléspectateurs en 1967, Rapport des études de marché de l'ORTF, I, pp. 69 sq.). 고전적인 스타일의 UNICEF 축제와 별로 전통적이지 않은 "Allegro"에 관한 반응을 비교하고 있는 또 다른 앙케트는 민중계급의 관중들이 특이한 카메라 각도와 양식화된 장식들을 현실감의 부족으로 간주하며, 과도하게 노출된 쇼트를 기술적 실수로 받아들이고 있음을 확인해준다. 이들은 자신들이 '환경'이라고 부르는 것, 즉 청중과 연기자들 간의 관계의 특정한 속성을 높이 평가하며 사회자(축제의 주재자)의 부재를 '따뜻한 배려'의 결핍으로 간주한다(ibid, p. 78).
28) 백화점은 어떤 의미에서는 가난한 사람들의 화랑(畵廊)이다. 익숙한 세계에 속하며 따라서 사용방법도 익히 알려져 있고, 일상의 치장 속으로 삽입될 수 있으며, 일상적인 용어로 이름을 붙일 수 있고 하나하나 평가할 수 있는(따뜻하다/차갑다; 평범하다/환상적이다; 화려하다/투박하다, 편안하다/엄격하다 등) 제품들을 제시할 뿐만 아니라 더 구체적으로는 백화점 안에서 사람들은 자신들이 초월적인 가치, 즉 소위 상층계급의 생활양식의 원리들에 의해 측정된다는 느낌을 받지 않고, 취향과 색감은 자유롭게 선택하는 것이 정당하다는 이름하에 나도 자유롭게 판단할 수 있다고 느끼기 때문이기도 하다.

체의 핵심 안에 의사소통을 거부하는 태도가 은폐되어 있는 사실을 파악하는 것처럼 보인다. 반대로 대중적 오락물은 관객들이 쇼에 참여할 수 있도록 해주며, 그 기회를 이용하여 축제적인 분위기에 집단적으로 끼어들 수 있도록 해준다. 만약 서커스나 멜로드라마(이것들의 중간 중간에는 레슬링과 같은 스포츠 중계물이 소일거리로 삽입되며, 이보다 빈도는 덜하지만 TV로 방영되는 복싱이나 그 밖의 다른 집단적 시합이 끼어든다)가 무용이나 연극보다 더 '대중적인' 이유는 단지 덜 형식화되고(예를 들어 곡예와 무용을 비교해보라), 따라서 덜 완곡하게 표현되는 이것들이 한층 더 직접적이고 즉각적인 만족감을 주기 때문만은 아니다. 이것은 동시에 무대장식의 눈부신 화려함과 휘황찬란한 의상, 흥을 불러일으키는 음악과 생생한 율동, 그리고 열정적인 배우 등 **집단 축제적인 분위기**를 불러일으키고 화려한 구경거리를 제공함으로써(나는 음악당이나 가벼운 오페라, 또는 장대한 스펙터클영화 등을 염두에 두고 있다) 모든 형태의 코믹물 특히 '위대한 사람들'을 풍자하고 패러디함으로써 희극적인 효과를 만들어내는 모든 형태의 희극들(몸짓, 익살, 광대 짓, 모창 등)과 마찬가지로 흥청망청 마시고 놀거나 허심탄회하게 수다 떠는 사람들뿐만 아니라 가슴을 탁 털어놓고 호탕하게 웃는 취향을 즐기는 사람들에게도 커다란 만족감을 주며 다시 이것이 사회 세계를 전복시키고 실천과 예의범절을 뒤집어버림으로써 사람들을 자유롭게 해주기 때문이다.

미적 이화효과(異化效果)

이러한 대중적 반응은 심미주의자의 초연함과는 정반대되는데, 이들은 (서부 영화나 만화와 같은) 대중적 취향의 대상 중의 하나를 자기 자신의 것으로 할 때면 언제든 분명히 드러나듯이 반드시 '즉각적인 지각'에 대해 탁월함의 척도로서 일정한 거리, 격차를 끌어들인다. 즉 '내용', 등장인물, 플롯 등으로부터 형식, 특히 예술적인 효과 쪽으로 관심의 초점을 돌려놓는다. 이러한 효과는 오직 관계적으로만, 즉 직접적으로 주어지는 작품의 독자적인 매력에 몰두하지 않고 다른 작품과 비교하는 방법을 통해서만 제대로 감상될 수 있다. 초연함, 무관심함, 공평무사함 — 미학이론은 흔히 이러한 속성을 예술작품을 있는 그대로, 즉 자율적이며 자립적인 상태*selbständig*로 인식할 수 있는 유일한 방법이라고 이야기해왔다. 하지만 결국 그것은 실제로는 관심의 부재, 굳이 관여하지 않겠다는 무심함과 무관심, 다시 말해 스스로 달려들어 진지하게 검토하길 거부하는 것을 의미한다는 사실은 망각되고 만다. 따라서 루소의 『연극에 관한 편지』29)를 세속적으로 읽는 독자들은 이미 오래 전부터 정신의 영역에 속하는 일에 너무 많은 정열을 투자하거나 너무 많은 진지함을 기대하는 것만큼 순진하고 속되 보이는 일도 없다는 사실을 훤히 알고, 지적 창조성은 도덕적 고결함이나 정치적 일관성과는 대립적이라고 가정하기 때문에 다음과 같은 버지니아 울프(Virginia Woolf)의 비판에 대해 묵묵부답일 수 있었던 것이다. 울프는 웰즈(H. G. Wells), 골즈워시(Galsworthy) 그리고 베네트(Bennett)의 소설은, 완벽하게 '자기 충족적'이어서인지 "책을 한번 읽고나면 이전보다 더 잘 이해하고 싶다는 욕망 말고는 더 이상 다른 일을 하고 싶은 마음이 전혀 들지 않도록 만드는"『트리스트람 샌디*Tristram Shandy*』나 『오만과 편견』과 달리 "이상하게도 불완전하고 불만족스럽다는 느낌을 주며", 따라서 "무엇인가를 하지 않으면 안 된다는, 즉 무슨 협회에 가입한다든지 또는 더 절망적으로는 수표를 발행한다든지 하는 일을 하지 않으면 안 된

---

29) 요제프 가라(Joseph Garat)는 『수아르씨에 관한 회상*le Mémoire sur M. Suard*』에서 루소의 『문학예술부흥론*Discours sur le rétablissement des lettres et des arts*』은 아무 것도 진지하게 생각하지 않으려는 독자들에게는 일종의 '공포감'을 불러일으켰다고 이야기하고 있다.

다"는 느낌을 준다고 말하고 있다.30)

하지만 어떠한 참여나 연관도 거부하는 태도, 안이한 유혹이나 집단적 열병에 '통속적으로' 몸을 맡기길 거부하는 태도(최소한 간접적으로는 바로 이것이 형식적 복잡함이나 대상없는 재현을 선호하는 취향의 기원을 이룬다고 할 수 있다)는 회화에 대한 반응에서 가장 분명하게 드러난다. 이를 통해 우리는 **교육수준이 높을수록**31) 사진으로 찍으면 아름답게 나오겠느냐는 질문에 대중들이 경탄해 마지않는 통상적인 대상들 중 최초의 영성체나 일몰, 풍경 등을 '통속적이거나 추하다'고 거부하거나 '시시하고', 약간 '바보 같다'거나 '짜증나게 만든다'거나 또는, 오르테가 이 가세트의 말을 빌리자면 조야하게 '인간적'이라는 이유로 거부하는 비율이 높아지고, 또 사회적으로 무의미하다고 공인된 것들로도, 예를 들어 공사장의 철골구조나 나무껍질, 특히 양파 등 시시한 물체들 또는 자동차 사고라든가 (렘브란트를 암시하기 위해 고른) 정육점의 고기 자르는 선반 혹은 (브알로Baileau를 연상시키기 위한) 뱀처럼 추하고 거부감을 불러일으키는 대상이나 예를 들어 임산부처럼 전혀 어울리지 않는다고 지적되는 대상을 갖고도 얼마든지 아름다운 사진이나 더욱 **진짜 같은** 사진을 만들 수 있다고 선언함으로써 재현 대상으로부터의 재현의 자율성을 주장하는 사람의 비율도 늘어나게 됨을 확인할 수 있다 (<표 2와 3>을 참조하라).

30) V. Woolf, "Mr Bennet and Mrs Brown", in M. Schorer, J. Miles and G. Mc Kenzie (eds), *Criticism: The Foundations of Modern Literary Judgement*, rev. ed., New York, Harcourt Brace and Co, 1948, p. 40.
31) 사진은 예술생산 수단 중 가장 가까이하기 쉽지만, 별로 눈에 두드러지지 않는 대상을 예술적으로 승격시켜 맘에 드는 대상으로 변형시킬 수 있는 능력은 감독에 대한 지식과 똑같은 방식으로 변하게 된다. 두 경우 모두 음악이나 회화에 대한 기호(嗜好) 안에 함축되어 있는 능력보다 훨씬 더 형식적 교육으로부터 멀리 떨어져 있는 능력을 상대적으로 아카데믹한 측정방법에 따라 평가한다는 점을 염두에 둔다면 이를 충분히 납득할 수 있을 것이다.

<표 2> 학력자본에 따른 미적 성향(%) [a]

학력자본	N	최초의 영성체				민속무용			
		무응답 또는 취지불명	추하다	무슨 의미인지 모르겠다	재미있다	아름답다	무응답 또는 취지불명	추하다	무슨 의미인지 모르겠다	재미있다	아름답다
무학력, CEP	314	2.0	5.0	19.0	23.0	51.0	1.0	0.5	3.0	41.0	54.5
CAP	97	4.0	1.0	26.0	38.0	31.0	4.0	0	3.0	33.0	60.0
BEPC	197	2.5	7.0	27.0	31.0	32.5	3.5	0	7.0	33.5	56.0
바칼로레아	217	2.0	12.0	43.0	24.0	19.0	2.0	0.5	13.0	47.5	37.0
고등교육 중퇴	118	4.0	13.0	45.0	23.0	15.0	6.0	2.5	13.0	37.0	41.5
학사	182	1.0	11.0	53.0	28.0	7.0	2.0	1.0	11.0	49.5	36.5
아그레가숑, 그랑 제콜	71	4.0	15.5	49.0	6.0	25.5	4.0	6.0	22.5	28.0	39.5

<표 2> 계속

학력자본	N	나무껍질					정육점의 고기 자르는 전반					양배추				
		무응답 또는 취지불명	추하다	무슨 의미인지 모르겠다	재미있다	아름답다	무응답 또는 취지불명	추하다	무슨 의미인지 모르겠다	재미있다	아름답다	무응답 또는 취지불명	추하다	무슨 의미인지 모르겠다	재미있다	아름답다
무학력, CEP	314	2.0	14.5	46.5	21.5	15.5	1.5	31.0	46.0	16.5	5.0	2.0	28.0	56.0	10.0	4.0
CAP	97	5.0	1.0	20.0	37.0	37.0	6.0	15.5	48.5	24.0	6.0	5.0	16.5	63.0	7.0	8.5
BEPC	197	2.5	8.5	31.5	30.0	27.5	3.0	28.0	47.0	17.0	5.0	2.0	17.0	55.0	13.0	13.0
바칼로레아	217	2.0	3.0	21.0	32.0	42.0	3.0	29.5	32.0	25.0	10.5	2.0	17.5	48.5	19.0	13.0
고등교육 중퇴	118	6.0	1.0	23.0	25.0	45.0	4.0	30.5	29.0	18.5	18.0	6.0	9.0	47.0	19.5	18.0
학사	182	0	3.0	18.0	23.0	56.0	4.5	29.5	22.5	24.0	19.5	2.0	16.0	51.5	8.0	22.5
아그레가숑, 그랑 제콜	71	4.0	3.0	8.5	24.0	60.5	4.0	29.5	23.0	18.0	25.5	3.0	11.0	38.0	21.0	27.0

[a] 조사대상자는 다음과 같은 질문에 답해야 했다: "다음과 같은 주제를 갖고 사진 찍을 경우, 아름답고 흥미로운 사진이 나올거라고 생각하는가 아니면 보기에 좋은 사진이 나올거라고 생각하는가 주제는 다음과 같다: 풍경, 자동차 사고, 고양이를 안고 있는 소녀, 임산부, 정물화, 어린아이에게 젖을 물리고 있는 어머니, 공사장의 철골구조, 부랑자들, 양배추, 일몰, 직포, 나무껍질, 도로, 민속무용, 정육점 을 찍은 경우, 아름답고 흥미로운 사진이 나올 것이라고 생각하는가 아니면 보기에 좋지 못한 사진이 나올 것이라고 생각하는가? 주제는 다음과 같다: 풍경, 자동차 사고, 전선, 유명 기념물, 쓰레기장, 최초의 영성체, 부상당한 사람, 뱀, 거 장의 그림." 각 열에서 이탤릭체로 표시된 숫자는 가장 강력한 경향을 나타낸다.

<표 3> 소속계급과 학력에 따른 미적 성향(%)

소속계급	학력	N	임신부					양배추				
			무응답 또는 취지불명	추하다	무슨 의미인지 모르겠다	재미있다	아름답다	무응답 또는 취지불명	추하다	무슨 의미인지 모르겠다	재미있다	아름답다
민중계급	무학력, CEP, CAP	143	1.5	40.0	36.5	14.0	8.0	1.5	28.0	57.0	8.5	5.0
	BEPC나 그 이상[a]	18	0	39.0	22.0	11.0	28.0	0	5.5	72.5	16.5	5.5
중간계급	무학력, CEP, CAP	243	1.0	46.0	27.5	15.0	10.5	2.0	22.5	61.5	10.0	4.0
	BEPC나 그 이상[a]	335	3.5	34.0	30.0	13.5	19.0	2.5	17.5	49.5	14.5	16.0
	BEPC	149	3.5	39.0	35.0	9.0	13.5	2.0	21.0	56.0	8.5	12.5
	밧	140	3.5	37.0	21.0	17.5	21.0	3.0	15.5	45.0	19.5	17.0
	고등교육수료	46	4.0	8.5	42.0	13.0	32.5	4.0	13.0	41.0	20.0	22.0
상류계급	무학력, CEP, CAP	25	20.0	36.0	24.0	12.0	8.0	20.0	36.0	28.0	12.0	4.0
	BEPC나 그 이상[a]	432	3.0	36.0	22.0	19.0	20.0	3.0	14.5	48.0	15.5	19.0
	BEPC	31	6.5	48.5	38.5	0	6.5	6.5	6.5	38.5	32.5	16.0
	밧	76	0	60.5	16.0	5.0	18.5	0	21.0	55.5	17.0	6.5
	고등교육수료	325	3.0	30.0	22.5	23.0	21.5	3.0	14.0	47.5	13.5	22.0
	전문학교	80	7.5	17.5	30.0	32.5	12.5	6.5	6.5	52.0	20.0	15.0
	학사	174	0.5	36.0	21.5	19.5	22.5	2.0	18.5	49.0	7.5	23.0
	아그레가숑, 그랑 제콜	71	4.0	29.5	17.0	20.0	29.5	3.0	11.0	38.0	21.0	27.0

<표 3> 계속

소속계급	학력	N	뱀				일몰			
			무응답 또는 취자불명	추하다	무슨 의미인지 모르겠다	재미있다	아름답다	무응답 또는 취자불명	추하다	무슨 의미인지 모르겠다	재미있다	아름답다

소속계급	학력	N	무응답또는취자불명	추하다	무슨의미인지모르겠다	재미있다	아름답다	무응답또는취자불명	추하다	무슨의미인지모르겠다	재미있다	아름답다
민중계급	무학력, CEP, CAP	143	1.0	35.0	16.0	38.0	10.0	1.0	0	1.0	10.0	88.0
	BEPC나 그 이상	18	0	28.0	22.0	39.0	11.0	0	0	6.0	6.0	88.0
중간계급	무학력, CEP, CAP	243	1.0	25.0	23.0	35.0	16.0	1.0	0.5	2.5	6.0	90.0
	BEPC나 그 이상	335	3.0	28.5	14.0	30.5	24.0	3.0	1.5	9.0	8.5	78.0
	BEPC	149	3.0	38.0	8.5	34.0	16.5	1.5	1.5	4.5	6.5	86.0
	박	140	4.0	21.0	17.0	34.0	24.0	4.0	2.0	10.0	9.0	75.0
	고등교육수료	46	2.0	19.5	24.0	9.0	45.5	2.0	2.0	20.0	13.0	63.0
상류계급	무학력, CEP, CAP	25	20.0	36.0	4.0	24.0	16.0	20.0	0	8.0	8.0	64.0
	BEPC나 그 이상	432	3.0	18.0	13.0	38.0	28.0	2.0	3.0	15.0	17.0	63.0
	BEPC	31	6.5	19.5	16.0	29.0	29.0	0	0	22.5	0	77.5
	박	76	0	22.5	8.0	50.0	19.5	0	0	14.5	8.0	77.5
	고등교육수료	325	4.0	16.5	14.5	35.5	29.5	3.0	4.0	14.0	21.0	58.0
	전문학교	80	5.0	14.0	20.0	36.0	25.0	6.0	5.0	10.0	26.5	52.5
	학사	174	2.5	20.0	14.5	35.0	28.0	0	5.0	13.0	24.0	58.0
	아그레가숑, 그랑제콜	71	5.5	11.5	8.5	36.5	38.0	5.5	1.5	19.5	8.5	65.0

a. 'BEPC나 그 이상'이라는 범주는 형식상의 비교매조가 필요하기 때문에 설 라고 대답하는 등 — 가장 화려한 선배이 점점 더 반변해지는 이유는 바로 이 정되었다이 내용은 사회계급에 따라 동일하지가 않다. 이 범주 안에서도 사회계급 때문이라고 할 수 있다. 임산부의 경우는 분명히 예외이지만 그 이유는 이 범주 이 위로 올라갈수록 고학력자의 비율은 증가한다. 시회적 위계의 위로 올라갈수록 안에 여성은 거의 들어있지 않기 때문이라고 할 수 있다.
— 양배주나 뱀은 '이름다운' 반면 일몰은 '보기 흉하다거나' '별 볼일 없을 것이'

진짜 실험 상황은 만들어낼 수 없기 때문에 인터뷰에 응한 사람들이 '사진촬영에 적합하다'고 본, 따라서 (시시하거나 추하거나 또는 윤리적 이유에서 배제된 대상과 달리) 미학적으로 바라볼 수 있다고 생각하는 대상에 대한 이들의 발언을 모아보았다. 따라서 미적 태도를 취할 수 있는 능력은 관련된 개인이나 집단에 의해 미적 대상으로 구성될 수 있는 것과 미적 정통성의 소유자에 의해 생산의 장의 특정한 상태에서 미적으로 구성되는 것 간의 격차(이것은 구별distinction의 변증법을 통해 진화하는 생산의 장에서는 시간지체, 후진성으로 나타나기도 한다)에 의해 측정된다.

우리는 인터뷰에 응한 사람들에게 다음과 같은 질문을 제시했다. "아래와 같은 주제, 즉 풍경이나 자동차 사고를 갖고도 과연 아름답고 흥미진진한 사진을 찍을 수 있을까 아니면 무의미하거나 추한 사진이 나올까?" 예비단계에서는 인터뷰에 응한 사람들에게 실제 사진, 즉 아주 유명한 사진을 자세히 보여주지만 본 조사에서는 단지 그 대상들의 이름 즉 자갈, 임산부 등의 이름만 제시된다. 단순히 이미지의 투영에 불과한 사진을 앞에 두고 보이는 반응은 이미지 자체에 의해 생산되는 반응과 완벽하게 일치했다(이것은 이미지에 부여되는 가치는 사물에 부여되는 가치와 일치하는 경향이 있음을 잘 보여주는 증거이다). 사진을 이용한 이유는 부분적으로는 회화처럼 정통성을 부여하는 효과를 피하고 또 부분적으로는 사진이 훨씬 더 많은 사람이 쉽게 접할 수 있는 실천이기에 사람들이 내리는 판단이 덜 비현실적이리라고 생각했기 때문이다.

이 통계는 문화자본과 미적 성향 — 또는 최소한 자의적인 분류법 즉 조작을 가한 대상들의 세계 안에서 각 대상을 예술작품으로 인지하고 구성하기 위해 사회적으로 미적 접근을 요구할 수 있고 또 당연히 그렇게 하도록 지시된 대상을 구분할 수 있는 능력 — 의 적극적 지표와 부정적 지표('영 맘에 안 드는 것cucu'에 대한 거부; 사소한 것을 가치 있게 만들 수 있는 능력) 간의 관계에 덧붙여 잠재적으로는 미적인 사진이 나올 수 있는 것으로 사람이 선호하는 대상인 민속무용이라든가 직공, 또는 고양이를 안고 있는 소녀 등은 중간위치를 점하고 있다는 사실을 분명하게 보여준다.32) 이러한 대상들로도 아름다운 사진을 찍을 수 있다고 대답한 응답자들의 비율은 CAP와 BEPC 수준에서 가장 높았으며, 교육수준이 올라갈수록 재미있다 아니면 무의미하다는 반응을 보였다.33)

이 뿐만 아니라 이 통계는 또한 여성들이 남성들보다 보기 흉하고 무시무시하며 끔찍한 대상에 대해 질색하는 태도를 훨씬 더 분명하게 드러낸다는 점을 보여준다. 여성들의 44.5%가 부상당한 사람을 사진으로 찍어보았자 보기 흉한 사진만 나올 뿐이라고 생각한 반면 그렇게 생각한 남성들은 35%에 불과했다. 그리고 정육점의 고기 자르는 선반(33.5% 대

---

32) 이러한 시험은 예술적 의도를, 다시 말해 그림을 그리거나 사진을 찍는 실천 또는 예술작품의 지각양식에 실제로 적용할 수 있는 능력을 측정하기보다는 그러한 의도에 대한 견해를 수집하려는 목적을 갖고 있지만, 동시에 사회적으로 특히 미적인 것으로 인정되는 태도를 취할 수 있는 능력을 규정하고 있는 요소들을 구분할 수 있도록 해준다. '사진으로 찍기에 적합한' 대상에 대한 판단을 요소별로 분석해보면 각 집단 안에서도 문화자본은 아주 풍부하지만 경제자본은 아주 빈약한 분파와, 역으로 경제자본은 극히 풍부하지만 문화자본은 아주 빈약한 분파가 대립적인 태도를 보이고 있음을 확인할 수 있다. 지배계급의 경우 고등교육기관의 교수나 예술생산자들(그리고 부차적으로는 중등학교 교수들이나 자유업 종사자들)은 공업경영자와 상업경영자와 대립하고 있다. 사적 영역의 일반관리직과 상급기술자들은 매개적 위치에 있고 쁘띠 부르주아지들의 경우 문화매개자들(이들은 초등학교 교사나 의료보건서비스 종사자들 그리고 공예가들처럼 가장 가까운 분파들과도 뚜렷하게 구분되어 있다)은 상인이나 장인들 또는 공무원들과 대립적인 위치에 있다.

33) 최초의 영성체도 아름다운 사진이 될 수 있다고 대답한 응답자의 비율은 대학졸업학위소지자 수준까지는 계속 하락하다가 학력이 가장 높은 수준에서는 다시 상승한다. 이것은 부분적으로 최고수준의 학위를 가진 응답자들 중 상대적으로 많은 부분이 자신들의 미적 성향에 따르면 어떤 대상이든 미적으로 지각할 수 있다고 주장하기 때문이다. 따라서 지배집단에서 일몰도 아름다운 사진이 될 수 있다고 대답한 사람들의 비율은 가장 교육수준이 낮은 사람들에게서 가장 높게 나타나며, 중간 수준(일부 고등교육기관과 전문대학교)에서는 하락하며, 몇년 동안 고등교육을 마치고 따라서 모든 것이 아름다운 사진이 될 수 있다고 생각하는 경향이 있는 사람들 사이에서 다시 강력하게 상승한다.

27%), 뱀(30.5% 대 21.5%), 임산부(45% 대 33.5%)에 대해서도 이와 비슷한 차이가 존재한다. 하지만 이와 달리 정물화(6% 대 6.5%), 양배추(20.5% 대 19%)에서는 격차가 사라져버린다. 양성간의 전통적인 분업에 따라 여성에게는 '인간적인' 또는 '인도주의적인' 과제나 감정이 할당되며, 이성과 감정의 대립이라는 미명하에 여성들에게는 쉽게 감정의 분출이나 눈물이 배분된다. 남성은 직무상ex officio 문화를 담당하는 반면 여성들은 자연 쪽을 떠맡게 된다. 따라서 여성은 남성들보다는 미적 성향(뒤에서 좀더 자세히 살펴보겠지만 이러한 성향은 자연의 거부 또는 오히려 자연에 몸을 맡기는 것의 거부를 가리킨다는 점을 지적하고 넘어가기로 하자. 이것이야말로 스스로를 지배하는 방법을 알고 있는 지배계급의 지표로, 이들의 미학적 성향의 토대를 이루고 있다)이 요구하는 대로 '자연적' 감정을 검열하거나 억압할 필요가 훨씬 적다.34)

이렇게 볼 때 정통적인 작품의 정통적인 소비에 의해 객관적으로 요구되는 성향, 즉 이미 미적으로 구성되어 있는 대상 — 따라서 경탄할 만한 것의 징후를 인지하는 방법을 배운 사람들이 감탄하도록 제시되는 대상 — 을 특히 미적인 관점으로 소화할 수 있는 소질이나 일상적이고 '시시한' 대상(미적인 방식이건 그렇지 않건 이들 대상은 '보통 사

---

34) 미학적 중성화를 대가로 노동의 성별 분업이 전통적인 모델에 완벽하게 종속될수록, (다시 말해) 문화자본이 적을수록, 사회적 위계 안에서 차지하는 위치가 낮을수록 여성들의 혐오감은 그만큼 분명하게 표현된다. 신흥 쁘띠 부르주아지계급의 여성들은 일반적으로 동일한 범주의 남성들(물론 이들도 여성들과 마찬가지로 얼마든지 양배추를 갖고도 아름다운 사진을 찍을 수 있다고 말한다)보다 감정적인 고려에서 훨씬 더 커다란 아량을 보여주며, 다른 어떤 범주의 여성들보다 임산부 사진은 추할뿐이라는 점을 받아들이지 않았다(실업가나 대상인의 부인의 70%, 장인이나 상인들의 부인의 69.5%, 노동자와 사무원 또는 일반관리직의 부인들의 47.5%가 그렇게 생각하는데 반해 이들의 31.5%만 그렇게 생각하고 있다). 이러한 행동을 통해 이들은 미학적 허위의식과 함께 자신들의 성에 부과되는 윤리적 타부로부터 '해방되었다'고 보이고 싶은 욕망을 드러낸다.

람들'에 의해 감상된다)을 미적인 대상으로 구성하거나 혹은 예를 들어 요리나 의상 아니면 장식과 같은 일상생활의 극히 일상적인 선택에서 '순수' 미학의 원리를 적용할 수 있는 아주 희귀한 능력만큼, 다양한 계급을 엄밀하게 구분해주는 것도 없는 셈이다.

　순수한 성향의 가능성의 사회적 조건들(우리는 앞으로 이것을 한층 명료하게 드러내야 한다)을 분명하게 확인하려면 통계연구가 필수불가결하다. 하지만 이러한 조사는 암묵적으로 절대적인 것으로 간주되고 있는 규범에 대한 응답자들의 반응을 측정하기 위한 학교 시험과 비슷하게 보일 수밖에 없기 때문에, 이러한 성향과 그 성향 안에 표현되어 있는 세계에 대한 태도 전체가 각기 다른 사회집단에게 갖게 될 서로 다른 의미를 포착하는 데 실패할 수도 있다. 시험의 논리대로 하면 그저 무능력이라고 묘사하면 그만일지 모르지만(예술작품에 대한 정통적인 수용을 규정하고 있는 규범들의 관점에서 보면 실제로 그럴 수밖에 없다) 실제로 그러한 태도의 이면에는 **동시에** 양식주의적인 탐구 또는 순전히 형식주의적인 실험에서 보이는 자의적이거나 겉만 화려하지 전혀 쓸데없는 과시욕에 대한 반감과 거부감이 자리잡고 있기도 하다. 사진은 사진으로 찍은 대상 또는 사진으로 찍을 만한 이미지를 다양하게 이용할 수 있는 가능성만 충분하면 된다고 주장하는 일부 '유미주의자들'의 논리는 사진을 위한 사진(예를 들어 자갈을 찍은 사진)을 쓸데없고, 타락하고, 부르주아적인 것으로 거부하는 노동자들에 의해서도 똑같이 이용될 수 있다. "필름 낭비다." "차라리 필름을 내던져버리는 게 낫지." "말이야, 시간을 어떻게 써야할지를 모르는 한심한 사람들이 아직도 있다니." "저 따위를 사진으로 찍는 일 말고는 그렇게도 할 일이 없단 말인가?" "저건 부르주아적 사진이야."35)

35) 이와 관련하여 '대중' 미학은 결코 자율적이지 않으며, 오히려 필연적으로 지배자들의

반(反)-칸트적 미학

따라서 '대중' 미학의 논리를 재구성하려고 시도하자마자 이것이 칸트 미학의 부정적 반대항처럼 보이고, 대중의 에토스는 암묵적으로 「미의 분석학」의 각 명제에 대해 그것을 부인하는 반(反)-명제를 맞세우는 것처럼 보이게 되는 것은 전혀 우연이 아니다. 미적 판단의 독자성을 구성하는 것을 파악하기 위해 칸트는 교묘하게 '쾌적한 것 또는 맘에 드는 것'과 '즐거움을 주는 것'을 구분하며, 더 일반적으로는 명상의 진정 미학적인 특징을 보장해주는 유일한 특징인 '무사무욕'désintér-essement과 '쾌적한 것'을 규정하는 '감각적 관심' 그리고 '선'을 규정하는 '이성의 관심'을 확실하게 분리시키려고 노력했다. 이와 반대로 단순히 기호의 기능에 그치더라도 모든 이미지가 특정한 기능을 수행하길 기대하는 민중계급은 흔히 아주 분명하게 모든 판단을 내리려 한다. 따라서 죽은 병사를 찍은 사진은 긍정적이든 부정적이든 재현 대상의 현실 또는 그러한 재현이 수행할 수 있는 기능, 즉 전쟁에 대한 공포심을 갖도록 하거나 아니면 단순히 그러한 공포심을 보여줌으로써 사진가가 보여주려고 하는 전쟁에 대한 공포감을 거부하는 반응을 통해 일정한

미학과 관련해 끊임없는 재규정을 요구하는 피지배자들의 미학이라는 점을 망각하면 안 된다. 민중계급의 성원들(특히 여성들)은 (자신들의 미학을 경멸하는) 고급예술과 관련된 미학을 무시할 수도 그렇다고 사회적으로 조건 지워지는 성향을 포기하지도 못한 채, 그러한 성향을 공언하거나 정통화하는 방법은 더더구나 모르기 때문에 흔히 미학적 규범과의 관계를 이중적이고 모순적인 방법으로 체험하게 된다. 일부 단순노동자들이 (아무런 의미도 없는 대상을 찍은 — 옮긴이) '순수한' 사진에 대해 순전히 말로만 사진적 가치를 인정하는 것은 이를 분명하게 확인해준다(많은 쁘띠 부르주아지와 일부 부르주아지도 마찬가지인데, 예를 들어 회화의 경우 이들과 노동자계급의 차이는 말하거나 해야 할 일 또는, 더 바람직하게는, 해서는 안 되는 일을 정확하게 안다는 사실뿐인 경우가 많다. "아름답기는 하지만, 저라면 이런 대상을 사진으로 찍고 싶은 생각이 전혀 떠오르지 않았을 거예요." "좋아요, 멋진데요. 하지만 꽤나 무리하셨네요. 제 취미는 아녜요."

판단을 불러일으킨다.36) 이와 비슷하게 대중의 자연주의는 아름다운 것의 이미지 속에서 또는 이보다는 희귀하지만 아름다운 것의 아름다운 이미지 속에서 아름다움을 간파한다. "음 죽이는데, 몸매하나 끝내주는군. 정말 아름다운 여자야. 아름다운 여자는 사진으로 찍어놔도 멋있다니까." 파리의 노동자들은 소피스트인 히피아스(Hippias)가 말한 내용을 아주 솔직하게 되울려준다. "아름다움이 무엇인지를 그에게 이야기해주지. 설마 그가 나에게 뭐라고 논박하지는 못하겠지. 소크라테스, 솔직히 말하건대, 아름다운 여자가 바로 미의 정수(精髓)라오"(플라톤, 『위대한 히피아스』, 287e).

형식과 이미지의 존재 자체를 기능에 종속시키는 이러한 '미학'은 필연적으로 다원적이고 조건적이다. 응답자들이 일관되게 각각의 사진에 대한 평가나 이용가능한 방식 또는 사진을 보게 될 청중이나 혹은 더 정확하게는 각 청중의 이용방식을 구분하면서("뉴스 사진으로서는 나쁘지 않지." "좋아 그만하면 아이들에게 보여주어도 무방하겠지") 각각의 평가의 한계와 타당성을 지적하는 것을 볼 때 이들 또한 사진이 '보편적으로' 사람들에게 즐거움을 줄 수 있다는 생각을 거부하고 있음을 확인할 수 있다. 한 화이트칼라 노동자는 "임산부 사진은 다른 사람에게는 몰라도 내 맘에는 드는데"라고 말하는데, 그는 타당성에 대한 관심을, '사진으로 보여줄 만한 것' 따라서 감탄을 불러일으킬 만한 자격을 갖춘 것에 대한 관심을 표현하는 방식으로만 이용하고 있을 뿐이다. 이미지는 항상 그것을 바라보는 사람에게 그것이 수행하는 기능 또는 다른 집단이나 소유자에게 수행한다고 생각되는 기능과 관련하여 판단되기 때문에 미학적 판단은 당연히 암묵적으로는 '장르들'에 대한 인식에

---

36) 이러한 분석이 기초하고 있는 관련 문헌에 대해서는 P. Bourdieu *et al, Un art moyen*, pp. 113~134를 보라.

기반하고 있는 가설적 판단의 형태를 취하며, 이 장르 **개념**이 동시에 작품의 완성도와 적용범위를 규정하게 된다. 실제로 회답의 3/4 이상이 '만약에'라는 말로 시작되며, 대상을 인식하려는 노력은 장르별 분류 또는 같은 이야기지만 사회적 용도의 부여에서 정점에 달하는데, 상이한 장르는 용도와 사용자에 대응해서 규정된다("이것은 광고용 사진이다." "순수한 다큐멘터리용 사진이다." "실험용 사진이다." "경쟁용 사진이다." "교육용 사진이다"). 누드사진은 거의 언제나 이러저러한 평을 듣게 되는데, 이 때문에 통상 누드사진의 사회적 기능은 상투적인 틀로 환원된다. "삐갈(Pigalle; 파리의 유명한 홍등가 — 옮긴이)에서나 볼 사진이지." "그런 사진은 카운터 아래 감추고 봐야지." 정보획득이나 손에 뚜렷이 잡히는 이해관심 또는 도덕적 이해관심에 대한 감상에 기초해있는 이 '미학'이 사소한 것의 이미지나, 혹은 이러한 논리에 따르면 같은 이야기가 되지만, 이미지의 시시함만을 거부하는 것은 전혀 놀랄 만한 일이 아니다. 판단은 이미지의 대상과 관련하여 결코 대상의 자율성이라는 이미지를 제공하지 않는다. 이미지에 고유한 모든 특징 중에서 오직 색채(칸트는 이것을 형식보다 훨씬 덜 순수한 것으로 본다)만이 시시한 일을 찍은 사진을 거부하는 것을 방지할 수 있다. 대중의 의식에는, 칸트적 용어를 인용하자면 감각적 즐거움과 거리가 먼 미학적 쾌락보다 더 이질적인 것은 없을 것이다. 따라서 시시하고 하찮다는 이유로 극히 커다란 거부감을 일으키는 사진들(조약돌, 나무껍질, 물결)에 대한 판단은 거의 언제나 "그래도 칼라사진이면 괜찮을 텐데"라는 유보조건이 붙는 것으로 끝나게 된다. 그리고 일부 응답자들은 자신들의 태도를 지배하고 있는 판단기준을 다음과 같은 말로서 정식화하고 있다. "색만 잘 나오면 칼라 사진은 언제나 아름답지." 간단히 말해 "즐거움에 대한 매력이나 감동이라는 요소를 추가적으로 요구하는 취향은, 이것을 그러한 취향의 척도로 적용하려는 태도는 두말할 필요도 없이 아직도 야만주의로부터 벗어나지 못한 것"이라는 칸트의 말[37]은 정확히 이러한 대중적 취향을 가리키고 있는 셈이다.

의미도 흥미도 없는 무의미한insignifiante 이미지 또는 애매한 이미지를 거부한다는 것은 곧 그것을 목적 없는 최종목적, 스스로를 의미하는 이미지 따라서 자신 이외의 지시대상은 갖고 있지 않는 이미지로 간주하기를 거부하는 것을 의미한다. 사진의 가치는 각 사진이 전달하는 정보에 대한 관심과 이러한 정보전달 기능을 명확하게 수행할 수 있는 정도, 간단히 말해 정보의 **가독성**(可讀性)에 의해 측정되는데, 이 가독성은 그 자체가 정보의 의도나 기능의 가독성에 따라 변화하며, 따라서 각 정보에 대한 평가는 시니피에에 대한 시니피앙의 표현상의 적합성 정도에 따라 크게 달라지게 된다. 따라서 사진에는 제목이 붙어있으리라고 기대되며, 또는 실제로 사진에는 표제가 붙어있어 사진으로 찍힌 내용이 의미하려는 내용을 제대로 드러내고 전달해주는지를 판단할 수 있도록 해준다. 아방-가르드 연극이나 비구상 회화에서 나타나는 형식실험이나 또는 단순하게 고전음악이 민중계급을 당혹스럽게 만드는 이유는 부분적으로 이들 연극이나 음악이 그래도 의미를 전달하는 기호라고 할 때 그것이 과연 무엇을 의미하는지를 이해할 수 없다고 느끼기 때문이다. 따라서 초심자가 만족감을 느낀다고 해도 대상을 초월하는 의미에 기반할 수 없는 만족감은 부적절하다거나 아무런 가치도 없다고 생각할지도 모른다. 전혀 '의도'를 모르기 때문에 비상한 솜씨와 서투른 손길을, 그리고 '진지한' 형식적 도구와 냉소적인 협잡질을 구분할 수 없다고 느낀다.[38]

37) E. Kant, *Critique de jugement*, Paris, Vrin, 1946, p. 56.
38) 현대 회화를 대하는 노동자들이 불편한 심기를 솔직하게 토로하면서("도대체 무슨 의미인지 모르겠군." 또는 "맘에 들기는 하지만 도무지 이해할 수가 없군") 거부감을 표시하는 반면 부르주아지는 다 안다는 투로 침묵을 지킨다. 부르주아지도 이들 못지않게 당황하

하지만 형식적 세련화는 동시에 형식, 즉 예술가와 그의 고유한 이해관심, 기법상의 문제, 효과들, 참조와 인용의 유희를 전경(前景)에 배치함으로써 사물 자체는 배경으로 물러나게 하고 그 결과 아름다운 아이, 아름다운 소녀, 아름다운 동물 또는 아름다운 풍경 등 세계의 아름다움과의 직접적 접촉을 배제하도록 만든다. 재현은 눈을 위한 축제이며, 정물화처럼 "이전에 즐겼던 축제와 앞으로 다가올 축제에 대한 기억과 기대를 불러일으킨다."[39] 큐비즘의 기교나 추상회화의 기법만큼, 즉 재현대상과 자연의 질서 특히 인간의 형태에 대한 공격으로 받아들여져 누구나 비난하는 두 장르의 기법만큼 예술작품에서 기대되는 세계의 미와 기쁨에 대한 칭찬, 즉 '칭찬할 만한 선택'과 정반대되는 것도 없을 것이다. 간단히 말해 아무리 완벽하게 재현적 기능을 수행하더라도 작품은 오직 재현되는 사물이 재현될 가치가 있을 때만, 재현 기능이 그보다 높은 기능 즉 영원한 것으로 만들어질 만한 가치가 있는 현실을 포착하고 고양시키는 기능에 종속될 수 있을 때만이 완벽하게 정당화될 수 있다. 바로 이것이 '야만적 취향'의 토대를 이루고 있으며, 이와 정면으로 배치되는 형태의 지배적인 미학은 이것을 항상 부정적으로 언급한다. 그리고 이 야만적 취향은 단지 현실주의적 재현, 다시 말해 아름다움이나 사회적 중요성이 뛰어난 대상의 공손하고 겸손한, 겸양한 재현만을 인정한다.

지만 어떻게 해서든 '이해하려는' 노력을 보여줌으로써 겉으로 드러나는 표현이 제공하는 소박한 기대를 거부해야 한다는 것, 또는 그러한 반응을 은폐해야 한다는 것을 알고 있다 ('표제음악'이나 수많은 소나타, 콘체르토, 교향곡 등에 제목이 붙어있는 사실은 이러한 기대가 오직 민중계급에만 국한된 것은 아니라는 점을 보여주는 충분한 증거라고 할 수 있다).
39) E. H. Gombrich, *Meditations on a Hobby Horse*, London, Phaidon Press, 1963, p. 104.

미학, 윤리학, 유미주의

정통적인 예술작품에 직면하는 경우 해당 분야에 대한 특수한 능력을 완벽하게 결여하고 있는 사람들은 각자에 고유한 에토스의 감각적 도식을 각 대상에 적용하는데, 바로 이 도식이 일상생활의 통상적인 지각방식을 구조화하고 있다. 이러한 도식은 본인도 의식하지 못한 채 특정한 체계성의 산물을 만들어내는 가운데 다소간 명확하게 언급되는 미학의 원리와 상충된다.40) 그 결과 예술의 대상들이 삶의 대상들로 체계적으로 '환원'되며, '인간적' 내용을 위해 형식을 괄호 안에 넣어버리게 되는데, 순수 미학의 관점에서 보면 이것이야말로 **진짜** 야만주의가 된다.41) 모든 것은 마치 재현대상에 대한 모든 종류의 감정적-윤리적 이해관심을 중성화할 때만 형식을 강조할 수 있는 것처럼 진행된다. 그리고 이러한 중성화과정에서 (아무런 필연적인 인과관계도 없이) 다른 형태와 관련하여(즉 예술작품의 우주와 예술의 역사에 대한 언급을 통해) 이처럼 특수한 형태가 취하게 되는 변별적 속성을 파악하기 위한 수단을 장악하게 된다.

노파의 손을 찍은 사진을 보고 문화적으로 가장 빈곤한 계층의 사람들은 다소 실제적인 감정이나 윤리적 공감만 표시하고, 결코 말 그대로의 미

---

40) 프롤레타리아에 대한 민중주의적 표상, 즉 프롤레타리아는 불투명하고 밀집되어 있고 견고한 "즉자태(即自態)"라는 표상은 투명하고 불안정한 "대자태(對自態)"인 지식인이나 예술가들에 대한 표상과는 정반대되는데, 이 견해 또한 어느 정도는 이러한 에토스에 근거하고 있다.
41) 형식에 대한 관심은 말로 표현될 때는 아직 에토스의 도식에 근거하고 있는 경우가 많다. 따라서 이것은 형식의 진정한 원리와 연관될 때만, 즉 언어의 과잉교정, 복장의 엄격한 절도, 인테리어 장식의 엄정함과 동일한 성향의 도식에서 유래하는 공들이고 정연한 작품에 대한 취향과 연관될 때만이 진정한 의미를 얻을 수 있다.

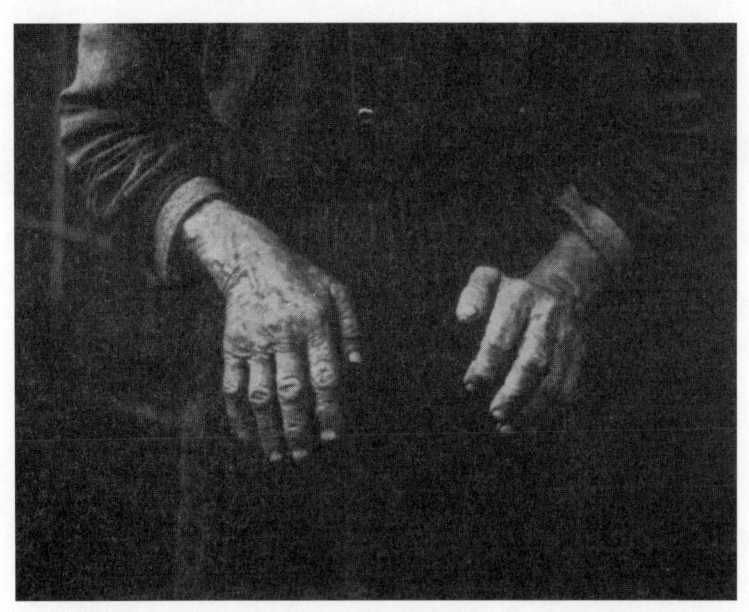

적 판단은 보여주지 않는다. 기껏해야 부정적인 평가를 내릴 뿐이다. "맙소사, 어떻게 손이 저렇게 삐뚤어질 수 있나!… 그런데 저건(왼손) 또 뭐야. 왼쪽 엄지손가락이 손으로부터 끊어져 있는 것 같은데. 어떻게 저런 식으로 사진을 찍을 수 있담. 얼마나 고된 노동에 시달렸으면. 꼭 류머티즘에 걸린 것처럼 보이는데. 분명히 불구였을 거야. 그렇지 않다면 손을 저런 식으로 하고 다녀서 그런가(동작을 모방했나)? 그래, 분명히 그럴 거야. 그래서 저런 식으로 손이 구부러졌을 거야. 공작부인이나 타이피스트의 손은 그렇지 않을 거야!… 저런 노파의 손을 봐야 한다니 딱히 기분이 좋지만은 않군. 저렇게 마디와 주름이 많은 손을 말야"(파리의 한 노동자의 말). 중간계급의 하층에 이르면 윤리적 미덕에 대한 상찬이 전면에 나서며("노동에 의해 닳고 닳은 손"), 때로 이것은 민중주의적 감상("불쌍한 노인네 같으니라고! 분명히 손 때문에 마음이 아주 아팠을 거야. 분명히 손을 쳐다보면서 커다란 고통을 느꼈을 테니까")이 가미되기도 한다. 그리고 때로는 미학적 속성에 대한 관심이나 회화에 대한 언급이 나타나기도 한다. "사진으로 찍은 듯한 그림이군. 실제로 그림처럼 아름답군요"(파리의 회계원). "스페인 회화전에서 본 그림, 앞으로 팔짱을 낀 손가락이 뒤틀려 있던 수도승의 모습이 떠오르는 군요"(파리의 기술자). "초기 반 고호의 그림에 나오는 손, 즉 감자를 먹는 늙은 노인네의 손과 비슷한 데요"(파리의 하급 사무직). 사회적 위계의 상층으로 올라갈수록 촌평(寸評)은 점점 더 추상적으로 되어, (다른 사람의) 손이나 노동 그리고 노년의 일반적인 문제를 제시하기 위한 화두나 알레고리 또는 상징으로 기능하게 된다. "너무 일을 많이 한 사람의 손으로… 아주 힘든 손노동을 한 모양이다"(파리의 상급기술자). "당연히 이 두 손을 보는 사람들은 누구나 노년이 얼마나 가난하고 불행한지를 알 수 있을 것이다"(지방의 교사). 회화나 조각 또는 문학에 대한 미학이론적 언급은 더 빈번하고, 더 다양하고, 미묘하게 조종되지만, 여전히 사회 세계에 대한 부르주아적 담론이 요구하고 실제로 행하고 있는 **중성화와 거리두기**에 의존하고 있다. "아주 아름다운 사진입니다. 노동의 상징 자체라고 할 수 있죠. 플로베르의 늙은 하녀 생각이 나는 군요… 한 때는 인간적으로 보였을 사람의 모습을 노동과 가난이 그토록 비참하게 뒤틀어버리다니 참으로 끔찍하기 짝이 없군요"(파리의 상급기술자).

각도나 조명 모두를 아주 특이하게 해서 짙은 화장을 한 여자를 찍은 사진도 이와 아주 흡사한 반응을 불러일으켰다. 생산노동자나 장인 그리고 상인들은 공포감이나 혐오감을 보였다. "집이나 방에다 저런 사진을 걸어놓을 생각은 전혀 없어요. 정말 보기 싫어요. 아주 끔찍하군요"(지방의 노동자). "죽었어요? 귀신같아요. 밤에 보았더라면 기겁했을 거예요… 너무 귀신같고 무시무시해서 바라보고 싶은 생각이 하나도 안 들어요"(지방의 상인). 대부분의 사무노동자나 일반관리직들은 '끔찍하거나' '바라보기에 그리 유쾌하지 않은' 사진은 거부하지만 기법 운운하는 사람들도 일부 있다. "아주 잘 찍었어요. 그래요, 제법 멋지지만 무시무시하군요"(파리의 사무원). "사진의 대상이 되는 남자나 여성의 얼굴표정이나 사진을 찍는 각도가 괴물 같은 인상을 주는데, 이 사진은 아래서 위를 쳐다본 각도에서 찍은 것 같군요"(파리의 일반관리직). 다른 사람들은 주로 영화에서 빌려온 미학적 참조사항을 이용한다. "인물이 아주 환상적이군요. 아주 기괴하게 보여요… 드레이어(Dreyer)의 영화에 나오는 인물 또는 베르히만(Bergman) 영화 중 위급한 지경에 처한 한 사람 또는 에이젠쉬쩨인(Eisenstein)의 『이반 뇌제(雷帝)』에 나오는 사람 같아요… 아주 맘에 듭니다"(파리의 기술자). 상급관리직이나 자유업에 종사하는 사람들은 이 사진이 '아름답고' '표현력이 풍부하다'며 베르히만과 오손 웰스(Orson Wells), 드레이어 그리고 그 밖의 다른 영화뿐만 아니라 햄릿(Hamlet), 맥베스(Macbeth) 또는 라신의 아탈리를 거론하면서 한마디씩 한다.

다음에는 라크(Lacq)의 가스 정련소 사진을 보여주면서 응답자의 반응을 살펴보았다. 이 사진은 통상 정통적인 재현의 세계로부터 배제되는 공업시설이라는 주제나 재현방식(야간촬영)에서 모두 사실성을 중시하는 여러 기준치를 크게 벗어나는 것이었다. 이 사진을 본 노동자들은 크게 당혹해 주저주저하다가 결국에 가서는 대부분 도대체 모르겠다고 항복해버렸다. "처음 보았을 때는 금속건물 같은데 도대체 무슨 건물인지를 모르겠군요. 발전소 건물의 일부 같기도 한데… 하지만 무엇인지를 알 수가 없군요… 미스터리예요"(지방의 노동자). "글쎄요. 정말 골치 아프군요, 뭔지 도대체 알 수가 없어요… 도대체 알 수가 없어요… 도대체 뭘까요, 그저 불빛이 비치는 것만 알겠어요. 차의 헤드라이트도 아니고요. 이런 식으로 선을 그릴리 만무하니 말예요. 아래에는 철로나 상품을 들어올리는 기중기가 보이는 것 같기도 하고 그렇지 않은 것 같기도 하고요. 아무튼 잘 모르겠어요"(파리의 노동자). "전기와 관계있는 것은 분

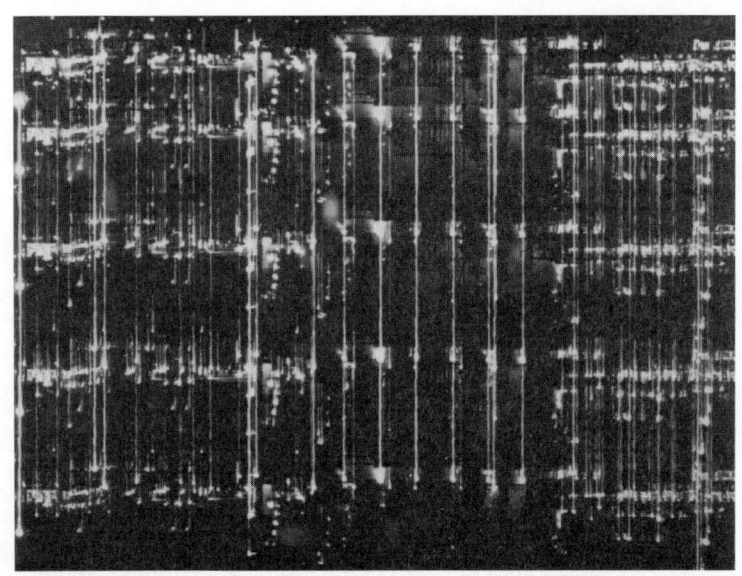

라크(Lacq)공장의 야경

명한데, 그 이상은 도저히 모르겠어요"(파리의 노동자). 현대 예술의 온갖 실험에 대해, 더 일반적으로는 작업의 특징과 흔적을 찾아볼 수 없는 모든 예술에 대해 적대적인 경향을 보이는 모든 소경영자들 중에서 나타나는 혼란감은 가끔 즉각적인 거부로 이어지기도 한다. "전혀 흥미롭지 않은데, 뭘. 아주 세련되어 있을 수 있지만 나한테는 전혀 그렇지 않아. 언제 봐도 그 모양이지. 이런 사진을 보면 냉소적으로 될 수밖에 없지 뭐"(지방의 장인). "이것이 진짜 사진인지를 알아내려고 이리저리 애를 써보았지. 혹시 몇 개의 선으로 그린 스케치를 복사한 그림이 아닐까요… 이 사진을 어디에다 장식해야 할지 도저히 모르겠군요. 혹시 현대적 취향에는 어울릴지도 모르죠. 만약 연필로 여기저기 그린 것이라면 사람들이 좋아할지도 모르죠. 하지만 사진과 사진사를 중심으로 본다면 도대체 무슨 짓을 했는지 모르겠군요. 그들은 아주 일도 하지 않았어요 화가가 일을 했으니 의당 공은 그에게 돌아가야 마땅합니다. 그가 그렸으니까요"(지방의 상인). 노동자나 소경영자만큼 겉만 보지만 노동자보다는 덜 있는 그대로 받아들이며, 소경영자들보다는 자신들의 마음에 들지 않는 것의 정통성을 문제삼지 않는 사무원들이나 일반 관리직은 판단을 포기하는 빈도도 그만큼 낮을 수밖에 없다.42) "사진으로는 맘에 드는데. 말끔하게 그려져 있군요. 단순한 선에 불과하지만 나에게는 아주 크게 보이네요… 큰 공사판의 발판인가?… 카메라에 잡힌 빛인가?"(파리의 사무원). "이런 식으로 처리하기를 좋아하는 것은 뷔페Buffet인데"(파리의 기술자). 하지만 형식에 대한 판단이 내용에 대한 판단에 맞서 완벽한 자율성("비인간적이지만 묘한 대비 때문에 미학적으로 아름답다")을 취하고, 재현이 그 자체로서 즉 자체 또는 동일한 집단의 현실('추상회화', '아방-가르드 희곡' 등) 이외의 것은 전혀 지시하지 않은 채 이해될 수 있는 것은 오직 지배집단의 성원들 사이에서 뿐인데, 재현된 대상을 인지하는 비율은 이들에게서 가장 높다.43)

예술적 의도를 생활양식의 토대로 간주하는 유미주의는 일종의 도덕적 불가지론, 즉 예술을 생활양식의 가치에 종속시키는 윤리적 성향에 대한 완벽한 반-명제를 함축하고 있다. 미학적 의도는 아무래도 에

---

42) 상승중인 쁘띠 부르주아지를 특징짓는 불안과 선의(善意)가 합쳐진 태도는 제안된 대상으로 '재미있는'(아름다운, 추한, 혹은 무의미한 등과 대립되는) 사진을 찍을 수 있다고 말하는 도피적 선택으로 표현된다. 이처럼 사무직 노동자와 일반관리직의 40%는 뱀으로도 재미있는 사진을 찍을 수 있다고 생각한다(신흥 쁘띠 부르주아지는 25.5%만이 그렇게 대답하며, 이들은 통상 뱀으로는 아름다운 사진을 찍을 수 없다고 대답한다).
43) 아래의 숫자들은 사방에서 만날 수 있는 대상, 예를 들어 철골 구조물에 대해서도 서로 상이한 관계를 맺고 있음을 보여준다. 철골구조물도 멋진 사진이 될 수 있다고 대답한 사람들의 비율은 노동자와 서비스직 종사자들 사이에서는 6%, 장인과 상인들에서는 9%, 사무계통 일반관리직과 사무직 노동자에서는 9.5%, 신흥 쁘띠 부르주아지 성원들에서는 22.5%, 초등학교 교사와 일반기술자들에서는 24%, 지배계급의 성원들에서는 24.5% 그리고 고등학교와 대학교의 교수들 사이에서는 50%에 달했다(이로 미루어 우리는 보부르 센터에 대한 반응도 이와 비슷하지 않을까 추정해볼 수 있다).

토스의 성향들이나 윤리적인 규범들, 즉 매 순간 '재현가능한' 것의 우주로부터 일정한 현실과 이들을 재현하는 몇 가지 방식을 배제해버림으로써 서로 다른 사회계급에 **정통적인 대상과 재현양식**을 규정하는 규범들과는 모순될 수밖에 없다. 따라서 미학적 지위를 부여할 수 있는 개인의 힘의 범위를 설정함으로써 부르주아지에게 '충격을 가할'*épater* 수 있는 가장 손쉬운, 그래서 가장 빈번하게 사용되는 가장 눈에 두드러지는 방법은 한층 철저하게(예를 들어 성문제의 경우) 윤리적 검열을 위반하는 것인데, 다른 계급은 그와 달리 지배적인 성향이 미학적으로 규정되는 영역 안에서도 그러한 검열을 수용한다. 또는 좀 더 미묘하게 나타나는 경우, 당대의 지배적인 미학에 의해 배제되는 대상이나 재현방식에 혹은 피지배자들의 '미학'에 의해 미학적 지위를 부여받은 대상에 미학적 지위를 부여함으로써 그렇게 할 수 있다.

최근에 발간된 『아르 비방*Art Vivant*』의 내용 총목록(1974)만 봐도 충분한데, 한 아방-가르드 화가는 이 잡지를 "애매하지만 아무튼 예술사가라고 할 수 있는 일단의 학자들이 운영하는 현대풍의 평론지"로 멋지게 묘사한 바 있다. 이 잡지는 아방-가르드 예술비평의 장에서 『플래시아트*Flashart*』 또는 『아트 프레스*Art Press*』와 『아르띠뛰드*Artitude*』 또는 『오푸스*Opus*』의 중립지점을 차지하고 있다. 특집기사와 논문 목차에서 우리는 '아프리카'(기사는 「예술은 만인을 위한 것이 되어야 한다」 하나뿐이다), '건축'(「건축가 없는 건축」을 포함한 두 개의 논문이 실려 있다), '만화'(논문은 모두 다섯 개로 총색인 49면 중 9면을 차지한다), '문자, 표의문자, 고전벽화 문자'(2개의 논문으로 4페이지를 차지한다), '아동 예술, 키치'(세 개의 논문에 5페이지를 차지한다), '사진'(두 개의 논문에다 4페이지를 차지한다), '거리예술(15편의 논문에다 23페이지로, 「거리의 예술?」, 「거리예술, 첫번째 에피소드」, 「뒷골목의 아름다움: 당신도 어떻게 보아야 할지를 배워야 한다」, 「아름다움은 거리에 넘쳐 있다」, 「지하가 달린다」도 들어있다), 'SF-유토피아'(두 편의 논문에 3페이지를 차지한다), '지하'(논문 하나)가 있다. 이러한 목록을 통해 분명하게 드러난 전복의 도나 침범 의도는 필연적으로 종래의 미학적 실천을 비난하면서도 한편으로는 경계선 **침범**을 하나의 미학적 사건으로 인식할 필요 때문에 정반대로 일정한 한계(예를 들어 침범하고 있던 집단의 규범에 순응해야 할 필요성의 인정) 안에 갇히게 된다. 이로부터 마르코프Markoff 법칙(마르코프1856~1921는 소련의 수학자로 확률론 분야에서 커다란 업적을 남겼으며, 마르코프 연쇄連鎖라는 개념을 도입했다. '마르코프 법칙'이란 과거의 선택과는 무관하게 현재의 지배적 미학과 대비되는 항목을 결정할 수 있도록 해주는 이상적인 선택을 규정하는 법칙을 가리킨다 — 옮긴이)과 흡사한 선택의 기회가 나오게 된다. 즉 영화의 경우 우리는 안토니오니, 채플린, 시네마 떼크, 에이젠쉬쩨인, 에로-포르노물, 펠리니, 고다르, 클라인, 먼로, 언더그라운드 영화, 워홀 중에서 하나를 고를 수 있다.

특히 정치적 중립주의나 혁명적 유미주의와 결부되는 **상징적 침범 행위**는 정확히 말해 쁘띠 부르주아지의 도덕주의나 또는 통상 사르트르가 혁명가들의 '고지식함'이라고 불러온 것과는 정반대가 된다.44) 미적 성향이 생활양식의 토대가 되는 경우 반드시 함축될 수밖에 없는 윤리적 무관심은 실제로는 예술가들(또는 지식인들)에 대한 윤리적 거부감의 뿌리가 되는데, 이러한 태도는 특히 쁘띠 부르주아지 중 몰락하고 있는 분파나 존재 자체를 위협받고 있는 분파들(특히 독립적인 장인들과 상인들)에서 격렬하게 나타난다. 이들은 실천의 모든 영역(특히 교육문제, 학생문제나 학생들의 데모문제)에서 퇴행적이고 억압적인 성향들을 표현하

---

44) 이 점은 문학과 연극에서 특히 분명하게 나타난다(예를 들어 1960년대의 미국의 '뉴웨이브New Wave').

는데, 이러한 성향은 이들 집단의 상승하는 분파들 사이에서도 분명하게 나타난다. 미덕을 준수해야 하는 긴장감과 깊은 위기감을 안고 있는 이들은 '포르노크라시(pornocratie; 반도덕적 풍조가 지배하는 문화상황 — 옮긴이)'라는 환상을 선선히 받아들이게 된다.

이처럼 순수한 성향의 정통성은 너무나 보편적으로 공인되기 때문에 예술에 대한 규정이나 그것을 통한 생활양식에 대한 규정이야말로 각 계급간의 투쟁의 대상이라고 지적하는 목소리가 전혀 들릴 수가 없었다. 실제로는 **한번도 체계적으로 표현되어 본 적이 없는 피지배자들의 생활양식**은 거의 언제나, 심지어는 그 옹호자들에 의해서까지도 지배적인 미학을 파괴하거나 축소시킨다는 관점에서 수용되어 왔기 때문에 이들에게는 생활양식의 타락 아니면 자기-파괴적인 회복('대중문화'란 형태로) 말고는 달리 선택의 여지가 없었다. 쁘띠 부르주아지 미학의 설익은 체계적 표현을 살펴보려면 프루동(J. Proudhon)을 보아야 하는 것은 바로 이 때문이다.45) 그의 미학은 예술을 생활양식의 핵심적인 가치에 종속시키며, 예술가의 생활양식의 타락은 형식에 절대적인 우선성을 주어버린 데서 기인한다고 주장한다.

"토지사유 제도의 영향을 받기 때문에 이성은 타락하고, 도덕적인 면에서는 방탕하고, 돈만 알고 존엄성을 찾아볼 수 없는 예술가는 이기주의의 지저분한 이미지를 보여준다. 정의와 성실함이란 이상은 예술가의 가슴 속에 뿌리내리지 못하며, 사회의 모든 계급 중 예술가 계급이 강고한 영혼이나 고귀한 개성이라는 측면에서 가장 빈곤하다."46)

"이제까지 사람들이 말해온 대로 '예술을 위한 예술'은 자체 안에 정통성을 갖고 있지 못하고 아무 것에도 근거를 두고 있지 못하기 때문

---

45) 디킨즈를 인용해도 무방할 것이다.
46) P. J. Proudhon, *Contradictions économiques*, Paris, Rivière, 1939, p. 226(강조는 나의 것이다).

에 아무 것도 아니다. 이것은 마음의 **방탕함**이요 정신의 **타락**이다. 의무와 권리로부터 분리되고, 영혼의 지고한 사유이자 인간성의 최고도의 표현으로 고양되고 추구되는 예술과 이상은 그 자체의 대부분을 빼앗기기 때문에 결국 **환상과 감각의 자극**으로 축소되고, 따라서 죄의 원천이나 모든 예속의 기원, 성경에 따르면 지상의 모든 **간음**과 시기의 물결이 흘러나오는 독(毒)의 샘이 된다… 예술을 위한 예술은 결국 시를 위한 시, 스타일을 위한 스타일, 형식을 위한 형식, 공상을 위한 공상과 같은 모든 질병, 즉 우리 시대를 역병처럼 좀먹고 있는 모든 질병처럼 아무리 세련되어 있어도 악덕이며, 악의 정수(精髓)이다".47)

이처럼 형식의 자율성과 형식적 세련화를 기하려는 예술가의 권리, 즉 단지 '제작행위'의 질료에 불과한 것을 장악할 수 있도록 해주는 형식적 세련화를 추구하려는 예술가의 권리가 격렬하게 비난받고 있다. "나는 고귀함이나 우아함, 포즈, 스타일, 제스처나 예술작품의 제작과정을 구성하는, 따라서 전통적인 비평의 상투적인 대상이 되어온 어떤 측면에 대해서도 논란을 벌일 생각이 없다."48)

예술가들은 주문자의 요구에 따라 작품의 대상을 선택하지만 제작과정에서 그에 대해 앙갚음을 하려고 한다. "화가에도 교회화가, 역사화가, 장르별 화가(다시 말해 풍속화가), 초상화가, 풍경화가, 동물화가, 해양화가, 비너스(Venus)화가, 환상화가 등 여러 가지가 있다. 어떤 사람은 누드화를 전문적으로 그리고, 다른 사람은 직물위에 그림을 그리는 일을 전문적으로 한다. 이런 식으로 각각의 사람은 작품 제작에 쓰이는 수단 중의 하나를 통해 서로 구분된다. 어떤 사람이 스케치에 전념한다면 다른 사람은 색채화에 전념한다. 어떤 사람이 구성에 몰두하

---

47) Ibid., p. 71(강조는 나의 것이다).
48) Ibid., p. 166.

는 반면 다른 사람은 전망에, 다른 사람은 의상이나 지방색에 몰두한다. 감정표현에 능숙한 사람이 있는가 하면, 이상적인 형태나 사실성에서 뛰어난 재주를 발휘하는 사람도 있다. 어떤 사람은 세부사항을 아주 세련되게 만듦으로써 주제의 가벼움을 벌충하기도 한다. 각자는 자신만의 기교나 '농간'je ne sais quoi, 자신만의 독특한 수법을 가지려고 노력하며, 이리하여 유행에 따라 명성을 얻거나 그렇지 못하게 된다."[49]

이처럼 신이나 인간에 대한 아무런 존경심도 찾아볼 수 없으며, 사회적 삶으로부터 단절되어 있는 데카당스 예술과는 반대로 진정한 예술은 이름에 걸맞게 과학과 도덕 그리고 정의에 따르지 않으면 안 된다. 이것은 실질적인 것이 아니라 진실된 것을 그림으로써 도덕적 감정을 불러일으키고, 경탄스럽고 정교하다는 느낌을 불러일으키고, 현실을 이상화하고, 사물의 이상적인 모습으로 사물을 대체하는 것을 목표로 해야 한다. 간단히 말해 교육적 기능을 해야 한다. 그렇게 하려면 (『테니스코트의 서약』의 다비드나 들라쿠르아처럼) '개인적 인상'을 전달하는 것이 아니라 『플라제이의 농부들』의 쿠르베처럼 **모든 사람**이 판단할 수 있는 사회적-역사적 진실을 복원해야 한다("우리들은 누구라도 스스로에게 자문한 다음, 잠깐 생각해보기만 해도 어떠한 예술작품에 대해서건 판단을 내릴 수 있다").[50] 그리고 마지막으로 분명히 중간계급과 민중계급의 큰 찬사를 얻었을 자그마한 집에 대한 찬미를 인용하지 않고 결론을 내린다면 큰 유감일 것이다. "나는 내 자신의 집에, 즉 내 자신이 디자인한 **자그마한 집**에서 살기 위해, 1/4에이커 정도 되는 자그마한 땅뙈기의 한가운데 있는 집에서 물과 그늘과 잔디와 침묵을 즐기며 혼자 살기 위해 기꺼이 루브르 미술관, 뛸러리 궁전, 노트르담 — 그리고 방돔의 열주

---

49) Ibid., p. 271.
50) P. J. Proudhon, *Du principe de l'art et de sa destination sociale*, paris, Rivière, 1939, p. 49.

(列柱)까지 덤으로 끼워 — 을 포기해버릴 생각이다. 그리고 집 안에 조각을 하나 들여놓을 생각이 들더라도 주피터나 아폴로 — 이처럼 멀쑥한 사람들은 이런 장소에는 전혀 어울리지 않는다 — 또는 런던이나 로마, 콘스탄티노플 또는 베니스의 풍경을 걸어놓을 생각은 전혀 없다. 그러한 장소에는 전혀 살고 싶지가 않다! 나는 그곳에다 내게는 없는 것 즉 산, 포도밭, 목초지, 산양, 소, 양, 추수하는 사람들과 양치기를 두고 싶다."51)

중성화와 가능성의 세계

예술작품에 대한 말 그대로의 미적 지각(물론 완벽한 지각의 정도는 각각의 경우에 다를 수밖에 없다)방법은 특정한 성격을 갖지 못한 지각과 달리 사회적으로 구성되고 획득되는 한 가지의 상관성의 원리 *principe de pertinence*를 갖고 있다. 이러한 선별 원리 때문에 눈에 제시되는 여러 요소(예를 들어 단지 지표로 간주되는 나뭇잎이나 구름들 또는 외시外示기능을 갖춘 신호등 — '이것은 포플러나무이다', '폭풍우가 밀려올 것 같아') 중에서 모든 양식적 흔적을 그리고 오직 그러한 특징들만을 골라내고 붙잡아 둘 수 있다. 이러한 흔적들은 양식적 가능성의 세계 안에 재배치되면 나뭇잎이건 구름이건 일단 선택한 요소를 다루는 특수한 방식인 양식을 특정한 시기, 집단 또는 계급 분파, 일군의 예술가들이나 특정한 예술가에 고유한 지각방식과 사고방식을 표현하고 있는 재현양식으로 드러내 준다. 따라서 최소한 동시적 방법(동시대의 다른 작품과 구분하는 방법)이

---

51) P. J. Proudhon, *Contradictions économiques*, op. cit., p. 256. 쥬다노프(Jdanov)의 '미학'과 프랑스 공산당의 일부 지도자들의 노동계급적 또는 쁘띠-부르주아적 에토스 간의 상응관계를 고려하지 않고는 이들 공산당 지도자들이 몇 가지 점에서 쁘루동과 아주 흡사한 쥬다노프의 명제를 받아들이는 이유를 이해하기는 전혀 불가능하다.

건 또는 연속적 방법(한 작품을 같은 작가 또는 다른 작가의 이전 작품이나 이후 작품과 비교해보는 방법)이건 동시적으로 가능한 대안들을 함축적으로라도 암시하지 않고는 한 작품의 양식적 특징을 규정할 수는 없다. 한 예술가의 모든 작품 또는 특정한 장르를 주제로 한 전시회(예를 들어 1978년 보르도에서 열린 정물화 전시회)는 상호교환가능한 가능성의 장을 객관적으로 실현하고 있다. 한 예술 작품의 특징적 양식의 독특한 면모를 '간파하게 되면' 이러한 장이 드러나게 된다. E. H. 곰브리치가 잘 보여주고 있듯이 피에트 몬드리안(Piet Mondrian)의 『브로드웨이 부기-우기』의 경우 이전의 작품에 대해 어느 정도 알고 있고 따라서 그 작품에서 무엇을 봐야 하는지를 알고 있는 사람들만이 온전한 '의미'를 파악할 수 있다. 강렬한 대조를 이루는 밝은 선의 불규칙한 배치가 빚어내는 '흥겹게 모든 걸 내맡긴 듯한 인상'은 오직 '엄밀하게 균형을 맞춘 장방형 안에 들어 있는 일직선과 몇 가지 기본색으로 이루어진 예술'에 익숙해 있는 사람들, 더구나 '엄밀함'을 추구하는 다른 때와는 달리 일정하게 거리를 두고 '대중음악의 완만한 스타일'을 느낄 수 있는 사람들만이 감지할 수 있다. 그리고 이 그림이 지노 세베리니(Gino Severini)에게, 즉 몇몇 그림에서 '혼돈 속의 빛남을 보여주는 작품에서 댄스 음악의 리듬'을 표현하려고 한 세베리니에게 고유한 것이라고 상상하는 순간 (이러한 양식적 지표指標에 비추어보면) 몬드리안의 그림은 틀림없이 「브란덴부르크 제1번」을 연상시킬 것이다.[52]

여러 가지 양식의 전형적인 특징을 지각하고 해독하는 소질로 이해할 수 있는 미적 성향은 이리하여 소위 미적 능력과 분리할 수 없게 된다. 후자는 누가 봐도 분명한 형태로 진행되는 학습이나 아니면 단지 예술작품 특히 박물관이나 화랑에 모여 있는 작품과의 정규적인 접촉

---

52) E. H. Gombrich, *L'art et l'illusion*, trad. G. Durand, Paris, Gallimard, 1971, p. 456.

P. 몬드리안, 『브로드웨이 부기-우기』

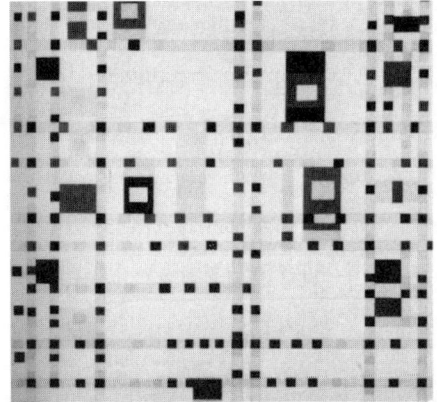

P. 몬드리안, 『회화 I』

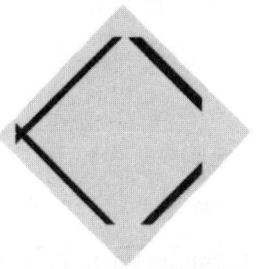

G. 세베리니, 『발 따바렝의 역동적 상형문자』

을 통해 획득될 수 있는데, 이곳에서 각 작품은 예술의 성소(聖所)에 전시되고 원래의 다양한 독창적 기능이 중성화되며 따라서 형식에 대한 순수한 관심을 불러일으키게 된다. 이러한 실제적인 숙련은 그 능력의 소유자들로 하여금 의식적 또는 무의식적으로 배제된 모든 예술적 재현으로 구성되는 집합과 관련해서 규정되는 전체 집합 속에 예술적 재현의 우주의 각 요소를 배치할 수 있도록 해준다. 따라서 특정 시기의 모든 예술작품이 다른 모든 시대와 비교해서 독특하게 갖고 있는, 또는 이러한 전체 집합 안에서 한 유파의 작품이 다른 유파들의 작품에 대해 독특하게 갖고 있는, 또는 한 예술가의 작품이 그가 속한 유파나 당대의 다른 작품들과 비교해 독특하게 갖고 있는, 혹은 한 예술가의 특정한 시기의 작품이 그의 작품 전체와 관련하여 독특하게 갖고 있는 양식적 **독창성**을 구성하는 특징에 대한 인식은 양식상의 **반복**, 즉 한 스타일을 규정하는 회화적 재료를 다루는 전형적인 방식에 대한 인식과 분리할 수 없다. 간단히 말해 유사성을 파악하려면 먼저 함축적이건 아니면 암묵적으로건 차이점을 언급하지 않으면 안 되며, 그 역도 마찬가지다. 속성은 항상 함축적으로 의식적으로 또는 무의식적으로 선별되는 '전형적인 작품'에 대한 암시에 기반하고 있다. 전형적인 작품이 선별되는 이유는 이들 작품이 특정한 분류체계에서 정도의 차이는 있지만 분명하게 타당한 기준으로 공인되는 특징을 명확하게 제시하기 때문이다. 모든 것에 미루어 살펴볼 때 심지어는 전문가들 사이에서조차도 '전형적인 작품'의 양식적 특성을 규정하는 타당성의 기준은 일반적으로 함축되어 있으며, 예술작품을 구분하고, 분류하고, 체계화하기 위해 함축적으로 동원되는 미학적 분류법은 결코 미학이론이 부여하려고 하는 엄밀함과는 거리가 멀다는 것을 알 수 있다.

실제로 아마추어나 전문가가 특정한 속성을 부여하기 위해 수행하는 간단한 **배치작업**은, 파악된 상황, 즉 주관적으로 체험한 문제틀(이것은 특정한 장을 구성하는 위치나 입장결정의 공간에 다름 아니며, 해당 예술가의 예술적 의도는 이 공간 안에서 일반적으로 **대립항을 통해** 스스로를 규정해왔다)을 복원함으로써 예술에 내재적인 이유와 존재 이유를 파악하려는 진정한 과학적 의도와는 전혀 공통점이 없다. 다시 말해서 이러한 재구성 작업과정에서 사용되는 여러 가지 인용과 참조는 유명한 담론을 화려하게 장식하는 의미론적 반향이나 감정적 조응과는 전혀 공통점이 없다 ― 이러한 요소들은 주제적 또는 양식적 가능성들의 장(場)을 구성하기 위해 필수불가결한 수단들인데, 예술가들이 선별하는 가능성은 이와 관련해 객관적으로 그리고 어느 정도는 주관적으로 드러난다. 따라서 초기 낭만주의 화가들이 원시예술로 되돌아간 이유를 이해하려면 긴 턱수염을 기르고 그리스인들과 비슷한 의상을 즐겨 입었던 이들 다비드(David) 제자들의 준거공간espace de référence 전체를 재구성해 보아야 한다. '고대를 숭배했던 스승들보다 고대 숭배열이 한층 높았던' 이들은 호머, 성경, 오시안(Ossian; 낭만주의 운동에 큰 영향을 미친 스코틀랜드의 전설적 시인 ― 옮긴이)으로 되돌아가길 바랐으며, 고전적 고대의 양식 자체는 '로코코적이다', '반 루(Van Loo; 네덜란드 출신으로 프랑스에 정착한 화가 가족으로 특히 루이 15세의 초상화가인 반 루는 로코코 미술의 전형적인 화가로 유명하다 ― 옮긴이)적이다', 또는 '뽕빠두르(Pompadour; 루이 15세의 애첩 ― 옮긴이) 식이다'라는 말로 경멸감을 표시했다.[53] 따라서 우리는 결국 다시 분명히 윤리적이며 미학적인 대안, 즉 원시적인 것을 순수하고 자연적인 것과 동일시하는 입장으로 되돌아갈 수밖에 없어 보인다. 사람들은 이러한 대안을 참조하여 선택하며, 따라서 이것은 형식주의 미학이 선호하는 초역사적 대립구조와는 전혀 상관이 없다.[54]

---

53) P. Béinichou, *Le sacre de l'écrivain, 1750~1830*, Paris, José Corti, 1973, p. 212.
54) 독일의 낭만주의 화가들에게 공허한 대립항(연초점軟焦點 soft focus 대 강초점强焦點

그러나 집전사제나 신도의 의도는 이해하려는 태도와는 전혀 무관하다. 그리고 또 예술작품 숭배의 일상적인 판에 박힌 과정에서 전문학술적인 또는 세속적인 참조유희jeu de références의 기능은 작품을 상호-정통화의 순환구조 속으로 집어넣는 데 있기 때문에 얀 브뤼겔(Jan Breughel)의 『꽃다발』에 대한 언급은 장-미셸 피카르(Jean-Michel Picart)의 『앵무새가 앉아 있는 꽃다발』의 위상을 높여주게 되며, 또 이와 맥락을 달리하여 후자에 대한 언급은 (물론 앞의 경우보다는 덜 일반적이지만) 전자의 위상을 높여주게 된다. 이러한 문화적 암시와 유비(類比)의 유희는 끊임없이 다른 유비관계를 가리킨다. 이러한 상호관계는, 신화체계나 의식(儀式) 체계의 기본적인 대립항처럼 결코 스스로 수행하고 있는 관계잇기의 토대를 진술함으로써 스스로를 정당화해서는 안 되며, 역으로 작품의 둘레에 부분적 체험의 복잡한 관계망을 짜내야 한다. 이리하여 각 체험은 다른 모든 부분적 체험에 응답하고 서로를 강화하는 가운데 예술적 성찰의 매력을 창조하게 된다. 이것이 바로 프루스트가 이야기하고 있는 '우상숭배'의 원천으로, 그에 따르면 "배우의 의상이나 사교계 부인의 드레스가 아름다운 이유는… 그 옷이 아름답기 때문이 아니라 그것이 모로(Moreau)가 그린 바로 그 옷, 발작이 묘사한 바로 그 옷이기 때문이다."[55]

---

hard focus)을 적용하는 방법을 비판하고 있는 이와 비슷한 글로는 E. H. Gombrich, *In search of Cultural History*, Oxford, Clarendon Press, 1969, p. 33을 보라.
55) M. Proust, *Pastiches et mélanges*, Paris, Gallimard, 1947, p. 173. 순환적인 사고유형으로 기능하는 유비(類比)analogie는 예술과 사치품의 영역을 한번도 벗어나지 않고 이 두 영역 전체를 우회할 수 있도록 해준다. 따라서 샤토 마르고(Château Margaux) 산 와인은 그 성(城)을 묘사하기 위해 필요한 어휘와 똑같은 어휘로 묘사될 수 있었다. 프루스트에게는 모네나 세자르 프랑크도 똑같은 연상작용을 불러일으켰을 것이다. 이것은 양자에 대해 다 같이 아무 이야기도 하지 않는 훌륭한 방식이다. "그 집은 포도주의 이미지 속에 들어 있다. 고상하고, 엄격하고 조금은 엄숙하게 느껴지기도 한다…. 마르고 성은 포도주 숭배에 바쳐진 고대 사원과 같은 분위기를 풍기고 있다. 포도밭이건 거처이건 마르고는 모든 장식을

필요로부터의 거리

학력자본과 (문화적으로 극히 커다란 야심을 가진 응답자들의 표현대로 하면) '내용과 무관하게' 작품을 향유하려는 성향 또는 열망 그리고 더 일반적으로는 정통적인 작품에 의해 요구되는 '무목적적이며' '무사무욕적인' 자기투입적 성향 간의 상관관계를 해명하려면 학교에서의 학습이 미적 체험을 표현하고, 표현되는 바를 통해 스스로를 구성할 수 있는 언어적 도구와 참조체계를 마련해준다는 사실을 지적하는 것만으로는 충분하지 않다. 이러한 관계에서는 실제로 미적 성향이 과거와 현재의 물질적 조건에 의존하고 있음을 확인할 수 있는데, 이러한 조건이 문화적 성향의 구성과 적용 그리고 또 경제적 필요로부터 멀리 떨어져 있을 때만이 비로소 획득할 수 있는 문화자본(교육적으로 승인되건 그렇지 않건 전혀 상관이 없다)의 전제조건을 이루고 있다. 미학적 성향은 재현 대상의 본질과 기능을 괄호 안에 넣고 오직 재현방식과 스타일, 즉 다른 스타일과 비교해서 감지되고 평가되는 스타일만을 집중적으로 살펴보기 위해 모든 순수한 미학적 반응과 함께 소박한 반응, 즉 무서운 것 앞에서 느끼는 공포감, 누구나 바람직한 것 앞에서 느끼는 욕망, 성스러운 것에 대한 경건한 존경심 등을 배제하는 경향이 있는데 실제로 이것은 세계와 타자들, 즉 특수한 존재조건의 여러 효과들이 '오인(誤認)

경멸한다. 하지만 마치 포도주가 모든 매력을 드러내기 전에 먼저 바쳐져야 하듯이, 이 주거지 또한 모든 매력을 드러내기 전에 방문객이 들어오기를 기다리고 있다. 두 경우 모두 똑같은 말이 입술에 떠올랐다: 여러 세대에 걸쳐 극히 사려 깊고 진정 사랑으로 가득한 배려를 받아온 뭔가가, 즉 오랫동안 숙성된 포도주와 오랫동안 사람이 산 집이 주는 듯한 고귀함과 왠지 달라 보이는 느낌 그리고 섬세함과 미묘한 만족감 말이다. 포도주로서의 마르고와 성으로서의 마르고는 한결같이 아주 희귀한 것, 즉 엄격함과 시간의 산물이다"(Eveline Schumberger, "Le charme enivrant de Château-Margaux", *Connaissance des arts*, novembre 1973, pp. 101~105).

된 méconnaissable 형태'로 표현되는 생활양식과 맺는 전체적인 관계의 한 차원일 뿐이다. 정통 문화를 배우기 위한 전제조건을 이루는 이러한 존재조건은 일반적으로 가정의 문화교육처럼 함축적이면서도 산만하거나, 아니면 학교교육에서처럼 명시적이면서도 구체적으로 나타나는데, 이러한 조건의 특징은 경제적 필요의 중단과 제거 그리고 절박한 필요로부터의 객관적-주관적 거리에서 찾을 수 있다. 이 거리는 동시에 그러한 결정론에 종속되어 있는 집단들의 객관적-주관적 거리의 토대를 이룬다.

플라톤이 요구한 대로 즐거운 진지함, 즉 '진지함의 정신'이 없는 진지함, 항상 진지할 것을 전제로 하는 유희를 통해 진지함을 즐기려는 문화 게임을 진행해나가려면 반드시 예술가들처럼 존재 전체를 일종의 어린아이들의 게임처럼 만들 수 있는 능력을 가질 필요는 없지만 최소한 오랫동안, 때로는 평생동안 세계에 대해 어린아이와 똑같은 관계를 맺을 수 있는 사람이 되지 않으면 안 된다(모든 어린아이는 부르주아로서 삶을 시작하며, 타인에 대해 마술적 관계를 맺으며, 타인을 통해 세계에 대해 마술적 관계를 맺지만 조만간 그러한 세계로부터 벗어나온다). 이 점은 사회적 유전의 대수롭지 않은 우연적 사건에 의해 지적인 게임이 진행되는 문명화된 우주 속에 갑자기 문화 게임에는 전혀 어울리지 않는 내기돈이나 이해관심을 투자하는 사람(루소나 체르니셰프스끼Tchernitchevski를 생각해보라)이 나타나는 경우 분명하게 확인된다. 이들은 게임에 너무 몰두하는 나머지 일루지오illusio(즉 게임에 대한 믿음)가 요구하는 최소한의 중립적인 거리마저 포기해버린다. 이들은 지적인 투쟁 즉 그렇게나 많은 비장한 선언문의 대상이 되어온 투쟁을 옳고 그름, 죽음과 삶의 단순한 문제로 취급해버린다. 이 때문에 게임의 논리 자체가 각자에게 특정한 역할(괴짜건 촌놈의 역할이건 전혀 상관이 없다)을 할당할 수 있는 것이다. 이들은 지적인 환상의 경계선 안에 어떻게 머물지를 알고 있기에, 따라서 이와 다른 방식으로 세상을 볼 수 없는 사람들의 눈앞에서 자신들의 의사와는 무관하게 그러한 역할을 하게 된다.

일상의 절박한 요구를 중화시키고 실제적인 목표를 괄호 안에 넣을 수 있는 일반적인 능력, 실제적인 기능을 하지 않는 실천을 계속 고수하려는 성향과 소질로 볼 수 있는 미학적 성향은 오직 급박함으로부터 해방된 세계 체험 안에서만 그리고 학교에서의 훈련이나 예술작품 감상처럼 자체가 목적인 활동의 실천을 통해서만 구성될 수 있다. 다시 말해 부르주아적 세계체험의 토대를 이루는 세계로부터의 일정한 거리를(어빙 고프만Erving Goffman이 해명한 '역할 거리distance au rôle'는 이 거리의 특수한 측면 중의 하나이다) 전제한다. 일부 기계론적 이론의 주장과는 정반대로 가정이나 학교의 교육활동은 심지어는 극히 예술적인 차원에서 진행될 때도 반드시 경제적-사회적 조건을 통해 진행되는데, 이러한 조건은 교육을 통해 주입되는 내용 못지않게 교육의 전제조건을 이룬다.56) 따라서 규제된 게임과 운동이 그 자체를 위해 진행되는 학교세계는 최소한 이러한 측면에서는 얼핏 보기에는 부르주아지 세계, 그리고 집의 손질이나 실내장식, 매일 신경 쓸 일과 시간 그리고 일손을 배치하는 일(흔히 하인의 손을 빌리기도 한다), 산책과 관광여행, 신체단련과 풍경의 위치로 축소된 세계의 상징적 소유 이외의 다른 목적을 갖지 않는 여러 운동, 그리고 예술적 관행이나 향유를 포함한 의식의 화려함과 호화로운 장식품, 기품 있는 대화, 세련됨을 과시하기 위한 핑계에 불과한 각종 의전이나 리셉션 등 이 세계의 변별적 희소성을 구성하는 무수히 많은 '무상(無償)'의 '무사무욕적인' 행동으로부터 그리 멀

---

56) 학교 환경(고립된 우주, 자체가 목적인 — 연습과 훈련 — 노동)과 모든 '공식적' 상황에서 요구되는 언어와의 관계를 분석하고 있는 글로서는 P. Bourdieu, "Les doxosophes", *Minuit*, 1, 1973, pp. 26~45 et P. Bourdieu, avec L. Boltanski, "Le fétichisme de la langue", *Actes de la recherche en sciences sociales*, 4, juillet 1975, pp. 2~32를 참조하라.

리 떨어져 있지 않지 않은 셈이다. 경제적 특권을 누리고 있는 동시에 (일시적으로) 경제 권력의 현실로부터는 배제되어 있는 일부 부르주아지계급의 성원들이 이따금씩 부르주아지 세계로부터의 거리감을 토로하는 것은 전혀 놀랄 만한 일이 아닌데, 미학과 심미주의를 지향하는 성향 속에서 가장 세련된 형태로 표현되는 공모(共謀)를 거부한다고 해도 이들은 이런 부르주아지 세계를 실제로 소유할 수는 없다. 이러한 측면에서 이들은 부르주아지계급의 여성, 즉 부분적으로 경제활동에서 배제되기 때문에 미학에서 위안을 구하거나 미학을 통해 복수하지 않는 경우 부르주아적 존재에 어울리는 무대장식을 갖춤으로써 그것을 벌충하려는 여성들과 동일한 토대를 갖고 있는 셈이다.

경제력은 무엇보다 먼저 경제적 필요를 멀리 떨어뜨려놓을 수 있는 힘이다. 일반적으로 이것이 재산의 파괴, 과시적인 소비, 낭비 그리고 모든 형태의 **아무 이유 없는** 사치를 통해 나타나는 것은 바로 이 때문이다. 따라서 궁정귀족은 생활 전체를 끊임없이 과시하는 반면 부르주아들은 유상으로 얻어야 하는 것과 무상으로 얻을 수 있는 것, 이해관계가 걸린 것과 이해관계가 없는 것이라는 대립관계를 만들어내는데, 이리하여 일터와 가정, 일하는 날과 휴일, 집안 일(여성)과 바깥 일(남성), 공적 업무와 개인적 감정, 산업과 예술, 경제적 필요의 세계와 경제력을 통해 경제적 필요로부터 빼내야 하는 예술적 자유의 세계 간의 대립이 나타나게 된다. 베버(Max Weber)는 이러한 대립을 이러한 관계의 전형적인 특징으로 보았다.

예술작품의 물질적 또는 상징적 소비는 **편안함**(이 말은 객관적 레저와 주관적인 편리함이라는 두 가지 의미로 이해해야 한다)이 가장 탁월하게 표현되는 방식 중의 하나라고 할 수 있다.[57] 순수한 시선의 초연함

---

57) 고전주의 시대에 씌어진 모든 논문은 실제로 스타일의 편안함과 탁월함 그리고 생활

은 '무상'의 '무사무욕적인' 것을 지향하는 일반적 성향과 분리될 수 없는데, 바로 이것은 편리함과 자유를 통해 필요에 대해 일정한 거리를 유지할 수 있도록 해주는 부정적인 경제적 조건화의 역설적 산물이라고 할 수 있다. 이와 동시에 미적 성향은 객관적으로 뿐만 아니라 주관적으로도 다른 성향과 관련되어 규정된다. 필요와 그 필요 안에 갇혀 있는 사람들로부터의 객관적 거리두기는 자유를 과시함으로써 자유로움을 배가시키는 의식적 거리두기를 동반한다. 필요로부터의 객관적 거리가 늘어날수록 생활양식은 점점 더 베버가 말한 소위 '삶의 양식화(樣式化)'로 이어져 포도주나 치즈의 선택, 또는 시골별장의 실내장식 등 극히 다양한 실천의 방향을 지시하고 조직하는 체계적 방침의 산물이 된다. 이처럼 필요를 통제함으로써 얻게 되는 힘의 적극적인 위력은, 항상 아무런 대가를 바라지 않는 사치품이나 과시적인 소비에 드는 임시지출비를 가볍게 보아 넘길 수 없기 때문에 일상적인 이해관심이나 절박한 요구에 지배될 수밖에 없는 사람들에 대한 정통성의 측면에서 우월성을 요구한다. 이러한 자유 취향은 필요 취향과 관련해서만 관철될 수 있으며, 따라서 이 필요 취향은 미적인 영역과 관계되어서는 속물적인 것이라고 규정된다. 귀족적 성격에 대한 이러한 요구는 다른 어떤 요구보다도 논박하기가 쉽지 않다. 왜냐하면 이러한 요구를 비로소 가능하도록 해주는 조건, 즉 경제적 필요로부터 거의 완벽하게 자유로워져 있기 때문에 극히 희귀해진 물질적 존재조건에 대해 '순수하고', '무사무욕적인' 취향이 맺고 있는 관계를 전혀 눈치채지 못한 채 그냥 넘어갈 경우가 너무나 많기 때문이다. 이리하여 극히 정교한 '등급분류'를 통해 행사되는 특권이 가장 자연스럽게 보일 수 있는 특권을 누리기

양식의 탁월함을 분명하게 연결시키고 있다. 예를 들어 스프렛차투라(sprezzatura(무념무상)의 원리를 생각해보라. 카스틸리오네(Baldassare Castiglione)에 따르면 이러한 초연함이 완벽한 궁정인과 완벽한 예술가를 구분시켜준다.

도 한다.

구분감각으로서의 미적 감각

이리하여 미적 성향은 세계에 대한 초연한, 자신감 있는 관계와 이러한 객관적 확신과 거리에 기초한 태도들에 대한 동일한 관계의 한 차원을 구성하게 된다. 이것은, 특수한 생활조건이 특정한 순간에 경제적 필요의 구속요건과 관련해 상상 가능한 한 가장 자유롭게 되는 역설적 형태를 취하는 순간 사회적 조건들이 만들어내는 여러 성향의 체계가 드러나는 하나의 방식이라고 할 수 있다. 하지만 동시에 이것은 사회 공간 안에서 차지하는 특권적 위치의 **변별적 표현**이기도 한데, 이 공간의 변별적 가치는 다양한 조건으로부터 생성되는 여러 표현과 관련해 **객관적으로** 확정된다. 다른 모든 취향과 마찬가지로 이것도 사람들을 묶어주기도 하고 단절시키기도 한다. 특수한 생활조건과 관련된 조건의 산물인 이 미적 성향은 동일한 조건의 산물인 모든 사람들은 함께 묶어주는 반면 그밖의 다른 사람들과는 구분시켜 준다. 그리고 핵심적인 측면에서 구분시켜 준다. 왜냐하면 취향이야말로 인간이 가진 모든 것, 즉 인간과 사물 그리고 인간이 다른 사람들에게 의미할 수 있는 모든 것의 원리이기 때문이다. 이를 통해 사람들은 스스로를 구분하며, 다른 사람들에 의해 구분된다.

취향(즉 겉으로 표현된 선호도)은 피할 수 없는 차이의 실제적인 확증이다. 따라서 취향이 정당화될 때 순전히 부정적으로, 즉 다른 취향들에 대한 거부의 형태로 확인되는 것은 전혀 우연이 아니다.[58] 아마 취

---

[58] "뭔가 다르다"는 도식을 아주 분명하게 사용하고 있는 수많은 예 중에서 이를 전형적으로 보여주는 두 가지 사례만을 살펴보기로 하자. "『해적의 약혼녀 La Fiancée du pirate』는 프랑스 영화 중 진정 풍자적이고, 진정 웃음을 자아내는 아주 희귀한 영화 중의 하나이다.

향의 문제만큼 모든 규정이 부정*omnis determinatio negatio*일 수밖에 없는 다른 영역도 없을 것이다.59) 그리고 취향goûts은 무엇보다도 먼저 혐오감dégoûts, 다른 사람의 취향에 대한 공포감 또는 본능적인 짜증("구역질난다")에 의해 촉발되는 불쾌감이다. "취미에 대해서는 논쟁하지 마라" "*De gustibus non est disputandum*"라는 말도 있지만 그것은 "모든 취미가 자연[본성]에 있기" "tout les goûts sont dant la nature" 때문이 아니라 각 취향이 스스로를 자연스럽다고 느끼기 때문이다. 실제로 정말 거의 그렇기 때문에 취향은 아비투스가 된다. 그리하여 다른 취향을 비자연적이며 따라서 타락한 것이라고 주장하며 거부하게 된다. 미적 불관용은 가공할 만한 폭력성을 갖고 있다. 다른 생활양식에 대한 혐오감은 각 계급을 갈라놓고 있는 가장 강력한 장벽이라고 할 수 있다. 계급내의 동족결혼은 이것을 분명하게 보여주는 증거이다. 스스로 정통 문화를 소유하고 있다고 자부하는 사람들에게 가장 참을 수 없는 일은 취향

왜냐하면 이 영화는 『대진격*la Grande Vadrouille*』이나 『대침몰*le Petit Baigneur*』처럼 교묘하게 긴장을 이완시켜 버리거나 절묘하게 공격성을 거세시켜버리는 희극과는 거리가 멀기 때문이다… 간단히 말해 불르바르 소극(笑劇)의 따분한 매문(賣文)과는 경지를 달리한다"(J.-L. Bory, *Le Nouvel Observateur*, n° 265, 8~14 décembre 1969. 강조는 나의 것이다). "거리 또는 최소한 차이를 통해 예술비평의 몇 가지 스타일에서 보이는 닳고 닳은 통속성과는 다르게 회화의 현대성에 관한 다른 텍스트를 제시하려고 노력할 필요가 있다. 장황하기만 한 실어증(失語症), 텍스트를 통한 그림의 필사, 인식에 따른 도약과 전문화된 미학의 저서 사이에서 개념적, 이론적 저서들이 현대의 조형적 예술의 생산을 다루는 몇 가지 방식이 뚜렷하게 드러난다(G. Gassiot-Talabot et al., *Figurations 1960~1973*, Paris, Union générale des éditions, coll. 10~18, 1973, p. 7).
59) 취향의 소비와 교환의 논리 자체의 일부를 구성하고 있는 이러한 본질적 부정성은 곰브리치가 지적하는 대로 "예술사의 주요 용어들이 주로는 몇 가지 배제원리를 가리키는 단어들에 기반하고 있는" 이유를 설명해 주고 있다. "예술에서 일어나는 대부분의 운동은 몇 가지 새로운 타부와 새로운 부정적 원리를 만들어낸다. 예를 들어 인상파들은 회화로부터 모든 '일상적' 요소들을 금지시켜 버렸다. 예술가나 비평가들의 과거나 현재의 선언문에서 찾아볼 수 있는 긍정적인 슬로건이나 표어들은 통상 거의 제대로 규정되어 있지가 않다"(E. H. Gombrich, *Norm and Form, Studies in the Art of the Renaissance*, London, New York, Phaidon, 1966, p. 89).

에 따라 의당 분리하지 않으면 안 되는 취향들을 모욕적으로 재결합시키는 일일 것이다. 이것은 곧 예술가들과 심미주의자들의 게임 그리고 예술적 정통성을 독점하려는 이들의 투쟁이 얼핏 보기보다는 그렇게 순진무구하지만은 않다는 것을 의미한다. 예술을 둘러싼 투쟁에서는 항상 특정한 생활양식에 대한 강요가 핵심적인 요구로 자리잡고 있다. 즉 하나의 임의적인 생활양식을 정통적인 생활양식으로 변형시키고 나머지 다른 모든 생활양식을 자의적인 것으로 만들어버리려고 한다.60) 예술가의 생활양식은 언제나 부르주아적 생활양식에는 도전으로 비칠 수밖에 없는데, 왜냐하면 이들은 부르주아적 생활양식이 추구하는 가치나 권력들이 전혀 공허함을 실제적으로 보여줌으로써 그러한 생활양식이 전혀 현실적이지 않고 터무니없다고 비난하기 때문이다. 미적 성향을 규정하고 있는 세계와 중성적 관계를 맺으려면 잠재적으로는 부르주아적 자기투입의 자세가 요구하는 진지함의 정신을 전복해야 한다. 예술을 생활양식의 토대로 만들 수 있으며, 따라서 문학에 대한 기억이나 회화에 대한 이러저러한 언급을 통해 세계나 타인을 바라볼 수 있는 수단을 결여하고 있는 사람들이 내리는 지나치게 윤리적인 평가와 마찬가지로 예술가와 심미주의자들이 내리는 '순수하고', 순전히 미적인 평가는 나름대로 독특한 논리를 갖춘 에토스의 여러 성향에서 유래한다.61) 하지만 문화자본은 풍부하지만 경제자본은 빈약한 특정 집단에

---

60) 연극의 경우 이 점이 아주 분명하게 드러난다. 이것은 생활양식의 함축적인 또는 명식적인 원리들을 아주 직접적이고 공개적으로 건드리기 때문이다. 특히 희극이 그런데, 이것은 통상적인 가치나 이해관심 또는 더 정확하게는 자명한 명제, 통설 doxa 즉 반성 이전의 신념의 수준에서 그대로 수용되는 의견들 전체를 의미하는 명제들에 대한 즉각적인 동의에 기반한 공모(共謀)와 묵계(默契)를 전제한다(생산물을 공급하는 기구들 그리고 생산물 자체가 다른 모든 예술보다 특히 연극에서 미세하게 분화되어 있는 것은 바로 이 때문이다).
61) "예술을 위한 예술"을 예술가들의 생활양식의 표현으로 분석하고 있는 글로서는 P. Bourdieu, "L'invention de la vie d'artiste"를 보라.

특유한 성향이나 이해관심과의 관계를 간파하지 못하는 한 예술가들이나 심미주의자들은 계속 정통성을 요구하기 때문에 서로 상대화하는 여러 취미들이 끊임없이 유희를 하는 과정에서 자신들도 모르게 일종의 절대적인 참조사항을 제공하게 된다. 이리하여 이들은 역설적이지만 본인들의 의도와는 정반대로 '타고 태어난 성향'을 절대적 차이로 만들려고 하는 부르주아지의 요구를 정당화시켜주게 된다.

화장품과 복장, 가정의 실내장식에 대한 태도 등 주관적으로 뿐만 아니라 객관적으로도 미적 성격을 갖는 입장은 사회 공간상의 위치나 고수해야 할 서열 그리고 지켜나가야 할 거리를 실감하고 확인하는 기회이기도 하다. 당연히 사회의 여러 계급들은 동일한 성향을 갖고 있지 않으며 거부와 역(逆)-거부로 이루어진 이러한 게임에 동등한 자격으로 참여할 수 있는 것도 아니다. 그리고 생활양식의 기본적인 성향을 미적 원리의 체계로, 객관적 차이를 선별적 차별화로, 수동적 선택(이것은 변별적 관계들의 논리에 의해 외재적으로 구성된다)을 의식적이며 선별적인 선택으로 변형시키려는 전략들이 실제로는 지배계급, 실로 최상층부의 부르주아지와 예술가들에게만 허용된다는 것은 두말할 필요가 없다. '삶의 양식화'의 고안자이자 전문가인 예술가만이 자신들의 생활양식을 예술beaux-arts로 만들 수 있다. 다른 한편 쁘띠 부르주아지가 차별화의 게임에 들어가는 과정에서는 특히 복장이나 가구, 또는 나탈리 사로트(Nathalie Saraute)의 소설에 나오는 한 쌍의 소박한 안락의자처럼 확실하게 한 개인의 취미를 나타내는 지표들을 다른 사람들의 취향에 내맡김으로써 상이한 등급을 매겨 구분하는 체계에 스스로를 전면적으로 노출시킬지도 모른다는 두려움이 특징적으로 나타난다. 민중계급의 경우, 미적 성향의 체계에서 이들이 할 수 있는 유일한 역할은 뒷배경 또는 들러리repoussoir 역할, 연속적인 부정을 통해 모든 미학이 스스로의 입장을 결정할 수 있도록 해주는 부정적인 준거점의 기능뿐이다.[62] 매너나 스타일을 무시하거나 그에 대해 무지한 민중계급과 문화적으로 가장 심하게 박탈당해 있는 중간계급 분파들의 '미학'은 (본질적으로) 이미 달력이나 우편엽서에서 아름답다고 설명되어 있는 것, 즉 일몰이나 고양이를 안고 있는 소녀, 민속무용, 거장의 그림, 최초의 영성체, 어린아이들의 행렬 등을 '끝내준다', '귀엽다', ('아름답다'보다는) '사랑스럽다'고 말하는 데서 잘 드러난다. 탁월해지고 싶은 갈망은 쁘띠 부르주아지의 유미주의를 불러오는데, 이들은 유목(流木)이나 채색한 자갈, 등나무, (마다가스카르 산 야자나무인 — 옮긴이) 라피아, '예술적' 수공예품, '예술' 사진 등 그 나름대로 세련된 물건과 실천의 싸구려 대용품에서도 한없는 희열을 느낀다.

이러한 유미주의는 민중계급이 애호하는 주제인 풍경이나 일몰, 숲과 같은 '구경거리', 최초의 영성체와 같은 선물사진, 유명 기념물이나 거장의 그림(<그림 2>를 보라) 등 민중계급의 '미학'에 맞서 스스로를 규정한다. 사진의 경우 이들의 취향은 대중적 미학이 선호하는 대상과 아주 가깝지만, 회화의 전통에 대한 아주 분명한 또는 조금 애매한 언급에 의해 또는 사회적으로 사진이 될 만한 인간적 모습(일하고 있는 직공職工, 싸움을 하고 있는 부랑자들, 민속무용)과 분명히 무사무욕적인 형태(자갈, 그물, 나무껍질)를 결합시키려는 분명한 양식적 의도에 의해 절

---

62) 몇몇 예술가들이 몇 가지 민중적 기호(嗜好)로 되돌아감에도 불구하고 이것은 여전히 사실이다. 이것은 민중들에게는 전혀 개연적이지 않거나 전혀 불가능한 선택이 이루어지는 문화적 정세 속에서는 전혀 다른 의미를 갖게 된다. 흔히 '민중'에게로 라는 말로 통칭되는 '민중적' 스타일에로의 이러한 복귀는 일반적으로 추방당한(노동계급이 이상화되는 경우도 마찬가지다. 이러한 이상화는 흔히 거부하는 형태가 된다) 노동계급과의 진정한 관계가 아니라 예술생산의 장 또는 지배계급의 장의 내적인 관계에 의해 규정된다(이 점은 일반적으로 타당한데, 노동계급에 관한 지식인들의 글이 통상 민중에 대한 관심이 아니라 역관계의 특정한 상황에서 민중적 이해관심의 대변자로 보임으로써 투쟁의 핵심적인 정통성을 부여받으려는 지식인들의 특수한 이해 관심에 의해 얼마나 많은 영향을 받는지를 자세히 검토할 필요가 있다).

<그림 2> 쁘띠 부르주아지의 미적 성향과 계급분과가 아름다운 사진이 될 것이라고 말하는 비율[%]에 따라 다양한 대상을 순서대로 열거해 보았다)

독립 공예가, 상인	사무노동자, 사무계통 일반관리직	일반 기술자	초등학교 교원	신흥 쁘띠 부르주아지
일몰	일몰	일몰	일몰	일몰
풍경	풍경	풍경	작을 물리고 있는 어머니	풍경
민속무용	민속무용	고양이를 안고 있는 소녀	고양이를 안고 있는 소녀	작을 물리고 있는 어머니
고양이를 안고 있는 소녀	고양이를 안고 있는 소녀	작을 물리고 있는 어머니	풍경	고양이를 안고 있는 소녀
작을 물리고 있는 어머니	작을 물리고 있는 어머니	직조	나무껍질	나무껍질
직조	직조	민속무용	직조	직조
최초의 영성체	정물화	정물화	민속무용	정물화
거장의 그림	최초의 영성체	나무껍질	뼈	민속무용
유명 기념물	나무껍질	뼈	임산부	뼈
정물화	기념비와 건물	최초의 영성체	유명 기념물	거장의 그림
나무껍질	직조	유명 기념물	정물화	양배추
임산부	뼈	거장의 그림	공사현장의 철골구조	임산부
공사현장의 철골구조	공사현장의 철골구조	공사현장의 철골구조	로포	공사현장의 철골구조
뼈	임산부	임산부	거장의 그림	싸움을 하고 있는 부랑자들
싸움을 하고 있는 부랑자들	양배추	양배추	쓰레기	유명 기념물
상처입은 사람	싸움을 하고 있는 부랑자들	싸움을 하고 있는 부랑자들	양배추	최초의 영성체
쓰레기	로포	로포	싸움을 하고 있는 부랑자들	쓰레기
양배추	쓰레기	쓰레기	정육점의 고기 자르는 선반	정육점의 고기 자르는 선반
정육점의 고기 자르는 선반	정육점의 고기 자르는 선반	정육점의 고기 자르는 선반	상처입은 사람	상처입은 사람
자동차 사고	상처입은 사람	상처입은 사람	자동차 사고	자동차 사고
	자동차 사고	자동차 사고		

최다 → 최소

반만 중성화되는 대상들을 선호한다.[63]

이러한 중간취향의 예술이 특히 (서커스, 오페레타, 투우 등과 함께) 중간문화에서 가장 전형적으로 나타나는 구경거리(민속무용을 예로 들 수 있는데, 특히 숙련노동자들과 직공장, 일반 관리직, 사무원들이 이를 즐긴다)를 선호한다는 것은 대단히 의미심장하다.[64] 사회적으로 사진이 될 만한 장면을 찍는 경우 민중주의적인 객관주의가 작용하기 때문에 그것은 민중계급을 감상이나 연민 또는 분노의 대상으로 만들게 된다. 그런데 바로 이런 상황이 이들로 하여금 이런 민중주의적 사진으로부터 일정한 거리를 두게 하지만, 민속무용처럼 스스로를 구경거리의 대상으로 만드는 '민중'의 구경거리는 미적 리얼리즘과 민중주의적 향수(이것은 쁘띠 부르주아지가 노동계급 또는 농민계급 그리고 이들의 전통과 관계할 때 반드시 나타나는 기본 요소이다)에 의해 전달되는 비현실적이고 따라서 이상화된 비전vision의 형태로 **구분된 인접성**을 경험할 수 있는 기회를 제공하게 된다. 하지만 이 중간 취향의 유미주의는 역으로 신흥 중간계급의 여러 분파 중 가장 지식이 풍부한 사람들 즉 쁘띠 부르주아지층이 선호하는 대상을 거부하는 사람들과 중등 교사층에게 일종의 배경을 형성해주는데, 이들의 유미주의(이들은 상대적으로 사진이나 다른 예술활동에 그리 빈번하게 참여하지 않기 때문에 결국 이것은 소비자들의 유미주의라고 할 수 있다)는 쁘띠 부르주아적인 중간취향의 미학

---

63) '중간 취향'goût moyen은 분명히 기술자들에서 가장 순수하고 분명하게 나타난다. 사진에 대한 기호(嗜好)와 관련하여 이들은 하층 계급의 장인, 상인, 노동자, 사무계통 일반관리직, 신흥 쁘띠 부르주아지 그리고 상층 계급의 고등 교육기관의 교수들과 신흥 쁘띠 부르주아지 간의 중간적인 위치를 차지한다(<그림 2>를 보라). 로프나 양배추처럼 '독창적이지만' 아직 전통적인 미학에 의해 수용되고 있지 않아 부분적으로는 사회적 구경거리의 일부를 이루는 주제를 특히 선호하는 신흥 쁘띠 부르주아지와는 정반대로 이들은 직공(職工)이나 정물화처럼 이러한 '중간취향'에 전형적으로 어울리는 주제들을 놀라울 정도로 선호하고 있다.
64) 보충자료 7, 2, pp. 82~83.

에 의해 구성되는 대상들(그저 '재미있는' 정도로 그치고 마는 직공, 민속무용 등) 이외의 모든 대상을 미적으로 다루려고 한다.65) 유미주의자가 되려는 이들은 다른 사람들과 다르다는 것을 표시하기 위한 이러저러한 거부를 통해, 'èa fait('무슨 ~풍이다')'와 같은 유형의 모든 판단("쁘띠 부르주아지 풍이다", "벼락부자나 즐길 만한 풍이다")의 토대가 되는 각 대상과 집단의 관계에 실제적으로 통달해 있음을 과시하려 한다. 물론 이들도 대중 미학이나 쁘띠 부르주아지 미학의 가장 특징적인 대상(대중 미학의 경우에는 최초의 영성체 그리고 쁘띠 부르주아지 미학의 경우에는 모자母子나 민속무용)이 아름답다고는 하지 못하는데, 구조적 인접성을 구성하고 있는 관계들이 자연적으로 그것을 혐오하도록 이끌기 때문이다.

누가 봐도 분명히 미학적으로 보이는 선택도 실제로는 사회 공간적으로 가장 가까이 있고 따라서 직접 맞서서 경쟁하고 있는 집단이 택하는 선택과 대립적으로 구성되어 있는 경우가 많다. 그리고 더 구체적으로는, 의문의 여지없이 민중계급과는 뚜렷하게 구분되려는(예를 들어 지식인들은 초등학교 교사들이 좋아하는 브라상스나 장 페라 또는 페레 같은 사람들과는 거리를 두려 한다) 의도(이것은 상승지향으로 감지된다)에 의해 가장 분명하게 드러나는 여러 선택과 관련하여 구성된다. 사진과 마찬가지로 누구나 쉽게 접근할 수 있고 따라서 정말 대중적인(하루 중 이러저러한 순간에 '히트곡'을 한 곡이라도 듣지 않는 사람은 거의 없을 것이

---

65) 우리는 바로 이 두 범주에서 선물 사진("선물 사진은 터무니없고 너무 상투적이지"; "사진을 찍는 이유는 사랑하는 사람의 모습을 보존하기 위한 것이지 않나"), 회화의 리얼리즘("아름다운 그림이란 자연의 아름다움을 그대로 재생한 것이라고 할 수 있지"), 또는 사진("사진을 잘 찍으려면 사진이 보여줄 내용만 제대로 간파할 수 있으면 되지")을 가장 분명하게 거부하는 태도를 찾아볼 수 있다. 그리고 현대회화를 가장 단호하게 옹호하고 있는 태도(이들은 "현대 회화는 어린아이라도 쉽게 이해할 수 있어야 한다"는 견해를 거부한다)도 마찬가지다.

다) 문화재산인 샹송은 타인과의 차이를 두드러지게 하려는 사람들에게 독특한 경계심을 불러일으킨다. 지식인들과 예술가들, 고등 교육기관의 교수들은 기껏해야 중간취향의 예술밖에 될 수 없는 것을 일괄해서 거부할지 아니면 자신들의 교양과 미적 성향의 보편성을 과시할 수 있는 기회로 삼기 위해 선별적으로 수용할지를 놓고 동요하는 것처럼 보인다.66) 또 '지적인' 샹송에는 전혀 관심이 없는 경영자나 자유업 종사자들은 레 깡빠뇽 드 라 샹송(Les Campagnons de la Chanson), 미레유 마띠유(Mireille Mathieu), 아다모, 세라와 같은 극히 대중적이며 '통속적인' 가수들은 질색이라는 거부감을 표시함으로써 보통의 샹송과도 일정한 거리를 표시하지만 물론 (에디트 삐아프나 샤를르 트레네처럼) 아주 오래되고 이미 가요계에서 성별된 가수들이나 거의 오페레타나 벨 칸토bel canto와 흡사한 샹송을 부르는 가수들은 예외로 한다. 하지만 샹송 속에서(사진도 마찬가지다) 미레유 마띠유, 아다모, 샤를르 아즈나부르 또는 티노 로시처럼 민중계급이 좋아하는 가수들을 거부함으로써 자신들의 미적 상승야욕을 드러내는데, 샹송이라는 이 '소소한' 장르의 위상을 높이려고 노력하는 가수들을 선호한다는 사실을 노골적으로 밝혀 자신들의 예술적 상승야욕을 드러내는 사람들은 다름 아니라 중간계급들이다. 이 영역에서 초등학교 교사들이 쁘띠 부르주아지의 다른 분파들과 가장 뚜렷하게 구분되는 것은 바로 이 때문이다. 이 영역에서 이들은 정통적인 예술의 영역에서보다 훨씬 수월하게 학교에서 배운 성향을

---

66) 사전에 설정된 목록에 의해 부가되는 주요 한계 중의 하나는 다름 아니라 바로 이러한 '갈등'과 이를 우회하기 위한 전략을 제대로 드러내지 못하는 데서 찾을 수 있다. '성질에 걸맞지 않게' 조르쥬 브라상스와 자크 두에를 고른 응답자들은 쿠르트 베일(Kurt Weill)의 곡이나 오래된 나폴리풍의 노래를 인용함으로써(이를 통해 암묵적으로 재규정작업을 하게 된다) 자신의 '개방적인 정신'을 보여주면서 샹송을 거부하는 이유를 설명하려 할 것이다 (이러한 측면에서 '프랑스-뮤직' 방송국의 라디오 '내가 고른 명곡' 'Le concert égoiste'은 많은 점을 시사하고 있다).

투자하고, 또 자크 두에나 브라상스처럼 초등학교의 전통에 걸맞게 민중주의적 시를 제공해온 가수들(브라상스는 몇 년 전에 생-끌루 고등사범학교의 커리큘럼에 들어 있었다)을 선택하면서 자신의 취향을 고수할 수 있다.67)

이로부터 몰락하고 있는 쁘띠 부르주아지들은 상승중인 쁘띠 부르주아지의 성원들이 적극적으로 애호하는 미덕이나 특징("재치 있다", "세련되어 있다", "고귀하고 교양 있다", "예술적이다", "환상적이다")을 경멸하는 경향이 있음을 확인할 수 있다. 다른 한편 신흥 쁘띠 부르주아지는 전형적으로 '부르주아적인' 형용사군을 거부하고 통상적인 평가와는 정반대되는 판단을 내리려는 노력(이것이 미적 태도표명의 핵심적인 부분을 구성한다)을 통해 자신의 미적 상승야욕을 드러낸다. 예를 들어 친구나 인테리어의 이상적인 조건에 대해 질문하는 경우 다음과 같은 잡다한 대답이 뒤섞여 나온다. "예술적이며, 사교적이며, 유쾌하고, 쾌적하며, 청소하기 편리하며, 상상력이 풍부하다"(파리의 판매원). "활동적이며, 적극적이고, 기품 있고 교양 있으며, 조화롭게 배치되어 있으며, 따뜻하고, 환상적이다"(릴의 화랑지배인). "활동적이며, 세련되어 있고 의지가 강하고, 쾌적하며, 조화로우며, 편안하다"(릴의 라디오 프로 사회자). 이와 비슷한 과정에 의해 전문직 종사자들은 '의지가 강하다'거나 '적극적이다'

---

67) 우리의 연구 자료 말고도 프랑스 방송협회(ORTF)가 수행한 앙케트 결과도 함께 강조해둘 필요가 있다(여론조사기관, *Une enquête sur les variétés*, juillet 1972, 7 p.; 보충자료 19). 그리고 약 30명을 대상으로 아주 일상적인 대화상황에서 마음에 드는 상황과 영 질색하도록 만드는 상황에 대해 심층적으로 조사한 내용도 함께 참조해야 한다. ORTF의 설문과 마찬가지로 이 앙케트 또한 '비교양인들'이 좋아하는 유명가수일수록 '교양인들'은 업신여긴다는 사실을 확인해주고 있다 — 이 영역에서 이들의 취향은 거의 거부감과 같은 형태로 나타난다. 항상 일종의 혐오감으로 나타나는 이러한 거부감은 흔히 연민어린 언급 또는 경멸적인 말로부터 그에 상응하는 취향으로 나가게 된다("다른 사람에게는 어떨지 몰라도 나는 도저히 모르겠는 걸").

(이것은 사무 관리직 사람들이 애용하는 용어이다), 또는 신흥 쁘띠 부르주아지의 대변인들이 애용하는 '기품 있고 교양 있다'거나 '세련되었다'는 식의 '자기과시적인' 형용사처럼 야망과 신분과시욕을 분명하게 드러내는 특징들을 거부함으로써 부르주아지계급의 신참들로부터 스스로를 단절시키려고 한다.

고등 교육기관의 교수들이나 앞에서 언급된 모든 대상이 아름다운 사진이 될 수 있다고 말하며 현대 예술 또는 사진의 예술적 지위를 기꺼이 인정하려는 경향이 가장 강한 집단들이 미적 시선의 전지전능성을 인정하는 이유는 진정한 미적 보편주의 때문이 아니라 자신을 탁월하게 보이기 위해서라는 것을 추정해낼 수 있다. 만약 원한다면 예술의 전능성이라는 도그마 자체에 도전하기에 충분한 권위를 갖고 있는 극히 세련된 아방-가르드 작품의 생산자도 이러한 논리를 피해나갈 수 없다.68) 오히려 이들은 무분별한 거부에 의한 자기-노출을 피하기 위해 이러한 신념을 방어-전술로 이용할 수 있는 입장에 있다. "과연 그림을 볼 때 '나는 그림의 내용에는 관심이 없다'라고 말할 사람이 누가 있을까?' 요즈음에는 예술에 대한 소양을 제대로 갖추지 못한 사람이나 그런 이야기를 한다. 통상 예술에 대해 전혀 모르는 사람만이 이런 무식한 소리를 한다. 20년 전만해도, 그 당시부터 20년 전에 추상화가들이 과연 그렇게 이야기할 수 있었을까. 아마 그렇지는 않았을 것이다. 그림을 전혀 모르는 사람이나 이런 소리를 한다. '나는 그 옛날의 구식사람

---

68) 다음과 같은 전형적인 선언이 잘 보여주듯이 문화생산의 장의 하위영역에서는 아직도 이러한 도그마가 널리 인정되고 확산되어 있다. "하지만 아무래도 가스통 플라네(Gaston Planet)의 이 그림들은 전혀 이해가 되지 않는다고 말할 수밖에 없습니다. 그랬으면 좋겠는데 말이에요. 수수께끼처럼 보이지 말고요. 하지만 정말 꿀 먹은 벙어리 같아요. 아무런 준거점도 없고 사람을 황당하게 만들지 않았으면 좋겠어요."(Paul Louis Rossi, *Catalogue de Gaston Planet*).

이 아니다. 그림에서는 그것이 아름다운가 그렇지 않은가가 중요한 문제가 아니라는 것은 나도 안다'라고."(아방-가르드 화가, 35세). 어느 쪽이든 오직 그들만이 패러디나 승화의 형태로 자신보다 낮은 계층의 유미주의에 의해 거부되는 대상들을 미적 대상으로 복권시킴으로써 모든 거부를 재거부하는 대담한 재주를 부릴 수 있다. '통속적인' 대상의 '명예회복'은 사회 공간이나 시간상의 거리가 짧을수록 그만큼 위험해지지만 그만큼 '이득이 되며', 쁘띠 부르주아적인 모조품보다는 대중적 키치에 대한 '혐오감'이 더 회복하기 쉽다. 부르주아적인 취향에 대한 '혐오감'이 이제 충분히 과거의 것이 되어 더 이상 '사람을 휩쓸리게 하지 않는 것'이 되면 그 다음에는 그것이 오히려 '유쾌한 것'이 되는 것도 마찬가지 이치이다.

여기서 앙케트를 실시할 때쯤에는 이미 회화적 전통(예를 들어 레제Léger나 그로메르Gromaire의 그림에 그려져 있는 공사현장의 철골이나 사실주의 회화의 오랜 주제가 약간 변형되어 사진에 자주 이용되는 부랑자들의 싸움 또는 정육점의 고기 자르는 선반)에 의해서든 아니면 사진술의 전통(직공, 민속무용, 나무껍질)에 의해서든 이미 미적인 것으로 구성된 주제들에 덧붙여 대부분의 '통속적인' 주제들은 곧 이러저러한 아방-가르드 화가들에 의해 미적으로 구성되어 왔다(예를 들어 바다위의 일몰광경은 리셰Richer에 의해, 또는 영국 화가인 롱Long과 풀턴Fulton에 의해 재구성되었는데, 리셰는 사진을 갖고 정말 낭만적으로 보이는 그림을 그렸으며 뒤의 두 사람은 '개념예술'의 구도에 따라 풍경사진을 찍었다. 또는 랜드 아트Land Art나 앤디 워홀Andy Warhol의 자동차 사고도 마찬가지다. 미국의 극사실주의 예술가들의 「보우어리(Bowery; 싸구려 술집과 여관 등이 몰려있는 뉴욕의 큰 거리— 옮긴이)의 잠자고 있는 거지들」과 같은 작품에 들어있는 가로등 행렬도 마찬가지다. 가족 앨범에까지 예술적 지위를 부여한 볼땅스키의 최초의 영성체 그림도 마찬가지다). '회복되지 않은' 그리고 당분간은 '회복될 수 없는' 대상은 일 단계(premier degré; 즉 소박한 — 옮긴이)의 유미주의가 선호하는 주제들로, 직물기계 앞에 선 직공, 민속 무용, 나무껍질, 어린아이에게 젖을 물리고 있는 어머니 등을 예로 들 수 있다. 이들은 통속성과 너무나 가까이 있기 때문에 미적 구성의 절대적 권력을 과시하는 것을 좋아하지 않는다. 그리고 거리가 드러나도록 허용하지 않기 때문에 '일 단계'의 의도로 오인될 가능성이 그만큼 커지게 된다. 결국 어떤 주제를 재전유하는 일은 전유되는 미학이 지배적인 미학과 어긋나고 이와 함께 결정적인 차이가 간과될 위험이 증가할수록 그만큼 더 어려워진다.

예술가는 다음과 같은 한 가지 점에서는 '부르주아지'와 일치한다. 즉 그는 '상승지향'보다는 '소박함'을 선호한다.[69] '보통' 사람의 본질적인 장점은 '쁘띠 부르주아지'의 야망을 부추기는 '예술'(또는 권력)에 대한 상승지향을 전혀 갖고 있지 않은 점에서 찾을 수 있다. 보통 사람들의 무관심 속에는 독점에 대한 암묵적 승인이 포함되어 있다. (교묘한 책략과 이중부정 전략을 통해) 예술가와 지식인들은 이따금씩 '대중적' 취향이나 의견으로 되돌아간다는 식으로 널리 유포되어 있는 신화에서

---

[69] 실제로 쁘띠 부르주아지는 '상승지향'을 갖고 있기 때문에 문화 '엘리트들'이 이들에게 넘겨주는 특히 덜 정통적이거나 아직 정통성을 획득하고 있지 못한 영역(이따금 이들의 야망이 표현되는 사진이건 영화건 상관이 없다)에서는 거의 무장해제 상태에 놓이게 된다 (이것은 예를 들어 영화감독에 대한 지식의 경우 쁘띠 부르주아지와 부르주아지 간의 격차는 작곡가들에 대한 지식만큼 크지는 않다는 점을 보면 잘 알 수 있다). 새로운 유형의 쁘띠 부르주아지는 객관적으로 서열화된 평가에 직면하게 되더라도 '정확한' 답을 고를 수 있는 능력은 갖고 있지만, 대상을 미학적으로 구성하는 기회와 마주치는 경우에는 민중계급과 마찬가지로 무장해제 상태가 된다(소규모 화상畵商 중 자동차 사고도 아름다운 사진이 될 수 있으며, 쓰레기 처리장도 똑같은 반응을 불러일으킬 수 있다고 이야기한 사람은 하나도 없었다).

'대중들'이, 흔히 몰락하는 귀족의 보수적인 이데올로기에서 농민이 하는 역할과 크게 다르지 않은 역할을 하는 것은 바로 이 때문이다.

문화귀족의 혈통

학력자본상의 개인차는 항상, 심지어는 학교 교육체계에 의해 가르쳐지거나 직접적으로 평가되지 않는 영화나 재즈와 같은 영역에서의 개인능력차와 아주 밀접하게 연결되어 있는데, **학력자본의 수준이** 동일하다면 **출신계급**(이것의 '효과'는 이미 학력자본의 차이 속에서 표현된다)의 차이도 개인 능력의 여러 차이와 긴밀하게 연결된다. 이러한 차이들은 먼저 엄밀하게 평가할 수 있는 능력에는 점점 덜 그리고 일종의 문화와의 친숙성에는 점점 더 호소할수록, 그리고 두번째로 극히 '학교적이고' '고전적인' 문화영역으로부터 이보다는 훨씬 덜 정통적이며 따라서 정말 소위 '자유교양' 즉 학교에서 가르치지는 않지만 교육시장에서 아주 높이 평가되며 흔히 아주 높은 상징적 이익을 낳는 문화로 나감에 따라 (과잉선별sursélection이 궤적의 차이들을 중성화하는 경향이 있는 최고 학력 수준을 제외한 다른 모든 수준에서는) 그만큼 한층 현격하게 나타나게 된다. 조사대상자들에게 정통적인 문화 또는 정통화의 과정에 있는 문화에 대한 **신분상의 친밀도**를 물어보는 경우, 즉 자신감과 (상대적) 무지로 구성된 역설적 관계만을 대답하라고 할 경우, 설명요소의 체계 속에서 학력자본이 차지하는 상대적 비중은 출신계급의 상대적 비중보다 훨씬 작게 나타난다. 그리고 이러한 관계는 부르주아의 진정한 권리, 즉 연륜ancienneté에 따라 달리 평가되는 권리를 표현해준다.

학력자본이 동등한 경우, 민중계급으로부터 지배계급으로 올라갈수록 앞에서 언급한 음악작품 중 최소한 12작품을 안다고 대답한 사람들의 비율은 최소한 12작품의 작곡가를 구분할 수 있는 사람들의 비율보다 급격하게 증가한다(고등교육 학위소지자간의 차이는 아주 작다[이에 대해서는 <표 4>를 보라]). 성별(性別) 차이도, 이보다 뚜렷하게 나타나지는 않지만 똑같은 논리를 따르고 있다. 작곡가들의 경우에는 동일한 계급간에는 성차가 보이지 않지만 작품과의 친숙함에서는, 특히 중간계급과 상류계급에서 여성 쪽이 훨씬 높은 수치로 나타난다(민중계급의 경우 이러한 지식은 남성과 여성 모두에게서 아주 낮은 수치로 나타난다). 극히 여성적인 두 개의 직업 범주인 의료보건 서비스직과 비서직의 경우 앙케트에 응한 모든 사람이 적어도 세 곡 이상을 알고 있다고 대답했다. 실제 체험했건 아니면 그렇게 이야기하건 아무튼 음악과의 관계에서 나타나는 이러한 차이는 의문의 여지없이 부분적으로는 전통적인 노동분업이 여성들로 하여금 예술이나 문학과 같은 일에 익숙해질 수 있는 일을 할당해 온 사실에 의해 설명된다.

　　출신계급과 관련된 차이는 영화감독에 대한 지식과 관련해서는 아주 크게 나타나는데, 학력자본이 동일한 경우 출신계급이 올라갈수록 그러한 지식도 많아진다. '보기 흉하거나' 시시한 대상으로도 멋진 사진을 만들 수 있다고 생각하는 사람들의 비율도 이와 마찬가지로 증가한다. 문화의 획득양식의 차이에 따라 선호하는 작품의 성격도 크게 달라짐은 두 말할 필요가 없다. 출신계급과 관련된 차이는 학교의 커리큘럼으로부터 멀어질수록, 문학에서 회화 또는 고전 음악과 재즈나 전위예술로 옮겨갈수록 커지게 된다.70) 문화자본의 대부분을 학교 안에서 그리고 학교를

---

70) 그전에 실시한 앙케트에 따르면 민중계급이나 중간계급 출신의 학생 중 고전 교양에서 부르주아지 출신의 학생과 비슷한 성적을 받은 학생들은 앙케트가 '학교교육과는 무관한' 교양 즉 아방-가르드 연극과 파리의 '불르바르'(중간취향) 연극 쪽으로 접근할수록 부

<표 4> 교육과 출신계급에 따른 작곡가와 음악작품에 대한 지식 (%)

학력	출신계급	알고 있는 작곡가 수				알고 있는 작품 수			
		0~2	3~6	7~11	12명 이상	0~2	3~6	7~11	12곡 이상
무학력 CEP, CAP	민중계급	69.5	23.5	5.5	1.5	32.5	48.5	17.5	1.5
	중간계급	68.5	21.0	8.5	2.0	21.0	55.0	19.5	4.5
	상류계급	46.0	25.0	8.5	20.5	12.5	33.5	29.0	25.0
	평균	67.0	22.0	7.5	3.5	24.5	51.0	19.5	5.0
BEPC	민중계급	57.5	15.5	23.0	4.0	15.5	27.0	50.0	7.5
	중간계급	48.5	35.5	9.5	6.5	8.5	43.0	34.5	14.0
	상류계급	31.5	41.5	13.5	13.5	8.0	31.5	41.0	19.5
	평균	44.5	34.0	13.0	8.5	9.5	37.0	39.0	14.5
바칼로레아	민중계급	11.0	59.5	18.5	11.0	0	33.0	52.0	15.0
	중간계급	19.0	32.0	38.0	11.0	3.5	26.5	51.0	19.0
	상류계급	21.5	21.5	37.5	19.5	5.0	19.5	42.5	33.0
	평균	18.5	32.5	35.5	13.5	3.5	25.5	48.5	22.5
기술학교 고등교육 중퇴	민중계급	20.0	0	70.0	10.0	0	30.0	60.0	10.0
	중간계급	16.0	22.5	51.5	10.0	13.0	19.5	54.5	13.0
	상류계급	17.5	11.5	39.0	32.0	11.5	11.5	33.5	43.5
	평균	17.5	13.5	45.5	23.5	11.0	15.5	42.0	31.5
학사 아그레가숑 그랑제꼴	민중계급	0	35.0	32.5	32.5	0	7.0	66.5	26.5
	중간계급	7.0	15.0	47.5	30.5	0	22.0	49.0	29.0
	상류계급	7.5	15.5	44.5	32.5	8.0	13.5	38.5	40.0
	평균	7.0	16.5	44.5	32.0	5.5	15.0	43.0	36.5

위해 획득한 사람들은 대규모의 문화자본을 유산으로 물려받은 사람들보다 훨씬 더 '고전적이고' 안전하게 문화투자를 한다. 예를 들어 최고수준의 학력(교수자격이나 그랑 제꼴 졸업증서)을 가진 지배계급의 성원들이 뷔페나 유트리요처럼 중간취향 문화의 전형적인 특징을 보여주는 일부 작품이나 화가에 대해서는 전혀 언급하지 않고, 작곡가들에 대해 상당한 지식을 갖고 있으며, 「피아노 평균율」이나 「불새」를 선호하는 반면 민중계급이나 중간계급 출신 중 고등 교육을 받은 사람들의 선택에서는 흔히 (고야, 레오나르도 다빈치, 브뤼겔, 와토, 라파엘처럼) 반드시 '학교에서 가르치는' 교양에 대한 존경심이 일차적인 기준이 되며, 이들 중 많은 비율의 사람들은 '회화는 좋지만 어렵다'는 견해에 동의하고 있다. 다른 한편 지배계급 출신의 사람들은 더 많은 작품을 알고 있으며, '학교에서 배운' 교양을 토대로 더 많은 작품(브라크, 『왼손을 위한 협주곡』)을 골라낸다. 이와 비슷하게 상대적으로 소소한 학력자본(BEPC 또는 그 이하)밖에 갖고 있지 못한 기성의 쁘띠 부르주아지 성원들(장인, 상인들, 사무원과 일반관리직)은 자신들이 그려온 궤적의 흔적을 뚜렷이 보여주는 선택을 한다. 즉 이들 중 사회적으로 상승한 집단은 다양한 방식으로 정통적인 문화에 대한 존경심을 보여주고(예를 들어 이들은 별로 망설이지 않고 '회화는 좋지만 어렵다'는 말에 동의를 표한다) 중간취향의 특징을 전형적으로 보여주는 작품(뷔페, 유트리요) 또는 심지어 대중적 취향에 걸맞은 작품(『아름답고 푸른 도나우 강』)을 고른다. 하지만 아버지가 상류 계급 출신인 사람들은, 학력자본이 동등한 경우 (비록 작곡가의 이름의 경우에는 사정이 다르지만) 음악작품에 대해 훨씬 더 커다

르주아지 출신 학생들보다 뒤쳐지게 된다. 우리는 여기서 예술생산자들과 중등학교 교사들 또는 예술 제작자들(아래에서 분석될 다른 앙케트를 보면 분명하게 알 수 있듯이 특히 이들이 민중계급이나 중간계급 출신일 경우 이들은 대부분 아주 '고전적인' 취향을 갖고 있으며 예술가들보다는 교사들에게 아주 가깝다)간의 관계에서 나타나는 것과 아주 흡사한 관계를 볼 수 있다.

란 친숙성을 보여준다. 이와 비슷하게 이들은 또 흔히 인상파들을 좋아하며, 박물관을 관람하는 빈도도 매우 높고, 학교를 통해 성별된 작품(라파엘이나 레오나르도 다빈치)을 고르는 경우가 많다.

매너와 문화의 획득방식

주입(注入)의 원천인 동시에 시장으로 기능하는 특수한 장과 관련하여 획득되는 문화적 (또는 언어적) 능력은 획득조건에 의해 규정된다. 그 능력의 이용방식 즉 문화나 언어와의 특정한 관계 속에서 영구화되는 이러한 조건은 일종의 '상표'trade mark처럼 기능하며, 이 능력을 특수한 시장과 결부시킴으로써 다양한 시장에서 각 제품가격을 결정하는 데 일조한다. 다시 말해 교육수준이나 출신계급과 같은 지수를 통해 포착되는, 또는 더 정확하게는 이들간의 관계 구조 속에서 파악할 수 있는 내용은 동시에 길들여진 아비투스의 다양한 생산양식이기도 한데, 이 양식은 획득된 능력뿐만 아니라 이들의 응용방식에서도 차이를 만들어내는 토대를 이루고 있다. 이러한 방식상의 차이는 일련의 이차적인 속성, 즉 다양한 시장에서 아주 상이한 가치를 얻을 수밖에 없도록 만드는 속성을 구성하며, 상이한 획득조건을 드러내준다.

'매너'가 상징적 의사표시이며, 그 의미와 가치는 생산자에게만큼 수용자에게도 의존한다는 것을 안다면 상징적 재화 특히 탁월한 속성을 가진 재화를 사용하는 방식이 '계급'을 나타내는 핵심적인 지표 중의 하나이며, 그리고 그러한 차별화 전략의 이상적인 무기, 즉 프루스트의 말대로 하면 "거리를 만들어내기 위해 동원되는 끊임없이 다양한 기법"을 구성하는 이유를 이해할 수 있을 것이다. 취향은 선천적으로 타고 태어난다는 이데올로기는 두 가지 문화 능력과 사용방식을 대립시키며, 그리고 그 이면에서는 두 가지 문화 획득양식을 대립시킨다.[71]

아주 어릴 적부터 가족 안에서 수행되는 전체적이면서도 쉽게 감지하기 힘든 **조기교육**(이것은 학교교육에 의해 계승되어 완성된다)은 늦게 시작되는 방법론적 학습과 구분되는데, 이 조기교육은 문화는 '포장술'에 불과하다는 이데올로기가 주장하듯이 동시적으로 주입되는 경향이 있는 언어나 문화와의 관계 양상에서만큼 그 효과가 그리 심원하거나 지속적이지는 않다.72) 그러나 이것은 문화적 정통성을 소유하고 있다는 자신감에 따른 안도감과 함께 탁월함의 시금석이기도 한 편안함을 제공해준다. 그리고 이것은 (상대적) 무지의 한가운데서 느끼는 자신감, 그리고 오래된 친숙함(부르주아 가문들은 마치 조상전래의 가보처럼 이것을 후손들에게 물려준다) 속에서 느끼는 부르주아의 편안함으로 구성되는 역설적인 문화를 만들어낸다.

'통달한 사람'connaisseur의 능력은 문화획득 도구를 무의식적으로 완숙하게 다루는 데서 찾을 수 있는데, 이들은 천천히 시간을 두고 대상에 익숙해지려는 노력을 통해 이러한 능력을 획득하며, 바로 이것이 작품과 친숙해질 수 있는 토대가 된다. 이 능력이 바로 '기예'(art, 技藝)로 이것은 사유방식이나 생활양식처럼 결코 지침이나 처방으로는 제대로 전달할 수 없는 실제적인 숙련을 의미한다. 그것을 습득하려면 전통적인 교육에서 볼 수 있는 바대로 스승과 제자 간에 장기간에 걸친 접

---

71) 항상 그렇지만 앙케트 자체가 또는 분석이 실천과 취향 또는 여러 의견의 다양한 양식을 무시하는 경우 **본질적인** 내용은 항상 놓치게 된다. 깊이 뿌리내리고 있는 성향을 드러내 보여줄 수 있는 가장 뛰어난 지수 중의 하나인 이러한 양식은 모든 사회에서 아주 엄밀한 주목의 대상이 되어 있다. 매너 그리고 오직 매너만이 여러 성향의 사회적 진리 즉 실천을 이해하고 예견할 수 있도록 해주는 진정한 원리를 드러내주는 무수히 많은 예를 꼽을 수 있을 것이다.

72) 정통적인 방식이, 특히 부르주아지 안에서는 연륜을 실제적으로 가장 잘 드러내줄 수 있는 지표 중의 하나인 예술작품과 관련하여 학교적 방식(그리고 철자법이나 문법 또는 수학처럼 학교에서만 배울 수 있는 지식)보다 비교할 수 없을 정도로 엄청난 이윤을 가져다주는(최소한 '고급 사교계' 시장에서는 그렇다) 것은 바로 이 때문이다.

촉 같은 것이 있어야 한다. 즉 문화작품이나 문화인과의 반복적인 접촉이 있어야 한다. 그리고 도제나 제자가 스승의 행동의 여러 요소를 분석하고 선별하면서 진정 스스로를 내맡김으로써 스승 본인에게도 알려져 있지 않은 기예까지 포함해 **무의식적으로** 기예의 규칙을 습득할 수 있듯이, 작품에 스스로를 내맡기는 예술애호가 또한 결코 의식하거나 명확하게 정식화하지 않고도 작품의 구성원리를 내면화할 수 있다. 그리고 바로 이것이 예술이론과 달인의 체험 간의 차이를 만들어내는데, 이 달인은 통상 자신의 평가원리를 확실히 표현할 수 없다. 이와 반대로 모든 제도화된 학습은 어느 정도의 합리화를 전제하는데, 이것은 소비되는 재화와의 관계에 흔적을 남긴다. 하지만 유미주의자의 지고지순한 쾌락은 얼마든지 개념규정 없이도 이루어질 수 있다. 이것은 '초심자'의 아무 생각 없는 쾌락(이것은 순진무구한 어린아이의 눈이라는 신화를 통해 이데올로기적으로 찬미된다)만큼이나 쁘띠 부르주아와 '벼락부자'parvenu의 소위 무쾌락적인 사유와도 대립된다. 이들은, 막상 보지도 않은 영화에 대해 정말 시시콜콜히 모든 것을 알고 있는 영화광처럼 항상 경험보다는 지식을 우위에 놓으며, 작품에 대한 논의를 위해 작품감상을, 다시 말해 훈련askesis을 위해 감각aisthesis을 희생하는 금욕주의적 타락의 형태에 노출되어 있다.[73] 물론 그렇다고 하여 학교 교육체계가 완벽하게 합리적인 기능을 수행하지 못한다는 이야기는 아니다. 즉, 학교가 전달하는 내용의 핵심적인 부분 역시, 지식을 주입하는 순서나 자체의 조직화(학교나 부문, 과정의 위계적 배치)나 학교운영(평가방식, 상벌 등)을 위한 전제조건을 통해 학교 체계가 주입하는 분류체계와 마찬가

---

[73] '교양인들'이 쁘띠 부르주아지들과 교양 간의 관계 그리고 독학자들의 '시대착오'를 어떤 이미지로 바라보고 있는지를 전형적으로 보여주는 이러저러한 텍스트를 인용하는 것은 너무 잔혹할지도 모르겠다. 독자들 스스로 이러한 상황을 떠올려 볼 수 있을 것이다. 또는 그동안의 경험을 반추해보면 될 것이다.

지로 우연적으로 획득된다. 하지만 어떤 형태로든 전달하려면 전달하는 내용을 일정하게 합리화해야 한다. 따라서, 예를 들어 항상 부분적이며 실천적 맥락에 따라 다르게 나타나는 실제적 분류도식 대신 학교제도는 명확하고 표준화된 분류법을 제시하는데, 일람표 도식이나 이원론적인 유형학(예를 들어 '고전주의적'/'낭만주의적')의 형태로 영구히 고정되는 이것은 분명하게 주입되어 학교의 영향권 안에 들어있는 모든 행위자에 의해 거의 동일한 형태로 재생산될 수 있는 지식이자 기억으로 보존된다.74)

교육체계는 실제로 이러저러한 선호도를 얼핏 체계적으로 보이는 담론의 수준으로까지 끌어올리고, 이를 통해 명확한 원리를 중심으로 의식적으로 조직할 수 있는 표현수단을 제공함으로써 취향의 실제적인 원리에 대한 상징적 지배(그 적합성은 경우에 따라 다르게 나타날 수밖에 없다)를 가능하게 해준다. 이것은 마치 문법이 언어 능력을 합리화시켜 주듯이 '미적 감각'을 합리화시켜준다. 즉 이러한 감각을 갖고 있는 사람들은 즉흥적인 판단에 의지하는 대신 여러 원리(예를 들어 조화와 수사학의 규칙), 규정, 정식 등을 참조할 수 있게 해주는 수단을 제공해준다. 이것은 취미의 실천적 원리에 의해 생겨나는 '미학 그 자체'의 객관적 체계성을 형식적 미학의 의도적 준(準)-체계성으로 대체한다. 이처럼 아카데미즘은 잠재적으로 모든 합리적 교육학 속에 존재하고 있다. 이

---

74) 독학자의 '중간취향의 교양'을 객관적으로 규정하고 있는 교양의 절대화를 피하려면 사회적 위계 내에서 위로 올라갈수록 취향은 점점 더 포괄적으로 "프로그램"을 주입하는 교육체계의 구체적인 조직과 기능방식에 의해 형성된다는 점을 상기할 필요가 있다. (커리큘럼이라는 학교적 의미와 정보과학적 의미의 양자로 사용되는) 모든 프로그램 교육은 이것을 따라야 하며, 역으로 이 프로그램은 '교양인'의 정신을 '세세하고 완벽하게 가다듬어' '독창성'을 갖도록 자극해야 한다. 학교에 의해 승인되는 문화자본이 아니라 구체적인 사회적 생성과정과 매개과정에 종속되어 있기 때문에 학력자격과 문화 능력 간의 괴리는 아주 빈번하게 나타나며, 이와 함께 학교에서 제공하는 지식과는 대립적이지만 학교라는 제도 자체에 의해 인정되는 '엄밀한' 교육을 보존한다. 이와 함께 후자는 가치가 하락된다.

러한 교육은 분명한 규범과 공식을 특정한 원리에 따라 체계적으로 정리해서 하나씩 전달하는데, 이러한 원리는 일반적으로 전통 교육에서는 실천 속에서 직접적으로 파악되는 종합적인 유형으로 전달되어온 내용을 적극적으로보다는 부정적으로 가르친다. 하지만 무엇보다 먼저 합리적 예술교육은, 직접적 체험을 대신하고 작품에 친숙해지기 위해 오랜 시간을 버리는 대신 시간을 단축할 수 있는 지름길을 제공해주며, 소위 취향의 자발성이 아니라 개념과 규칙의 산물인 실천을 가능하게 해주며, 이를 통해 잃어버린 시간을 보충하고 싶어 하는 사람들에게 나름의 해결책을 마련해준다 — 유미주의자들이 교육학자와 교육학을 그토록 혐오하는 것은 바로 이 때문이다.

취향은 태어나면서부터 타고난다는 이데올로기가 그럴 듯해 보이고 나름대로 효력을 발휘하는 이유는, 일상의 계급투쟁에서 파생되는 모든 이데올로기 전략이 그렇듯이 실질적인 차이를 **자연화하고=본성화하고**naturalize, 문화획득양식의 차이를 본성nature의 차이로 전환시키기 때문이다. 이것은 취향이 형성되어온 과정의 뚜렷한 흔적을 전혀 갖고 있지 않으며, '학교에서 가르치거나', '전문학술적이고', '책에 나오고', '감동을 받고', '연구될 만한' 것이 하나도 없으며, 그 대신 편안함과 자연스러움을 주는 진정한 문화는 자연이라고(이것이야말로 처녀수태라는 태고적 신비의 현대판 재현이라고 할 수 있다) 주장하는 문화(또는 언어)와의 관계만을 유일하게 정통적인 것으로 인정하기 때문이다. 한 요리 평론가의 말은 이를 분명하게 확인시켜준다. 그는 삐에르 프랑카스텔(Pierre Francastel)과 하등 다르지 않은 이야기를 하고 있는데, 미술사가인 프랑카스텔은 어찌 보면 굉장히 파격적인 고백 속에서 '시각적 체험'을 위해 '진정한 비전'에 도달할 수 있는 단 하나의 방법만을 찾아내려고 하는 '지성화된 지식'을 거부한다.[75]

"미각goût을 미식학gastronomie과 혼동해서는 안 된다. 미각이란 완벽함을 인지하고 사랑할 수 있는 자연적인 재능인 반면 미식학은 미각의 세련화와 교육을 지배하는 일련의 규칙들이다. 미식학과 미각의 관계는 문법 또는 문학과 문학적 감각의 관계와 같다. 이리하여 우리는 이 문제의 핵심에 다가가게 된다. 즉 만약 미식가가 섬세한 전문감식가 *connaisseur*라면 미식연구가는 현학자란 말인가?… 마치 자신만의 취미를 가진 사람이 그에 고유한 문법을 갖고 있듯이 미식가도 자신에 고유한 미식논리를 갖고 있다… 모든 사람이 미식가가 될 수는 없다. 미식연구가가 필요한 것은 바로 이 때문이다. 우리는 미식연구가를 일반적으로 교육학자와 똑같이 바라보아야 한다. 물론 그들은 아니꼽고 역겨운 얼굴로 아는 체하지만, 그 나름대로 쓰임새가 있다. 그들은 하위의 얌전한 종족이지만 절도와 우아함, 미려함을 통해 이 하급 장르를 개선할 책임은 그들에게 있다… 확실히 악취미도 존재하는데, 세련된 사람들은 본능적으로 그것을 간파한다. 그렇지 못한 사람에게는 일련의 규칙이 필요하다."76)

75) "그림을 단 한 순간에 볼 수는 없다. 이러한 환상은 오직 '볼 수' 있는 능력이 없는 사람, 따라서 이미지를 시각적 체험이 아니라 지성화된 지식과 연결시킴으로써 이미지를 '인식한다고' 생각하고 만족하고 마는 사람들에게서만 찾아볼 수 있다"(P. Francastel, "Problèmes de la sociologie de l'art", in G. Gurvitch, *Traité de sociologie*, Paris, PUF, 1963, t. II, pp. 278~298).

76) P. de Pressac, *Considérations sur la cuisine*, Paris, NRF, 1931, pp. 23~24(강조표시는 나의 것인데, 문화소비의 전통으로부터 유래하는 이 모든 일련의 대립을 한층 분명하게 강조하기 위해서 그렇게 했다. 천성적인 재능과 본능/규율과 교육, 전문가/현학자, 문학적 감각/문자 중시 등을 그러한 대립항으로 꼽을 수 있다). 프루스트의 아래와 같은 말이야말로 이러한 문맥에 딱 들어맞는다고 할 수 있다(그는 항상 매너와 그 매너의 획득방식을 연결시킨다). "그녀는 나의 애를 태우는데, 더구나 그런 식으로 이야기하는 이유 또한 자신이 '메메(Mémé)'의 친한 친구라고 생각하도록 하기 위한 것이 아니라 너무 빨리 교육을 받았기 때문으로 내게는 그만큼 한층 더 불공평한 것이었다. 그러한 억양은 곧 그녀를 고귀한 신사들의 총아로 만들어주었으며, 그녀야말로 지방의 관습의 대변인이라는 명성을 가져다주었다. 그녀는 몇 달만에 전 과정을 마쳤으며, 따라서 일반적인 학습과정을 거치지 않아도 되었다"(M. Proust, *A recherche du temps perdu*, Paris, Gallimard, La Pléiade, 1973, vol. I, p.

경험에 의한 인식은, 단어와 개념으로는 본질적으로 신비적 합일 속에서 '체험한' 현실을 표현하기가 부적절하다고 느끼고 이를 개탄하는 토마스 아퀴나스(Thomas Aquinas)의 경험적 인식*cognitio Dei experimentalis*과 마찬가지로 예술을 지적으로 사랑하는 것, 즉 예술작품의 경험을 지적인 해독작업과 동일시하려는 인식방법을 전혀 무가치한 것으로 치부해버린다.77)

'학자'와 '사교가'

매너의 차이는 문화획득 양식상의 차이 즉 지배계급에 도달한 시기의 격차를 가리키는데, 이 양식상의 차이는 일반적으로 소유하고 있는 자본구조structure de capital의 차이와 연결되어 있다. 마치 문화자본의 차이가 각 계급간의 차이를 나타내주듯이, 이러한 구조상의 차이는 지배계급안의 차이를 가리키는 경향이 있다.78) 행동방식 특히 정통적인 문

---
44).
77) 예술작품에 대한 신비(주의)적 담론은 본래 절대 소진될 수 없으며, 따라서 필연적으로 제멋대로라는 느낌을 불러일으킨다. 즉 분석을 구체적으로 예시하기 위해 다음과 같은 글을 실례로 인용하는 경우에는 특히 그럴 수밖에 없는데, 질송(Gilson)이나 하이데거의 심원한 사고를 그대로 반복하고 있는 듯한 이 문장이 그래도 전형적인 사례의 성격을 가질 수 있는 것은 잡지라는 게재 장소가 잘 보여주듯이 이 문장이 통속성의 전형을 보여주기 때문이다. "무지하거나 초심자인 우리들 각자는 이러한 신비, 명작 앞에 서면 무장해제된다. 분명하게 확신하지 못한 채 캔버스를 샅샅이 살펴보면서 우리는 예술가의 메시지가 우리에게 다가오는 은총의 순간을 기다린다. 렘브란트의 고요함 속의 격동(激動), 무한대로 이어져나가는 베르미어(Vermeer)의 부드러움 등. 만약 우리가 그 고요함을 그대로 되살리고, 그 기대감을 재창조해내며, 우리 자신의 마음 속 안에 그러한 느낌에 걸맞은 비어있는 자세를 갖추지 않는다면 어떤 문화로도 이것들을 이해할 수 없을 것이다"(*Réalités*, 1960년 3월호).
78) 지배계급 안에서도 사회적 궤적에 따른 차이들은 자본구성에 따른 차이와 아주 밀접하게 관련되어 있다. 신참자의 비율은 피지배 분파일수록 증가한다(하지만 작가와 예술가들은 예외이다). 하지만 각 분파(특히 지배분파) 안에서도 궤적상의 차이는 아주 강력하게

화와의 관계방식이 영원한 투쟁의 핵심 쟁점이 되는 것은 바로 이 때문이다. 이 문제에 관한 한 중립적인 발언은 전혀 있을 수 없다. 대립적인 성향을 가리키는 말은 관점에 따라 칭찬하는 말이든지 아니면 욕하는 말로 받아들여지게 된다. 모든 시대에 걸쳐 취향과 문화에 대한 논쟁의 핵심에 '학교적'(또는 '현학적')이라는 말과 사교적, 즉 별로 힘들이지 않고 세련미를 과시한다는 말간의 대립이 자리잡고 있는 것은 전혀 우연이 아니다. 문화적 생산물을 생산 또는 평가하는 두 가지 방식은 동시에 두 가지 획득양식을, 그리고 적어도 근대세계에서는 교육체계와의 두 가지 상이한 관계를 아주 분명하게 가리켜보인다.

17세기 전반의 프랑스 문학논쟁을 지배했던 학자들과 사교가들 간의 논쟁을 생각해보자. 샤플렝(Chapelain), 발자크, 라 메스나르디에르(La Mesnardiére), 파레(Faret), 꼴레떼(Colletet), 도비냑(d'Aubignac)과 같은 사람들로 구성된 전자는 문학작품의 구성에 필요한 규칙을 이탈리아 이론가들 그리고 궁극적으로는 아리스토텔레스에서 찾는 동시에[79] 이러한 규칙의 근거를 이성 안에서 찾으려고 한 반면, 후자의 사교가들은 특정한 규율에 얽매이는 것을 거부하고, 자신의 즐거움을 유일한 안내자로 하여 '농간'je ne sais quis과 생생한 지식의 절묘한 완성을 구성하는 무한한 뉘앙스를 추적하려 했다. 취향을 둘러싸고 문학작품이 불러일으키거나 극화한 대논쟁(사교적 세련미précieux 문제도 그 중의 하나이다. 이것은 살롱에서 취할 자세와 태도를 약호화하고 합리화함으로써 원래 규정될 수 없는 것으로 규정된 생활양식의 본질 전체를 변화시켰다)은 지배계급의 다양한 분파들이 자신들만이 갖고 있다고 생각하는 미덕뿐만 아니라 슈발리에 드 메레(Chevalier de Méré)가 정확하게 지적하고

남아있다는 점은 그대로 남는다.
79) R. Bray, *La formation de la doctrine classique en France*, Paris, Nizet, 1951.

있듯이 '미덕을 실천하는 여러 방식'을 둘러싸고도 치열하게 전개되었다. 메레에 따르면 '그러한 방식 자체가 일종의 미덕이다.' 그리고 그러한 방식을 통해 각 계급에 도달하는 시간적 거리 그리고 도달하는 방식이 표현되거나 드러난다.

일상적인 행동과 예술작품의 창조나 수용, 간단히 말해 우리 시대(즉 17세기 — 옮긴이)의 핵심적인 단어 중의 하나인 취향의 절대적인 관할권 안에 들어가는 모든 것을 약호화하기 위해 나온 많은 문헌에서 수많은 사례를 인용할 수 있을 것이다(M. Magendie, *La politesse mondaine et les théories de l'honnêteté en France, au XVIIe siècle, de 1600 à 1660*, Paris, PUF, 1925). 하지만 한 가지 예만 들어도 충분할 것이다. 왜냐하면 이것은 행동방식이나 문화의 획득방식을 그것이 가리키는 집단과 분명하게 연결시키기 때문이다. "작가(라 퐁뗀과 방스라드를 비판한 『시민의 소설』을 쓴 부르주아지 작가인 퓌레띠에르를 가리킨다 — 옮긴이)는 자신이 사교계나 궁정 어디에도 속하지 않으며, 자신의 취미가 그 누구도 감히 고쳐볼 엄두도 못낼 정도로 아주 현학적이라는 것을 분명하게 보여준다. 처음에 즉각 이해하지 못하면 결코 이해할 수 없는 것이 있다. 융통성이 없고, 따라서 아주 서투른 머리를 가진 일부 사람들은 방스라드의 발레나 라 퐁뗀 우화의 매력이나 경쾌함 속에 빠져들 리가 없다. 그러한 문은 그들에게는 닫혀있으며, 나에게도 마찬가지다… 그러한 사람들의 경우 그저 신에게 간구할 뿐 달리 어떻게 해보았자 전혀 소용이 없다"(드 세비녜 부인, 「뷔시-라뷔텡에게 보내는 편지」, 1686년 5월 14일).

역설적이지만 조숙함*la précocité*은 연륜*l'ancienneté*의 효과이다. 귀족성이란 특히 연륜의 한 형태인데, 이것은 (적어도 가풍의 오래됨과 귀족성 — 실제로 이 두 개념은 동의어로 볼 수 있다 — 이 가치로서 인정되는

사교적 정신과 사이비

— 몰리에르, 『여학자』

트리소땡: 나는 계속 논전에 휘말려 들었지만 이 분의 역설적인 지론에 전혀 놀라지 않소.

　이 분은 오랫동안 궁정에 계셨죠. 이것만으로도 충분할 것이요.

　잘 아시다시피 궁정에서는 지식을 별로 탐탁하게 여기지 않는데, 이 분도 마찬가지죠. 궁정인인 이 분 또한 열심히 무지를 옹호하시는데. 그것이 양쪽의 이익에 부합하기 때문이죠.

끌리땅드르: 당신은 궁정에 대해 꽤나 많은 한을 품고 계시는군요. 매일 학자들에게서 그런 이야기를 들을 수 있죠. 하도 심해서 궁정도 필시 정신이 헷갈려 갈팡질팡할 정도입니다. 그런 식으로 자신의 맘에 들지 않는 일이 생길 때마다 당신들은 궁정을 향해 싸움을 걸지요. 궁정의 취미가 타락했다고 비난하거나, 무슨 일에 실패하면 무초건 궁정의 탓으로 돌리죠. 그런데. 트리소땡 선생, 의당 당신의 이름에 걸맞은 마음속의 경의를 표하지만, 궁정의 일에 대해 말할 때 당신이나 친구 분들이 좀더 부드러운 어조로 말하는 것이 신상에 좋으리라는 점을 말해두고 싶소. 사실, 조금만 호의를 갖고 보아도 궁정은 당신이 생각하는 것처럼 그렇게 엉터리는 아니라는 사실을 알게 될 거요. 모든 것을 상식에 따라 보고, 수많은 증거가 보여주듯이 양식(良識)도 함께 구비하고 있소. 따라서 누구라도 궁정 안에서 훌륭한 취미를 몸에 익힐 수 있소. 특히 사교적인 정신이라는 점에서 사이비 지식인들의 어설픈 지식은 감히 궁정과 비할 바가 못 되지요.

트리소땡: 훌륭한 취미라고 하셨소. 말도 안 되는 소리!

끌리땅드르: 그럼, 궁정의 취미의 어떤 부분이 타락했다는 이야기요, 선생?

여유 또는 세련된 자연스러움

"나는 독자들에게 모든 것을 알려주고 싶지만, 앞에서 말한 내용만으로는 내 얘기를 충분히 알아들 수 있다고는 생각하지 않는다."

메레(Méré), 『대화에 관해』

"대작가라면 예술적 취향이나 박식함을 뽐내는 듯한 분위기를 풍기는 태도를 고치지 않으면 안 된다. 그것이 자연스럽게 보이도록 해야 한다."

메레, 『매력에 관해』

"하지만 눈앞에서 일어난 일 전부에 대해 들었던바 그대로 이야기하고, 게다가 좋게 말하는 경우 모든 사람이 만족해한다. 이 이상의 에스프리는 없다. 그것은 지성의 걸작이다. 무엇이건 박식함을 과시하거나 어떻게 해서라도 뽐내려는 것처럼 보이는 말은 한마디도 해선 안 된다. 특히 듣는 사람이 자신의 가치에 만족해하는 경우에는 어떤 식으로든 가르치려는 태도를 보여서는 안 되며, 그가 모르는 사실을 굳이 지적할 필요도 없다."

메레, 『대화에 관해』

"이러한 재기는 얼굴표정이나 태도, 신체나 정신의 평범한 행동으로도 알 수 있다. 그러나 자꾸 그러한 것을 의식할수록 어떻게 해야 할지 모르게 되고, 자꾸 몸이 붙잡혀 부자연스럽게 된다. 즉 강제나 속박으로는 전혀 요령부득이다. 가령 조금이라도 조잡함의 기운이 느껴지면 재기 전체를 엉망으로 만들 수 있다. 따라서 어떤 인물의 행동이 매력적으로 보이도록 하려면 가능하면 생각은 깊이 하되 이런저런 지겨운 훈련을 통해 재기를 제대로 발휘하도록 하지 않으면 안 된다."

메레, 『매력에 관해』

사교계 사람들은 모든 일에 대해, 경우에 따라서는 전혀 모르는 일에 대해서도 어쩔 수 없이 한마디 하지 않으면 안 되는 경우가 많다. 이 경우 진짜 사교계 사람이라면 자신의 작품을 완성하는 일 이외에는 아무 관심도 없는 전문적인 장인(匠人)처럼 행동해서는 안 된다. 멋있는 신사라면 자신이 하려는 일에 완벽을 기하기보다는 그러한 일에서 완전히 해방되어 있다는 생각이 훨씬 더 매력적으로 다가오기 때문이다. 명문가에서 태어나고 멋진 생활 습관을 가진 데서 자연스럽게 배어나오는 여유 있는 태도를 가진 사람들은 어려운 일에 휩쓸리더라도 자연스럽게 대처할 수 있기 때문에, 다른 사람들에게 그 일은 자신에게는 별일 아니라는 인상을 심어 줄 수 있도록 처신하지 않으면 안 된다.

메레, 『매력에 관해』

사회에서) 오래된 가문의 후손이 태어나면서부터 소유하게 되는 권리의 일종이기 때문이다. 그리고 이처럼 타고 태어나는 신분에서 얻게 되는 최초의 자본은 식사예절, 대화술, 음악 소양, 예의범절의 습득, 테니스 치는 법, 또는 억양교정 등 문화적 기술을 배우는 과정에서 정통적인 문화를 조기에 습득함으로써 얻게 되는 이득을 통해 한층 더 쉽게 배가된다. 이전 세대들에 육화되어 있는 문화자본은 일종의 (처음부터 갖추고 있는 이점인 동시에 일종의 신용으로 기능하는) **선불=유리함**avance으로 기능하며, 또 처음부터 익숙한 가족이라는 모델 안에 구현되어 있는 문화의 전범을 제공해준다. 그 덕택에 이 집 안에 태어난 신참들은 처음부터 극히 무의식적이고 쉽게 파악하기 힘든 형태로 정통적인 문화의 기본 요소들을 몸에 익히기 시작한다. 정통적인 행동방식이 가치를 가질 수 있는 것은 희귀한 획득조건, 즉 암묵적으로 최고의 탁월함으로 공인되고 있는 시간에 대한 사회적 권력을 나타내기 때문이다. 과거의 물건들 즉 축적되고 결정화(結晶化)된 역사, 귀족의 칭호와 작위, 성(城) 또는 '국보로 지정될 만한 가옥', 그림들, 수집품들, 수백 년 된 포도주, 고가구를 소유한다는 것은 곧 오직 시간의 흐름 속에서만, **시간을 통해**, 시간을 거슬러, 즉 상속에 의해서만 획득할 수 있는 점에서 공통점을 갖고 있는 이 모든 물건을 통해, 그리고 오래된 물건을 선호하는 취향과 마찬가지로 시간과 함께 획득할 수 있으며 여유를 갖고 천천히 시간을 사용할 수 있는 사람들만이 습득할 수 있는 성향들을 통해 시간을 지배하는 것을 의미한다.

모든 집단은 각 집단을 구체적으로 표현하는 개개인의 유한성을 넘어 스스로를 영구화할 수 있는 수단을 손에 넣으려고 한다(이 점을 밝혀낸 것이야말로 뒤르케임의 탁월한 통찰 중의 하나이다). 이를 위해 각 집단은 위임, 대표, 상징화와 같은 일련의 전체적인 메커니즘을 만들어내 이것에 편재성(偏在性)과 영구성을 부여한다. 대표자(예를 들어 왕)는 영원하다. 칸토로비치(H. Kantorovitch)가 지적한 대로 왕은 두 개의 신체, 다시 말해 유한성과 감정의 교차 또는 노쇠함을 벗어날 수 없는 생물학적인 실체 따라서 결국 죽게 되어 있는 신체와 정치적 신체, 즉 죽지 않고 물질과는 무관하며, 따라서 결함이나 유약함과는 무관한 신체를 갖고 있다 (H. Kantorovitch, *The King's two Bodies, A Study in Mediaeval Political Theology*, Princeton University Press, 1957). 왕은 자신에게 부여된 권위를 다른 사람에게 위임함으로써 편재성(遍在性)을 확보할 수 있다. 왕의 국세(國稅)는 편재(遍在)하는 국고fiscus ubique presens에 의해 징수되며, 포스트(Gaines Post)가 지적하는 대로 대리전권plena potestas agendi을 갖고 있는 대리인은 위임된 대리전권procuratio ad omnis facienda 덕분에 '위임자 본인이 할 수 있는 모든 것'을 그대로 할 수 있다(G. Post, "Plena Protestas and Consent", in *A Studies in Medieval Legal Thought, Public Law and the State*, 1100~1322, Princeton, Princeton University Press, 1964, pp. 93~162). 여기서도 역시 전체는 죽지 않는다universitas non moritur. 집단 전체의 관점에서 보면 죽음은 하나의 우발적 사건에 지나지 않는다. 그리고 인격화되는 집단들은 대표나 대행인, 수탁자, 대변인 등 한때 집단을 체현하던 사람들의 신체가 소멸해도 한 집단의 존재나 집단의 기능에 아무런 영향을 미치지 않도록 조직되어 있다. 위엄은 죽지 않는다dignitas non moritur.

만약 이러한 가정을 받아들인다면(물론 이 점을 좀더 체계적으로 논증할 필요가 있다), 자본은 진정으로 인류학적 한계를 극복하기 위한 수단, 즉 집단적으로 생산되고 축적된 수단을 획득할 수 있도록 해준다는 점을 확인할 수 있다. 재현되는 사람을 (대개 그와 함께 살았던 사람들에게는 일종의 증언부언인 형태로) 불멸의 사람으로 만들어버리는 재현, 초상화 또는 조상(彫像)은 완전한 소외를 피하기 위한 수단 중의 하나이다. 기념비나 묘비, 어떤 사람을 기념하고 '후세에 그 사람의 행적을 전하기 위한' 각종 기록aere perennius 특히 정사(正史) 안에 기록되는 역사적 문장(대중 특히 부르주아지 대중들이 역사가들, 즉 과학적으로 인물을 영구화하는 전문가들인 역사가들에게 특수한 지위를 부여하는 것은 이 때문이다)이나 또는 집단이 죽은 사람에게 경의와 감사의 인사를 전하기 위한 기념식전도 마찬가지다. 이를 통해 죽은 자가 아직도 살아서 활동하고 있는 듯한 효과를 얻을 수 있다. 이를 통해 우리는 영생이야말로 누구나 바라마지 않는 사회적 특권 중의 하나라는 것을 알 수 있다. 물론 이러한 영구화 작업의 성격은 이것을 준비하는 집단의 성격과 규모에 따라 크게 달라지게 된다. 따라서 한 가족이 행하는 주말 미사와 같은 소규모로부터 매년 시행되는 국경일(國慶日)에 이르기까지 여러 가지 규모가 있다.

이러한 논증이 (하이데거와 그의 '낡은 상자'〔bahut ancien,『존재와 시간』제5장 73절에 나오는 박물관의 고가구를 가리키는데, 하이데거는 이 가구를 역사성과 연결시켜 검토하고 있다 — 옮긴이〕까지는 떠올리지 않더라도) '본질분석'처럼 보이는 이유는 대부분의 집단들이 계승순서에 기반하고 있는 모든 형태의 사회질서에 불요불굴(不撓不屈)의 엄격함을 부여해주는 시간의 비가역성(非可逆性)을 이용해 절대적이고 최종적인 차이를 만들어내려고 분투해왔기 때문이다. 계승권의 보유자와 후보자 — 부모와 자식, 소유자와 상속자, 스승과 제자, 고참과 신참 등은 시간을 제외한 그 무엇에 의해서도 갈라지지 않는다. 하지만 모든 종류의 사회 메커니즘에는 이러한 시간적 격차를 도저히 메울 수 없도록 만드는 측면이 있다. 따라서 서로 다른 '행동방식'간의 투쟁, 즉 문화를 획득하는 다양한 방식간의 투쟁의 경우 지배 집단들은 항상 거의 감지되지 않고 따라서 눈에 띄지 않는, 즉 가장 오래되고 아주 일찍부터 시작되는 획득양식을 선호한다. 지배적 담론의 불변요소는 바로 이것에 기반을 두고 있으며, 이것은 일부 주제에 영원한 새로움이란 외양을 부여해준다. 당연히 이러한 불변요소는, 취향은 타고난다거나 '현학자들'은 막상 요령이 없다는 주제를 둘러싼 호사가들의 탐구에서 들먹거려지는 모든 상투어와 마찬가지로 실제로는 특정한 상황과 시간에 의해 엄밀하게 규정되어 있다.

기능적-구조적 상동성(相同性)에 기반한 사회적 의미작용을 실제로 자기 자신의 것으로 만들어야 비로소 일상적으로 '고전'을 읽을 수 있고, 또 그 속도를 빠르게 할 수 있다. 또는 여기서 한발 더 나아가, 여기서는 실제적인 이용이 중요하기 때문에 문헌의 인용, 즉 지적인 연대(連帶)라는 형태로 위장된 사회적 연대를 토대로 과거의 저자에게 변호인이나 증인으로 출두하라고 보내는 일종의 출두요청서와 같은 식으로 담론을 아주 특수하게 인용하는 문헌의 인용은 한층 더 그럴 수밖에 없다. 어떤 의미에 대한 실천적 감각(어떤 문장의 의미를 실제로 이용할 수 있는 감각 — 옮긴이)은, 비로소 그 의미가 구성될 수 있도록 해주는 사회적 친화성을 객관화하는 데까지 나가지 못하는 경우 — 그렇게 되면 독서행위와 텍스트 모두를 상대화하기 때문에 추구했던 효과를 무화시키게 된다 — 고전의 사회적 용도를 쉽게 파악할 수 있도록 해주는 동시에 그 용도의 사회적 기반을 부인하도록 만들어 버린다.

하지만 상수(常數)를 확인했다고 해서 곧 투쟁의 한 상태를 영구화하는 쪽으로 나가면 안 된다. 진정한 비교연구가 되려면 투쟁과 함께 그 속에서 표현되는 주제들이 계급분파들간의 객관적 관계가 변할 때마다 구체적으로 어떤 형태를 취하는지를 고려해야 한다. 예를 들어 17세기 하반기에 상류층 사교계 사람들이 교양을 늘리려는 경향이 뚜렷하게 나타남에 따라 사교가들과 궁정의 권위는 증가해갔지만, 그 결과 학자들과 사교가들 간의 격차는 축소되었다. 다시 그 결과 문인이라는 신종의 교양인이 등장하게 되는데, 제수이트 신부인 라뺑(Lapin)과 부우르(Bouhours)가 이러한 유형의 전형적인 특징을 보여준다.[80] 수사학의 대가인 이들은 학자인 동시에 사교가들이었으며, 예술가들뿐만 아니라 귀족들과도 빈번히 교류하면서 궁정과 아카데미의 여러 요구를 종합하는 일을 지원했다(즉 논쟁의 중심을 논쟁할 만한 가치가 있느냐 하는 문제로부터 각 주제가 표현되는 스타일의 문제로 전환시켰다).[81]

19세기 독일 대학과 대공(大公)의 궁정 간의 관계는 이와 약간 다른 역관계를 보여주는데, 이 때문에 결국 학교의 미덕과 궁정의 미덕에 관한 이미지가 전혀 다르게 구성되었다. 노베르트 엘리아스가 아주 분명하게 보여주고 있듯이, 프랑스의 부르주아지 지식인들은 독일의 지식인들보다 훨씬 빨리, 또 훨씬 완벽하게 궁정세계에 통합되어 버렸다. 프랑스의 경우 교육체계와 이 체계가 만들어내는 모든 산물 특히 언어와 지적 예의범절에 대한 높은 관심을 지배한 예절바른 스타일과 형식에 대한 관심은 모두 궁정사회에 기원을 두고 있는 반면 독일의 경우 인텔리겐차 특히 대학의 지식인들은 궁정, 그리고 궁정에서 수입해 들이고 있던 프랑스 모델과 정면으로 대립했으며, 경박함과 피상성에 의해 특징지어지는 '문명'Civilization과 진지함과 심오함, 성실성에 의해 규정되는

---

80) G. Doncieux, *Un jésuite homme de lettres au XVIIe siècle. Le Père Bouhours, Paris*, Hachette, 1886

81) 오늘날에는 점점 더 많은 대 부르주아지 성원들이 학교 교육체계에 재입학함에 따라 (특히 프랑스의 그랑 제꼴이 그렇다) '사교가'와 '학자' 간의 관계 형태가 근본적으로 변화하고 있듯이 — 따라서 이 양자간의 결합이 이상형으로 제시되고 있다 — '사교가'와 '학자' 간의 대립을 반영하는 의례적 대립의 내용도 크게 달라지게 되었다(P. Bourdieu et M. de Saint-Martin, "Le Patronat", *Actes de la recherche en sciences sociales*, 1978, 20~21, pp. 3~82).

'문화Culture의 대립 속에서 '사교생활'mondanité의 이상적 모습을 요약했다.82) 다시 말해 학자들과 사교가들 간의 기본적인 대립이 그대로 남아있다. 똑같은 내용에다 가치만 뒤집어져 있을 뿐이다. 여기서 학자들은 자신들의 미덕과 '미덕을 실천하는 방법'을 주장함으로써, 따라서 상류층 사교계의 미덕을 깎아내림으로써만 자율성을 주장할 수 있었다.

하지만 그래도 역시 '현학자'의 상황은 결코 전적으로 만족스럽지 않다. '대중'에 반발하고 사교계의 귀족(태어나면서부터 누릴 수 있는 권리에 관심을 갖고 있는 이들은 현학자들을 받아들일 만한 충분한 이유가 있다)에게 다가가는 이들이 취향은 타고난다는 이데올로기를 받아들이는 것은 너무나 당연하다. 왜냐하면 오직 이것만이 자기 자신이 선택한 것을 절대적으로 보증해 줄 수 있기 때문이다. 하지만 사교가에 맞서 현학자는 획득물의 가치와 획득 작업의 가치, 칸트의 표현대로 하면 '정신을 개선하기 위한 장기간의 노력'의 가치를 주장할 수밖에 없는데, 사교가가 보면 그저 흠밖에 되지 않는 이것도 본인의 눈으로 보면 탁월한 장점이 된다.

교양을 갖추었을 뿐만 아니라 끊임없이 교양획득을 위해 노력하는 아카데믹한 정신을 가진 사람은 예술작품에 대한 정통적인 접근방식의 문제와 함께 그것을 획득하는 올바른 방법의 문제가 제기되자마자 즉각 당혹감에 사로잡혀 버리고 만다. 이런 모순이 **예술의 교육학**을 확립하려는 시도는 두말할 필요도 없이 이들의 모든 미학이론의 핵심에 자리잡고 있다. 천부적인 재능이라는 이데올로기가 심지어는 학교 제도의 중심에서까지 너무나 강력한 힘을 발휘하기 때문에 작품에 서서히 친숙해지기 위한 실제적 도식을 약호화된 규칙으로 환원하려는 합리적 교육학의 힘에

---

82) N. Elias, *La civilisation des mœurs*, Paris, Calmann-Lévy, 1973.

대해 신뢰감을 갖기가 어렵게 된다. 물론 예술에 대한 '자연권'의 이러한 실천적 긍정은 지식과 이념을 갖고 있는 한편 직접적인 경험과 쾌락의 옹호자들의 신권을 실추시키려는 사람들에게는 자연히 겸비된 무기임에도 불구하고 말이다. 예를 들어 예술교육(더 구체적으로는 데생 교육)을 둘러싼 논쟁을 생각해보라. 미는 가르쳐지거나 배울 수 없으며, 예술전달의 특수한 임무를 떠맡은 선생으로부터 운명에 의해 특별한 역할을 부여받은 학생에게 전달되어야 한다고 주장하는 일부 사람들에게 이 예술교육이란 말은 터무니없는 형용모순에 불과하다. 하지만 다른 사람에게는 다른 모든 장과 마찬가지로 이것도 교육의 한 장에 불과하다(예를 들어 제3공화국 초기에 일반교육과정에 데생 교육의 도입문제를 둘러싸고 기욤Guillaume과 같은 합리적 교육의 옹호자들과 라베종Ravaison과 같은 카리스마적 견해의 지지자들이 벌인 논쟁을 생각해보라).

경험과 학식

이데올로기란 이해관심에 따라다니는 환상이지만 그 나름대로 정당한 근거를 갖고 있다. 학식보다는 경험이 중요하다고 주장하는 사람들은 가정 안에서의 교양 습득과 학교에서의 교양 습득을 실제적으로 대립시키기 때문에 이러한 편견을 갖게 된다. 부르주아지 문화와 부르주아지들이 문화와 관계를 맺는 방식이 감히 다른 계급이 흉내 낼 수 없는 성격을 갖는 이유는 이것이 그뢰투이센(Groethuysen)이 말하는 민중종교와 마찬가지로, 조기에, 즉 채 말을 배우기 전부터 교양이 몸에 밴 사람들, **교양을 갖춘 실천과 대상의 세계 속으로 잠겨들어야** 비로소 획득가능하기 때문이다. 음악을 들을 수 있을 뿐만 아니라(오늘날에는 하이파이 스테레오와 라디오를 통해 들어도 무방하다) 실제로 연주도 할 수 있는 집(부르주아지들의 전기傳記에 흔히 등장하는 '음악을 좋아하는 어머니'를 생각해보라)에서 자라는 아이, 특히 조기에 '귀족적인' 악기인 피아노 연주법을 배우는 아이는 다른 아이들보다 음악과 훨씬 친숙한 관계를 맺을 수 있다.[83] 이러한 효과는 분명히 콘서트나 오직 레코드만을 통해 음악을 접해 왔기 때문에 항상 일정한 거리를 갖고 객관적으로 논하려고 하는 사람들의 태도와는 전혀 다르다. 다 자라서 겨우 학교의 분위기와 크게 다르지 않은 박물관 안에서나 그림을 접할 수 있는 사람들이 회화와 맺는 관계가, 태어나자마자 미술품이 가득 들어차 있는 세계를 접하고 몇 대가 계속 이어져 오면서 축적되어 가문의 부와 세련된 취향을 객관적으로 드러내주는 가문의 소유물(잼이나 수가 놓인 린넨처럼 '가문의 특제품'도 여기에 속한다)에 익숙해 있는 사람들이 회화와 맺는 관계와 전적으로 다르듯이 말이다.

예술에 대한 신분상의 친밀도는 예를 들어 예술작품을 획득할 수 있는 기회나 조건에 대한 지식 속에서도 표현된다. 이것은 작품을 손에 넣을 수 있는 물질적-문화적 능력뿐만 아니라 소유 대상인 예술이 아주 익숙하고 친숙한 대상들의 형태로 존재하고 있는 사회세계에 옛날부터 속해 있었느냐에 따라서도 크게 달라진다. 예를 들어 문화부의 후원 하에 실시된 앙케트(보충자료 7)에 따르면 '현대의 전문예술가의 석판화 원본이나 실크 스크린화를 살 수 있는' 가장 싼 가격이 얼마냐는 질문에 응답한

---

[83] 출신계급과 관련된 차이는 의문의 여지없이 시각예술의 개인적 생산 또는 악기연주 그리고 악기를 다룰 수 있는 소질에서 가장 두드러지게 나타난다. 이러한 소질을 획득하고 발휘하려면 예술과 문화 세계 안에서의 제도적 지원과 장기간의 훈련이 이루어져야 비로소 몸에 배게 되는 성향뿐만 아니라 (특히 피아노 연주의 경우) 경제적 수단과 여가가 전제되어야 한다. 예를 들어 바깔로레아 소지자 중 지배계급 출신의 응답자의 11.5%가 가끔씩 악기를 연주한다고 대답한 반면 중간계급이나 민중계급 출신의 동일 학력 소지자의 응답자에서는 5%만이 그렇다고 대답했다. 상대적으로 최고 수준의 학력을 가진 사람들도 소홀히 하는 회화나 조각 또한 교육수준이 동일한 경우 지배계급 출신의 응답자들이 훨씬 더 가까이 하고 있는 것으로 나타난다.

사람들의 비율은 농업노동자의 10.2%, 단순노무자와 단순기능공의 13.2%, 사무원의 17.6%, 상급 관리직이나 자유업의 66.6%에 이르기까지 계급에 따라 아주 큰 격차를 보인다.

『왼손을 위한 협주곡』(이 곡은 악기, 특히 피아노를 연주할 수 있는 사람들에게는 다른 어떤 곡보다 대중적인 곡이다)이나 (라벨의)『어린이와 마법』의 선택은 학력자본보다 훨씬 더 출신계급과 긴밀하게 연결되어 있다. 이와 반대로『피아노 평균율』과『푸가의 기법』의 경우 출신계급보다는 학력자본과의 상관관계가 훨씬 크게 나타난다. 이러한 지표들을 통해, 비록 불완전하기는 하지만 위계화되고 위계화하는 문화작품의 세계와 맺게 되는 상이한 관계를 구분할 수 있을 것이다. 이러한 관계는 상호밀접하게 관련된 일련의 차이들과 긴밀하게 연결되어 있으며, 문화자본의 상이한 획득양식 — 집안과 학교에서 이루어지는가 아니면 오직 학교에서만 이루어지는가 — 에서 유래한다(즉 획득양식의 잔존효과가 나타나게 된다). 따라서 예를 들어 롤랑 바르뜨(Roland Barthes)는 음악과의 특수한 관계 즉 어릴 때에 집 안에서 '실천적으로' 음악에 익숙해진 방식을 미학으로 구성하면서 미적 쾌락을 청취자의 신체와 ('가수의 목소리의 독특한 울림'과 '피아니스트의 손가락의 활주방식'에 들어 있는) 연주자의 '내적 신체' 간의 직접적인 의사소통으로 묘사하는데, 실제로 그는 이를 통해 두 가지 획득양식의 대립적인 성격을 가리키고 있는 셈이다.

한편으로 레코드 애호가를 위한 음악(이것은 '음악을 듣는 사람의 증가와 동시에 직접 연주하는 사람의 감소' 현상과 밀접하게 연결되어 있다) 즉 표현적이며 극적이고 감정 면에서 아주 명확한 의사소통, 이해의 형태도 있다. "이 문화는… 예술을, 음악을 원한다. 단 이 예술, 이 음악이 명쾌하고 정감을 '번역하고' 시니피에(시의 '의미')를 재현한다는 조건으로. (쾌락을 잘 알려지고 약호화된 정감으로 환원시킴으로써) 쾌락jouis-sance에 예방주사를 놓고 주체를 음악이 이야기하는 내용과 화해시킬 수 있는 예술이 되어야 한다. 그것은 학교제도, 비평, 여론이 그 음악에 대해 말할 수 있는 내용과 동일하다."[84] 다른 한편으로 의미sens보다는 감각적으로 즐길 수 있는 것le sensible을 선호하고, 웅변이나 과장, 파토스, 비장함, 과도한 표현, 극적인 것을 싫어하는 예술도 있다. 즉 프랑스풍의 멜로디와 뒤빠르끄(Duparc), 말기의 포레(Fauré), 드뷔시가 그러한데, 만약 다른 시대라면 이 음악들은 모두 순수음악, 피아노의 실내화파in-timisme(원래는 미술어로 가정의 친밀한 정경을 묘사하는 화풍을 가리켰으나 지금은 그것을 음악에 전용하고 있다 — 옮긴이), 모성적 악기, 부르주아적 살롱의 내밀성이라고 불렸을 것이다. 각자에 대해 언제나 의식적으로보다는 무의식적으로 규정되는 음악에 대한 이처럼 대조적인 두 가지 관계에서 우리는 다시 한번 학자와 사교가 간의 오래된 대립관계 — 여러 가지 결합이 있지만(따라서 아마추어도 자유롭게 접근할 수 있다) 포즈라(Pausera)나 꼬르또(Cortot)와 같은 과거의 예술가들을 사랑하는 태도 속에는 대량생산을 위해 동원되는 현대의 지휘자들과 흠잡을 데 없는 완벽한 녹음에 대한 거부감과 혐오감이 함축되어 있다 — 를 보게 된다. 학자들은 약호code(이 말은 이 말이 포함하는 모든 의미로 이해되어야 한다)와 규칙, 따라서 학교제도와 비평과 연결될 수 있는 반면에, 자연 또는 '자연적인 것'의 편에 서 있는 쾌락주의자인 사교가는 느끼고 즐기는 것으로 만족하며, 예술적 체험으로부터 주지주의, 교훈주의, 현학주의의 모든 흔적을 배제하려 한다.

---

[84] R. Barthes, "Le grain de la voix", *Musique en jeu*, n° 9., novembre 1972, pp. 57~63.

태어난 세계

  엄밀히 말해 모든 물질적 유산은 동시에 문화적 유산이기도 하다. 가문의 유산은 한 가계의 연륜이나 연속성을 물질적으로 증거하고 있으며, 따라서 시간이 흘러도 부단히 이어져 내려온 연속성과 불가분한 사회적 정체성을 성별(聖別)할 뿐만 아니라 가계를 정신적으로 재생산하는 데도 실천적으로 기여한다. 즉 부르주아 왕조에 속할 수 있는 정통성의 토대가 되는 가치와 미덕과 능력을 후대에 전달할 수 있도록 해준다. 고대 유물과 일상적으로 접촉하고, 정기적으로 골동품상과 화랑을 찾아가고, 또는 더 간단하게는, 릴케가 말한 대로 '숨겨진 의미 없이 단순하고 확실하게 그곳에 있는' 익숙하고 친숙한 대상들의 세계로 들어감으로써 획득할 수 있는 것이 바로 '취향'으로, 이것을 통해 좋아하는 사물과 직접적으로 친숙한 관계를 맺게 된다. 하지만 이것은 동시에 정말 세련되고 예의바르며, 교양 있는 세계 즉 완벽함, 조화와 아름다움을 위해 존재하는 세계, 베토벤과 모차르트를 배출했으며, 계속해서 이 두 사람을 연주하고 감상할 수 있는 사람들을 만들어내고 있는 세계에 속해 있다는 느낌이기도 하다. 그리고 마지막으로 이것은 아비투스의 가장 깊은 곳에서 흔쾌함과 혐오감, 공감과 반감, 환상과 공포증에 직접적으로, 공표된 의견보다 더 강하게 집착하며, 계급의 무의식적 통일성을 만들어낸다.
  가구나 복장의 스타일 속에서 집단의 생활양식 전체를 읽어 낼 수 있는 이유는 단순히 이 소유물들이 각 스타일의 선택을 규정하는 경제적-문화적 필요의 객관화일 뿐만 아니라 익숙한 대상 안에 객관화되어 있는 사회적 관계들이 그 호화스러움과 구차함, '고급스러움'과 '조잡함', '아름다움'과 '추함' 등을 통해 드러나면서 융단의 아무렇지도 않은 촉감이나 찢어진 야한 리놀륨(마루의 깔개 — 옮긴이)의 얄팍하고 차가운

느낌, 코를 찌르는 표백제 냄새 또는 있는지 없는지를 거의 느낄 수 없는 어렴풋한 향수의 느낌만큼이나 철저하게 무의식적으로 진행되는 신체적 경험을 통해 나타나기 때문이다.85) 모든 인테리어는 자체에 고유한 언어를 통해 상속된 부(富)의 우수함을 과시할 수 있다는 자신감, 벼락부자의 휘황찬란한 오만함, 가난한 사람의 남모르는 궁핍함, 분수에 맞지 않는 생활을 하고 싶어 안달이 난 '가난한 친척'의 겉만 번지르르한 화려함의 이면에 감추어져 있는 꾀죄죄함을 드러내는 등 인테리어 소유자의 현재, 심지어는 과거의 상태까지도 표현해준다. D. H. 로렌스(D. H. Lawrence)의 중편「목마의 승리자」에 나오는 아이를 생각해보라. 그는 값비싼 장난감으로 가득 차 있는 집안의 사방에서, 심지어는 침대 안에서도 끊임없이 "틀림없이 돈이 더 있을 거야"라는 속삭임이 오가는 것을 듣는다. 이러한 종류의 체험은 사물, 따라서 당연히 사람들 안에 객체화되어 있는 사회관계가 눈치 채지 못하는 가운데 육화되어 세계와 타자들에 대한 지속적인 관계 속에 자리 잡는 논리를 파악하려고 하는 사회적 정신분석학의 재료가 될 만하다. 이러한 관계는 예를 들어 자연 세계와 사회 세계에서의 허용한계, 즉 소음이나 혼잡함 또는 물리적-언어적 폭력의 허용한계를 드러내 주는데, 이것은 문화적 재화의 획득양식의 한 차원을 구성한다.86)

---

85) 사물들의 위계를 인물들의 위계와 일치시키는 대상들의 의전준칙(儀典準則)이 있다. 따라서 우리는 국빈을 모시기 위해 마련된 마리니(Marigny) 영빈관에 관한 기사에서 다음과 같은 내용을 간파해낼 수 있다. "의전준칙은 아주 엄격하다: 위계는 공간, 가구의 스타일, 그리고 휘장의 질에 의해 측정된다. 국가수반을 위해서는 희귀한 가구와 리용제 비단을, 수상의 방을 위해서는 나폴레옹시대의 마호가니 가구와 벨벳을 그리고 기술 자문역들이 묵게 될 이층에는 견수자(絹繻子)와 꽃으로 수를 놓은 면직을 깐다"(J. Michel, *Le Monde*, 27 janvieer 1975).
86) 현상학적-기호학적 분석(나는 J. Baudrillard, *Le système des objets*, Paris, Gallimard, 1968을 생각하고 있다)을 가장한 투사 검사법과는 다른 방향으로 대상 세계의 사회학을 발전시켜 나가려면 어떤 방향으로 나가야 하는지를 살펴보려면, 획득한 대상들은 어떤 종류이건

획득양식의 효과는 가구, 의복, 요리처럼 일상생활에서 진행되는 통상적인 선택에서 가장 분명하게 드러나는데, 이것들이 옛날부터의 뿌리 깊은 성향을 특히 분명하게 드러내 주는 이유는 교육체계가 개입할 수 있는 장의 바깥에 놓여 있는 이것들이 실제로 노골적인 취향에 직면하기 때문이다. 이러한 취향에서는 주간여성지나 '이상적인 가정'을 단골주제로 다루는 잡지처럼 정통적이지 않으면서도 정통성을 실현하기 위한 심급들instances말고는 취향에 대한 분명한 지침이나 요구를 찾아볼 수 없다.87) 인테리어나 가구의 출처에 관한 앙케트 응답자들이 고른 형용사들은 (사진에 대한 판단이나 작곡가에 대한 지식과 달리) 학력자격보다는 출신계급과 더 긴밀하게 결부되어 있다. 왜냐하면 의복, 가구, 요리 또는 더 정확하게는 의복과 가구나 음식의 구입방식에 투입되는 성향이나 지식만큼 어릴 적의 체험적 습득, 특히 교육하려는 뚜렷한 의사 없이 이루어지는 교육에 직접적으로 의존하는 것도 없기 때문이다. 따라서 가구의 구입방식(백화점, 고가구상, 가구 전문점, 벼룩시장)은 최소한 학교교육만큼 출신계급에 의존하는 셈이다. 교육수준이 동등한 경우 원래 지배계급으로 태어나는 성원들(이들은 다른 계급의 성원들보다 일부 가구를 상속받는 경우가 훨씬 더 많다)은 다른 계급의 성원들보다 고가구점에서 가구를 구입하는 경우가 더 많은 반면(특히 파리에 사는 사람들이 그렇다), 다른 계급들은 백화점이나 가구 전문점 또는 벼룩시장

객관화된 사회적(계급적) 관계를 반영한다는 점을 상기하는 것만으로도 충분하다.
87) 이것은 곧 현재의 학교 교육체계의 기능방식이 아무리 불완전하더라도 제도화된 교육활동이 담보하고 있는 최소한의 합리화, 특히 부분적으로 약호화된 지식으로서 실제적으로 기능하는 분류 '감각'의 변형(시대, 장르, 양식을 구분하는 문학사 서술방식을 생각해보라)은 선택받지 못하고 남겨진 사람들에게는 '상속화' 감각에 몸을 맡기는 비율을 감소시켜주는 기능을 한다. 그리고 이와 함께 경제적-문화적 유산에 따른 차이도 감소시킨다. 물론 그렇다고 하여 이러한 차이가 다른 곳에서는 그대로 지속되며, 이러한 장소에서 차별화를 위한 투쟁이 전개되는 경우 이러한 차이가 아주 강력하게 나타나는 것을 막을 수는 없다 — 오히려 실제로는 항상 이러한 경향으로 나아간다.

에서 가구를 구입한다(한편으로 가장 높은 학력자본을 갖고 지배계급으로 상승중인 사람들과 다른 한편으로는 원래의 출신계급이 약속하는 것보다는 훨씬 적은 학력자본을 가진, 즉 고등교육을 1~2년밖에 받지 못한 지배계급의 성원들이 특히 빈번하게 가구전문점에 들른다 — <표 5>를 보라).

<표 5> 교육과 출신계급에 따른 지배계급의 가구 구입장소(각각의 장소에서 가구를 구입했다고 응답한 사람들의 %)[a]

학력	출신계급	백화점	가구전문점	벼룩시장	경매	골동품상
박 이하	민중계급과 중간계급	25.5	41.5	11.0	14.5	33.5
	상류계급	11.5	23.5	15.0	31.5	43.5
전문학교 졸업	민중계급과 중간계급	13.5	36.5	4.5	32.0	4.5
	상류계급	6.0	24.5	30.5	20.5	65.5
학사	민중계급과 중간계급	11.0	28.5	11.0	11.0	21.5
	상류계급	4.5	21.5	21.5	14.5	49.0
아그레가숑, 그랑 제꼴	민중계급과 중간계급	21.5	46.5	32.0	21.5	43.0
	상류계급	18.0	29.0	8.0	13.0	60.5

a. 일부 사람들은 한 군데 이상의 장소에서 가구를 구입한다고 대답했다.

    최초의 체험적 습득을 가장 분명하면서도 가장 지우기 힘든 흔적으로 갖고 있는 것은 아마 음식 취향일 것이다. 태어난 세계가 멀리 사라지거나 몰락해도 이때 습득한 내용은 아주 오랫동안 계속되며, 정말 끈질기게 그 세계에 대한 향수를 느낄 수 있도록 해준다. 태어난 세계는 무엇보다 먼저 모친의 세계이지만, 그것은 또한 동시에 원초적 미각의 즐김과 최초의 먹을 것의 세계이자 원형적인 문화상품에 대한 원형적 관계의 세계이기 때문에 이것이 주는 기쁨은 완전한 기쁨의 유기적인 일부를 구성하고 이러한 즐거움을 통해 쾌락을 얻으려는 선택적 취향의 일부를 구성한다.[88]

---

[88] 무엇보다 먼저 일반적인 입맛을 파악하려면 경제적인, 따라서 '종합적인' 선호도에 대한 연구를 통해 특별한 경우의 요리에 관한 질문을 제기해야 하는데, 이것은 재현적 상황 즉 "과시하기 위한" 생활양식(몇 가지 특수한 기능을 하는 가구도 여기에 속한다)에서 자신을 표현하기 위한 아주 흥미로운 지표라고 할 수 있다. 이와 관련하여 나타나는 선호

따라서 극히 순수한 쾌락, 즉 모든 신체적 뿌리로부터 정화된 쾌락 (이미 '극소수'에게만 제한되어 있는 『필레부스』〔플라톤의 대화편의 하나로, 쾌락과 이성의 문제를 중점적으로 논하고 있다 ― 옮긴이〕의 '독특하고 순수한 음푭')마저도 모든 맛의 원형이라고 할 수 있는 음식 맛의 가장 '원초적인' 즐거움처럼 직접적으로 가장 오래되고 뿌리 깊은 체험인 쓰다/달다, 맛있다/맛없다, 뜨겁다/차갑다, 조잡하다/절묘하다, 정식이다/가볍게 차렸다 등의 시원적인 대립을 결정하고 복합적으로 규정하는 체험을 환기하는 요소를 포함하고 있는 것은 전혀 우연이 아니다. 이러한 체험은 미식법에 대한 평가나 심미주의자들의 세련된 해설에서도 핵심적인 기능을 한다. 기법이나 장르, 스타일에 따라 정도는 다르지만 예술이 결코 전적으로 정신적인 것$cosa\ mentale$이나 주지주의적 관점을 고수하는 사람이 주장하는 대로 오직 읽히고 해독되고, 해석되어야 할 담론일 수는 없는 것이다. 뒤르케임적 의미의 '예술'의 이러한 생산물인 '이론 없는

도를 완벽하게 해명하려면 극히 복잡한 여러 요소의 체계를 고려해야 한다. 차려 내놓은 접시를 보면 금방 알 수 있는 요리방법은 분명히 다른 사람에게 전달하려고 하는 또는 감추려고 하는 이미지를 가리키는 아주 시사적인 지표이며, 따라서 경제적-문화적 위계 안에서 각 개인이 차지하는 협소한 위치를 가리키는 지수들 이외에도 경제적-사회적-문화적 궤적의 발전과정 전체를 포괄하는 여러 요소들의 체계를 체계적으로 표현하게 된다. 따라서 이러한 요소들의 효과가 쁘띠 부르주아지에서 가장 두드러지게 나타나는 것은 전혀 놀랄 만한 일이 아니다. 구식의 쁘띠 부르주아지 성원들은 친구들에게 풍부하고 비싼 음식을 아주 소박하고 단정하게 차려 내놓는 반면, 신흥 쁘띠 부르주아지는 독창적이고 이국적인 요리나 즉석요리를 내놓는다. 이뿐만 아니라 이전의 궤적과 관련된 차이도 아주 분명하게 드러난다. 중간계급이나 민중계급 출신의 신흥 쁘띠 부르주아지 성원들이 풍성하고 화려한 음식을 내놓는 반면 같은 계층의 성원들 중 이들보다 상층출신인 사람들은 결코 이러한 음식을 내놓지 않으며, 오히려 독창적이면서도 이국적인 음식을 선호한다. 기성의 쁘띠 부르주아지 안에서도 화려하고 풍성한 음식을 내놓으려는 성향은 사회적으로 상승하고 있는 성원들뿐만 아니라 하강하고 있는 성원들 사이에서도 똑같이 강력하게 나타난다 ― 물론 전자는, 이들의 말에 따르면 결코 즉석요리나 독창적이며 이국적인 음식을 내놓지 않지만 반면 후자는 가까운 사람들에게 여러 차례 그런 음식을 내놓는다(물론 신흥 쁘띠 부르주아지의 성원들보다는 드물다).

순수한 실천'과 종종 단순한 모사(模寫)mimesis의 생산물, 일종의 상징적 체조인 이것은 항상 동시에 말로 형언할 수 없는 그 무엇을 내포하고 있는데, 그것은 그러한 생산품을 치켜 올리는 사람들의 주장대로 풍부함 때문이 아니라 음악의 리듬이나 색채의 풍미처럼 말이나 개념 없이도 스스로를 전달하는 요소를 지니고 있기 때문이다. 따라서 예술은 또한 '육체적인 것'이라고도 할 수 있는데, 그 중 가장 '순수하고' '정신적인' 음악이야말로 진짜 육체적이라고 할 만하다. 음악은 혼의 상태*états de d'ame*와 결부되어 있지만 이것은 동시에 신체의 상태*états de corps* 또는 이전의 용어대로 하면 체액*humeurs*의 상태와도 결부되어 있기 때문에 사람을 매료시키고, 열광시키며, 감동시키게 된다. 음악은 말의 저편에 있기보다는 말의 이편에, 즉 신체의 제스처와 움직임의 리듬 속에 있다. 그리고 이것들은 삐아제(Jean Piaget)가 어느 곳에선가 이야기했듯이 취향을 규정하는 모든 것과 마찬가지로 기관적인 것과 심리적인 것, 열광과 냉각, 크레센도(점점 강하게 ― 옮긴이)와 데크레센도(점점 약하게 ― 옮긴이), 긴장과 이완의 접점에 위치해 있는 여러 가지 기능을 특징짓고 있다.[89] 일단 순수한 기교의 영역을 떠나게 되면 음악비평이 형용사나 감탄사 이외의 다른 언어로는 아무 말도 할 수 없는 것은 바로 이 때문이다. 신비주의자들도 신의 사랑에 대해 이야기하려면 어쩔 수 없이 인간의 언어를 사용할 수밖에 없듯이, 음식 맛만큼이나 신체와 원초적인 육체적 체험 안에 깊숙이 뿌리내리고 있는 독특한 형태의 체험을 알려주는 음악적 쾌락도 그런 식으로 밖에는 표현할 길이 없는 것이다.

89) 우리는 여기서 (예를 들어 리듬이 빨라지다가 절정에 달한 다음 곧 휴지부로 이어져나가는 리듬의 속도조절 방식을 설명하기 위해 사용되는) 리듬에 관한 에로틱한 이론보다는 이보다 한층 포괄적으로 곡의 템포와 내적인 리듬 간의 일치 또는 상응관계를 가리키는 이론을 상기할 필요가 있는데, 후자의 이론의 전형적인 특징은 예를 들어 리듬에 따라 서서히 몸동작을 불러일으키는 데서 찾을 수 있다(예를 들어 P. Fraisse, *Les structures rhythmiques*, Paris, Erasme, 1956; *Psychologie du temps*, 2ème éd., Paris, PUF, 1967를 보라).

상속 자본과 획득 자본

이처럼 학력자본과의 관계에 의해서는 제대로 설명되지 않으면서, 주로 출신계급과 관련하여 나타나는 차이는 현재 소유하고 있는 문화자본의 획득방식의 차이에서 유래하는 것처럼 보인다. 하지만 이러한 차이는 동시에 이 자본이 학력자격에 의해 공인되고 보증되는 정도의 차이에서 유래하기도 한다. 실제로 직접 가족으로부터 상속받았든 아니면 학교에서 획득했건 소유한 자본의 일정량은 많든 적든 학교에 의해 승인받지 않은 것일 수가 있다. 오랫동안 잔존하는 획득양식의 잔존효과 때문에 동일한 학력자격이 보증하는 문화와의 관계도 크게 다르게 나타날 수 있지만, 교육적 위계 안에서 차지하는 위치가 높아지고 단순히 아는 것이 아니라 지식을 이용하는 방식에 점점 더 높은 가치가 부여될수록 이러한 경향은 줄어들게 된다. 학력자본(보장된 문화자본)의 양은 같은데도 사회적으로 이익을 가져다줄 수 있는 문화자본으로서는 각각 크기를 달리할 수 있는 이유는 무엇보다 먼저, 교육체계가 **학위의 발행**을 독점함으로써 상속자본의 학력자본으로의 전환을 장악하고 있음에도 불구하고 문화자본의 생산을 독점할 수는 없기 때문이다. 이것은 상속자본을 승인해 줄 수 있는 정도가 각각의 경우에 따라 달라지게 됨을 의미한다(즉 **상속된 문화자본의 불균등한 전환 효과**). 왜냐하면 학년에 따라 그리고 같은 학년에서도 수준이나 분야에 따라 교육기관이 요구하는 것과 '상속자들' 본인이 가져온 것이 얼마나 일치하고, 따라서 교육기관 밖의 다른 곳에서 육화된 다른 자본이나 성향(예를 들어 교육기관 자체에 대한 순응성)에 대해 교육기관이 얼마만한 가치를 부여하느냐 하는 문제가 남아 있기 때문이다.[90]

---

90) 이 자리에서는 상속된 문화자본의 학력자본으로의 상이한 전환(이것은 한 가정의 모

많은 학력자본을 갖고 있는데다 커다란 문화자본까지 상속했기 때문에 문화 귀족에 속한다는 이중의 보증, 즉 칭호와 혈통을 동시에 갖고 있는 사람, 다시 말해 정통 문화에 속해 있다는 자신감과 함께 집 안에서부터 정통 문화에 익숙해 있기 때문에 여유가 있는 사람들(<그림 3>의 점 B) 은 먼저 학력자본과 함께 상속된 문화자본도 결여하고 있는 사람(A)과 대비된다(문화자본의 학력자본으로의 완벽한 재전환을 나타내는 축에서 B보다 아래의 위치에 있는 모든 사람들도 마찬가지다). 하지만 이들은 동시에, 한편으로는 동일한 상속된 문화자본을 갖고 있지만 학력자본은 이들보다 작고(C 또는 C')(또는 학력자본보다 상속된 문화자본이 큰 사람들 — 예를 들어 B'와 비교해 본 C' 그리고 D와 비교해 본 D') 특히 '일반교양'과 관련해 동일한 학력자격을 가진 사람들보다 이들과 더 가까

든 성원을 아주 엄밀하게 측정할 수 있도록 해준다)을 규정하는 여러 요소들의 체계를 자세히 살펴볼 수 없기 때문에 여기서는 단지 계급적 에토스와 그때그때마다의 학교와 학교의 인준sanction체계, 즉 (배치와 여가, 명시적인 또는 애매모호한 매개작용을 하기 위한 시간 등을 통해) 교양에 대한 투자전략뿐만 아니라 학교에서의 게임에 대한 투자 규모와 교양에 걸 내기 돈의 정도를 결정하며, 이와 함께 획득된 문화자본에서 얻을 수 있는 상이한 이윤을 규정하는 이 체계들과 맺고 있는 관계(그리고 이러한 관계 자체는 다시 본질적으로는 어떤 지위와 그것의 재생산과정이 학교에 구체적으로 어느 정도나 종속되어 있느냐에 따라 크게 달라지게 된다)를 지적하는 것으로 그치기로 한다. 이와 관련하여 특정한 사회에서 실현되고 있는 남녀간의 노동분업의 내면화의 산물인 성(性)에 특수한 에토스의 의미도 언급할 필요가 있는데, 이것 또한 투자(그리고 감정적 성향)의 방향을 유도할 수 있다. 즉 소녀들은 예술이나 문학 연구 쪽으로, 청년들은 자연과학이나 경제학-법학연구에 몰두하도록 만들기도 한다. 마지막으로 학교라는 교육 제도 자체의 독특한 작용도 언급하지 않을 수 없는데, 이 기관은 (성적표, 퇴학, 학위수여와 같은 명시적인 승인작업을 수행하고 과목과 분과 그리고 직업배치의 방향을 통제함으로써) 획득된 문화자본을 승인해 줄 뿐만 아니라 획득한 문화자본으로도 부분적으로 감당할 수 있는 과학지식을 전달해준다 — 그 한 극(極)에는 최첨단 자연과학 연구가 자리잡고 있고 그 대극에는 씨앙스 뽀나 ENA처럼 계급별로 다르게 나타나는 능력을 통제하고 승인하는 기능을 하는 교육기관들이 자리잡고 있는데, 분명히 (여기서 이런 말을 사용할 수 있을지 모르나) '아마추어 학교'의 가장 완벽한 형태를 대변하는 에꼴 드 루브르(école de Louvre)가 그 경계선에 자리잡고 있다고 할 수 있다.

<그림 3> 상속자본과 학력자본의 관계

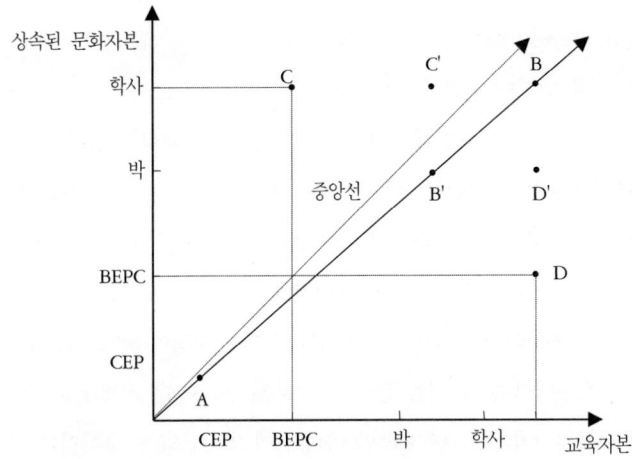

운 사람들과 대비된다. 그리고 다른 한편으로는 비슷한 학력자본을 갖고 있지만 더 적은 문화자본을 갖고 출발했으며(D 또는 D'), 집안보다는 학교에서 더 많이 습득하는 문화와의 관계에서는 가정의 영향이 적고 학교의 영향이 클 수밖에 없는 사람들과도 대조된다(이 이차적 대립은 이 축의 모든 수준에서 찾아볼 수 있다 ― <그림 3>을 보라).

각종 자본(즉 경제적, 문화적, 사회관계 자본)에 대해서도 최초의 소유량과 조사 당시의 자본량을 비교해 이와 비슷한 도표를 그릴 수 있을 것이다. 그런 다음 이를 토대로 (총량과 구성비에 의해 규정되는) 최초의 자본과 마찬가지 방식으로 규정되는 최종 자본이 맺을 수 있는 모든 가능한 관계를 규정할 수 있다(예를 들어 모든 유형의 자본이 하강추세에 처해 있는 개인이 있는가 하면, 한 자본만 하강하고 다른 모든 자본은 상승하는, 결국 자본이 전환되고 있는 개인들도 있을 것이다). (예를 들어 문화자본을 문학자본과 과학자본, 법적-경제적 자본과 같은 아종亞種으로 구분함으로써) 자본의 종(種)이나 수준에 대한 분석을 충분히 세련시

제1장 문화귀족의 칭호와 혈통 161

키면, 아주 복잡해 보이고 외견상 무한대로 복합적으로 보이는 모든 측면을 고려해 나가면서 경험적으로 관찰할 수 있는 모든 경우를 규정하는 것이 가능해진다.

아주 엄밀하게 접근하려면, 가령 (요즈음처럼) 교육제도가 널리 사용되는 시기에 나타나는 명목상의 학력자격의 가치하락과 같은 구조적 변화의 여지를 염두에 두어야 한다.[91] 그리고 이와 동시에 교육 년 수와 취득한 학력자격(최초 자본이 점점 커지고 학교교육이 널리 보급될수록 가능성이 커지며, 따라서 종종 졸업장을 받지 못하고 중등학교를 떠나야 했던 민중계급의 자식들도 그 혜택을 누리고 있다)이 불일치할 가능성도 염두에 두어야 한다. 이를 통해 일부 실천(특히 독학)을 제대로 설명하려면 학력자격과 교육 년 수뿐만 아니라 이 양자간의 관계(이것은 자신감 아니면 당혹감, 자만심이나 분노를 불러일으킬 수 있다)도 함께 고려하지 않으면 안 된다는 것을 알 수 있다.[92]

학력자본과 실제로 소유하고 있는 문화자본 간의 불일치는 동등한 학력자본의 소유자들간에도 차이가 나타나게 하는 근원이지만, 역으로 이러한 격차 자체가 동일한 학력자격을 갖고 있더라도 재학기간은 아주 다른 데서 빚어지기도 한다(즉 학교에서 **획득한 문화자본의 불균등한 전환효과**). 일년 또는 수년간 학습한 직접적 또는 간접적 효과는 실제로는 학위수여에 의해서 승인되지 않는 경우도 얼마든지 있을 수 있다. 바깥

---

91) 이러한 가치하락은 실제적인 동등 학력자격을 가리키는 선을 학력자격의 명목적인 가치의 등가치를 가리키는 이등분선의 아래에 위치시키려는 태도에 의해 상징적으로 나타난 바 있다

92) 이와 동시에 졸업할 때의 나이와 학력자격을 얻기에 적법한 나이(박〔바깔로레아〕은 17세이며 그랑 제꼴의 입학시험인 꽁꾸르 나이 제한도 17세이다) 간의 관계도 함께 고려해야 한다. 교육체계 안에서의 유급이나 월반 속도도 문화자본이 학력자본으로 전환될 수 있도록 매개해 주는 중요한 요소 중의 하나이다.

로레아 과정을 2년만 다니고 중퇴한 사람, 또는 이보다 높은 과정에서는, 대학을 1~2년만 다니다 학위를 받지 않고 중퇴하는 사람들의 경우가 그렇다. 하지만 이에 덧붙여, 각 계급이 중등학교와 고등학교에 접근할 있는 기회가 증가함에 따라 이러한 불일치가 나타날 수 있는 빈도도 높아지기 때문에 각기 다른 세대(이것은 연배tranches d'âge라고 불리기도 한다)에 속하는 사람들은 교사들이나 교수방법, 학생모집 방법 면에서 **아주 다른 교육기관에서 동일한 학력자격을 얻기 위해 각기 다른 기간 동안 학업**(여기에는 제도적으로 공인받지 못한 능력의 증진뿐만 아니라 문화에 대해 다양한 관계를 획득할 수 있도록 해주는 '학생' 효과effet d'estudianisation를 포함하며 다양한 상관 효과가 동반된다)에 종사했을 가능성도 얼마든지 있을 수 있다. 이로부터 사회적 궤적과 상속된 문화자본의 크기로부터 유래하는 차이들은 교육체계와 계급구조 간의 관계의 상태에서 일어나는 변화를 반영하는 여러 차이들에 의해 재강화된다. 그리고 이러한 차이들은 주로 원래부터 쁘띠 부르주아지로 태어나거나 민중계급에서 상승한 쁘띠 부르주아지 층에서 두드러지게 나타난다(특히 기성의 쁘띠 부르주아지 층에 많다). 이처럼 서로 다른 세대의 양태에 교육체계와의 다양한 관계 양상이 조응하는데, 이것은 교육기관에 의해 보장되지 않는 문화적 자기투자(예를 들어 독학)의 다양한 전략 속에서 드러난다.

좋아하는 책이나 신문, 주간지 등 문화소비의 전체적인 스타일을 보여줄 수 있는 정확한 지수들(예를 들어 풍자 주간지인 『르 까냐르 앙쎄네*Le Canard Enchainé*』와 『샬리 에브도*Charlie Hebdo*』의 대비, 또는 대중과학의 영역에서라면 『과학과 삶』과 『심리학*Psychalogie*』의 대비)이 없기 때문에 여기서는 좋아하는 가수에 대한 앙케트를 통해 얻은 정보를 검토해 보기로 하겠다. 학력자본의 많고 적음과 관계없이 모든 수준에서 젊은 사람들은 연장자들보다 젊은 세대의 가수(프랑수와 아르디François Hardy나 조니 할리데이Johny Hallyday)를 고르고, 역으로 연장자들은 그 세대의 가수(게타리나 마리아노)들을 고르는 사실은 해당 가수가 문화생산의 장에 최초로 등장한 시기를 고려한다면 충분히 설명될 수 있을 것이다. 실제로 바깔로레아 소지자 중 젊은 세대의 응답자들은 자크 두에(1920년생인 그는 1962년 비외 꼴롱비에에서 콘서트를 열었다), 자크 브렐(1929년생인 그는 1953년에 파리의 떼아트르 데 트르와 보데에서 데뷔했으며, 1958년과 1961년에 파리 올림피아에서 콘서트를 열었다), 또는 레오 페레(1916년생인 그는 문학사를 획득한데다 정치학교École libre des sciences politiques까지 졸업했으며 1946년에 파리의 카바레에서 데뷔했다)의 이름을 자주 거론하는 반면, 연장자들은 에디트 삐아프(1915년에 태어나 1963년에 사망한 그는 1937년에 ABC에서 데뷔했다), 루이스 마리아노(1920년생인 그는 1945년에 카지노 몽빠르나스에서 성공적으로 데뷔했다), 질베르 베꼬(1927년생인 그는 처음에는 센 강 우안의 카바레에서 그리고 그 후에는 올림피아에서 명성을 떨쳤다. 결국 1954년에 '베꼬의 해'가 선포되는 등 그는 '성인의 반열에 오른다'), 또는 페츄라 클라크(1933년생인 그는 1960년에 올림피아의 최고 가수였으며, 1963년에는 '가장 좋아하고 인기 있는 스타'로 뽑혔다)의 이름을 들었다. 이러한 상관관계를 제대로 이해하려면 가수들이 인기를 얻은 연령이나 시기 또는 앙케트를 실시한 시기에 출연하고 있던 장소뿐만 아니라 특히 그들이 부르는 샹송의 스타일 간의 친화성 정도(즉 옛날에 부르던 샹송은 제법 '지적'이었던 데 비해 지금 부르는 샹송은 오페레타나 사실주의적인 샹송을 좋아하는 쁘띠 부르주아지의 구미에 맞는 것일 수도 있다) 그리고 전혀 다른 학교 체계에 의해 태어난 두 교육 세대의 문화적 성향을 동시에 고려하지 않으면 안 된다(가수들에 대한 전기(傳記)적 정보에 대해서는 C. 브룅쉬빅, L. J. 깔베, J. C. 클라인의 『프랑스 샹송 백년』, 파리 쇠이유 출판사,

1972와 『후즈 후 인 프랑스Who's Who in France』를 참조하라).

일반 기술직 분파에서도 두 교육세대 간에 이와 유사한 차이가 존재한다. 젊은 세대는 전반적인 능력보다는 투자 규모나 '자유'에서 연장자들과 차이가 난다. 이들도 연장자들과 마찬가지로 과학서적과 기술서적을 읽지만 철학 에세이나 시에 대한 관심은 이들이 훨씬 크다. 그리고 연장자들보다 박물관에 자주 가는 편이 아니지만 일단 가면 현대예술박물관에 가는 비율이 훨씬 높다. 이러한 경향은 특히 중산계급이나 상류계층 출신으로 (상대적으로) 많은 숫자의 음악작품과 작곡가를 알고 있으며, 현대 예술과 철학에도 관심을 갖고 있으며, 영화도 자주 보러 가는 젊은이들(이들의 숫자는 연장자 세대보다는 상대적으로 많은 편이다)에게서 강하게 나타난다. 하지만 일반 기술직의 두 세대를 가장 분명하게 구분시켜주고 있는 것은 외적인 기호signes extérieurs, 특히 복장이나 헤어스타일 그리고 밖으로 분명하게 드러나는 선호도라고 할 수 있다. 학생스타일에 가깝게 하려고 하는 젊은 세대는 유행을 따르고 '자신의 개성에 맞는' 옷을 좋아한다고 대답한 반면 연장자들은 '검소하고 깔끔한' 또는 '고전적인' 옷을 선호한다(기성 쁘띠 부르주아지에게서 볼 수 있는 전형적인 특징이다).

구식 독학자의 특징은 기본적으로 특정한 문화에 대한 경외감에서 찾을 수 있는데, 실제로 이 경외감은 어릴 적에 급격하게 정통적인 학교교육으로부터 배제되었기 때문에 생기는 것이다. 따라서 이들은 항상 문화에 대해 열렬한, 하지만 터무니없는 숭배의식을 갖고 있지만, 정통 문화의 소비자들은 어쩔 수 없이 그러한 숭배를 기이한 충성서약으로 생각하게 된다.[93]

---

93) 구식 독학자의 전형적인 특징을 보여주는 다음과 같은 특징, 즉 자신의 무능력과 문화

자신의 창의적인 노력에 의한 철저한 사숙이나 독학을 통해 너무 이른 시기에 야만적으로 단절되어버린 궤적을 계속 이어나가기 위한 수단을 모색하려는 독학자들이 정통 문화와 그 문화의 담당자인 교육기관 당국과 맺고 있는 모든 관계에는, 배제된 사람들로 하여금 본인이 배제되었다는 사실을 깨닫도록 해줄 수 있는 체계의 낙인이 찍혀 있다. 이와 반대로 신식 독학자들은 흔히 학교 교육체계에서 상당히 높은 수준까지 적을 두는 경우가 많다. 그리고 이처럼 오랜 기간 고생만 하지 제대로 대가를 돌려받지 못하는 재학기간을 통해 정통 문화로부터 '해방되는' 동시에 서서히 미몽에서 깨어나, 이 문화와 친밀한 동시에 환상에서 깨어나는 관계를 맺게 된다. 이것은 멀리서 경외감을 감추지 못하는 구식 독학자들의 태도와는 아무런 공통점도 없다. 물론 구식 독학자들처럼 강력하고 열정적으로 자기 투자를 하지만, 전혀 다른 영역 즉 학교 교육체계에 의해 외면당하고 무시되는 영역에 투자한다. 즉 역사학이나 천문학, 심리학(심지어 초심리학)보다는 만화나 재즈, 또는 고고학이나 지리학보다는 생태학에 집중한다.[94] 소위 '대항문화'counter-

적 열등감에 대한 의식은 주로 민중계급이나 중간계급 출신의 기성 쁘띠 부르주아지 성원에서 발견된다. 이들은 "그림은 멋지지만 이해하기가 어렵다고" 대답하는 빈도가 아주 높다(동일한 계급 출신의 신흥 쁘띠 부르주아지의 대변인들은 31%만이 그렇게 대답하는 반면 이들은 70%가 그렇게 대답한다). 전혀 그럴 필요가 없는데도 자신이 교양을 갖추고 있음을 입증하려고 하는 경향만큼 이들 구식 독학자의 문화적 소외감을 바로 보여주는 것도 없을 것이다. 자신도 어디에 속해 있다는 점을 증명하려고 발버둥치는 모습을 통해 자신이 그로부터 배제되어 있다는 사실을 폭로할 뿐인데도 말이다(이들과 달리 "명문가" 출신들은 자신의 정체를 드러낼 수도 있는 질문과 상황을 무시함으로써 본인들의 무지를 은폐하려 한다).
94) 현재는 수학과 물리학이 월반과 유급의 주요기준이 되었는데, 이것은 비합리주의와 반(反)-지성주의가 한층 부추겨지는 경향이 있다. 이러한 흐름은 학교 교육체계 그리고 몰락하거나 또는 외견상으로는 상승하고 있는 듯이 보이는 사회적 궤적에 대한 애증병립적인 이중적 관계를 맺고 있는 사람들에 의해 한층 더 조장된다(이러한 허구적인 궤적 효과는 이전의 학교 교육제도에서는 각자의 학력자격이나 위치에 함축되어 있었을 미래를 갈망하는 모든 사람들에게 영향을 미치게 된다).

culture로 간주되는 잡지들(『샬리 에브도』, 『레코 데 사반느』, 『섹스폴』 등)이 생겨나는 것은 이러한 범주의 사람들 때문일 것이다. 이들 잡지들은 저널리즘의 형태로 지적인 아방-가르드의 생산물을 제공하는 반면, 다른 잡지들은 아카데믹한 후위(後衛)arrière-garde의 생산물(예를 들어 『이스또리아』) 또는 성별된 아방-가르드(『르 누벨 옵세르바뙤르』)를 '대중화한다'(즉 정통적 수용자 집단을 넘어서까지 전달해준다).

'성스러움'sacré을 취급할 수 있는 독점권을 가진 사람들, 어느 교회에나 있는 학자들이 "우리들 속에서도 전통적인 권위의 본원을 찾아낼 수 있고", 이들이 관리하고 있는 성스러움에 직접 접근할 수 있다고 주장하는 사람들을 관대하게 대하는 경우는 거의 없다. 게르숌 숄렘(Gershom Sholem)이 탁월하게 지적하듯이 "이들은 통상 신비에 이르는 길 위에 가능한 한 많은 장애물을 갖다 놓으려고 한다. 따라서 이들이 격려할리 만무하다. 결국 그러한 장애물들이 순례자들을 겁에 질리게 해 이전부터 익숙해 있는 방식으로 되돌아가도록 하는 것이 당국의 관점에서 볼 때는 훨씬 바람직하다."95) 하지만 제도에 의한 예방적인 검열은 검사나 강제를 부과하지 않고도 얼마든지 일어날 수 있다. 전통적인 독학자들은 여전히 교육기관이 대중화와 통속화된 형태(이것은 항상 직간접적으로 교육기관에 의해 지배되고 있다)에 접근할 수 있는 가장 빠른 지름길을 가리키고 열어 주리라고 기대하는 반면96), 신식 독학자 중에서도 가장 자유스러운 생각을 할 수 있는 사람들은 교육기관보다는 전통적으로 권위 있는 당국이 수행해온 기능을, 즉 다시 숄렘의 말을 빌리자면, 아직도 "신참자들에게 모든 단계에서 배워야 할 내용을 정확

---

95) G. Scholem, *La Kabbale et sa symbolique*, Paris, Payot, 1975, p. 35
96) 예를 들어 대중잡지의 편집자들과 독자들이 많은 자격을 갖고 있거나 대학이나 아카데미즘 안에서 고위직을 차지하고 있는 기고자의 글에 높은 가치를 부여하고 있는 사실이 이를 전형적으로 보여준다. 이들은 제도적 보증인의 기능을 한다.

히 지시하고", "이러한 체험을 묘사하고 해석할 수 있는 상징체계를 제공해주는 기능을 수행하는" 이단의 시조들hérésiarques에게서 자신들의 사상의 스승을 구하려 한다.

두 개의 시장

가족과 학교가 기능하는 장소의 특징은 특정한 시간에 필요한 능력이 스스로 사용됨으로써 비로소 그러한 능력이 형성되고 그리고 이와 동시에 가치가 결정되는 데서 찾을 수 있다. 즉 경우에 따라 상벌을 달리하면서 개인의 수행능력을 평가함으로써 허용될 수 있는 것에는 힘을 실어주고, 허용될 수 없는 것은 억제하면서 아무런 가치도 없는 성향('시시한' 농담처럼 다른 맥락, 다른 시장에서라면 얼마든지 받아들일 수 있으나 '경우가 다른' 여기서는 당혹감과 불쾌감 또는 비난을 불러일으킬 뿐인 농담이 그러한데, 특히 괜히 '젠체하고' '억지로 생각해낸 듯이 보이는' 라틴어를 좋은 예로 들 수 있다)을 제거해버리는 시장으로서 기능한다. 다시 말해 문화능력의 획득은 부지불식중에 건전한 문화적 자기투자에 대한 '감각'을 획득하는 과정과 불가분의 관계에 있다.

특정한 능력을 제대로 활용할 수 있는 객관적인 기회에 적응하면서 형성되는 이 투자감각은 신속하게 이러한 기회에 순응해나간다. 따라서 이것 자체가 획득 장소와 '문화적 가치의 중심' 간의 객관적 관계가 육화된 형태라고 할 수 있는 문화와의 관계(밀접한 관계가 있는가 하면 먼 관계가 있고, 거만한 관계가 있는가 하면 경외심에 가득 찬 관계도 있고, 사교적인 관계가 있는가 하면 학문적인 관계가 있는 등 여러 가지가 있다)의 한 차원이라고 할 수 있다. '예절감각', '절도감각'과 비슷한 의미로 '투자감각'이라는 용어를 사용하는 이유는 이 개념들이, 객관적으로 분명하게 표현하기 위해 경제학 언어로부터 차용되었지만 결코 경제학에서와 마찬가지로 최대이윤을 창출하기 위한 합리적 계산에 따른 행동을 가리키지는 않는다는 점을 분명히 하기 위해서이다(통상 이 개념들은 이런 식으로 사용되고 있지만, 의문의 여지없이 그것은 오류이다). 문화는, 특히 오인méconnaissance이 이루어지는 장소이다. 왜냐하면 투자감각은, 객관적으로 그러한 감각을 길러주는 이유를 낳을 수 있는 조건의 객관적 기회에 적응할 수 있는 여러 가지 전략을 만들어 내는 과정에서 이윤을 추구하지 않고도 얼마든지 획득할 수 있는 이유을 보장해주기 때문이다. 이렇게 해서 투자감각은 정통 문화를 제2의 본성으로 갖고 있는 사람들에게 문화를 아무런 타산 없이, 냉소적이거나 상업적인 방식으로 이용하지 않는 완벽하게 순결한 사람들로 보일 수 있는(또는 스스로 그렇게 생각할 수 있는) 추가적인 이익을 가져다준다. 다시 말해 '투자'라는 개념은 경제적 투자(흔히 이 의미는 오인되지만 객관적으로는 이미 그렇게 사용되고 있다)와 심리, 더 정확하게는 **일루시오, 신념, 휩쓸림** *involvement* 또는 게임을 생산하는 게임에의 참여 속에서 진행되는 감정적 투자감각이라는 이중적 의미로 이해되어야 한다. 예술애호가는 예술에 대한 자신의 사랑 말고는 다른 인도자를 가질 수 없으며, 마치 본능에 따라 매순간 사랑하지 않으면 안 될 대상 쪽으로 움직이는 듯이 보일 때도 그는, 굳이 돈을 벌려고 하지 않을 때에도 여전히 돈을 벌게 되는 사업가처럼 냉소적인 계산이 아니라 자신의 즐거움, 진지한 열정을 추구하게 된다. 그리고 이 경우 이러한 열정이야말로 성공적인 투자가 이루어지기 위한 전제조건 중의 하나라고 할 수 있다.

따라서 예를 들어 정통성의 위계(예술과 장르들의 위계)는 사회적 심리학자들에게는 익히 알려져 있는 낙인효과'effet de labelling의 특수한 경우로 묘사될 수 있다. 얼굴에 부여되는 인종적 딱지에 따라 똑같은 얼굴도 다르게 보이듯이[97] 예술과 장르, 작품, 작가의 가치는 특정한 순간에 이들에게 부여되는 사회적 표식(예를 들어 출판 장소)에 따라 달라지게 된다. 하지만 항상 사랑할 만한 것을, 그리고 오직 그것만을, 게다가 항상 진지하게 사랑하도록 이끌어 주는 예술애호가의 문화투자감각은 매 순간 무엇을 사랑해야 하는지 그리고 무엇을 사랑해서는 안 되는지, 주목해야 할 것과 그냥 스쳐 지나야 할 것을 (그와 관련해 어느 쪽을 택하는 것이 더 많은 상징적 이윤을 가져다줄지를 분명하게 밝히려는 이 윤추구적인 관점은 한번도 드러내지 않은 채) 정확하게 지시해주는 무한대의 기호(記號)를 무의식적으로 해독하는 과정에 의해 지탱되고 있는 사실은 그대로 남는다. 고전음악이나 재즈, 연극 또는 영화 등에 대한 특수한 능력은 상이한 시장 즉 가정, 학교 또는 직업 시장이 그 능력을 축적하고 응용하고 활용할 수 있도록 제공하는 기회의 크기에 따라, 다시 말해 각 시장이 이러한 능력의 획득을 강화하고, 새로운 투자를 유도할 수 있는 이윤을 약속하고 보증해줌으로써 그러한 능력을 획득하도록 촉진시킬 수 있는 정도에 따라 달라지게 된다. 다양한 시장에서 문화적 능력을 이용해 이윤을 남길 수 있는 기회가 많은가 적은가는 특히 '학교교육'에, 따라서 일반 '자유교양'에 투자(이것은 전혀 제도에 의해 구속되거나, 역으로 유리한 조건을 부여받지 않는다)하려는 성향을 규정하는 데서 중요한 역할을 한다.

특정한 영역이 정통적일수록 그 영역에 대한 능력을 갖출 필요가 커지며, 그만큼 '수지맞게 된다.' 따라서 그러한 능력을 갖추지 못할수록 손해가 막심하고 '비싼 대가를 치러야 한다.'[98] 그러나 이것만으로

---

97) G. Razzan, "Ethnic Dislikes and Stereotypes," *Journal of Abnormal Social Psychology*, 45, 1950, pp. 7~27을 보라.
98) 문화 또는 문화와의 관계 또는 상이한 예술과 장르, 작품, 작가의 위계에 대한 정통적인 규정은 영구적인 투쟁의 핵심적인 대상이지만, 이를 논거로 매순간 정통적 위계의 존재를 부인하는 것은 너무 소박한 태도이다. 예를 들어 사진이나 만화처럼 아직도 정통성을 인정받지 못한 예술이나 장르에 정통성을 부여함으로써 또는 '소소한' 아니면 '무시되어 온' 작가들을 복권시킴으로써 정통적인 위계를 변형시키거나 전복하려는 목적이나 또는

는 최고로 정통적인 영역으로 접근할수록 학력자본과 관련된 통계상의 차이들은 점점 더 중요해지는 반면, 요리나 인테리어 장식, 침구나 가구의 선택처럼 자유롭고 딱히 뭐라 설명하기 힘든 영역처럼 보일 수도 있는 전혀 정통적이지 않은 영역들로 접근할수록 사회적 궤적(그리고 자본구성)과 관련된 통계적 차이가 그만큼 중요해지는 이유를 제대로 설명하기에는 충분하지 않다. 이 경우 '지적인' 샹송, 사진, 재즈처럼 정통화의 과정에 있는 영역들이 중간 위치를 점하고 있다. 여기서도 역시 이러한 속성들의 '유효성'은 장의 속성들(특히 그 장이 '평균적으로' 모든 행위자에게 제공하는 상벌의 기회)과 행위자의 속성들 간의 관계 속에서 결정된다. 따라서 '학교와 무관한 분야'에 투자하려는 성향과 이들의 투자 영역은, 모두 엄밀히 말해 해당 영역이 제공하는 '평균' 이윤율이 아니라 자본의 총량이나 구성비와 대응해 각 행위자 또는 특수한 범주의 행위자들에게 제공되는 이윤율에 좌우된다.

'**평균**' 이윤율의 위계는 정통성의 정도의 위계에 상응하기 때문에, 고전 문학 심지어는 아방-가르드 문학에 대한 지식은 학교시장과 그밖의 다른 장소에서는 영화나 또는 **특히** 만화나 추리소설 그리고 스포츠보다는 더 높은 '평균' 이윤을 낳게 된다. 하지만 **개별** 이윤과 그에 따른 투자 성향은 특수한 장(場)과 그 장의 특징을 고스란히 갖고 있는 개개의 행위자 간의 관계에 의해서만 결정된다. 예를 들어 민중계급이나 중간계급 출신의 초등학교 교사나 중등학교 교사들처럼 학력자본의 대부

다른 획득양식과 연결되어 있는 특정한 획득양식을 부가하려는 목적을 갖고 진행되는 투쟁들이 정통성을 창조하는데, 이러저러한 이해관심 대상의 가치가 아니라 모든 이해관심 대상의 가치가 생산되고 재생산되는 게임의 가치에 대한 믿음을 창조함으로써 그렇게 한다. 독특한 논리, 즉 변형된 형태로 각 집단간의 권력관계를 재생산하는 이러한 위계를 자연에서 유래하는 절대적 질서로 다루려는 태도 또한 이에 못지않게 너무 순진한 태도이다. 왜냐하면 이들은 자신들의 상징적 가치인 정통성을 그것이 바로 그런 식으로 간주되는 데서 끝어내기 때문이다.

분을 학교 교육체계에서 끌어오는 사람들의 경우 학교에서 정통성이 어떻게 규정되느냐에 따라 많은 것이 좌우되며, 따라서 이들은 학교 교육체계가 상이한 영역에 부여하는 가치에 따라 투자 비율을 아주 엄밀하게 조정하는 경향이 있다.

이와 정반대로 영화나, 재즈, 더욱이 만화나 SF 소설 또는 추리소설과 같은 '**중간수준**'의 예술은 문화자본을 학력자본으로 전환하는데 완벽하게 성공했거나 정통적인 방식으로(즉 어릴 적부터 익숙해짐으로써) 정통 문화를 획득하지 못했기 때문에 주관적으로나 객관적으로나 두 면에서 모두 정통 문화와 불편한 관계를 갖고 있는 사람들의 투자를 유도하는 경향이 있다. 완벽하게 정통화되지 못한 채 그 과정 중에 있는 이들 예술은 커다란 학력자본을 소유한 사람들에 의해서는 경멸되거나 무시되지만 이러한 문화를 획득함으로써 문화자본의 측면에서는 최고의 보상을 보장받는 동시에 감히 정통성과 이윤의 위계가 이미 확립되어 있다고 자부하는 사람들에게는 피난처와 복수의 수단을 제공하게 된다. 다시 말해 통상 정통적인 예술(예를 들어 영화감독에 대한 지식을 기준으로 평가되는 예술)에 제한되어 있는 성향을 중간수준의 예술에도 적용하려는 경향은 학력자본보다는 학교에서 익히게 되는 교양과 학교 교육체계와의 전체적인 관계에 의해 결정되며, 역으로 이 교육체계가 소유하고 있는 문화자본이 오직 학교 교육체계 안에서 획득되고 공인되는 자본만으로 구성되는 비율에 따라 크게 달라지게 된다(따라서 신흥 쁘띠 부르주아지 성원들은 일반적으로 초등학교 교사들보다 더 많은 문화자본을 상속받지만, 학력자본은 거의 똑같은 규모로 소유하게 된다. 예를 들어 이들은 영화감독의 이름은 많이 알지만 작곡가의 이름은 그보다 훨씬 적게 안다).

실제로 그 누구도 정통성의 위계로부터 완벽하게 벗어날 수는 없다. 문화자산의 의미 자체와 가치가 해당 대상이 놓이게 되는 체계에 따라 크게 달라지기 때문에 추리소설, SF, 만화는 아방-가르드 문학이나 예술과 결부되느냐 아니면 중간수준의 취향에 전형적으로 나타나는 상황들과 연결되느냐에 따라, 전자의 경우 대담함과 자유의 표현으로서 굉장히 높은 평가를 받을 만한 문화적 자산으로, 그리고 후자의 경우에는 정통적인 자산의 단순한 대체물로 통상적인 가치만을 부여받게 된다.

예를 들어 가족 또는 학교와 같은 각각의 사회 공간들이 능력이 생산되는 장소이자 가격이 결정되는 장소로 기능하는 이상, 우리는 각 장이 그 안에서 생산된 생산물에 가장 높은 가치를 부여하리라는 점을 쉽게 예측할 수 있다. 즉 학교라는 장은 학교에서 공인된 문화자본과 학교교육을 전범으로 삼는 생활양식에 최고의 가치를 부여하려고 하는 반면, '사교' 살롱과 만찬회 그리고 인격 전체가 시험되는 직업생활상의 여러 기회(채용면접, 중역회의, 토론회 등), 또는 학교생활(예를 들어 ENA나 씨앙스 뽀의 구술시험) 등 자유교양을 중시하는 시장들은 문화와의 친숙한 관계에 가장 높은 가치를 부여하고, 학교에서 획득한 흔적이 있는 모든 성향과 능력의 가치를 평가절하하려 한다는 것은 쉽게 예측할 수 있다. 물론 여기서는 학교에서 이루어지는 획득방식의 생산물이 학교시장 자체에서 '아카데믹하다'는 이유로 평가절하되도록 만드는 지배의 효과는 무시하기로 한다.99) 실로 학교시장의 타율성을 가장 확실하게 보여주는 지표는 '학교에서 형성된' 아비투스의 생산물을 다루는 이중적인 태도에서 잘 나타난다. 이 아비투스는 교육체계 전체와 이 체계를 구성하는 제도들의 자율성(이것은 시대와 장소에 따라 다르게 나타난다)이 지배계급의 지배분파의 요구에 따라 약화될수록 그만큼 두드

---

99) 지배적인 매너, 억양, '편안함', '탁월함'은 피지배계급들에게도 부가되며, 이러한 가치들은 오직 전적으로 '문화와 무관한extra-culturels' 원리들, 예를 들어 지배적인 매너 명명방식을 '여성적이라고' 주장하며 남성성을 찬미하는 가치들에 의해서만 무시될 수 있다.

러지게 된다.100)

아무튼 정통 문화에 친숙함에 따라 획득되는 성향과 '고급 사교계'(또는 교육시장의 가장 '상류 사교계'적인 영역들)의 시장을 통해 획득되는 성향 간에 직접적인 친화성이 있는 것만큼은 분명하다. 통상적인 사회생활을 하는 과정에서는 몇 가지 선택사항 중에서 어느 하나를 고르라는 식의 난폭한 앙케트식의 선택에 부딪힐 수 있는 기회는 없을 것이다. 이러한 설문방식은 학교에서 진행되는 질문방식의 극단적인 형태로, 학교교육기관조차 '학교에서 배우면 되는 것'이라는 상류 사교계의 혹평을 암묵적으로 수용해 학생의 능력을 검토하고 평가하기 위한 시험을 사교적인 회화의 일종으로 바꾸면서 이를 거부하려 한다. 허장성세를 노리는 전략을 무력화시키고 좌절시키려는 극히 학교적인 상황과는 정반대로 사교적 기능은 능력을 발휘할 수 있는 무제한의 장을 제공하려 한다. 이 능력과 활용술의 관계는 카드놀이의 '패'와 '놀이방법'의 관계와 비슷하다. 닳고 닳은 사교계의 명사는 자유자재로 자신의 영역을 선택하고, 어려운 시련을 교묘하게 피하고, 지식에 관한 문제를 선호에 관한 문제로 바꿔치고, 무지를 경멸 섞인 거부로 바꿔치기하는 등 이러저러한 전략 속에서 자신감, 불안, 안도감, 당혹감을 드러낸다. 그리고 이러한 전략은 학력자본만큼이나 획득양식과 그에 상응하는 친밀감이나 소원함에 의존한다. 다시 말해, 정통 문화의 특수한 영역에 대한 깊은, 방법론적-체계적 지식이 결여되어 있어도 대부분의 사회적 상황에 함축되어 있는 문화적 요구를 충족시키는 데는 아무 문제가 없다. 앙케트가 실시되는 준(準)-학교적인 상황에서도 마찬가지다.101)

---

100) 이러한 주장 특히 ENA와 뽈리 떼끄니끄 간의 대립에 대해 좀더 자세히 알고 싶으면 Bourdieu et M. de Saint-Martin, "Le Patronat," *loc. cit*를 보라.
101) 지배계급의 성원들, 특히 문화자본이 가장 풍부한 분파들이 TV나 라디오 퀴즈 쇼에 대해 얼마나 커다란 경멸감을 갖고 있는지는 익히 알려져 있는데, 그 이유는 그러한 프로

화가에 대해 질문하되 각 응답자가 진짜 알고 대답하는 것인지 그렇지 않은지를 확인할 수 있는 방식으로 진행되는 앙케트의 목적은 이러저러한 능력(쉽게 유추할 수 있듯이, 이것은 작곡가에 대한 지식과 똑같은 요소에 따라 크게 달라진다)을 평가하기보다는 간접적으로 정통문화와 맺고 있는 관계와 함께 앙케트 상황의 상이한 효과를 파악하는 데 두었다. 따라서 지식의 양이 어릴 적부터의 친밀함에 상응하지 못하는 응답자들은 허세전략을 구사하리라고 추정해 볼 수 있다. 이것은 문화를 일상적으로 사용하는 과정에서는 아주 유효하게 구사되며, 특히 신흥 쁘띠 부르주아지에서 두드러지게 나타난다. 하지만 이 허세는 친숙함에 의해 제공된 희미한 지식에 인도될 때만이 이윤을 가져올 수 있다. 따라서 이 질문에 자유롭게 대답하도록 했더니 지식이 아주 빈곤한 사람들도 잽싸게 피카소(단순노무자와 단순기능공의 21%가 그의 이름을 거론했다)나 브라크(10%) — 앙케트가 진행되는 동안 다양한 방식으로 그를 기념하는 모임이 열리고 있었다 — 처럼 지식이나 선호도와 전혀 무관한 고유명사를 들었는데, 이것은 동시에 〔앙리〕 루소(10%)에게서는 함정으로 작용했다. 루소는 실제로는 다른 계급에서는 전혀 언급되지 않았다. 아마 그를 작가(즉 장 자크 루소 — 옮긴이)와 혼동했던 모양이다(이와 반대로 브뤼겔은 단순노무자들과 단순기능공에 의해 전혀 언급되지 않았다. 의문의 여지없이 단 한번도 들어본 적이 없는 이름을 언급하는 모험을 감행하고 싶지 않았기 때문이다).

일반적으로 상속은 되었지만 엄밀하게 검증할 만한 지식의 양으로 환원할 수는 없는 커다란 문화자본과 연결되어 있는 이러한 '사교감각'을 조명하려면 문화자본의 두 가지 차원의 여러 변수 즉 먼저 작곡가에 대한 지식처럼 특정분야에 대한 지식의 소유 여부와 그 지식을 활용하기

가 사회(학)적 앙케트처럼 패러디를 통해 정통 문화에 대한 정통적 관계를 부정하려는 작태처럼 보이기 때문이다.

위해 필요한 '후각flair'(이것은 제시된 여러 가지 판단 중에서 플로베르라면 '멋진 의견'이라고 불렀음직한 의견을 간파할 수 있는 능력에 의해 측정된다)과 같은 변수들을 비교해보기만 해도 된다.102) (그림 4)는 각 직업범주의 사람들 중 최소한 12명의 작곡가의 이름을 아는 사람들의 비율은 횡축에, '추상회화는 고전파 회화만큼이나 흥미 있다'고 대답한 사람들의 비율은 종축에 표시하고 있다. 이를 통해 볼 때 엄밀한 의미의 능력의 소유여부를 '정확하게 답'하려는 감각보다 중시하는 분파들(중등학교 교사들과 고등교육기관의 교수들)이 있는가 하면, 다른 한편으로는 정통적 입장에 대한 감각이 도저히 구체적 능력과 어울릴 수 없는 분파들(신흥 쁘띠 부르주아지, 신흥 부르주아지, 예술생산자들)도 있다. 이러한 격차는 상승하는 쁘띠 부르주아지나 부르주아지계급(초등학교 교사, 일반관리직, 상급기술자, 공공기업과 관청의 상급관리직)에게서 가장 작게 나타난다.

부르주아지(특히 하강중인 부르주아지) 행위자들이 '학교와 관련된' 모든 것에 대해 한결같이 혐오감을 보이는 이유는 부분적으로는 학교시장이 막연한 지식이나 어릴 적부터 친숙해왔지만 제대로 제도화되지 않은 지식을 평가절하 하는 데서 찾을 수 있다. 예를 들어 새로운 문화매개자들(문화활동 지도자, 놀이와 문화의 지도자 등)이 이루어낸 혁신적 방법의 대부분은 일상적인 학교교육 방식을 거부하고 있는데, 기성 쁘

---

102) 그러나 음악을 대상으로 한 견해를 그대로 이용할 수는 없다. 왜냐하면 직접적인 의견("나는 인상파 화가들이 좋아")을 제공해주는 회화에 대한 평가와는 달리 음악의 경우 가능한 평가의 범위가 전형적으로 '중간적' 의견("나는 슈트라우스의 왈츠가 좋아")부터 세련된 의견("수준만 있으면 어느 곡이든 듣지")간에 너무 커다란 불연속성을 보이기 때문이다. 따라서 빤히 알 수 있는 '소박한 판단'만 내리고 마는 식으로 일을 끝내길 거부하는 모든 사람들은 통상 극히 전통적인 평가를 선택하고 싶은 유혹을 쉽게 떨치기 어렵게 된다.

<그림 4> 특정분야에 대한 능력과 예술에 대한 의견

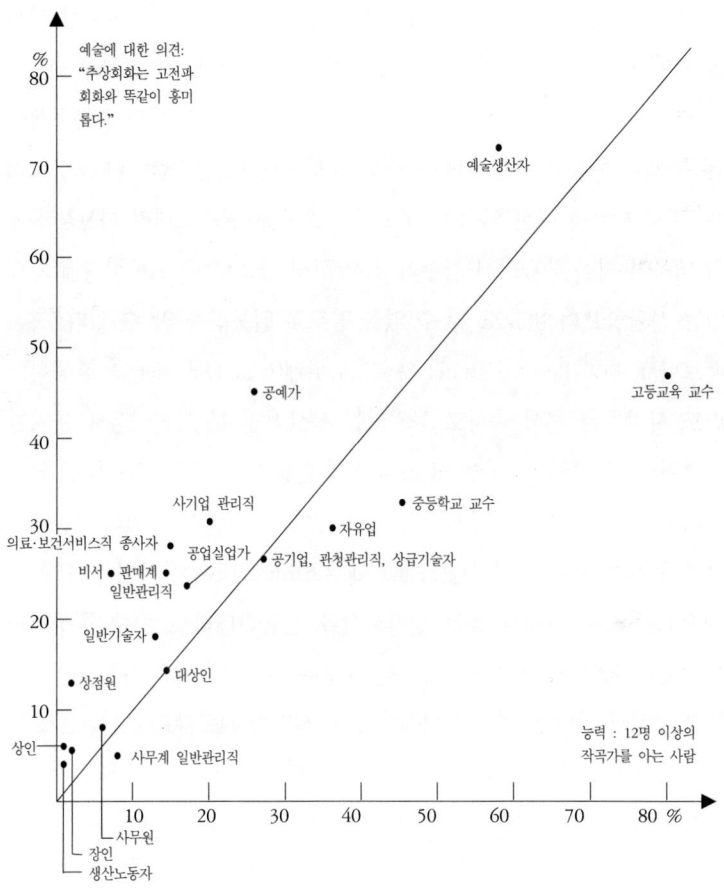

제1장 문화귀족의 칭호와 혈통

띠 부르주아지계급이 학력자본은 상대적으로 많지만 문화적 유산은 상대적으로 미약한 편인 반면, 신흥 쁘띠 부르주아지(예술가도 이들에 쁘띠 부르주아지계급이 학력자본은 상대적으로 많지만 문화적 유산은 상대적으로 미약한 편인 반면, 신흥 쁘띠 부르주아지(예술가도 이들에 포함된다)는 문화유산은 많은 반면 학력자본은 상대적으로 미약한 사실을 간과한다면 그 이유를 좀 더 쉽게 이해할 수 있을 것이다. 순수한 지식을 시험해보면 파리의 초등학교 교사들(지방의 소규모 초등학교 교사들도 크게 다르지 않다), 소경영자들, 지방의 의사 또는 파리의 골동품상들은, 언제나 학교를 통한 취득 방식에 따라 다니는 신중함이나 조심스러움, 절도(節度)에 대한 의식(意識)과 같은 요소보다는 오히려 **자신감과 후**각 더욱이 지식을 덮어서 감추기 위한 허세 등을 요구하는 상황에 처해 있는 사람들보다 비교도 할 수 없을 정도로 열등함을 알 수 있다. 혹시 베르나르 뷔페(Bernard Buffet)와 장 뒤뷔페(Jean Dubuffet)를 혼동하더라도 사람들은 흔히 축사로 동원되는 통상적인 문구를 이용해 무지를 감추거나 뾰로통한 얼굴을 하고, 머리를 흔들기도 하며, 또는 영감을 얻었다는 투의 포즈를 취함으로써 슬쩍 넘어가려 할 수도 있다. 생-떽쥐베리나 떼이아르 드 샤르뎅(Teilhar de Chardin) 또는 심지어 르프렝스-레게(Leprince-Ringuet) 등의 철학사상을 혼동하더라도 아주 특징적인 모습이나 외양, 언행, 자세, 독특한 말투나 어투, 매너나 상투어(만약 이러한 특징이 없다면, 최소한 아래와 같은 시장에서는 학교에서 얻은 모든 지식은 아무런 가치도 없게 될 것이다. 왜냐하면 학교에서는 결코 이것들을 가르치지도 않을 뿐더러, 배운다 해도 결코 완벽하게 터득할 수 없기 때문이다. 따라서 바로 이것들이 부르주아적인 탁월함의 본질을 규정하게 된다)를 갖고 있는 한 리셉션이나 회의, 인터뷰, 논쟁, 세미나, 위원회, 협의회 등 오늘날 가장 중시되는 시장에서 그 나름대로 하나의 위치를 고수할 수 있다.103)

'취향의 창조자taste maker'의 틀림없는 취미가 무엇인지를 가리켜 보이고, '잘못 획득한' 문화를 소유하고 있는 사람들의 취향이 얼마나 불확실한지를 폭로하는 방식이 모든 시장, 특히 문학작품과 예술작품의 가치를 규정하는 시장에서 그토록 중요한 이유는 다름 아니라 항상 매번 선택할 때마다 부여받는 가치의 일부가 선택자의 가치에 의존하고 있으며, 또 이보다 중요하게는 이 가치가 선택되는 방식을 통해 인지되고 승인되기 때문이다. 정통 문화가 매일 들이마시는 공기처럼 자연스러운 세계에 몸을 듬뿍 적심으로써 우리는 정통적인 선택에 대한 감각을 배울 수 있는데, 이 선택은 자체가 너무나 확실하기 때문에 성공적인 허풍처럼 이렇게 저렇게 하는 방식만으로도 틀림없다는 확신을 주기에 충분하다. 이것은 단순히 배우보다는 감독, 고전작품보다는 아방-가르드 작품 등을 선택하는 식으로 투자할 정확한 영역에 대한 감각일뿐만 아니라, 똑같은 이야기지만 투자를 회수하거나, 차별화를 통한 이윤획득이 불확실해지는 경우 다른 영역으로 투자를 옮겨야 할 정확한 순간에 대한 정확한 감각인 동시에 궁극적으로는 자신감, 확신, 자만심이기도 하다. 통상 투자에 따른 이윤을 가장 확실하게 얻어낼 수 있는 사람들이 독점하게 되는 이러한 속성들은 모든 것이 신념의 문제처럼 보이는 세계에서는 자신들이 하는 투자에 절대적인 정통성을, 따라서 최대의 이윤을 부여할 가능성이 크다.

정통성의 부과과정에서는 다음과 같은 역설이 나타난다. 즉 지배자

---

103) 학력자격의 측면에서는 동일한 개인들(예를 들어 그랑 제꼴에 재학하고 있는 학생)도 육체적 엑시스Hexis, 억양, 의복, 정통적인 문화와의 친숙성 등에서는 커다란 차이가 있을 수 있다. 사교춤, (상류계급이 즐겨하는) 스포츠, 사교놀이(특히 브릿지 게임) 등 부르주아지 세계에 들어갈 수 있는 초대장으로 기능하는 수많은 능력과 재주, 그리고 이를 통한 사교와 그를 통해 비로소 가능해지는 사회관계 자본의 축적을 통해 의문의 여지없이 그 이후에 독특한 경로를 걸어 나갈 수 있도록 해주는 능력에 대해서는 굳이 언급하지 않겠다.

가 탁월하고 고귀해 보이는 것이 과연 단순히 그가 지배적이기 때문인지 그렇지 않은지를 결정하기가 불가능하게 된다. 다시 말해 지배자가 지배자라는 존재 자체를 이용해 고귀한 것과 탁월한 것을 규정할 수 있는 특권(이 특권은 다름 아니라 지배자의 자신감을 통해 표현된다)을 가졌기 때문인지 아니면 지배자이기 때문에 이처럼 독특한 덕성을 부여받았고, 따라서 이들만이 이러한 덕성을 규정할 수 있는 자격을 갖추게 되었는지를 결정하기가 불가능해 보인다. 따라서 일상 언어에서 정통적인 행동양식과 취향을 가리키기 위해 그저 (문법학자들의 말대로 하면) '절대적인 의미의' '행동양식'과 '취향'이라고 말하고 마는 것은 우연이 아니다(즉 '이러저러한' 행동거지나 취미라는 보어를 사용하지 않고 한결 같은 의미로 굳어져 있다는 식으로 정관사가 붙어있다 — 옮긴이). 지배자들에게 부여되는 특징은, 즉 파리 억양이나 옥스퍼드 '억양', 부르주아적 '탁월함'은 그러한 특징의 실제적 실체와 이러한 특징의 계급별 분포상황을 무의식적으로 지시함으로써 얻게 되는 변별적 가치를 구분해보려는 의지를 꺾어버리는 힘을 갖고 있다.

여러 요소와 힘

결국 분석의 어려움은 다음과 같은 사정에서 유래한다는 점이 분명해진다. 즉 분석도구 자체가 즉 교육수준과 출신계급에 대한 규정 자체가 현실 속에서는 분석대상인 예술과 예술작품에 대한 관계를 쟁점으로 하는 투쟁 자체 안에 포함된다는 점에서 어려움을 찾을 수 있다. 이러한 투쟁은 문화에 대한 학교적 규정과 아카데믹한 문화획득과 긴밀하게 연루되어 있는 사람들과 '비-제도권' 문화와 그러한 문화와의 관계를 옹호하는 사람들 간에 진행된다. 후자는 주로 부르주아지의 최고참 층에서 충원되지만 의문의 여지없이 작가들과 예술가들, 그리고 이들이 창조하고 가치를 보장해주는 예술작품의 생산과 소비에 대한 카리스마적인 표상을 통해 지원을 받게 된다. 문학-예술계의 집중적인 조명을 받게 되는 작가와 학파를 둘러싼 투쟁은 실제로는 이보다 한층 중요한 투쟁을 은폐하고 있다. 예를 들어 출신계급이나 다양한 연줄에 의해 지배계급의 지배분파들과 긴밀하게 연결되어 있기 마련인 교사들(19세기 내내 비평가는 흔히 이들에게서 충원되었다)이나 작가들에 대한 투쟁을 보라. 또는 피지배 분파 전체와 지배분파들이 완벽한 인간과 그러한 인간을 만들어내기 위한 교육방법을 둘러싸고 벌인 끝없는 투쟁도 마찬가지다.

예를 들어 19세기 말에 스포츠에 엄청난 중요성을 부여하는 사립교육 — 그 중에서도 특히 에꼴 데 로슈(Ecole des Roches)의 설립자로 프레데릭 르 쁠레(Frédéric Le Play)의 제자(신교육을 옹호한 또 다른 사람인 꾸베르땡 남작도 그의 제자이다)인 에두아르 드몰렝(Edouard Demolins)을 대표적인 인물로 꼽을 수 있다 — 이 등장하게 된 과정에서 핵심적인 문제로 대두된 것은 학교 교육제도 자체 안에 교육에 대한 귀족주의적 교육관을 부과하는 것이었다. 지식, 학식, '병영 막사와 같은' 리세라는 말이 상징적으로 보여주듯이 '학교에서 가르친 대로 고분고분 행동하는' 유순함(실제로 학교에서 가르치는 모든 주제는 이 말을 중심으로 계속 반복된다)이나 쁘띠 부르주아지 자제들에게 유리한 모든 평가기준(학교는 이를 통해 학교의 자율성을 주장한다) 등은 군대나 사업 분야에 필요한 '활력'과 '용기', '의지', (당시 '군대나 사업'이라는 말에는 큰 차이가 없었다) 지도자의 미덕, 특히 (개인적) 창의성(이것은 '독립성'이라든가 '모험심'이라는 이름으로 극찬된다), 즉 스포츠와 관련된 온갖 미덕의 '가치'에 비추어 그 중요성이 의문시된다. '교육(教育)'instruction보다는 '훈육(訓育)'éducation을, '지성'intelligence보다는 '개성'caractère을, 교양culture보다는 스포츠를 중시하는 것은 결국 학교세계 자체 안에서 위계를 만들어내는 것에 다름 아닌데, 이러한 대립항 각각의 두번째 항에 특권을 부여하는 이 위계는 말 그대로의 학교적인 위계로 환원될 수 없다.104)

이러한 투쟁은 과거에만 벌어지지 않았다. 대기업 경영자가 되는 과정의 두 가지 경로인 에꼴 데 로슈나 주요 제수이트회의 명문 꼴라쥬와 (16구區의) 부르주아지의 명문 리세로부터 대학의 법학부 또는 씨앙스 뽀나 HEC에 이르는 길(최근에는 점점 이런 경향이 강해지고 있다)과, 지방이나 파리의 리세에서 에꼴 뽈리떼끄니끄(Ecole Polytechnique)에 이르는 길이 이를 잘 보여주고 있다.105) '엘리트 학교'의 수준에서 이를 살펴보자면, 요구되는 문화적 능력의 내용과 행동양식에 부여되는 가치나 각 행동양식의 평가 기준이 근본적으로 다른 두 개의 학교시장간의 대립관계를 보면 이 점을 한층 더 분명하게 확인할 수 있다. 이러한 시장의 한 극단에는 고등사범학교(ENS)와 에꼴 뽈리떼끄니끄가 그리고 다른 한 극에는 씨앙스 뽀와 국립행정학교(ENA)가 자리잡고 있다. 문화에 대한 정통적 규정과 정통적 평가방식을 놓고 벌어지는 이러한 투쟁은 모든 지배계급을 갈라놓고 있는 영원한 투쟁의 한 가지 차원일 뿐이다. 완벽한 인간의 여러 덕성 중에서도 특히 지배권을 행사할 수 있도록 해주는 정통적 자격을 획득하는 문제가 핵심적 대상으로 부각된다. 따라서 '인격형성의 장'으로서의 스포츠에 대한 찬미, 문학적 또는 문화적 교양은 희생하더라도 경제적-정치적 문화의 교양을 쌓는 것을 중시하는 태도는 지배계급과 쁘띠 부르주아지 — 이들의 자식들은 극

---

104) 특히 E. Demolins, *A quoi tient la supériorité des anglo-saxons?* Paris, Firmin-Didot, 1897; *L'éducation nouvelle l'école des Roches*, Paris, Firmin-Didot, 1898; *L'avenir de l'éducation nouvelle*, Paris, Firmin-Didot, 1899; P. de Coubertin, *L'éducation en Angleterre*, Paris, Hachette, 1888; *L'éducation anglaise en France*, Paris, Hachette, 1889를 보라.
105) P. Bourdieu et M. de Saint-Martin, "Le Patronat", *loc. cit.*

히 학교적으로 규정된 학업능력이라는 영역에서 부르주아지 자식들과 아주 벅차게 경쟁하고 있다 — 의 지배 분파들이 지배계급의 '지식인' 층이 소중하게 여기는 여러 가치의 성가(聲價)를 떨어뜨리기 위해 구사하는 여러 전략의 일부에 불과하다. 하지만 더 심층적으로 보자면, 이러한 반(反)-지성주의의 대두는 단지 신체나 교양의 정통적 사용이라는 문제를 훨씬 넘어 생활의 모든 차원에서 펼쳐지고 있는 적대감의 한 측면일 뿐이다. 지배 분파들은 항상 피지배분파들과 맺고 있는 관계를 남성적인 것과 여성적인 것, 진지한 것과 경박한 것, 책임감과 무책임감, 쓸모 있는 것과 쓸모없는 것, 현실적인 것과 비현실적인 것 등과 같은 대립관계를 이용해서 생각하려는 경향이 있다.

따라서 통계학자들이 계급을 분류하고 각 계급에 대한 '해석의 자료'를 만들어내기 위해 사용하는 논리적 분류원칙은 동시에 '사회-논리적sociologique' 분류원칙이기도 한 셈이다. 교육수준과 출신계급이라는 (단순하게 규정된) 두 개의 주요 변수와 관련된 통계상의 변화는 오직 각 변수가 정통 문화와 문화에 대한 정통적인 관계에 대한 적대적인 규정이나, 또는 더 정확하게는, 이러저러한 문화와 관련된 전형적인 특징에 상이한 가치가 부여되는 서로 다른 시장과 관련되어 있다는 점을 제대로 상기할 때만 정확하게 해석될 수 있다. 이러한 '요인들' 중의 어느 하나에만 '효율성'을 부가하는 것은 전적으로 오류이다. 왜냐하면 그것은 오직 특정한 관계 속에서만 효율적일 수 있으며 따라서 다른 장(場) 또는 동일한 장의 다른 상태로 이전되면 사라지거나 역효과를 낼 수 있기 때문이다. 몸에 밴 아비투스를 구성하는 여러 성향은 특정한 장 안에서만 그리고 가스똥 바쉴라르(Gaston Bachelard)가 말하는 물리적 장과 마찬가지로 자체가 '가능한 힘들의 장'인 여러 힘들이 특정한 성향과 관련해 드러나는 '역동적 상황'인 장과 관련될 때만이 형성되고 기능하며, 또 오직 그럴 때만 타당성을 얻을 수 있다.[106] 동일한 실천이더라도 장이 달라지거나 동일한 장이더라도 장의 형성방식이 달라지면 그리고 동일한 장의 대립적인 영역에서는 대립적인 의미와 가치를 얻게 되는 것은 바로 이 때문이다.

따라서 분석도구에 대한 성찰적 분석은 인식론에 특유한 세심함에 그치는 것이 아니라 대상에 대한 과학적 지식을 얻는 데 필수불가결한 조건인 것이다. 실증주의적인 태만함에 몸을 맡기면 확인된 관계의 측정조건 자체를 문제시하는 대신 그러한 관계의 강도를 소극적으로 검증해보려는 노력으로 그치고 말게 된다. 측정 조건 자체를 문제시하는 경우에만 다양한 관계들의 상대적 강도를 설명할 수 있는데도 말이다. '설명요인들'은 동시에 오직 특정한 장에서만 유효하게 작동할 수 있으며, 따라서 각 장을 규정하고 있는 가격형성 메커니즘을 변형시키기 위한 투쟁에 따라 각 장에서 서로 다른 양상으로 나타나고 있는 '권력'pouvoirs이기도 하다는 사실을 무시한다면 몰라도 실증주의적인 방법론이 주장하는 대로 '독립변수'의 독립성을 믿기는 힘들 것이다. 두 개의 지배적인 '요인들'의 비중이 전도될 수 있는 장을 쉽게 상상할 수 있는 이유(그리고 이것을 실험적으로 표현하기 위한 시험, 예를 들어 훨씬 덜 학교적인 대상과 질문형태를 훨씬 더 중시하려는 시험도 마찬가지다)는 문화를 둘러싼 일상의 모든 투쟁의 최종목표가 학력자본이나 사회적 궤적(그리고 이 양자를 파악할 수 있도록 해주는 주요 변수들)과 관련된 다양한 문화생산의 상대적 가치를 규정하고 있는 가치형성 메커니즘을 변형시키는 데 집중되기 때문이다.

각 행위자의 속성과 이들의 실천 간의 통계적 관계가 오직 아비투스의 성향과 특수한 장 간의 관계 속에서만 완벽하게 규정될 수 있는

---

106) G. Bachelard, *L'activité rationaliste de la physique contemporaine*, Paris, PUF, 2ème édition, 1965, p. 60.

것이 사실이라면, 이를 통해 관찰할 수 있는 관계가 타당성을 갖도록 해주는 한계는, 즉 완벽한 일반화를 위한 전제조건이기도 한 외견상의 제한은 이러한 관계들이 성립되는 관계에 대해 질문할 때까지는 규정될 수 없을 것이다. 주로 정통 문화를 선택하는 문제로 국한된 설문지가 만들어지는 관계는 학교의 시험문제지가 만들어지는 상황과 아주 흡사하다(물론 교육기관에 의한 승인여부는 핵심적인 문제가 되지 않는 차이가 있기는 하지만 말이다). 그리고 이것은, 구체적인 교환의 장으로서의 교환이 경제이론상의 시장과 맺고 있는 관계와 동일한 관계를 학교시장과 맺고 있다. 각 문항의 주제나 각 문항이 부가하는 교환의 형태(샤를르 발리Charles Bally가 지적하듯이 모든 질문은 항상 침입과 폭력, 도전의 형태를 함축하고 있다 — 따라서 각 질문에 대한 강조점은 달라지게 된다) 모두에서 질문지에 의한 앙케트는 일상적인 대화와는 정반대가 되며, 특히 방법론적이지만 불균형적인 질문의 형태를 취할 때가 그렇다.107) 이것은 '대항-문화'가 구성되는 장소인 카페나 캠퍼스 안에서의 대화 또는 박식함을 과시하기 위한 엄밀함이라든가 한 수 가르치겠다는 투의 외고집 등을 금지하는 사교계의 잡담과는 아무런 공통점도 없다. 학교와 유사한 상황에서 형식이나 내용면에서 아주 학교적인 것으로부터 형식(지식을 엄밀하게 확인하지 않고 문화와의 친밀함을 측정하려는 설문)이나 내용(영화에 대한 지식이나 음식의 기호에 관한 질문)면에서 모두 전혀 학교적이지 않은 부분으로 나가면서 학력자격과 상속된 문화자본의 상대적 비중은 가지각색으로 변하지만, 우리는 이를 통해 여러 '요인'과 시장 간의 이러한 관계가 어떻게 변할지를 대략적으로 그려볼 수 있을 것이다.

107) 모든 사실은 이러한 폭력이 문제가 되는 개인들과 정통 문화(이것은 옳건 그르건 인터뷰를 실시한 사람과 그에 응한 사람들에 의해 상징적으로 구성된다) 간의 거리에 비례해 증가함을 보여준다.

(자신감, 오만함, 즉흥적인 대응능력, 겸손함, 진지함, 당혹감 등) 능력을 사용하고, 연출하고, 과시하는 방식의 모든 지표들(설문을 통해서는 포착하기가 어렵다)의 의미와 가치는 각 지표가 위치하게 되는 시장에 크게 의존하게 된다. 왜냐하면 이것들은 (가정 또는 학교에서 이루어지는) 획득양식, 즉 시장의 뚜렷한 흔적을 고스란히 갖고 있기 때문이다. 그리고 이와 동시에 학교의 통제에 맞서 자율성을 주장할 수 있는 시장들이 이들 지표에 우선성을 부여하기 때문이다. 행동양식과 이를 통한 획득양식을 강조하기 때문에 한 가문 안에서 유구하게 전해내려 오는 가풍이 그 계급 안에서 위계의 토대가 될 수 있다.108) 이것은 동시에 정통적인 행동양식의 공인된 소유자에게 절대적인, 따라서 자의적인 승인권과 배제권을 제공해준다. 행동양식은 규정상 오직 타자들에 대해서만 존재할 수 있으며, 따라서 정통적인 행동양식, 의복과 몸가짐, 어투 등 여러 행동양식의 가치를 결정할 수 있는 권력의 공인된 소유자들은 자신들의 행동양식에 대해서는 무관심할 수 있는 특권을 갖고 있다(따라서 이들은 행동양식을 몸에 익히려고 애쓸 필요가 전혀 없다). 이와 정반대로 정통적인 행동양식의 비정통적인 소유자들, 즉 상속자 집단에 끼어들려고 하는 '벼락출세자들'은 그러한 행동양식의 가능한 조건의 산물이 아니기 때문에 아무리 발버둥치더라도 또 항상 근심어린 과잉동일시hyper-identification나 부정적인 태도를 취하면서 반항하려고 하지만 패배할 수밖에 없다는 소심함négativisme의 양자택일에서 벗어날 수 없게 된다. '아마 이렇겠지'하는 어림짐작의 행동을 통해 순응하려 하지만 아무리 정확하게 따라가려 해도 과잉교정(過剩矯正) 때문에 흉내내고 있다는 사실이 곧 드러나거나, 아니면 끈질기게 같다고 주장하지

---

108) 자본의 지배적인 유형(즉 경제자본이냐 아니면 학력자본이냐)에 따른 기업계의 부르주아들지간의 구별은 연륜에 따른 구별에 상응한다.

만 결국 그들과 동일시될 수 없다는 것을 승인할 수밖에 없게 된다.109)

문화 능력은 각 능력의 가격이 결정되는 시장인 사회적 시장에서 획득되기 때문에 이러한 시장에 따라 크게 달라지게 되며, 따라서 문화를 둘러싼 모든 투쟁의 목표는 행동양식을 통해 획득조건의 몇몇 특수한 요인들 쪽으로, 즉 특수한 시장의 특징이 뚜렷이 새겨져있는 생산물에 가장 유리한 시장을 만들어내려는 쪽으로 집중된다. 따라서 오늘날 '대항문화'라고 불리는 것은 학교시장의 제약요소(신식 독학자들만큼은 자신감이 없는 구식 독학자들은 자신들의 생산물의 특징을 미리 규정짓는 이러한 제약요소에 그대로 복종하고 만다)로부터 벗어나려는 새로운 유형의 독학자들의 노력의 산물이라고 할 수 있다. 이들은 전혀 다른 시장을 창조함으로써 그렇게 하려고 한다. 사교계나 지식시장과 마찬가지로 그 나름의 독특한 서열화와 성별(聖別)을 행하는 기관과 행위자들을 갖고 있는 이 시장은 문화상품 시장을 완벽하게 통일함으로써 학교시장이나 또는 최소한 극히 '학교적인' 영역을 지배하고 있는 능력과 행동방식의 평가원리를 강요하려는 학교 교육체계의 의도에 도전할 수 있다.

---

109) 호프만(Hoffmann)은 『크라이슬러의 책』에 들어있는 '교양을 갖춘 젊은이'에 관한 우화에서 모든 인종주의에서 찾아볼 수 있는 극히 전형적인 환상을 눈앞에 생생히 그려 보이고 있는데, 실제로 말하고 쓰고 음악을 연주하는 방법을 배운 이 원숭이는 '몇 가지 소소한 세부사항' 예를 들어 호두들이 부서지는 소리를 들을 때 느끼는 '마음속의 동요'처럼 어쩔 수 없이 '이국(異國) 출신'임을 드러내게 된다(Hoffmanns *Kreisleiriana*, Paris, Gallimard, 1949, p. 150).

제2부 실천의 경제

"옛날 그 규칙과 원칙을 어머니에게서 교육받았던 여러 가지
일들과 어떤 종류의 요리를 만드는 방법, 베토벤의 소나타를 연주하는 방법과 정중하게
손님 대접하는 법 모두에 대해 그녀는 완벽한 상태가 어떠하며, 다른 사람들이 그 상태에 얼마나
가까이 있는지를 정확하게 구분할 수 있다고 확신하고 있었다.
게다가 이들 세 가지 일의 경우, 완벽함에 대한 기준은 거의 똑같은 것으로,
수단의 단순함과 간소함과 그리고 매력을 그러한 기준으로 꼽을 수 있었다.
그녀는 향료가 전혀 필요 없는 요리에 쓸데없이 향료를 넣는다든지,
선멋을 부리며 페달을 마구 밟아대며 피아노를 연주한다든지, 손님을 접대하면서
철저하게 자연스런 태도를 유지하지 못하고 자신에 대해 과장하여 말한다든지 하는 것을
끔찍하게 싫어하며 배척했다. 그녀는 식사를 시작하자마자, 또 음악의 첫 음정을 듣자마자,
그리고 흘깃 편지를 들여다보기만 해도 그 사람이 솜씨 좋은 요리사인가, 진짜 음악가인가,
교육을 잘 받은 여성인가를 알아볼 수 있었다.
'그녀는 나보다 훨씬 더 손가락을 잘 움직이는 사람일지도 모른다. 하지만 그토록
단순한 안단테를 저렇게 과장해서 치는 것을 보니 취향을 결여하고 있군.'
'그녀는 정말 재기 있고 장점도 많이 갖고 있는 여성일지도 모르지만, 그런 상황에서도
자기 이야기를 하는 것은 바보짓이다', '그녀는 매우 능숙한 요리사일지 모르지만,
감자튀김을 곁들인 비프스테이크를 만들 줄은 모르는군.' 감자튀김을 곁들인 비프스테이크!
다름아니라 아주 간단하기 때문에 이상적인 경쟁과제, 요리의 『비창교향곡』이라 할만했다.
또는 그 요리법은 사회생활에서라면 잠깐 들러서 하녀에 대해 이것저것 묻는 단순한 행위 속에서
도 재치와 교육의 유무를 여지없이 드러내는 한 부인의 예의와 상응할만 하다는 생각이 들었다."

마르셀 프루스트, 『모방과 잡록』

2장 사회공간과 그 변형

물론 이 지점에서 연구를 멈춘다 해도 큰 이의를 제기할 사람은 없을 것이다. 예술과 관련된 취향을 다른 요소로 환원할 수 없다는 개념은 너무 분명해 보이기 때문이다. 그런데 미적 성향의 사회적 조건에 대한 분석에서 이미 살펴보았듯이, 정통 문화 상품들의 선택을 방향지우는 성향들은 오직 다음과 같은 조건아래서만 완전하게 이해될 수 있다. 즉 먼저 여러 성향의 체계의 통일성 속에 각 성향을 **통합시키고**, 또한 통상적으로 사용되는 협의의 '문화'를 인류학적인 광의의 '문화' 속으로 **확대시키고**, 그리고 극히 세련된 대상들에 대한 섬세한 취향을 음식 맛과 같은 초보적 미각과 연관시켜야 한다.1) '취향'이란 말의 이중적 의미는 통상 **취향은 자연스럽게 타고 난다**génération spontanée는 환상을 정당화하는 데 봉사하는데, 실제로 문화를 통해 형성됨에도 불구하고 마치 타고난 것처럼 보이기 때문에 이런 환상이 나타나게 된다. 하지만 이러한 이중적 의미는 역으로 '직접적이고 본능적으로 미적 가치를 판단하는 능력'이라는 의미로서의 취향이 음식 맛을 구별하는 능력

---

1) 취향 판단의 대상이 될 수 있는 요리, 그림, 의상, 음악, 영화, 장식 같은 물질적 또는 문화적 실천 전체(정통적이건 아니건 상관이 없다)에까지 연구를 확대함으로써 일반적으로 미적인 것으로 간주되는 성향들과 아비투스를 구성하는 성향체계 간의 관계를 검토할 수 있는 수단을 마련할 수 있을 것이다.

(이것은 특정한 음식에 대한 선호를 함축하고 있다)으로서의 취향과 분리될 수 없음을 상기시켜 준다. 그리고 정통 문화 상품들에 대한 성향을 분리시켜 내기 위한 추상화 작업은 또한 설명 요소들의 체계의 수준에서 또 다른 추상화로 이어지게 되는데, 일상생활에서는 항상 존재하고 작동하는 이 체계는 각 장의 유효성의 기준이 되는 이런 요소(아래에서 분석된 사례에서는, 문화자본과 궤적)의 체계를 통해서만 관찰가능하다.

가장 정통적인 문화상품의 소비는 희소성을 가진 상품과 실천들을 확보하기 위한 경쟁의 한 특수한 사례인데, 그것의 특수성은 확실히 수요와 취향의 논리를 따르는 소비자간의 경쟁논리보다는 공급의 논리에 의해 움직이는 생산자간의 경쟁의 특수한 형식에서 유래한다. 음악이나 요리, 스포츠나 정치, 문학이나 헤어스타일에 대한 선호처럼 도저히 같은 기준으로 잴 수 없는 것처럼 보이는 다양한 선택들간의 관계를 인식가능한 형태로 파악하려면 정통 문화를 별개의 우주로 분리시켜 버리는 마술적 장애를 제거하기만 해도 충분하다. 이렇게 미적 소비를 통상적 소비(미적 소비는 이것에 맞서 끊임없이 자신을 재정의한다) 세계로 강제적으로 재통합시키려는 시도는 특히 우리에게 다음과 같은 사실을 상기시켜 주는 장점이 있다. 즉 상품의 소비행위는 상품과 소비자들에 따라 정도의 차이는 있지만 항상 **소유화 작업**_travail d'appropriation_을 전제한다는 점을 말이다. 다시 말해 소비자는 좌표설정repérage과 부호해독déchiffrement 작업을 통해 자신이 소비하는 **상품의 생산**에 기여하는데, 예술작품의 경우에는 이러한 작업이 소비와 만족 전체를 구성할 수도 있다. 따라서 이것은 시간을 요구하고, 오직 시간을 통해서만 획득할 수 있는 성향을 요구한다.

그런데 경제학자들은 별다른 생각 없이 추상화 작업에 나서기 때문에, 생산물과 소비자 간의 관계에서, 즉 각 상품의 **유용한 특성과 실제 용도**들을 규정하는 성향과 관련하여 실제로 상품에 일어나는 일들을 무시할 수 있다. 모든 소비자들이 어떤 상품의 결정적 속성을 동일하게 지각한다고 가정하는 것(경제학자들은 흔히 이런 식으로 추상화한다)은 상품이 모든 지각 주체들에게 똑같이 부과될 수 있는 객관적(즉 흔히 말하듯이 '기술적') 특성들을 소유한다고 전제하는 것과 마찬가지인데, 그것은 지각이 마치 생산자(그리고 소위 '정보를 제공하는' 상품제작자의 광고)가 제시하는 설명내용의 몇 가지 특성들에 의해서만 구속되고, 또한 **사회적 용도**가 마치 사용 설명서로부터만 도출될 수 있다는 식으로 설명하는 것과 마찬가지다. 하지만 공업제품의 경우에도, 각 상품은 통상적 의미에서 볼 때 **객관적**objectif이지 못하기 때문에, 즉 각 대상을 지각하는 사람의 이해와 취향으로부터 독립적이지 못하기 때문에, 그 자체로서 자명한 보편적 의미를 가졌다고 주장할 수는 없다. 그러므로 또한 '독립변수'와 '종속변수'가 각 경우에 어떤 관계를 맺는지 하는 문제에 직면하는 경우 사회학자들이 '종속변수'가 가리키는 내용에 대한 지각과 평가가 '독립변수'에 의해서 규정되고 있는 각 행위자 집단에 따라 어떻게 달라지는지를, 다시 말해 각 행위자 집단을 실제로 규정하고 있는 관여적 특성들의 체계가 무엇인지를 결정할 필요가 없다면 사회학자의 일은 훨씬 수월해질 것이다.2)

과학은 바로 이러한 대상의 객관성을 확인해야 하는데, 이 객관성은 다음과 같은 관계 속에서 확인된다. 즉 이 객관성은 한편으로는 이 대상이 각 행위자나 행위자 집단에게 제공하는 가능성과 불가능성들 — 이것들은 오직 사회적 용도(기술 제품의 경우, 생산자가 대상에 부여한 용도나 기능도 여기에 포함된다)의 세계 속에서만 드러날 수 있다 — 과 다른 한편으로는 특정한 행위자나 행위자 집단의 성향, 다시 말해

---

2) 이러한 전제조건을 의식하고 있는 사회학자들이 다수가 아니며, 특히 방법론을 전문적으로 연구하는 사람들 중에서는 더욱 그렇다는 것을 굳이 언급할 필요가 있을까?

물건의 실제적 용도 속에서 객관적 유용성을 구성하는 지각도식과 평가 도식 그리고 행위 도식 간의 관계에 의해 규정된다.3) 물론 이러한 객관성을 파악하는 작업은 어떤 형태이건 소위 '실제vécu 체험'을 재도입하는 것과는 전혀 무관한데, 그것은 대개 연구자의 '실제 체험'의 위장된 투영에 불과하기 때문이다.4) 오히려 이 작업은 상호 교환가능한 취향을 가진 소비자들과 일률적으로 지각되고 평가되는 속성을 가진 생산물 간의 추상적 관계를 넘어서 사회경제적 생산조건에 따라 필연적으로 다양하게 변하는 취향과 그에 따라 소비자들에게 상이한 사회적 정체성을 부여하는 생산물 간의 관계를 확인하는 쪽으로 나가야 한다. 소비자들 각자가 특정한 경제공간 속에서 차지하는 위치에 부여되는 성향에 따라 겪게 되는 구별적인 체험들을 상품에 대한 완전한 정의 속에 포함시킬 필요를 깨닫기 위해서는, 실제로 경제학자들로부터는 이상할 정도로 무시되어 왔지만 경제에 의해 분명하게 요구되는 성향들의 생산을 규

---

3) 이미 사진을 대상으로 살펴보았듯이(P. Bourdieu et al., *Un art moyen: essai sur les usages sociaux de la photographie*, Paris, Ed. de. Minut) 수많은 기술적 제품과 관련해서 다음과 같은 사실을, 즉 물건의 기술적 속성들로부터는 부정적 결정론, 다시 말해 한계 안에 포함되어 있는 것 이외에는 사회적 용도에 관해 거의 아무런 내용도 끌어낼 수 없다는 것은 두말할 필요가 없을 것이다.

4) 경제학자들 — 그리고 오늘날 이론적 질문의 의미와 현실의 복잡성에 대해 별다른 고민을 하지 않는 일부 사회학자들 — 은 계급의 '실제 체험'이나 무의식을 형식화하는 기술에서 과거의 명인들에 결코 뒤쳐지지 않고 있다. 아무래도 어떤 상품에 대한 경험에 비례해 수요도 꾸준히 늘어나는 역설을 설명하려고 시도하는 게리 S. 베커(Gary S. Becker)의 최근의 연구서를 떠올리고 싶은 짓궂은 유혹을 떨쳐 버리기 어려운데, 그래도 그는 과거에는 모델형성적 상상력을 제법 설득력 있게 사용한 바 있다(G. J. Stigler and G. S. Becker, "De Gustibus non est disputandum", *American Economic Review*, 67, March 1977, pp 76~90). '광적인 유익(有益) 선호증'(選好症)manies bénéfiques의 전형인 '음악광'mélomanie과 '광적인 유해(有害) 선호증'manies nocives의 전형인 마약중독과 같은 성향을 설명하기 위해 베커는 전자의 경우 특정한 인간 자본의 축적결과인 '음악적 쾌락'의 생산비가 감소한 것을 그 원인으로 들고, 후자의 경우에는 이와 반대로 '도취'할 수 있는 능력이 약화된 결과 도취감의 생산비가 증가한 것을 그 원인으로 들고 있다. 그리고는 '이상으로 증명은 끝났다'(Q.E.D)고 주장한다.

정하는 경제적 조건들의 문제를, 즉 이 경우는[5] 취향의 사회경제적 규정 요인의 문제를 제기하는 것만으로도 충분하다. 이러한 경험들은 실제 체험이나 공감이 없이도 충분히 이해할 수 있기 때문이다. 두 개의 객관성간의 객관적 관계인 아비투스는 실천과 사회적 위치 간의 필연적인 관계를 이해가능한 형태로 확인할 수 있도록 해주는데, 이러한 사회적 위치의 의미는 객관적으로 관찰가능한 사회적 조건에 의해 생산된 지각 범주와 평가 범주에 따라 이 아비투스에 의해 생산된다.

계급의 조건과 사회적 조건화

실천은 각 실천 원리의 이면에 자리잡고 있는 일련의 **효과**를 차례차례 명료히 함으로써만 설명될 수 있다. 그런데 이러한 명료화 작업은 일단 분석 작업의 첫 단계에서는 한 행위자나 행위자 집단의 특징적인 생활양식의 구조를 가리게 된다. 다시 말해서 상이한 논리에 따라 기능하고, 따라서 상이한 실현 형식(이를 정식으로 표현하면 다음과 같다: [(아비투스) (자본)] + 장 = 실천)을 갖는 장들 속에서 수행된 일군의 실천들의 다양성과 복합성 속에 은폐되어 있는 통일성을 가리게 된다. 이러한 분석은 또한 이처럼 구조화된 실천들 전체, 즉 **구별적이고 변별적인 모든 생활양식들**이 묘사하는 상징공간의 구조도 은폐하는데, 이런 생활양식들은 항상 각 생활양식간의 상호관계 안에서, 그리고 상호관계를 통해서 객관적으로, 그리고 때로는 주관적으로 규정된다. 따라서 실천

---

[5] 이런 역설적 망각의 또 다른 사례로는 P. Bourdieu, *Travail et travailleurs en Algérie*, Paris, Mouton, 1963과 Algérie 60(『자본주의의 아비투스 — 알제리의 모순』, 최종철 역, 동문선)을 참조하라.

을 올바르게 파악하기 위해서는 따로 떼어놓았던 것을 재구성해야 하는 문제가 대두되는데, 그렇게 하려면 먼저 사실 확인을 통해 상식적인 인식에서 특징적으로 나타나는 접근방식 속에 담겨 있는 진실을, 즉 생활양식들의 체계성과 각 양식이 구성하는 전체적인 관계를 어떤 식으로 직관하는지를 재발견해내야 한다. 이를 위해 실천의 통일원리와 생성원리, 즉 계급 조건과 그것이 부과하는 조건화의 육화된 형태로서의 계급의 아비투스로 돌아가야 한다. 따라서 **객관적 계급**classe objective을 구성해 내야 하는데, 동질적인 생활조건 속에 위치한 행위자들 전체로 나타나는 이 계급은 동질적인 조건화를 부과하고 유사한 실천을 생성해낼 수 있는 동질적인 성향체계를 생산해내며, 또 일련의 공통 특성 즉 흔히 (재화나 권력의 소유처럼) 법적으로 보장되거나 또는 계급의 아비투스(특히 분류도식 체계)처럼 **육화**(肉化)된 **객체화된** 특성을 소유한다.6)

변수와 변수체계

계급calsse(행위자 집단classe, 또는 이 맥락에서는 똑같은 이야기가 되지만 생활조건의 집합)을 직업명을 중심으로 기술하게 되면 단순히 생산관계상의 위치가 실천을 규정한다는 사실만을, 특히 그러한 위치에의 접근을 통제하고 특정한 집합의 아비투스를 생산하거나 선택하는 메커니즘을 통해 그렇게 한다는 사실만을 드러낼 수 있을 뿐이다. 그러나 이것은 '사회직업 범주'처럼 미리 구성된 변수에 의존하는 방식과는 무관

---

6) 객관적 계급을 동원된 계급*classe mobilisée*과 혼동해서는 안 되는데, 왜냐하면 후자는 객관적 계급을 규정하는 객체화되거나 육화된 특성들의 동질성에 기반해 객체화된 특성들의 분배구조를 보존하거나 변형시키려는 투쟁을 위해 나선 행위자 집단을 가리키기 때문이다.

하다. 실제로 특정한 측면(즉 특수한 방식으로 결정력을 갖는 측면)에서 구조화되는 계급으로 묶이는 개인들은 항상 자신들의 분류원리인 관여적 속성에 덧붙여 설명 모델 속에 이처럼 몰래 도입되는 **이차적 특성들**을 동반하게 된다.[7]

다시 말해 한 계급이나 계급분파는 직업이나 소득, 교육수준과 같은 지표를 통해 인지될 수 있는 생산관계상의 위치뿐만 아니라, 성비(性比)나 지리적 공간(이것은 사회적으로 결코 중립적이지 않다)의 배분에 의해서도, 그리고 일군의 **보조적 특성들**에 의해서도 정의되는데, 이러한 특성들은 암묵적인 요청이라는 형태로 드러나기 때문에 공식적으로는 전혀 표현되지 않지만 (예컨대, 민족적 소속이나 성(性)의 경우처럼) 실제적인 선택원리나 배제원리로서 기능하기도 한다. 따라서 일련의 공식적인 기준들은 실제로 은폐된 기준들을 위한 가면 역할을 하게 된다. 예를 들어 특정한 학위를 요구하는 것은 특정한 출신계급을 요구하는 하나의 방식이 될 수도 있는 것이다.[8]

---

7) 쟝 벤제크리(Jean Benzécri)라면 아마 다음과 같이 말할 것이다. "각각 세 가지 특성을 소유하고 있는 세 개인, $\alpha \beta_1 \gamma_1$, $\alpha \beta_2 \gamma_2$, …, $\alpha \beta_n \gamma_n$이 있다고 하자. 각 항에서 뒤의 두 요소를 제외하면 모든 개인은 α라는 특성에 의해 정의된 단 하나의 종(種)에 들어가게 되고, 이를 α종이라고 부를 수 있을 것이다. 그러나 α 특성이 이 종과 그 안에 포함된 개인들을 규정할 수 있도록 해준다 할지라도, 이 개인들의 β, γ 특성을 고려하지 않고는 이 종을 연구할 수 없다. 이런 관점에서, 두번째 특성을 담지할 수 있는 양상 β의 집합을 B로 그리고 세번째 특성인 양상 γ의 집합을 C라고 표기한다면, α종을 연구하는 것은 αBC를 연구하는 것, 즉 고정된 첫번째 특성 이외에 두번째 특성(B)과 세번째 특성(C)에 속하는 모든 것을 연구하는 것이 되며, 이에 덧붙여 이 후자들 간에 가능한 조합들(β에 대해서는 γ^1이나 γ^2보다는 γ가 더 강하게 연결되어 있다)을 연구하는 것이 된다." J. Benzécri, "Définition logique et définition statistique: Notes de lecture sur un chapitre de Ernst Cassirer", *Cahiers de l'analyse des données*, Vol, III, 1978, n° 2, pp 239~242.

8) 분석자들이 사용하는 일련의 분류기준이 각 기준에 의해 분류되는 집단들간의 투쟁 상태에 어느 정도 관계되는가, 또는 더 정확히 말해서 이 기준들에 의해 정의되는 각 집단들이 그러한 집단으로 승인 받을 수 있도록 실제로 구비하고 있는 능력과는 어느 정도 관련되어 있는가를 검증할 필요가 있다. 만약 성과 출신국적에 따라 분류된 집단들이 노동자계

따라서 명시적이거나 암묵적인 형태로 인원제한numerus clausus을 준수하는 대부분의 직업집단(의사, 건축가, 대학교수, 상급기술자 등)처럼 호선에 의해 구성되는 집단의 구성원들은 항상 명시적으로 요구되는 특성들 이외에도 그 이상의 것을 공유하고 있다. 직업에 대한 공통된 이미지 — 이것은 의문의 여지없이 '천직(天職)'vocations의 실제적 구성원리 중의 하나이다 — 는 통계학자들이 제시하는 것보다는 훨씬 덜 추상적이고 비현실적이다. 이 이미지에는 지위의 성격이나 수입총액뿐만 아니라 이것들의 이차적 특성들도 함께 관련되어 있는데, 이 특성들은 흔히 직업이나 수입의 사회적 가치(위신이나 신용추락)를 결정하는 근거가 되고, 또 연령이나 성별, 출신종족이나 계급처럼 직업에 대한 공식적인 규정에는 포함되어 있지는 않지만 암묵적인 요구사항으로 작용하며, 암묵적이건 또는 명시적으로건 직업에의 입문에서부터 특정 직업에 종사하는 동안 계속 호선(互選)에 따른 선택 방향을 이끌어나가며, 따라서 이런 특성을 결여한 집단의 구성원들은 배제되거나 주변적 위치로 밀려나게 된다(여의사나 여변호사가 여성 고객만을 전문으로 다루게 되고, 흑인의사나 흑인변호사가 흑인만을 전문고객으로 하거나 전담하는 것은 이를 잘 보여준다). 요컨대, 어떤 범주, 흔히 직업 범주를 가리키기 위해 사용되는 급의 내부에서 그대로 구성된다면, 단순기능공은 대부분 여자와 이민자들이라는 사실을 망각할 가능성이 별로 없을 것이다. 다른 한편 일견 분명해 보이는 요인에 대한 추리착오 paralogisme는, 만약 그러한 착오가 정당화 게임jeux de légitimation을, 즉 각 집단이 각자의 현실적 존재기반을 은폐하기 위해 각 집단의 공인된 구성원리로서 이러저러한 정통적 특성들을 전면에 내세우기 위해 동원하는 이러한 게임을 과학의 영역으로 단순하게 재번역해 옮겨놓지만 않는다면 그리 빈번하게 나타나지는 않을 것이다. 그런데 이 정당화 게임을 통해 가장 선별적인 집단들(음악회의 청중이나 그랑 제꼴의 학생들)은 자신들의 진정한 선별원리를 두 번에 걸쳐 (스스로) 기만할 수 있을 것이다. 이들은 자신들의 존재원리와 재생산의 실재적 원리를 드러내길 거부함으로써 결국 가입권에 대한 구체적이고 체계적인 엄격성을 갖추지 못했기 때문에 예외를 감수할 수밖에 없다는 논리에 의존할 수밖에 없게 된다. 호선cooption에 기반한 모든 '엘리트들'이나 클럽과 달리, 그들은 '선발된 사람들'élus의 특성 전체, 즉 개인의 인격 전체를 검사할 수는 없다.

명칭에 의해 강조되는 속성은 모든 이차적 속성의 유효성을 은폐할 가능성이 있으며, 따라서 이러한 속성들은 해당 범주를 구성함에도 불구하고 분명하게 드러나지 않는다.

이와 마찬가지로 (직업에 의해 확인되는) 한 사회적 위치의 변천을 평가하려 할 때, **수많은 관여적 속성 중에 하나만을**(그것이 가장 중요한 특징이라 할지라도 마찬가지다) 고려함으로써 이 과정에서 표현되는 모든 **대체효과**effets de substitution를 무시하게 된다면, 크나큰 오류를 피할 수 없게 된다. 한 사회계급의 집단적 궤적은 '여성화'되거나 '남성화'되는 사실, 또는 노령화되거나 그 반대가 되는 사실, 또는 가난해지거나 부유해지는 사실을 통해서도 드러날 수 있으며 그리고 또한, 이러한 변형들 또한 동시적이거나 교대로 발생할 수 있다(한 위치의 하강은 여성화나 ─ 이것은 출신계급의 상승을 동반할 수도 있다 ─ '민주화'나 또는 '고령화' 속에서 표현될 수 있다). 예를 들어 엄격한 위계를 이루고 있는 대학의 학과나 귀족 칭호, 또는 학계의 학력자격처럼 **특정한 장(場)**에서 차지하고 있는 위치를 기준으로 규정되는 모든 집단에 대해서도 이와 똑같은 이야기를 할 수 있다.

(정치적 의견 같은) 하나의 종속변수와 성, 연령과 종교, 또는 교육수준, 수입이나 직업과 같은 소위 독립변수들 간의 개별적 관계들은 이처럼 특수한 상관관계 속에서 기록되는 효과들의 독특한 힘과 형태의 진정한 원리들이 구성하는 여러 관계들의 완전한 체계를 은폐하는 경향이 있다. '독립' 변수 중에서 가장 독립성이 강한 변수는 그 변수가 이러저러한 의견이나 실천과 맺는 관계 속에 은밀히 존재하는 통계적 관계망 전체를 은폐한다. 따라서 여기서도 역시 통계학적 기술로는 제대로 해결하기 보다는 기껏해야 다른 문제로 치환해 버릴 수밖에 없는 문제를 자꾸 해결하라고 요구하기보다는 다음과 같은 내용에 대해 질문

해야 한다. 즉 일단 먼저 다양한 이차 변수들(성별, 연령 등)이 주요 변수들에 의해 규정되는 계급 속에 도입시킨 여러 구분들과 하위구분을 분석한 다음, 계급에 대한 실질적인 정의 속에는 분명하게 포함되어 있지만 명목상의 정의 속에서는, 다시 말해 그 계급을 가리키기 위해 사용되는 명칭 속에서 집약되는 정의 속에서는, 따라서 그 계급이 위치하게 되는 여러 관계에 대한 해석에서는 의식적으로 고려되지 않는 모든 것에 대해 질문해야 한다.

학력자격과 직업 간의 관계는 소위 독립변수들간의 허구적 독립성을 전형적으로 보여준다. 그것은 최소한 사회공간의 어떤 부문에서는(그것들에의 접근은 학력자격에 따라 다소 차이가 있다) 직업이 자격의 보유여부에 의존하기 때문만이 아니라, 그 자격이 보증하고 있다고 간주되는 문화자본이 오히려 특정한 학력자격 소유자의 직업에 의존하기 때문이기도 하다. 그런데 이 직업은 (승진에 의해 그리고 승진을 위해) 가정과 학교 안에서 획득한 자본의 유지나 증가, 또는 이와 반대로 ('지위의 강등'에 따른) 이 자본의 감퇴(지위의 실추로 인해서)를 전제한다. 그리고 직업적 조건의 이러한 효과에(여기서 또한 두 가지 효과, 즉 고유한 의미에서의 노동의 효과와 가능한 경력의 효과를 구별해야 한다. 전자는 본질적으로 많건 적건 지속적인 문화자본 투자를, 즉 따라서 이 자본을 일정한 크기로 유지할 것을 요구하며, 후자의 가능한 경력의 효과는 직업상 승진을 보장하거나 정당화하기 위한 문화적 투자를 촉구하거나 배척하게 된다) **직업 환경 효과**를, 즉 한 집단을 규정하는 대부분의 측면에서 아주 동질적인 집단의 (특히 문화적, 종교적 또는 정치적인) 성향이 부과하는 증폭작용을 추가해야 한다. 그렇기 때문에 각 경우에 직업생활의 조건이 어느 정도나 이 효과를 촉진하거나 저해하는지를 검증해 볼 필요가 있다. 이것은 결국 일의 특징 자체(고통 등)나 일이 수행되는 조건(소음이 심하거나 아니면 대화가 가능할 정도로 조용하다 등), 일이 요구하는 시간의 리듬과 일이 허용하는 시간적 여유, 그리고 특히 일하는 장소에서 (일할 때에 혹은 쉬는 시간에) 혹은 일하는 장소 밖에서 일이 촉진하는 종적이고 횡적인 인간관계 형태를 고려해야 한다는 것을 의미한다.

이 효과는 확실히 사무원(회계담당 직원, 은행원, 사무원, 타이피스트)과 상점원(주로는 상점의 판매원) 간의 일련의 차이를 설명해 주지만, 이러한 차이는 출신계급분파와 관련된 차이들(사무원에서는 자영농 출신이 많고, 상점원에서는 소경영자 출신이 많다)에 의해서도, 또 학력자본의 차이(전자는 중등교육 전기과정 수료증서BEPC를 취득한 경우가 많고, 후자는 직업적성증서CAP를 취득한 경우가 많다)에 의해서도 완전하게 설명되지는 않는다.9)

계급분파와 실천 간의 관계를 드러내는 동시에 숨기기도 하는 여러 효과 중에는 한 계급과 결부된 이차적 특성들의 분포상황 속에서 해당 분파가 차지하는 위치 효과도 있다. 따라서 (예를 들어 극도로 여성화된 직업에 종사하는 남성들이나 국립행정학교ENA에 다니는 노동자의 아들처럼) 모든 보조적 속성들을 소유하지 않은 계급의 성원들이 갖게 되는 사회적 정체성 속에는 해당 계급에의 소속감과 함께 그러한 사실이 부가하는 사회적 이미지가 강력하게 각인되어 있는데, 이들은 이 이미지를 인정하거나 거부하거나 둘 중의 하나를 택하게 된다.

---

9) 상점원과 사무원은 성별, 나이, 수입 등에서는 거의 비슷한 분포를 보이지만, 성향과 실천의 수준에서는 꽤 커다란 차이가 나타난다. 사무원은 아주 금욕적이며, 친구가 양심적이며 예의범절이 있을 것을 기대하고, 깔끔하고 청결한 실내장식을 원하며, 브렐, 게따리, 마리아노, 『헝가리 광시곡』이나 『아를의 여인』, 라파엘, 와또, 레오나르도 다 빈치 등을 좋아한다. 이에 반해 상점원은 오히려 사교적이며 낙천적이고 유쾌하며, 기품 있는 친구를 찾는 경우가 많고, 또 쾌적하고 내밀하게 만들어진 실내장식을 좋아하고, 브라상스, 페레, 프랑수아즈 아르디, 『신들의 여명』, 『사계四季』, 『랩소디 인 블루』, 유트리요나 반 고호를 좋아한다고 말하는 경우가 많다.

이와 마찬가지로 학력자본이나 연령과 수입 같은 관계도 일견 서로 독립적으로 보이는 두 가지 변수를 연결시키고 있는 관계를 은폐한다. 어느 정도까지는 나이가 소득을 규정하지만, 이 소득은 학력자본과 직업에 따라 달라지며, 다시 이 직업 자체가 부분적으로 학력자본과 함께 성별이나 상속된 문화자본이나 사회관계 자본처럼 한층 더 교묘하게 은폐된 다른 요인들에 의해서 결정되는 것이다. 그렇지 않은 경우 변수 중의 하나는 어느 정도는 다른 변수의 변형된 형태에 불과한 경우도 많다. 예를 들어 학교연령(學敎年齡)(일정한 학업수준에 대응하는 연령)은 상속된 문화자본의 변형된 형태라고 할 수 있으며, 지체(遲滯)는 추방이나 배제를 향한 일 단계가 될 수도 있다. 더 일반적으로는, 일정 시점에 소유하고 있는 학력자본은 무엇보다도 먼저 출신가정의 사회-경제적 수준을 나타낸다고 할 수 있다(이것은 장기간에 걸친 과정의 결과로, 이 양자는 결코 기계적인 관계를 맺지는 않는다. 출신가정에서 물려받은 최초의 문화자본이 불완전하게 학력자본으로 전환되거나, 학력자격의 효과로 환원될 수 없는 효과를 생산할 수 있기 때문이다. 학력자격은 똑같더라도 출신계급에 따라 큰 차이가 나는 경우 이러한 현상이 나타난다).

마찬가지로 학력자본과 특정한 실천 간의 모든 관계 속에서는 상속된 자본이 학력자본으로 전환하는 논리를 결정하는 데 관여하는 성별과 관련된 여러 가지 성향의 효과를 발견할 수 있다. 즉 최초의 자본이 동일할 경우에도 학력자본의 종류 '선택'이 여자의 경우는 문학 쪽으로, 남자의 경우는 과학 쪽으로 나가는 경향이 있다. 이와 비슷하게 실천과 연령과의 관계도 다음과 같은 경우에는 학력자본과의 관계를 은폐할 수 있다. 즉 나이가 실제로 특정한 위치에 도달할 수 있는 다양한 접근양식(칭호나 직업상의 승진을 통해 접근할 수 있다) 그리고(또는) 학년상의 세대, 교육제도에 접근할 수 있는 불평등한 기회(나이가 많은 사람들은 젊은 사람들보다 미약한 학력자본을 소유한다)를 규정하는 핵심요소인 경우 그러하다. 또한 여러 영역에서, 특히 학교교육에서 조숙(早熟)함이나 지진아에 대한 사회적 규정이 워낙 다르기 때문에 실천과 사회계급의 관계가 은폐될 수 있다.10)

마지막으로, 지리적 공간의 분포에 의해 (같은 직종에서조차) 은폐되는 학력자본상의 불평등 효과가 제거된 이후에도 이러한 차이들이 존속한다는 사실을 확인하기 전까지는 주거 규모에 따른 문화적 실천상의 차이들을 순전히 공간적인 거리의 직접적 효과와 문화적 공급의 편차들 탓으로 돌릴 수는 없을 것이다.11)

흔히 있는 일이지만 변수에서 변수로 분석해 나가다 보면 여러 변수들 전체의 효과를 한 가지 변수(예를 들어 성별이나 연령. 물론 이러한 요소들도 그 나름대로의 방식으로 한 계급의 상황 전체나 흐름을 표현할 수 있다)의 효과로 돌릴 위험이 있다(이러한 오류는 계급과 관련된 개별적 소외*aliénations spécifiques*를 성별이나 연령과 관련된 유적類的 소외*aliénations gén-*

---

10) 사실 학교교육에 대한 접근 기회의 변화는 이보다 한층 체계적인 변동, 즉 능력 자체에 대한 규정과 함께 극단적으로는 세대간의 비교를 점점 더 어렵게 만드는 아주 체계적인 변동의 한 측면에 불과하다. 나이나 학력 면에서 서로 다른 능력을 소유하고 있는 사람들간의 갈등 — 오래된 초등교육 수료증서 취득자와 새로운 대입자격증서의 취득자 간의 대립 — 은 정확히 능력에 대한 정의에 집중되고 있다. 가령 구세대는 "요즘 사람들은 철자법도 몰라", "숫자 세는 방법도 모른단 말이야"하는 식으로 신세대는 예전에는 초보적이고 기본적인 것으로 간주되던 능력도 갖추지 못했다고 비난한다.
11) 파리와 지방의 대립도 '교육수준'을 분석하면서 사용했던 것과 동일한 방법으로 분석해야 한다. '주거'라는 변수도 함께 포함되는 여러 관계들은 다음과 같은 효과를 드러내 준다. 즉 먼저 객체화된 문화자본의 밀도, 따라서 결국 문화소비를 위한 객관적 기회, 그리고 그와 관련된 소비욕구의 증대와 관련된 문화공급 효과뿐만 아니라 여러 소유물과 그 소유자(가령 큰 학력자본의 소유자)들의 지리공간상의 불균등한 분포로부터 유래하는 모든 효과, 특히 각 집단이 자기 자신에 행사하는 순환적 증대효과를 드러내 준다. 후자의 효과는 해당 집단이 문화적으로 계발되어 있다면 문화적 실천을 강화하는 방향으로 작용하는 반면 이와 반대로 그렇지 않으면 이런 행동에 대한 무관심, 심지어는 적의를 보이도록 만든다.

*ériques*로 대체하려는 의식적-무의식적 경향에 의해 촉진된다). 직업을 통해 나타나는 사회경제적 조건은 연령이나 성별의 모든 특성에 구체적 형태를 부과하게 되는데, 그 결과 연령이나 성별과 실천과의 상관관계 속에서는 사회공간 상의 위치와 관련된 여러 요인들의 구조 전체의 유효성이 나타나게 된다. 예를 들어 특권계급의 사람들은 나이가 듦에 따라 우익화하는 경향이 있는 반면 노동자들은 좌익화해가는 경향이 있는 것을 보면, 연령별로 나타나는 차이를 생물학적인 노쇠의 유적(類的) 효과 탓으로 돌리는 경향이 얼마나 단순한가가 분명하게 드러난다. 이와 비슷하게, 가령 관리직의 일정한 지위에 도달하는 데 필요한 연령으로 보아 상대적으로 일찍 승진한 사람의 경우 특정한 시점에서는 외견상 조건이 동일해 보임에도 불구하고 실제로 그 안에서 우리는 관리직을 서로 구분하고 있는 모든 것, 즉 각 직책의 사전적이고 사후적인 모든 궤적과 그 궤적을 결정하는 자본의 양과 구조를 찾아볼 수 있다.

구성된 계급

사회계급은 단 하나의 특성에 의해서는 규정되지 않으며(가령 그것이 자본의 양이나 구조처럼 가장 결정적인 특성이라 해도 마찬가지다), 여러 **특성들**(성별, 나이, 출신계급이나 출신 종족 — 백인의 자식과 흑인의 자식, 토착민의 자식이나 이민의 자식 등 — 수입, 교육수준 등)의 총합에 의해서도 규정되지 않으며, 인과관계 즉 조건지우고 조건지어지는 관계를 맺고 있는 기본 속성(생산관계 상의 위치)을 중심으로 짜여진 일련의 속성들에 의해 규정되지도 않는다. 오히려 모든 관여적 속성들간의 관계구조에 의해 규정되는데, 이 구조가 각각의 속성과 각 속성이 실천에 행사하는 효과들에 고유한 가치를 부여한다.[12] 이처럼 물질적 생활조건과 각 조건이 부과하는 조건화의 기본적 결정요인들을 중심으로 가능한 한 최대로 동질적인 계급을 구성한다는 것은 결국 이 계급들을 구성할 때나 각 속성과 실천의 분포의 계급별 변이를 해석할 때는 반드시 의식적으로 이차적 특성들의 관계망réseau을 고려해야 한다는 것을 의미한다. 왜냐하면 단 하나의 기준(가령 그것이 직업처럼 적절한 기준이더라도 마찬가지다)만으로 이 계급을 구성할라치면 언제나 많건 적건 이러한 특성을 조작할 수밖에 없기 때문이다. 또 객관적 구분 원칙, 즉 변별적 속성들 속에 육화(肉化)되거나 객체화되어 있는 구분 원칙도 함께 파악되어야 하는데, 각 행위자들은 통상적 실천 속에서 이러한 원칙에 기반해 스스로를 구분하고 통합시키기도 하는 동시에 (물론 특수한 역사를 갖고 있는 동원조직의 특수한 논리에 따라) 개인적이거나 집단적인 정치 행위에 의해, 그리고 정치적 행위를 위해 스스로 참가하기도 하고 동원되기도 한다.13)

12) 아래의 분석에서 사용된 계급과 계급분파들을 구성하기 위해 우리는 (국립경제통계연구소INSEE의 사회직업범주CSP의 원칙에 따른) 직업과 교육수준뿐만 아니라 각각의 경우 성별, 연령, 주거와 같은 변수와 함께 다양한 종류의 자본량을 가리키는 적절한 지표들도 체계적으로 고려하였다.
13) 여러 계급=집단classe을 만들어내기 위해 사용되는 논리적 분할 원칙들은 물론 앞서 제시한 사회적 분류체계 속에서는 사회적으로 아주 불평등하게 구성되어 있다(한쪽 극단에는 국립경제통계연구소와 같은 정부기관의 분류법에 의해 생산되거나, 가령 집단적 관습으로 굳어진 사회적 타협의 산물로 산출된 직업명 또는 '사회적 범주'가 존재하고, 다른 한 극단에는 진정한 사회적 정체성과 공인된 대변인, 각 집단의 이해관계를 표현하고 방어하기 위한 제도화된 통로를 갖고 있는 집단이 존재한다). 일정한 동원형식에 근거를 제공할 때까지는 통상적 분석에서 무시되는 이차적 분할(가령 국적이나 성별) 원칙은 사회적으로 통일적인 집단으로 간주되는 집단이 다소간 깊고 항구적으로 분열될 수 있는 잠재적 분할선을 가리키고 있다. 계급의 조건을 구성하는 여러 결정요소(이것은 객관적으로 구분되거나 현실적으로 동원된 집단들을 구분하는 현실 원리로 기능할 수도 있다)에 포함되어 있는 여러 요인들의 기능적 중요성은 아주 다르게 나타나며, 따라서 이로 인해 구조화 작용의 힘도 크게 다르게 나타난다. 이 때문에 이러한 분할원리 자체가 위계화되며, 그 결과 이차적 기준(성별이나 나이)에 따라 동원되는 집단들은 집단의 존재상태의 기본적인 결정요소에 기반해 동원되는 집단보다는 훨씬 덜 항구적이고, 친화성과 연대성도 훨씬 덜하게 통합될 가능성이 크게 된다.

무한대로 다양하게 나타나는 실천들을 통일적인 동시에 아주 구체적으로 설명하려면 직접적 결정이라는 단순한 차원의 구조밖에 파악할 수 없는 단선적(單線的) 사고와 단절하고 각각의 요소 안에 존재하고 있는 상호연관된 관계망을 재구성하지 않으면 안 된다.14) 이러한 여러 요인들의 관계망이라는 구조적 인과관계는 전혀 일련의 단선적 관계들 전체의 누적된 효과들로는 환원될 수 없는데, 왜냐하면 분석의 필요상 어쩔 수 없이 분리해 낸 후자는 전자와는 전혀 다른 설명력을 갖기 때문이다. 그리고 후자의 관계는 하나하나 따로 떼어 낸 다양한 요인과 특정한 실천 간의 관계에 의해 결정되기 때문이다. 즉 각 요인들을 통해 다른 모든 요인들의 유효성이 행사되기 때문에 결정의 다중성(多重性)은 비결정(非決定) indétermination이 아니라 과잉결정(過剩決定)surdétermination으로 이어지는데, 이처럼 사회적으로 규정되는 성적(性的) 정체성(사회적 인격의 기본 차원)의 형성과정에서 생물학적 규정요소와 심리학적 결정요소 그리고 사회적 결정요소가 중첩되는 일은 아주 특수한 경우에 불과하지만, 노쇠와 같은 다른 생물학적 결정과정에서도 그대로 작용하는

---

14) 이런 사고방식을 접근가능하고 수용가능한 것으로 만들어 주는 것은 아무 것도 없다. 특히 자료수집이나 분석에 사용되는 실용적 논리와 사회과학에서 통용되는 과학성에 대한 표상이 우선적인 장애물로 나타난다. 따라서 이와 반대로 이런 문제의 해결을 기술에 맡기는 경향이 강하게 나타나지만 기술은 단지 이 문제의 관점만을 바꾸어 놓을 뿐이다. 가령 골드버그(Goldberg)는 이 문제를 다룬 논문치고는 특이하다 싶을 정도로 현실적으로 아주 엄밀성을 갖춘 한 논문에서 투표행위라는 특정 분야에서 가장 결정적인 '인과관계'를 표현하는 부분적 상관관계들에 의지해 여러 설명 모델들을 평가하기 위해 '인과적 추론'l'férence causale이란 기술에 의존한다(A. S. Goldberg, "Discerning Causal Pattern among Data on Voting Behavior", *American Political Science Review*, 1966, 60, pp. 913~922). 그럼에도 불구하고 종교적 실천이나 정치적 선택, 또는 음식물의 소비 등을 설명하기 위해 여기 저기에서 각각의 분야별로 생산된 무수한 부분적 모델들에 만족하기를 거부하고, 또 설명이론들의 세분화atomisation가 설명해야 할 것의 논리에 관련되는지 아니면 설명방식의 논리에 관련되는지를 자문해 보는 것이 단순히 일종의 형이상학적 향수에 몸을 맡겨버리는 것은 아닐 것이다.

이 논리의 아주 중요한 사례라고 할 수 있다.

계급을 구성하는 요인들이 모두 똑같은 정도로 서로에게 의존하는 것은 아니며, 그것들이 구성하는 체계의 구조는 가장 중요한 함수적 비중을 갖는 요인에 의해 결정된다는 것은 두말할 필요가 없을 것이다. 예를 들어 자본의 양과 구조는 다른 요인들(나이, 성별, 주거 등)이 실천들을 결정하는 방식에 구체적인 형식과 가치를 부여한다. 가령 성적 특성은, 레몬의 노란 색이 신 맛과 불가분의 것이 듯이, 계급의 특성과 분리 불가능하다. 계급은 본질적인 측면에서는 각 계급이 남녀 양성에, 그리고 사회적으로 구성된 이들의 성향에 부여하는 위치와 가치에 의해 규정된다. 계급과 계급분파들이 다양하게 존재하는 만큼 여성적 특질 féminité을 실현할 수 있는 방식도 다양해지고, 사회계급에 따라 남녀간 분업의 실천이나 표상이 서로 전혀 다르게 나타나는 것은 이 때문이다. 따라서 한 계급이나 계급분파의 진정한 본질은 성별과 나이에 따른 계급이나 계급분파의 분포 속에서, 그리고 각 계급의 장래가 관계되기 때문에 그 이상으로 시간의 변화에 따른 분포의 경향 속에서 **표현된다**. 가령 최하층의 위치는 외국인과 여성(단순기능공, 단순노동자), 또는 외국 여성(가정부)이 아주 많은 비중을 차지하고 있다는 사실과 그 비율이 계속 증가하고 있는 사실에서 그 특징을 찾을 수 있다.15) 이와 마찬가지로 의료보건 서비스, 미용 관계 판매직 ― 옛날에는 전신미용사coiffeurs, 신식으로는 미용사esthéticiennes ― 그리고 특히 전통적으로 여성의 일을 규정해온 두 가지 측면, 즉 서비스와 가정을 꾸미는 일을 결합

---

15) 1968~1975년 사이에 최상급 숙련공에서 여성들이 차지하는 비율은 과거 어느 때보다도 급속하게 줄어들었다. 이와 반대로 비숙련공 층에서는 여성이 차지하는 비율이 매우 빠르게 증대했다. 단순기능공과 단순노동자에서 여성이 차지하는 비율은 1962년에서 1968년 사이에 감소한 후, 또다시 증대하기 시작해 1968년에는 24%였던 것이 1975년에는 28%로 늘어났다(L. Thévenot, "Les catégories sociales en 1975. L'extension du salariat", *Economie et statistique*, 91, 1977년 7~8월, p. 6).

하고 있는 가사 서비스와 같은 개인 서비스업이나 **미용관계 직업**이 주로 여성에게 할당되는 것도 전혀 우연이 아니다.

또한 농업종사자나 상공업의 고용주 같은 아주 오래된 계급이나 계급분파가 쇠퇴하는 계급인 것도 우연이 아니다. 이런 계급 출신의 청년들은 대부분 팽창 중인 직업으로 전환하지 않는 한 집단적 쇠락에서 벗어날 길이 없다. 이와 마찬가지로 여성이 차지하는 비율의 증대과정에서는 한 직업의 변천과정 전체가 표현되며, 특히 일 자체의 성질과 조직의 변화(가령 사무직의 경우, 기계적인 반복 작업이 늘어나면 그것은 통상 여성에게 할당된다)나 혹은 사회공간내의 상대적 위치의 변화(교수직의 경우 제공되는 지위의 숫자가 전체적으로 증가함으로써 야기되는 직업집단 전체의 이동에 의해 영향을 받아왔다)로 인한 절대적 혹은 상대적 가치하락 과정이 드러나기도 한다.

결혼할 때의 위치와 계급 또는 계급분파 간의 관계도 이와 똑같은 방식으로 분석해야 한다. 예컨대 남성의 독신은 소농민층의 이차적 특성이 아니라 농민계급내의 이 분파에 밀어닥치고 있는 위기의 핵심적 요소라는 점이 충분히 지적되어 왔다. 상징적 지배에 고유한 논리에 의해 야기되는 생물학적-사회적인 재생산 메커니즘의 혼란은 계급의 집중과정을 매개해주며, 이것은 해당 계급의 심대한 변동으로 이어진다. 그러나 여기서도 역시 교육수준과 마찬가지로 일반 통념을 면밀한 분석 작업에 맡겨야 한다. 적법한 배우자가 있다는 것이 그렇지 않은 것과 대립되지 않듯이, 결혼하고 있다는 것이 독신으로 있다는 것과 대립되지는 않기 때문이다.

배우자의 한 쪽을 매개로 (부인만이 아니라) 부부 각자에게 나타날 수 있는 모든 **특성**, 즉 (때때로 귀족을 나타내는 de 같은) 이름, 재산, 수입, 인간관계, 사회적 지위(성별, 사회적 위치, 부부의 위치의 차이에 따라 정도의 차이는 있으나 부부 양쪽 모두 남성 배우자의 위치에 의해 성격지어진다)를 개입시키지 않고는 개인을 특징지을 수 없다는 것을 보려면 무직여성이나 부인이 번 돈으로 먹고사는 예술가, 장인 덕분에 기업의 사장이나 간부직에 오른 사람 같은 몇몇 극단적인 경우(다른 경우보다 훨씬 빈번하게 나타날 수 있는 경우)를 생각해보는 것만으로도 충분할 것이다. 통상적인 관행대로 누가 실천의 주체인지, 또는 더 간단하게는, 문제의 '주체'가 실제로 질문되는 실천의 주체인지를 자문하는 것을 잊어버린다면, **결혼을 통해 획득되거나 소유된 속성들을** 실천과 속성들을 규정하게 될 속성들의 체계 속에 포함시킬 수 없게 된다.

이러한 질문이 제기되자마자 우리는 즉각 일련의 전략들은 오직 가족집단(부부, 또는 흔히 확대가족) 구성원들간의 관계 속에서만 구체적으로 정의될 수 있다는 것을 간파할 수 있는데, 가족 구성원들간의 상호관계 자체 또한 두 배우자와 관련된 두 가지 속성체계간의 관계에 따라 다양한 형태를 취하게 된다. 그리고 공유재산, 특히 아파트나 가구처럼 상당한 사회경제적 가치를 갖는 재산은 ― 의복과 같은 사유재산도 거의 마찬가지다 ― 다른 사회의 아들이나 딸의 배우자 선택과 마찬가지로 가정의 일체성(―體性)을 규정하는 역관계(부인되기는 하지만)의 결과이다.

이를 토대로 우리는 다음과 같이 추론해 볼 수 있다. 즉 성별 분업의 논리에 따라 취향에서는 여성에게 우선권을 준다면(정치에서는 남성에게 우선권이 주어진다), 남성의 의복선택에서 남성 자신의 취향의 비중(따라서 옷이 취향을 표현하는 정도)은 상속된 문화자본이나 학력자본만이 아니라(다른 분야에서와 마찬가지로 이 분야에서도 전통적인 역할분담은 학력자본이 증가함에 따라 약해지는 경향이 있다), 배우자의 학력자본과 문화자본의 크기, 그리고 두 사람간의 차이에 따라서도 크게 달라지게 된다(정치에 대한 여성의 선호도에 대해서도 똑같은 이야기를 할 수 있다. 정치를 남성의 일로 만드는 역할구분 효과는 부인의 학력자본이 클수록 또는 부인의 자본과 남편의 자본의 차이가 작아질수록 그만큼 덜 나타나게 된다).

사회계급과 궤적의 집합

그러나 이것이 전부는 아니다. 왜냐하면 한편으로, 행위자는 특정 시점에서 소유하고 있는 여러 특성 — 이러한 특성의 획득조건은 아비투스 속에 잔존하고 있다(아비투스의 지체효과) — 에 의해 완전하게 정의되지는 않으며 다른 한편으로는, 최초 자본과 현재 자본의 관계가, 다시 말해 사회공간에서 차지하는 최초 위치와 현재 위치 간의 관계가 어느 정도 밀접한지가 **통계적으로** 아주 상이하게 나타나기 때문이다. 이러한 특성들은 항상 아비투스를 구성하는 여러 속성 속에 영구화되지만 공시적(共時的)으로 관찰되는 이러한 특성의 획득조건은 획득조건과 이용조건이 **불일치하는 경우에만**[16], 즉 아비투스에 의해 생겨나는 실천들이 그 이전의 객관적 조건에 조율되어 있기 때문에 시대착오적인 것으로 나타나는 경우(이것을 돈 뀌호테 효과라고 부를 수 있을 것이다)에만 드러날 수 있다.

특정한 시점에서 동일한 특성과 동일한 사회적 위치를 차지하고는 있지만 출신계급은 서로 다른 행위자들의 실천을 비교하는 통계학적 분석은 다음과 같은 식으로 이루어지는 통상적 지각절차와 유사한 과정을 따른다. 즉 어떤 집단 안에서 현재의 존재조건과는 다른 존재조건의 효과를 근거로, 즉 결국 같은 이야기지만 특정 집단의 전형적 궤적과는 전혀 다른 사회적 궤적을 그대로 드러내는 예의나 태도 같은 미묘

---

16) 획득양식이 어떤 분야나 상황에서 특히 뚜렷하게 나타나는 사실은 이 효과(가령 학교교육에 의한 획득양식과 '사교적' 상황과의 불일치)가 특히 분명하게 드러나고 있음을 잘 보여주는 사례라고 할 수 있다.

한 지표를 근거로 출세한 사람이나 몰락한 사람들을 확인하는 절차를 따르게 된다.

개인들이 제멋대로 사회공간 속에서 이동하는 것은 아니다. 한편으로는 각 개인이 공간을 구조화하고 있는 힘들(예를 들어 배제와 방향제시를 위한 객관적 메커니즘)에 종속되어 있을 뿐만 아니라, 다른 한편으로는 각자의 특수한 관성, 즉 **각자의 속성들**(이것은 육화된 상태로는 성향의 형태로, 객체화된 상태에서는 재산이나 칭호 등으로 존재한다)에 따라 이러한 장의 힘에 저항하기 때문이다. 따라서 다소 차이는 있으나 거의 등가적(等價的)인 위치로 이끄는 거의 같은 정도의 개연성을 지닌 équi-probable 궤적들의 묶음이 상속자본의 일정량에 대해 대응한다. 이것이 바로 특정한 행위자에게 객관적으로 제공되는 **가능성의 장**이다. 그리고 한 궤적에서 다른 궤적으로의 이행은 흔히 집단적 사건(전쟁이나 정변 등)이나 개인적 사건(만남, 교제, 보호 등)에 따라 일어난다. 이러한 사건이 개인에게 벌어질 가능성이 통계적으로 각자의 위치나 성향에 따라 크게 다르게 나타남에도 불구하고(가령 많은 사회관계 자본을 보유한 사람은 이 자본을 보존하거나 증대시켜주는 '연줄들'을 능숙하게 운용할 수 있는 기술을 갖고 있다) 각 사건이 제도화된 개입(클럽, 가족회의, 동창회 등)이나 또는 개인이나 혹은 집단의 '자발적인' 개입에 의해 명확하게 의도되지 않는 경우 그저 대개는 (행복하거나 불행한) 우발적인 사건으로 묘사된다. 따라서 모든 도달한 위치가 모든 출발점에 대해서 똑같은 개연성을 갖지는 않기 때문에, 개인의 위치와 궤적은 통계적으로 결코 서로 독립적이지 않다. 이것은 또한 사회적 위치와 그것을 차지하고 있는 행위자들의 성향, 즉 결국 같은 이야기지만 그 위치를 차지하도록 이끄는 궤적들 간에 아주 강력한 상관관계가 존재하며, 그 결과 특정 계급에 **전형적인 궤적**은 그 계급을 구성하는 요인들의 체계의 핵심적인 부분을 구성한다는 것을 의미한다(따라서 쁘띠 부르주아지처럼 궤적들이 가지각색일수록, 실천들을 공시적으로 규정되는 위치의 효과로 환원될 가능성도 그만큼 줄어들게 된다).

하나의 위치와 결부된 여러 성향들이 동질성을 보이고, 또 그 위치에 각인되어 있는 여러 요구에 그 성향들이 외견상으로는 기적처럼 보일 정도로 완벽하게 딱 들어맞는 것은 미리 그 위치에 딱 알맞게 되어 있는 개인들을 그 위치로 나가게 하는 메커니즘 때문이다. 개인들은 실제로 자신들을 위해 '만들어진' 직위(職位)들을 위해 자신들이 '만들어졌다'고 느끼든지(이것이 바로 '천직'天職으로, 이것은 각 개인이 출신계급에 전형적인 궤적을 실천적으로 참조해 자신에게 부과되는 객관적 운명에 미리 동의하도록 만들어준다), 또는 그 자리의 점유자들의 눈에 그렇게 보이게 된다(성향들의 즉각적 조화에 기반한 호선이 바로 그렇다고 할 수 있다). 또 평생 동안 성향과 위치, 원망(願望)과 실현 사이에서 확립되는 변증법의 결과이기도 하다. 사회적 노화*vieillissement social*는 완만한 장례(葬禮) 작용, 바꿔 말해서 투자의 삭감 작용*désinvestissement*(이것은 사회적으로 지원되며 격려된다)에 다름 아닌데, 바로 이것이 행위자들로 하여금 자신의 바람을 객관적 기회에 맞추어 조정하도록 하며, 존재조건과 타협하여 현재상태를 수긍하고 현재 자신들이 가진 것에 만족하도록 이끄는 것이다. 물론 이 과정에서 행위자들은 집단적 공모(共謀)에 의해 현재 상태나 소유상태에 대해 스스로를 기만하거나, 실현되지 않은 채로 남아 있는 덕분에 실현될 수 없는 것으로 치부되는 모든 희망과 이제까지의 과정에서 조금씩 버려왔던 모든 '측면적 가능성들'을 매장해 버리도록 유도되기도 한다.

최초 자본과 현재 자본 간에 성립하는 관계의 **통계적** 성격은, 특정한 시점에 사회공간 안에서 각 행위자들이 차지하고 있는 위치를 규정하는 특성들만으로는 실천을 완전하게 설명할 수 없는 이유를 설명해준다. 처음에 일정한 경제자본과 문화자본을 소유한 한 계급의 성원들이 이러저러한 확률에 따라 특정한 위치로 이끌어 주는 학교적-사회적 궤적을 갖게 된다는 이야기는, 실제로는 그 계급의 한 분파(이 분파는 현재의 설명체계의 한계 내에서는 선험적으로 결정될 수 없다)가 이 계급 전체에게 가장 개연성이 높은 궤적에서 이탈해 다른 계급의 성원들에게 가장 개연성이 높은 (위나 아래의) 궤적을 따른다고 한다는 이야기와 같은 이야기다.17) 이 때 나타나는 궤적의 효과는, 특정 시점에 비슷한 위치를 차지하고 있는 개인들이 자본의 양과 구조의 시간적 변화와 관련된 차이에 따라, 즉 각자의 개인적 궤적에 따라 서로 나눠지는 모든 경우에 그러하듯이, 잘못 이해될 가능성이 크다. 실천과 출신계급(이것은 아버지의 위치에 따라 측정되는데, 그것의 실질적 가치는 명목상 가치의 고정성에 의해 은폐되지만 일정한 하락을 겪을 수도 있다) 간의 관계는 다음 두 효과(이 두 효과는 서로를 강화해 주거나 상쇄시킬 수 있다)의 결과에 의해 결정된다. 먼저 가정이나 출신의 생활조건이 직접적으로 작용하는 주입효과를, 그리고 고유한 의미의 사회적 궤적효과를,18) 즉 사회적 상승 또는 쇠락의 체험이 성향이나 의견에 미치는 효과를 꼽을 수 있다. 이런 논리에 따르면 이 최초의 위치는 단지 한 궤적의 출발점에 불과하며, 사회적 경력의 부침(浮沈)pente을 규정하는 기준에 불과하다. 이러한 두 개의 효과를 구별할 필요성은 다음과 같은 모든 경우 아주 자명하게 나타난다. 즉 같은 계급분파나 가족 출신이고, 따라서 동일한 도덕적-종교적-정치적 주입을 받은 개인들이 이제까지 걸어온 서로 다른 궤적에 맞추어 사회세계와 맺게 되는 상이한 관계에 따라, 그리고 자신이

---

17) '이탈하는' 궤적들이 택하는 방향이 전적으로 우연에 맡겨지는 것은 결코 아니다. 가령 쇠퇴의 경우, 자유업 출신의 개인들은 중간계급의 새로운 분파로 전락하는 반면, 교수 자식들은 흔히 기성의 쁘띠 부르주아지로 전락하는 것처럼 보인다.
18) 이 효과는 자체가 주입 또는 교육 효과의 핵심적인 한 측면을 보여주는데, 부친의 궤적의 부침이 역동적으로 움직이는 사회공간에 대한 참가라는 원체험을 형성하는 데 크게 기여하기 때문이다.

속한 계급의 집단적 쇠락을 면하기 위한 전환전략의 성공 여부에 따라, 종교나 정치에 대해 상이한 위치표명(位置表明)의 경향을 보이는 모든 경우에 아주 분명하게 나타난다.

이 궤적효과는 의문의 여지없이 사회세계에서 차지하고 있는 위치의 표상을, 따라서 그것을 통해 그 세계와 미래에 대한 비전vision을 지배하기 때문에 사회계급과 종교적 혹은 정치적 의견들 간의 관계를 혼란시키는 데 크게 기여하게 된다. 이를 테면, 유망한 미래를 가지고 있고 출신이나 문화적으로 서민이면서도 상승이동중인 개인이나 집단들의 반대편에는 쇠락중인 개인이나 집단들이 있는데, 후자는 온갖 귀족적 담론과 자연의 항구성에 대한 본질주의적 신앙, 전통과 과거에 대한 칭송, 그리고 역사와 그 의례들에 대한 전폭적 숭배를 끊임없이 새롭게 내놓고 있다. 왜냐하면 그들이 자신들의 사회적 존재를 부화시켜 줄 수 있는 구질서의 복귀밖에는 미래로부터 아무 것도 기대할 수 없기 때문이다.[19]

이러한 혼란은 중간계급, 그리고 특히 이 계급의 신흥 분파 내에서 두드러지게 나타나는데, 이들은 **사회구조의 불안정한 부분에 위치한** 불확정적인 장소에 위치하게 되고 또한 가지각색의 궤적을 가진 개인들이 이 장소에 자리잡는다. 이러한 궤적의 분산은 **한 가정의 부부와 같은** 단위에서도 관찰되는데, 이 계급은 출신계급이나 사회적 궤적만이 아니라, 직업상의 지위나 학력수준에서도 (상대적으로) 어울리지 않는 배우자들을 결합시킬 가능성을 다른 계급들보다 훨씬 더 많이 갖고 있다(이것은 결과적으로 다른 무엇보다 새로운 통속어로 소위 '커플의 문제'라고

---

[19] 상승하는 집단들을 단순한 대칭형으로 생각하는 것은 피해야 한다. 학력자격은 상승 집단에서는 착취에 대한 보호수단이자 방어수단이지만 — 그 집단이 피지배적일수록 더욱 더 그렇다 — 항상, 그리고 이 경우에도 차별화와 정당화 수단으로 기능하는 경향이 있다.

부르는 것을, 즉 본질적으로 노동의 성별분업과 성행위의 불일치 문제를 전면에 내세우게 된다).

집단적 궤적(이것은 경사도가 0일 수도 있다)에서 벗어나면 즉각 나타나게 되는 개인적 궤적 효과와는 정반대로 **집단적 궤적** 효과는 있는 그대로 인식되지 않을 위험이 있다. 궤적 효과가 한 계급이나 계급분파 전체에, 다시 말해 동일한 위치를 차지하고 있으며 상승 또는 쇠퇴하는 계급을 규정하는 동일한 **집단적 궤적**에 얽혀있는 개인들의 집합에 작용할 때, 우리들은 실제로는 집단적 변형의 산물인 효과(가령 정치적, 종교적 의견들)를 공시적으로 그 계급과 결부되는 특성들의 탓으로 돌릴 위험이 있다. 또한 한 계급분파의 일부 성원들은 그 분파 전체의 궤적과는 정반대 방향의 개인적 궤적을 따라 나갈 수도 있기 때문에 분석은 아주 복잡해진다. 그러나 그렇다고 하여 이들의 실천이 집단적 운명에 의해 각인되지 않는다는 이야기는 아니다(가령 장인이나 농업종사자의 경우, 개인적 성공이 집단의 쇠퇴와는 반대되는 곡선을 그리는 것으로 보일 때에도 과연 그들이 집단적 하강의 영향에서 벗어날 수 있는지는 여전히 의문이다).[20] 그러나 여기서 실체론에 빠지는 것을 경계해야 한다. 예를 들어 특정한 사회계급과 관련해 어떤 장에서는 아무런 유효성이나 가치도 갖지 못했을 일부 속성들(가령 학교제도에 의해 엄격하게 통제되는 영역에서의 여유나 문화적 친숙도)이 다른 장에서나(가령 사교계), 혹은 **동일한 장의 다른 상태**에서는 그 중요성을 충분히 발휘할 수도 있는 것이다. 몇 가지 자질, 즉 마르크스의 말에 따르면 프랑스 혁명 후 프랑스 귀족계급이 '유럽의 댄스교사'가 될 수 있도록 해주었던 자질을 그러한

---

[20] 개인적 쇠퇴가 집단적 쇠퇴와 같은 사회적 효과를 갖는가를 질문해볼 필요가 있다. 보통 전자보다 후자 쪽이 (푸자드 운동* 같은) 집단적 반응을 정당화하고 조장한다고 이야기된다(* 푸자드 운동: 푸자드[1920년~]가 1953년경부터 농공상인층의 쁘띠 부루주아지 중 불만을 품은 사람들을 '상인직인옹호동맹'으로 결집해 전개한 극우정치 운동 ― 옮긴이).

예로 꼽을 수 있다.

자본과 시장

그러나 하나의 요인(가령 사회-직업 범주처럼 특히 강력한 요인이더라도 마찬가지다. 이 범주의 효과의 상당 부분은 그 요인이 지배하는 이차 변수들에서 기인한다)이나, 또는 한번 정해지면 결정적으로 정착되는 지표를 기본적으로는 이 범주의 구조에 의해 규정되는 요소들의 체계로 대치하는 것만으로도 충분하다면 모든 일이 너무 단순해질 것이다.21) 하지만 특정한 영역에서 규정력을 갖는 것은 구성된 계급을 구성하는 여러 특성들의 체계의 특수한 배치로, 이러한 배치는 실천의 모든 영역에서 작용하고 있는 요인들의 전체, 즉 그 변천과정(궤적)에서 분명하게 규정되는 자본의 양과 구조, 성별, 연령, 결혼상의 지위, 주거 등에 의해서 순전히 이론적으로 규정된다. 계급과 실천 간의 관계를 확정해 주는 여러 특성들을 지배하는 것은 장의 특수한 논리, 즉 각 장의 목표(내기에 거는 돈)를 결정하고 그 게임에 필요한 자본의 종류를 규정하는 논리라고 할 수 있다.22)

---

21) 아버지와 어머니의 조상의 직업, 배우자 쌍방의 직업, 졸업연령, 교육수준 등을 기준으로 각 가족에 대한 정보를 '요약하기' 위해 뤼도빅 르바르(Ludovic Lebart)와 니꼴 따바르(Nicole Tabard)가 구성한 사회-문화적 지위 지표와 같은 일군의 요인들 속에 포함되어 있는 핵심적인 정보내용을 그대로 담고 있는 지표들의 사용을 배제해서는 안 된다. 하지만 이 저자들도 정확하게 지적하고 있듯이, 이러한 총합(總合)적 변수의 '설명력'을 인정할 수 있는 것은 '설명적'이란 말을 엄격하게 통계적 의미로 이해할 때뿐이다(L. Lebart, A. Morineau et N. Tabard, *Techniques de la description statistique*, Paris, Dunod, 1977, p. 221). 이 지표들을 단순하게 사용하면 연구를 진전시키기는커녕, 각각의 경우에 작용하고 있는 변수들의 특수한 배치 문제를 배제해버리는 결과를 야기하고 말 것이다.

22) 각 설명요인의 이러한 이중관계를 설정하는 것을 소홀히 하면, 온갖 종류의 오류에 빠질 수 있다. 이런 오류들은 모두 문제가 되는 요인 속에서 어떤 것이 '작용할지'는 그 요소가 위치해 있는 체계와 그 요소가 '작용하고 있는' 조건에 좌우된다는 사실을 무시하

(계급투쟁의 장에서 차지할 위치를 규정하고 또 그와 반대로 그 위치에 의해서 규정되는) 동일한 특성체계가 음식물의 소비습관, 신용거래의 이용, 자녀수, 정치적 의견이나 종교 등 어떤 영역이든 항상 최고의 설명력을 갖으면서도 이 특성체계를 구성하는 여러 요인들의 상대적 비중이 어떤 장에서는 학력자본이, 다른 장에서는 경제자본이, 또 다른 곳에선 사회관계자본이 하는 식으로 각 장마다 달라지는 이유를 이해하려면 다음과 같은 사실을 인식하는 것만으로도 충분하다. 즉 자본은 사회적 관계이며 사회적 에너지로서, 그것이 생산되고 재생산되는 장에서만 존재하고 효과를 생산할 수 있기 때문에 계급과 결부되는 각 특성의 **가치와 유효성**은 각 장에 고유한 법칙들로부터 주어지게 된다. 실천 속에서, 즉 특수한 장에서 행위자들에게 부과되는 모든 육화된 특성(성향들)이나 객체화된 특성들(경제적-문화적 상품들)이 항상 동시에 작동하는 것은 아니다. 각 장에 고유한 논리가 시장에서 **통용되는** 논리들을, 다시 말해 문제가 되는 게임에 관여적인 **작동 논리**를, 이 장과 관련하여 특수한 자본으로, 즉 실천의 설명적 요인으로 기능하는 논리를 규정한다. 더 구체적으로 살펴보자면, 이것은 결국 특정한 장에서 행위자들에게 할당되는 사회적 등급이나 특수한 힘은 먼저 각자가 동원할 수 있는 특수한 자본에 종속된다는 것을 의미한다. 그리고 다른 종류의 자본을 통해 부를 추가하더라도 역시 마찬가지다(그리고 이것은 전염효과effet de con-tamination를 발휘할 수 있다).

분석의 결과로 드러나는 계급과 실천들 간의 관계가 각각의 경우에 거나, 혹은 더 단순하게는, 종종 단순히 (가령 교육수준과 같은) 하나의 지표에 불과한 것이 가리키는 요인과 이러저러한 실천(가령 정치문제에 대한 응답률이나, 이와 전혀 다른 차원에서는 미적 성향을 채택할 수 있는 재능, 미술관 관람 빈도, 음악가에 대한 지식 등) 간에 발견되는 관계 자체는 설명할 필요가 없는 것처럼 취급함으로써, '독립변수'의 유효성을 규정하는 진정한 원리는 무엇인가 하는 문제를 제기하지 않기 때문에 나타나게 되는 것이다.

하나의 요인의 매개를 통해 또는 장에 따라 달라지는 요인들의 특수한 결합에 따라 결정되는 것처럼 보이는 것은 바로 이 때문이다. 그리고 이러한 가상 때문에 각 장을 다른 모든 장의 변형된 형태로 보지 않고 장이 존재하는 만큼 그에 해당하는 많은 설명체계를 만들어내려는 오류를 범하거나, 더 심한 경우에는, 한 특수한 실천의 장에 작동하는 요인들의 특수한 결합에 지나지 않는 것을 보편적 설명 원리로 내세우는 실수를 범하게 된다. 재산이나 실천의 특정한 집합의 분포상황, 즉 특정 시점에서 이 재산이나 실천의 특정한 집합(철갑상어 알이나 아방-가르드 회화, 노벨상이나 국가관 협약, 진보적 의견, 멋있는 스포츠 등)을 쟁점으로 하는 계급투쟁을 정산한 결산표를 설명하기 위해 구성하는 설명요인체계의 특이한 배치는 이 장에서 (특성들propriétés로서) 객체화되고 (아비투스로서) 육화된 자본의 형태를 띠게 되는데, 바로 이 자본이 사회계급을 규정하고, 변별적인 즉 분류하는 동시에 분류되는 실천의 생산원리를 구성한다. 그리고 이 체계는 계급을 가능한 모든 장에서 한 집단이 차지할 수 있는 서열을 규정하는 보편적 설명원리이자 분류원리로 삼는 여러 특성들의 체계의 한 상태를 표시해준다.

3차원 공간

아비투스의 생산조건이라는 관점에서, 즉 기본적 생활조건과 그것이 부과하는 조건화와 관련하여 가장 동질적인 단위들을 재구성하려는 경우 자본의 양과 구조, 그리고 앞의 두 특성의 시간적 변천(이것은 사회공간에서 과거의 궤적과 잠재적 궤적에 의해 나타난다)이라는 세 가지 기본적 차원에 의해 규정되는 공간을 구성할 수 있다.[23]

일차적인 차이, 즉 생활조건의 주요한 집합classe을 갈라놓는 차이들은 실제로 이용가능한 자원과 권력의 총체로서의 **자본**의 **총량**으로부터 — 경제자본, 문화자본, 그리고 사회관계 자본으로부터 유래한다. 이처럼 상이한 계급들(계급분파들)은 경제자본과 문화자본의 혜택을 가장 많이 받은 쪽으로부터 두 측면 모두에서 가장 심하게 박탈당한 쪽까지 분포되어 있다(아래의 <표 5>를 참고하라). 고학력자에다 고소득을 누리고 있는 자유업 종사자들은 지배계급(자유업 또는 상급관리직) 출신의 비율이 매우 높고(52.9%) 물질적 재화와 문화적 재화를 대량으로 향유하고 소비하는 반면, 사무직 노동자들은 거의 모든 측면에서 이와 대립된다. 이들은 학력이 낮고, 민중계급이나 중간계급 출신인 경우가 많으며, 위의 두 재화를 향유하고 소비하는 양이 적으며, 시간의 상당 부분을 차 손질이나 집안 수리에 쓰게 된다. 자유업은 숙련공이나 단순기능공, 그리고 특히 단순노동자와 농업노동자와는 한층 더 분명하게 대립되는데, 이들은 가장 낮은 보수를 받고, 학력도 없으며, 거의 대부분(농업노동자는 90.5%, 단순노동자는 84.5%의 비율로)이 민중계급 출신이다.24)

총자본량에서 유래하는 차이들은 일반인의 눈앞에서 뿐만 아니라 '과학적' 지식으로부터도 이차적 차이들을, 즉 자본의 총량에 의해 규

---

23) 이 책의 중심 대상에 대한 분석을 너무 복잡하게 하지 않기 위하여 이 구성작업의 기본 원리, 즉 자본의 다양한 종류, 각 자본의 고유한 속성과 다양한 사회적 에너지 간의 전환 법칙에 관한 이론적(그것은 불가분하게 소유하고 있는 자본의 크기와 구조에 의해 규정되는 계급과 계급분파에 대한 이론이기도 하다) 분석은 사회계급에 할애된 다른 저작으로 미루어두기로 한다.
24) 이러한 격차는 수입보다는 교육과 관련해서 한층 분명하고 훨씬 가시적으로 나타나는데, 그것은 (세금 신고에 근거하는) 소득에 관한 정보가 학력에 관한 정보보다 훨씬 덜 명확하기 때문이다. 특히 상공업경영자(CESP)의 앙케트 자료 — 보충자료 5 — 에서는 의사들과 함께 수입에 관한 질문에 대한 무응답률은 이들에게서 특히 높았다. 장인, 소상인, 자영농 등이 그렇다.

정되는 각 계급의 내부에서 상이한 자본구조structures patrimoniales에 따라, 즉 자본의 총량이 다양한 종류의 자본으로 분포되어 있는 형태에 따라 서로 다르게 규정되는 계급분파들을 나누고 있는 이차적 차이들을 은폐한다.25)

일단 자본구조를 고려한 후 특정 구조 속의 지배적 자본의 종류(19세기에 얘기되던 식으로는 '출생', '재산', '재능')를 고려하려면 전체의 구조를 한층 자세하게 분할하는 동시에 상이한 종류의 자본으로 나뉘어져 있는 분배구조 자체가 발휘하는 특수한 효과를 파악하는 방법을 마련해야 한다. 그런데 이 분배구조는 (굉장한 고소득과 매우 큰 문화자본을 통합하고 있는 자유업의 경우처럼) 대칭적이기도 하고, (지배적 자본의 종류가 문화자본인 교수나, 경제자본인 경영자의 경우처럼) 비대칭적이기도 하다. 우리는 이처럼 서로 대응하는 두개의 위치의 집합을 얻게 된다. 한편에는 대개 상속된 경제자본에 의해 재생산되는 분파들이 — 그 상층에는 실업가, 대상인이 위치하고26), 중간 수준에는 장인, 소상인이 위치한다 — 다른 한편에는 경제자본은 (물론 상대적으로) 거의 물려받지

---

25) 이 모델이 통일적이고 체계적인 방식으로 설명하려는 난점들 중에서 가장 눈에 띠는 난점으로는 아무래도 — 다른 사람들에 의해서도 자주 지적되고 있지만(보충자료 7을 보라) — 지배계급 가운데서는 상급관리직과 상공업경영자 사이에서 볼 수 있고, 중간계급에서는 일반관리직과 장인 또는 상인 사이에서 볼 수 있는 위계가 각각의 실천과 재화에 따라 달라진다는 관찰을 꼽을 수 있을 것이다. 이러한 효과는 (가령 극장출입의 빈도와 칼라 TV 소유 같은) 이러한 실천이나 재화들의 성격과 각 집단의 자본 구조 간의 관계를 제대로 인식하지 못하는 한 사회계급에 대한 상대주의적 비판에 그 나름의 논거를 제공해 주는 것처럼 보인다.

26) 실업가는 너무 수가 적기 때문에 대표적인 표본만을 대상으로 한 앙케트에서 상인과 함께 통합시켰지만, 상인들보다 확실히 많은 소득액을 신고한다(이들의 33.6%가 10만 프랑 이상의 수입을 신고하는데 비해, 상인은 14.5%에 지나지 않는다). 국립경제통계연구소의 앙케트(보충자료 1)에서 실업가로 분류된 층은 상인보다도 오히려 신흥 부르주아지에 훨씬 가깝다. 즉 급료, 수당과 주식수입을 신고하는 사람은 아주 많은데 반해 상업이윤이나 비상업이윤, 산업이윤을 신고하는 사람은 아주 적다.

못해 주로 문화자본에 의해 재생산되는 분파 — 상층에는 교수, 중간에는 초등학교 교사가 위치한다 — 가 자리잡는다.27)

이처럼 예술가들로부터 상공업경영자들로 옮겨갈수록 경제자본의 양은 연속적으로 증가하는 반면 문화자본의 양이 감소한다면, 지배계급은 **교착대구법 구조**(交錯對句法 構造)*structure en chiasme*("먹기 위해 사는 것이 아니라 살기 위해 먹는다"와 같은 대구법 — 옮긴이)에 따라 조직된다는 것을 알 수 있다. 그런데 이것을 입증하기 위해서는 공공부문의 관리직과 사기업의 관리직을 구별해주는 장점이 있는 다음과 같은 앙케트 조사(보충자료 5)로부터 원용한 여러 지표를 이용해 각 분파들간의 경제자본과 문화자본의 분배를 차례로 검토하고, 이들 분배구조들간의 상관관계를 확인해야 한다.

경제자본의 소유와 관련히여 상공업경영자로부터 교수로 나가면서 각 분파들 간에 확립되는 위계는 자본을 지표로 하는 경우에는(뒤에서 자세히 살펴보겠지만) 아주 분명하게 나타나지만 지금처럼 완전히 적절하지도, 완전히 일의적이지도 않은 소비의 지표들(자동차나 보트의 소유율, 호텔에서의 바캉스)만을 갖고 살펴볼 때는 이보다 훨씬 덜 분명하게 나타난다(<표 6>을 보라). 가령 자동차 소유율은 직업상의 활동 형태에 의해서도 좌우되며, 다른 두 개(보트의 소유율과 호텔에서의 바캉스)는 여가에 따라 결정되는데, 다른 경우도 마찬가지지만 경제자본과는 반비례 관계에 있다. 자택의 소유율 또한 같은 동일한 주거장소에서의 장기거주

---

27) 자본의 총량에 따라 강하게 서열화된 민중계급에 대해서는 사용가능한 자료만으로는 두번째 차원(자본의 구성)의 차이를 파악할 수 없다. 하지만 학력도 없고, 물려받은 시골집에 살면서 지방의 공장에 다니고 있는 시골출신의 단순기능공과 수세대 전부터 노동자계급에 속하고 전문기술이나 자격을 갖고 파리지역의 공장에서 일하고 있는 숙련공 간의 차이만으로도 생활양식이나 종교적 의견 또는 정치적 의견의 차이를 가져오기에 충분하다.

<표 6> 몇 가지 지표를 통해 살펴본 지배계급의 다양한 분파의 경제자본, 1966.[a]

경제자본의 지표	교수	공기업, 관청의 관리직	자유업	상급기술자	사기업 관리직	공업경영자	상업경영자
주택 소유	51%	38%	54%	44%	40%	70%	70%
고급차 소유	12%	20%	28%	21%	22%	34%	33%
보트 소유	8%	8%	14%	10%	12%	14%	13%
휴가를 호텔에서 보냄	15%	17%	23%	17%	21%	26%	32%
월수 중간치(단위 천 프랑)	33	32	41	36	37	36	33
신고외 수입	6	8	27	9	13	28	24

Source: 보충자료 5 (1966).
a. 각 열에서 이탤릭체로 표시된 숫자는 가장 강력한 경향을 가리킨다.

<표 7> 몇 가지 지표를 통해 본 지배계급의 다양한 분파의 문화적 실천, 1966.[a]

지표	교수	공기업, 판청의 관리직	자유업	상급기술자	사기업 관리직	공업경영자	상업경영자
전문분야 이외의 서적에 대한 독서[b]	21%	18%	18%	16%	16%	10%	10%
연극관람[c]	38%	29%	29%	28%	34%	16%	20%
고전음악 감상	83%	89%	86%	89%	89%	75%	73%
박물관 방문	75%	66%	68%	58%	69%	47%	52%
화랑 관람	58%	54%	57%	45%	47%	37%	34%
FM 라디오 소유	59%	54%	57%	56%	53%	48%	48%
TV 시청 안함	46%	30%	28%	33%	28%	14%	24%
『르 몽드』 구독[d]	410인	235	230	145	151	82	49
『르 피가로 리테레르』 구독[d]	168인	132	131	68	100	64	24

Source: 보충자료 5(1966).
a. 각 열에서 이탤릭체로 표시된 숫자는 가장 강박한 경향을 가리킨다.
b. 일주일에 15시간 또는 그 이상
c. 최소한 2~3 달에 한 번씩
d. 천 명당 구독자 수

정도에 따라 좌우된다(상급관리직, 상급기술자와 교수들에게서는 비율이 낮다). 수입의 경우, 과소신고의 정도는 아주 불균등하게 나타나며(비신고율은 과소신고의 경향을 가리키는 지표로 간주될 수 있다), 교제를 위한 식사나 사업상의 여행에 따르는 이차적 이익들도 아주 불균등하게 나누어진다(교수로부터 사기업 관리직이나 경영자로 옮겨갈수록 증대한다).

문화자본의 경우 상이한 분파들은 경제자본의 경우와는 반대되는 위계에 따라 조직된다(<표 7>을 보라). 물론 주거장소와 같은 이차적 변수를 반영하는 몇몇 경우처럼 이와 반대되는 경우도 있다. 주거장소나 수입에 따라 문화의 공급이나 수입이 제공해주는 여러 수단이 달라지기 때문이다(소유자본의 종류에 따른 분화, 가령 문학적, 과학적, 혹은 경제-정치적 분화현상은 특히 상급기술자들이 『피가로 리테레르*Figaro littéraire*』지 구독이나 연극관람 같은 문화 활동보다는 음악과 브릿지나 장기 같은 '지적인' 게임에 더 큰 관심을 보이는 사실에서 분명하게 확인된다).

<표 7>에서 본대로 이 지표들은 확실히 상이한 분파들간의 격차를 최소화하는 경향이 있다. 대부분의 문화소비에는 경제적 비용이 들어간다. 예를 들어 극장출입은 교육수준뿐만 아니라 경제적 수입에 따라서도 크게 달라진다. 게다가 FM 라디오나 하이파이 스테레오 같은 장치는 아주 다양한 방식으로 사용될 수 있으며(가령 고전음악을 들을 수도 있고, 또 댄스음악을 들을 수도 있다), 가능한 사용방법의 지배적 위계와 관련하여 볼 때 독서나 연극의 다양한 유형과 마찬가지로 서로 전혀 다른 가치를 가질 수 있다. 실제로 어떤 유형의 독서에 관심을 기울이는지에 따라 서로 다르게 위계화되는 각 분파의 위치는, 아주 희귀하기 때문에 잘 알려진 대로 교육수준과 밀접하게 연결되어 있고, 문화적 정통성의 위계에서 가장 높은 위치를 차지하고 있는 독서유형에 접근하는 경우 소유하

고 있는 문화자본의 양에 따라 서열화되면 본래의 위치에 가까워지는 경향이 있다(<표 8>을 볼 것).

이와 비슷하게 아방-가르드 연극이나 그렇게 간주되는 연극으로부터 고전연극으로, 특히 고전연극에서 불르바르 연극théâtre de boulevard (이 연극의 관객의 1/3~1/4이 지배계급내의 가장 '지적'이지 못한 사람들이다)으로 옮겨감에 따라 여러 극장의 관객 속에서 교수(및 학생)의 과잉대표sur-représentation 현상은 계속 감소하는 반면, 다른 분파들(기업대표, 상급관리직과 자유업 종사자들은 유감스럽게도 통계 속에서 제대로 구분하지 못했다)의 과잉대표 현상은 증가한다(보충자료 14, <표 215a>).

경제자본의 분배구조는 문화자본의 분배구조와 역방향으로 대칭적이라는 사실이 확인되었기 때문에, 이제 이 두 가지 위계화 원리의 서열 문제를 제기해볼 수 있다(이 위계는 항상 투쟁의 핵심 목표이며, 현재의 프랑스에서 볼 수 있는 일부 국면에서 문화자본은 경제자본의 통제에 접근할 수 있는 조건 중의 하나라는 점을 잊어선 안 된다). 각 계급분파에서 세대간 이동 빈도를 두 가지 지배원리 사이에 나타나는 역관계의 상태를 나타내는 지표로 사용할 수도 있다.

만약 지배계급 출신으로 특정한 위치를 차지하고 있는 사람들이나 또는 해당 분파 중 그 위치를 차지하고 있는 사람의 비율을 그 위치의 희소성의 지표(다시 말해서 이동의 폐쇄정도)로 사용할 수 있다면 그로부터 파생되는 위계가 양 쪽의 지표 모두에 대해 경제자본의 크기에 따른 위계에 상당히 정확하게 대응하는 것을 볼 수 있다. 각 분파에서 지배계급 출신이 차지하는 비율과 해당 분파출신의 개인들이 차지하는 비율은 공업경영자로부터 교수로 옮겨감에 따라 평행적으로 감소한다. 단 <표 9> 상단의 세 분파(공업경영자, 상업경영자, 자유업)와 하단의 세 분파들(상급기술자, 공공부문 관리직, 교수) 사이에는 명확한 단절이 나타난다.

물론 이 지표들을 이런 식으로 사용하는 것에 대해 다음과 같은 이의를 제기할 수도 있을 것이다. 즉 각 분파들이 자신의 사회적 재생산 조건을 통제할 수 있는 정도는 아주 불균등하며, 따라서 경영자 가계에서 재생산되는 내생적(內生的) 비율이 높다는 것은 결국 이들 분파(적어도 이들 분파의 일부 성원들)가 아무런 매개나 통제 없이도 권력과 특권을 전승하는 능력을 소유하고 있다는 이야기에 다름 아니다. 실제로 이 능력 자체가 가장 희귀한 특권 중의 하나로, 이것은 학교의 평가에 대해 다른 계층들보다 한층 더 커다란 자유를 누리도록 해줌으로써 교육제도에 의존해서만 비로소 자신을 재생산할 수 있는 사람들이 어쩔 수 없이 따르게 되는 문화적 투자방식을 훨씬 덜 불가피하고 덜 긴급하게 만들어준다. 실제로 문화자본이 가장 풍부한 분파들은 자녀 교육과 동시에 자신들에게 고유한 희소성을 유지하거나 증대시키기에 적합한 문화 실천에 투자하는 경향이 있는 반면, 경제자본이 가장 풍부한 분파들은 경제적 투자를 우선시하고 문화 투자나 교육 투자를 소홀히 하는 경향이 있다. 이런 경향은 경제분야나 교육분야에도 똑같이 합리적인 투자를 하려는 사기업 관리직의 신흥 부르주아보다는 상공업경영자에게서 훨씬 강하게 나타난다.

다른 한편 이상의 두 가지 형태의 자본을 상대적으로 잘 갖추었지만 경제생활에서 이 자본을 적극적으로 사용하기에는 경제계에 너무 적게 통합되어 있는 자유업 종사자들(특히 의사와 변호사들)도, 자녀 교육에 투자하기도 하지만 특히 부르주아적 생활양식을 유지할 수 있는 물질적-문화적 수단의 소유를 상징할 뿐더러 사교관계 자본을 마련해줄 수 있는 소비행동에 투자하는 경향이 강하다. 여기서 **사회자본**이란 만일의 경우 유용한 '후원'을 제공해줄 수 있는 사회관계 자본, 상류사

<표 8> 지배계급 내의 직업계층별 독서 경향 (%), 1966.[a]

책의 종류	교수	중가업, 관청의 관리직	자유업	상급기술자	사기업 관리직	공업경영자	상업경영자
추리소설	25 (6)	29 (1)	27 (4)	28 (3)	29 (4)	27 (4)	25 (6)
모험소설	17 (7)	20 (3)	18 (6)	24 (1)	22 (2)	19 (4)	19 (4)
역사물	44 (4)	47 (2)	49 (1)	47 (2)	44 (4)	36 (6)	27 (7)
예술서	28 (2)	20 (3)	31 (1)	19 (5)	20 (3)	17 (6)	14 (7)
문예소설	64 (2)	68 (1)	59 (5)	62 (3)	62 (3)	45 (6)	42 (7)
철학관계	20 (1)	13 (3)	12 (5)	13 (3)	15 (2)	10 (7)	12 (5)
정치관계	15 (1)	12 (2)	9 (4)	7 (5)	10 (3)	5 (6)	4 (7)
경제관계	10 (1)	8 (3)	5 (6)	7 (5)	9 (2)	8 (3)	5 (6)
자연과학서	15 (3)	14 (4)	18 (2)	21 (1)	9 (7)	10 (6)	11 (5)

a. 각 열의 숫자는 해당되는 책의 종류를 선택한 각 계급분파의 응답자들의 %를 가리킨다(이탤릭체는 가장 강력한 경향을 가리킨다. ( )안에 들어 있는 숫자는 해당 열에서 그 계급이 차지하는 순위를 가리킨다. 경제와 자연과학서를 따로 구분한 이유는 이러한 읽을거리에 대한 관심이 이차적인 요인에, 즉 전자의 경우에는 직업의 성격에따라서 사기업 관리직이나 공업경영자에서 가장 높은 순위를 기록한다에 그리고 후자의 경우는 교양적 성격에서 상급기술자에서 가장 높은 순위를 기록한다에 크게 의존한다고 생각되었기 때문이다.

228

<표 9> 지배계급 내의 직업별로 본 부친의 직업(%), 1970.[a]

부친의 계급 분파	자식의 계급 분파					
	공업경영자	상업 경영자	자유업	상급 기술자	공기업, 관청 관리직	교수
공업경영자	33.5	2.8	2.3	6.1	4.4	1.5
상업경영자	1.9	31.0	0	1.8	5.0	0.8
자유업	0.6	0.9	20.0	0.9	2.4	7.6
상급기술자	0	0	6.4	6.7	2.3	4.6
공기업, 관청 관리직	1.9	3.3	9.9	13.2	14.2	7.6
교수	0.6	0	2.9	2.7	0.3	6.1
계	38.5	38.0	41.5	31.4	28.7	28.2

Source: 보충자료 2 (1970).
a. 각 열에서 이탤릭체로 표시된 숫자는 가장 강력한 경향을 가리킨다.

회의 신망을 얻고 유지하는 데 핵심적으로 필요한, 또 그와 함께 고객을 끌어 모으며, 가령 정계에서 현금으로 바꿀 수 있는 명예와 존경의 자본을 말한다.

학력상의 성공여부는 주로 상속된 문화자본의 양과 학교교육제도에 대한 투자경향의 크기에 따라 결정되므로 (그리고 이 투자경향은, 한 개인 또는 집단이 사회적 위치를 유지하고 향상시키기 위한 투자가 필요할수록 커지기 때문에), 교육기관에서 문화자본이 가장 풍부한 분파 출신의 학생들이 차지하는 비율은 말 그대로의 **학교적인 위계**(이것은 예를 들어 종전의 학교에서의 학업성취도를 지표로 해서 측정된다) 속에서 해당 교육기관이 차지하는 지위가 높을수록 증가하게 된다. 그리고 교수진의 재생산 역할을 떠맡고 있는 교육기관(파리고등사범학교)에서 그 비율이 최대치에 이르게 된다. 실제로 고등교육기관은 그것이 재생산해내는 지배계급과 마찬가지로 두 개의 대립하는 위계화 원리에 따라 조직된다. 먼저 **학교교육기관 안의 지배적인 위계**, 즉 순전히 학교적인 기준에 따라, 또 이것과 관련하여, 각 기관에 다니는 자녀들 중 문화자본이 가장 풍부한 분파의 비율에 따라 교육기관들을 서열화하는 위계가 있다. 이와 정반대되는 **학교교육기관 바깥의 지배적 위계**가 있는데, 이것은 학교기관의 학생 중에서 경제자본이나 권력이 가장 풍부한 분파의 비율에 따라, 그리고 학생들이 앞으로 진출하게 될 직업의 경제적 위계나 권력의 위계에서 차지하는 위치에 따라 학교기관을 서열화한다. 순전히 이전의 학업 성취도나 학교적 위계 속에서만 진급속도와 위치가 결정되는 피지배 분파 자녀들이 막상 기대와 달리 경제적으로나 세속적으로 가장 명망이 높은 교육기관(국립행정학교ENA나 고등상과대학HEC 같은)에 속하는 비율이 낮은 이유는 — 물론 이 교육기관들이 순전히 학교적인 기준을 적용하기를 거부하기 때문이지만 — 이 이외에도 학교교육제도에 대한 의존도가 높을수록(가정교육 전체를 통해서 모든 성공을 학교에서의 성공과 동일시하는 경향이 있는 교사의 자녀들보다 이와 전혀 다른 위계화 원리가 존재한다는 사실에 무지한 경우도 없다) 학교적 위계에 대한 존경심도 그만큼 커지기 때문이다(따라서 에꼴 쁠리테끄니끄〔파리이공과특수대학으로 역시 프랑스 엘리트의 산실이다 — 옮긴이〕보다는 파리고등사범학교의 이과과정을 또는 파리정치대학Sciences Po보다는 대학의 문학부를 선호하게 된다).

이러한 교착대구법(交錯對句法) 구조는 중간계급의 수준에서도 관찰되는데, 여기서는 초등학교 교사로부터 중간규모의 상공업경영자, 일반관리직, 일반기술자와 사무원(이 위치는 상류계급의 공간에서는 상급기술자와 상급관리직에 상응한다)으로 이동함에 따라 문화자본의 크기는 감소하는 반면 경제자본의 크기는 증가한다. 미술공예품을 다루는 장인과 상인은 기술이윤과 상업이윤으로 생활하기 때문에 이 점에서는 다른 소경영자들에 가깝지만, 이들에 비해 문화자본이 크다는 점에서는 구별되며 따라서 신 쁘띠 부르주아지에 접근하게 된다. 의료보건 서비스직에 대해 말하자면, 지배계급 출신자가 많은 이들은[28] 자유업 종사자들과 거의 유사한 중심적 위치를 점하고 있다(물론 자유업 종사자들보다는 약간 더 문화자본의 축 쪽으로 치우쳐 있다). 그들은 (자유업처럼) 급료만이 아니라 경우에 따라서는 비상업이윤도 받을 수 있는 유일한 계층이다.

지배계급의 공간과 중간계급의 공간이 상동관계를 갖는 것이 이들의 구조가 동일한 원리의 산물이기 때문이라는 것은 별로 어렵지 않게

---

[28] 의료보건 서비스직 범주의 특징은 이 직업에 종사하는 남성의 대부분이 민중계급 출신인 반면, 여성들은 상당 부분(25%)이 상류계급 출신이라는 점에서 찾을 수 있다(<그림 5>의 두 개의 막대그래표를 참조하라).

설명될 수 있다. 두 경우 모두 가진 자(주택, 시골의 전답이나 도시의 토지, 유가증권 등의 소유자)와 못 가진 자가 대립하는데, 전자는 대개 후자보다 고령이며, 거의 한가한 시간이 없으며, 경영자나 자영농의 자녀인 경우가 많은 반면, 특히 학력자본과 자유시간을 많이 가진 후자는 대개 중간계급과 상층계급의 봉급생활자 분파들이나 노동자계급 출신이다. 양쪽 공간에서 동일한 위치를 차지하고 있는 사람들, 예를 들어 초등학교 교사나 교수, 소상인과 대상인들은 주로 각각의 자본구조에서 지배적인 종류의 자본의 크기, 즉 마찬가지로 희소한 자원을 불균등하게 갖고 있는 개인들을 구분하는 정도의 차이에 의해 나뉘어진다. 낮은 쪽 위치들(그리고 이와 관련하여 그 위치의 점유자의 성향)의 몇 가지 독특한 특성들은, 각 위치들이 도달하려고 지향하고tendent 미리 지향되어 pré-tendent 있는 높은 쪽의 상동적 위치와 객관적으로 연결되기 때문에 나타나는 것이다. 이것은 쁘띠 부르주아지의 봉급생활자 층에서 분명하게 드러나는데, 이들의 금욕적 미덕과 문화적 선의(善意)는(그들은 가령 야간강좌에 등록하거나, 도서관에 등록하기도 하며, 예술품을 수집하기도 한다) 더 높은 위치로 상승하고 싶은 열망을 아주 분명하게 표현하는데, 이것은 그런 성향을 드러내는 낮은 위치의 점유자들의 피할 수 없는 객관적 숙명이기도 하다.29)

29) 아비투스 생산의 사회적 조건을 가능한 한 완전히 재구성하려면 각 행위자가 속한 계급이나 계급 분파의 사회적 궤적도 함께 고려해야 한다. 궤적은 한 집단의 미래의 개연적 경사도를 통해 미래에 대한 상향적 혹은 하향적 성향을 좌우하며, 부모 양계의 자본구조가 여러 세대에 걸쳐 변화하는 과정에서 아비투스 속에 정착함에 따라 아주 동질적인 각 분파를 여러 집단으로 구분하게 된다. 또는 얼마나 다양한 가능성이 나타날 수 있는지를 보려면 한 개인의 사회적 궤적이 개인의 평생 동안 진행되는 자본총량의 변화(이러한 변화의 양상을 우리는 아주 대략적이지만 증가, 감소, 정체의 세 가지로 기술할 수 있을 것이다)와 (동일한 구분에 맡겨야 할) 각 자본의 크기, 따라서 자본의 구조(불변하는 자본의 총량은 구조 변동을 감출 수도 있다) 그리고 마찬가지로, 부계와 모계의 유산의 자본크기와 구조, 그리고 각자의 자본구조에서 차지하는 이들 두 자본의 상대적 비중(가령 경

상이한 분파들간의 생활양식의 차이(특히 문화와 관련된 차이)를 좀 더 완벽하게 설명하려면 각 분파가 사회적으로 위계화된 지리적 공간 속에서 어떤 식으로 배치되는가를 검토해야 한다. 실제로 한 집단이 희소한 어떤 재화(이것은 거기에 접근할 수 있는 수학적 기대치에 의해 측정된다)를 소유할 수 있는 기회는 한편으로는 그 집단의 전유능력에 — 이것은 문제의 재화를 물질적으로 또는 상징적으로 전유하기 위해 동원할 수 있는 경제자본, 문화자본, 사회자본에 의해, 즉 사회공간상의 위치에 의해 좌우된다 — 그리고 다른 한편으로는 지리적 공간상의 분포와 이 공간 속에서의 희소한 재화의 분포 간의 관계에 의존한다. 그리고 이 관계는 재화나 시설 등으로부터의 평균거리에 따라, 또는 이동 시간에 의해 측정되며, 여기에는 당연히 개인적이건 집단적이건 교통수단에의 접근도가 포함된다.30) 다시 말해 특정한 재화와 한 집단까지의 실제적인 사회적 거리는 지리적 거리를 포함해야 하는데, 후자의 거리는 다시 그 자체가 그 집단의 지리적 배치에, 더 구체적으로는 경제적-문화적 '가치의 중심지', 즉 파리나 지방의 주요 대도시를 중심으로 한 그 집단의 배치상태에 좌우된다(예를 들어 몇몇 직업의 경우 — 예컨대 우편환 사무 등 — 자리를 얻거나 승진하려면 일정 시기동안 본인의 희망과는 무관한 지역에 부임해 있어야 하기 때문에 거주지에서 여러 제약이 따른다는 것은 익히 알려져 있다).31) 따라서 가령 농업종사자가 정통 문화의 재화

제자본의 측면에서는 부계 자본의 비중이 크지만 문화자본에선 모계의 비중이 크거나, 그 역의 경우 또는 상호 동등한 경우가 나타나기도 한다) 등 이 모든 요소들의 조합을 나타낸다는 것을 지적하는 것으로 충분하다.
30) 각 개인이 지리공간상으로 차지하는 위치에 따라, 특히 공간적 근접성이 촉진하는 사회적 접촉(이른바 '교제')의 질을 매개로 개인들에게 발생하는 일련의 문화적 특성들을 확인할 수 있다. 그 중에서도 가장 두드러진 특성중의 하나로 발음을 꼽을 수 있는데, 이것은 어떤 사람이 낙인찍힌 계급 출신인지 아니면 위엄이 있는 계급출신인지를 분명하게 드러내준다.
31) 사회적으로 위계화된 지리적 공간 속에서 한 계급 또는 계급분파가 분포되어 있는

에 대해 갖고 있는 거리는 미약한 문화자본 때문에 나타나는 고유한 문화적인 거리에다 이 계급에게서 특징적으로 나타나는 지리적 공간상의 산재(散在)에서 유래하는 지리적 격리상태가 추가되지만 않는다면 그토록 크지는 않을 것이다. 마찬가지로, 지배계급의 여러 분파들의 (문화적 또는 그 밖의) 실천에서 관찰되는 수많은 차이들은 확실히 거주도시의 크기에 따른 분포상태와 관계되어 있다. 이처럼 지배계급 내에서 상급기술자와 사기업 관리직을 한편으로 하고 상공업경영자를 다른 한편으로 한 양자간의 대립관계는 부분적으로는 전자가 대부분 파리 사람들이고, 상대적으로 대규모 기업에서 일하고(사기업 관리직의 7%만이 1~5명의 사원을 고용하고 있는 기업에서 근무하고 있는 반면, 중간규모의 기업에는 34%가, 50명 이상 규모의 기업에는 40%가 근무한다)있는 반면 후자는 대부분 소규모 기업주들이고(1966년 '프랑스여론조사기관SOFRES' — 보충자료 5 — 의 앙케트에 의하면 기업들의 6%는 1~5명을 고용하고 있고, 70%의 기업은 6~49명, 24%의 기업은 50명 이상인데, 상업부분에서 이 수치들은 차례대로 30%, 42%, 12% 순으로 나타난다), 대부분 지방에 거주하며, 특히 농촌사람이 많기(1968년의 센서스에 따르면, 공업경영자의 22.3%, 상업경영자의 15.5%가 농촌에 거주하고, 다시 전자의 14.1%, 후자의 11.8%가 인구 1만 명 이하의 도시에 살고 있다) 때문에 나타난다.

사회세계에 대한 이러한 표상을 획득하려면 다음과 같은 작업이 전제되어야 한다. 먼저 사회 세계란 말이 자연스럽게 떠올리는 상식적 표

상황(특히 경제적-문화적 '중심'으로부터의 거리)은 사회공간에서 그 계급이나 분파의 위치를 나타내는 지표의 하나일 뿐만 아니라, 거의 항상 그것들 내부의 위계를 나타내는 지표이기도 하다. 가령 1967년의 국립경제통계연구소의 여가에 관한 앙케트를 이차분석한 결과, 모든 사회직업 범주에서 도시권의 규모(이것은 문화공급의 좋은 지표다)가 커질수록 문화적 실천이 증가함을 알 수 있다. 이것은 확실히 부분적으로는 이 조사에 사용된 범주들간의 표면적 동질성이 도시권의 규모에 따라, 특히 소유한 문화자본과 관련하여 존재하는 차이를 동일한 범주 안에서도 은폐해버렸기 때문이다.

상과, 특히 '사회적 계단'이라는 은유법으로 요약되며 '상승'과 '몰락'과 같은 '이동'과 관련된 일련의 일상적 언어가 환기하는 이런 표상과 단절해야 한다. 그리고 '사회적 유동성'에 관한 대부분의 연구에서처럼 암묵적으로 사회공간에 대한 일차원적 표상을 그대로 받아들이는 데 만족하지 않고 이 표상을 사이비-학문적으로 정교화한 다음, 여러 지표를 구성(이것이 구조들을 파괴하는 가장 탁월한 도구이다)해 다양한 종류의 자본을 총합해서 얻은 추상적 층들(중상계급, 중하계급 등)의 연속체로 사회세계를 환원하려는 모든 사회학적 전통과도 이에 못지않게 철저하게 단절해야 한다. 이런 전제가 없다면 이러한 표상을 파악하기가 그렇게 어렵지는 않았을 것이다.32)

통상 사회적 위계를 구분할 수 있도록 해주는 연속적, 직선적, 균질적 그리고 일차원적인 계열을 구성하기 위한 단일 축(軸)으로의 투영(投影)은 극도로 어려운 (그리고 무의식적으로 이루어지면 특히 위험한) 조작 작업을, 즉 다양한 종류의 자본을 단일한 기준으로 환원해야 하는 작업을 함축하고 있다. 즉 가령 공업경영자와 교수(또는 장인과 초등학교 교사) 간의 대립이나, 경영자와 노동자(또는 상급관리직과 사무직 노동자) 간의 대립을 동일한 척도로 측정해야 하는 극도로 어려운 작업을 내포하고 있다. 따라서 이러한 추상적 조작은 항상 한 종류의 자본을 다른 종류로 전환할 가능성(전환율taux de conversion은 상이한 자본의 소유자들 간의 역관계에 따라 달라진다) 속에 그 객관적 토대를 갖고 있다. 그리고

---

32) 렌스키(Gerhard Lenski; 폴란드 출신의 사회학자로 미국에서 활동하고 있으며 사회계층연구로 유명하다 — 옮긴이)는 여러 종류의 자본간의 불일치 문제를 인식했고, 이러한 불일치가 야기할 수 있는 일부 은폐효과(특히 지위의 강력한 비결정화非結晶化décristallisation와 관련된 '자유주의'적 경향)를 지적한 바 있는데, 특히 그는 지표를 구성하는 실증주의적 의식에 빠져 자신의 직관으로부터 온갖 결론을 도출하는 것을 경계했다(G. Lenski, "Status Crystallisation: A Non-vertical Dimension of Social Status", *American Sociological Review*, 19, 1954, pp. 405~413).

사회학적 담론의 난점 중의 하나는 다음과 같은 데서 찾을 수 있다. 즉 사회학적 담론도 여타의 담론들처럼 엄밀하게 직선적 방식으로 전개되지만 동시에 부분적 개관과 일면적 직관이란 과도한 단순화를 피하기 위해 매 순간 해당 순간에 드러나는 다양한 관계망 전체를 상기시킬 수 있어야 한다. 이 때문에 소쉬르의 말대로 하면 몇 가지 차원에서 복잡한 구조를 동시에 제시할 수 있는 속성을 지닌 도표를 사회공간구조(이것의 기본축은 이 공간 내에 분포되어 있는 여러 집단의 자본의 양 및 구조와 대응한다)와 각 집단에 부여되는 상징적 특성들의 공간구조 간의 대응관계를 파악하는 수단으로 사용하는 것이 유용해 보인다. 그러나 이 도표는 연금술사들의 주장대로 세상에서 일어나는 모든 일을 한 눈에 볼 수 있도록 해주는 수정(水晶)으로 만든 공은 아니다. 스스로 '도상'(圖像) imagerie이라 부르는 것을 필요악으로 취급하는 수학자들과 마찬가지로 우리도 이 도표를 제시하는 동시에 바로 없애버리려고 노력해야 한다. 실제로 이 도표가 차이를 나타내는 격차들의 체계 사이에 성립하는 상동성을 집단과 속성들 간의 직접적이고도 기계적인 관계로 환원시키는 독해를 조장할 위험은 얼마든지 있으며 또는 남의 집 지붕을 들추어내서는 가정의 내밀한 비밀을 호기심에 사로잡힌 독자들에게 폭로하는 악마적 역할을 사회학자에게 맡겨버리려는 객관주의적 의도에 고유한 이런 형태의 관음주의(觀淫主義)를 부추길 가능성도 얼마든지 있기 때문이다.

여기서 제시된 이론적 모델을 가능한 한 정확하게 파악하려면 세 개의 도식이 (투명 용지에 의해) 겹쳐져 있다고 생각해야 한다. 첫째 도표(여기서는 <그림 5>)는 각종 자본의 양과 구조의 공시적-통시적 분포상태에 따라 구성되는 사회적 위치공간을 가리킨다. 이 공간에서 각 집단(계급분파들)이 차지하는 위치는 이처럼 관여적인 것으로 규정되는 몇몇 측면에서 독특한 특징을 갖는 속성들 전체에 의해 결정된다. 둘째 도식 <그림 6>은 생활양식 공간을, 즉 각각의 생활조건이 드러나는 생활양식을 구성하는 실천과 속성들의 분포상황을 나타낸다. 끝으로, 이 두 도식들 사이에 세번째 도식을 도입하지 않으면 안 된다. 아비투스, 즉 (가령 교수들에게서 보이는 귀족적 금욕주의) 생성 공식formules génératrices의 이론적 공간이 그것으로,

실천과 속성들의 각 집합의 원리인 이것은 생활조건과 위치에 특징적인 필요성과 안락함을 분명하고도 변별적인 생활양식으로 변형시킨다.[1]

이런 구성작업의 여러 제약 중에서 가장 중요한 것은 첫째 소비와, 엄밀하게 말하면 수입(단, 이차적이며 은폐된 이익은 제외한다)과, 개인이나 가족에 할당된 특성들 전체로서의 유산을 엄밀하게 측정할 수 있는 통계에 비해 말 그대로의 자본(특히 경제에 투자되는 자본)을 정확하게 측정할 수 있는 통계자료가 너무 부족하다는 점을 꼽을 수 있다. 다음으로는, 분석에 사용된 직업 범주들의 불완전성을 꼽을 수 있다. 이 범주들은 관여성이라는 기준에서 볼 때도 동질성의 정도가 아주 불균질하게 나타난다. 가령 공업경영자와 대상인의 경우, 자본에 대해 권력을 행사할 수 있는 자본의 점유자를, 즉 대경영자층을 구분할 수 없도록 만들어버린다(여러 범주의 분산分散 상태에 대한 엄밀한 지표를 사용할 수 없어서, 농업종사자, 상공업경영자, 장인, 상인 등 특히 이질성이 높은 범주들의 경제적-문화적 분산을 한정하는 상하의 양극단 사이에 각 범주에 대응하는 직업명을 수직으로 기입함으로써만 구성원의 문화적-경제적 분산상태를 표시할 수 있었다). 직업명에 의해서 표시되는 위치는 항상 어떤 때에는 경쟁의 장으로 조직될 수 있는 다소 가변적인 공간의 중심점을 가리킨다는 점을 기억해두어야 한다.

사회공간에 대한 적절한 표상을 구성하려면 경제적-문화적-사회적 자본과 그 변화를 가리키는 지표들이 필요하지만, 통일한 대표성을 갖는 앙케트(실제 현실적으로는 이러한 앙케트를 실시할 수 없을 것이다)가 없기 때문에 이전의 연구과정에서 획득한 지식들로부터, 즉 여러 앙케트에서 끌어낸 일련의 자료를 토대로 이 공간의 단순화된 모델을 구성했다. 사용된 통계자료들은 모두 국립경제통계연구소INSEE의 것이기 때문에 적어도 직업범주의 구성(부록 3을 참조)에 관해서는 동질적이다. 여가 생활(남성만을

---

1) 앞서 제시한 도식을 구성하려면 여러 조응관계에 대한 분석이 도움도 되고 또 각 분석이 그 나름대로 일정한 명확성도 지니고 또 —— 아래에 제시되어 있는 앙케트 자료에 대한 분석을 포함해 —— 일련의 이러한 분석이 동일한 구조에 따라 조직된 공간을 생산하지만, 여기 제시된 도식들은 조응관계를 분석하기 위한 도해圖解는 아니다).

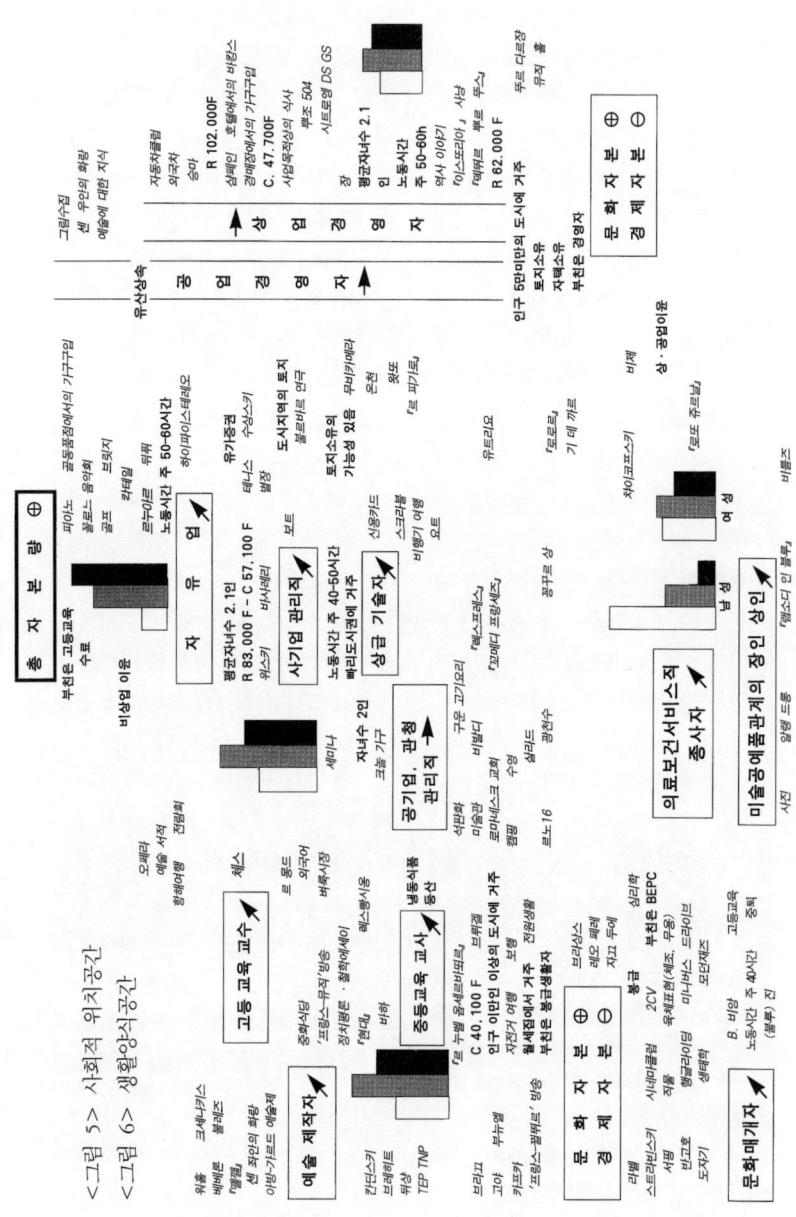

<그림 5> 사회적 위치공간
<그림 6> 생활양식공간

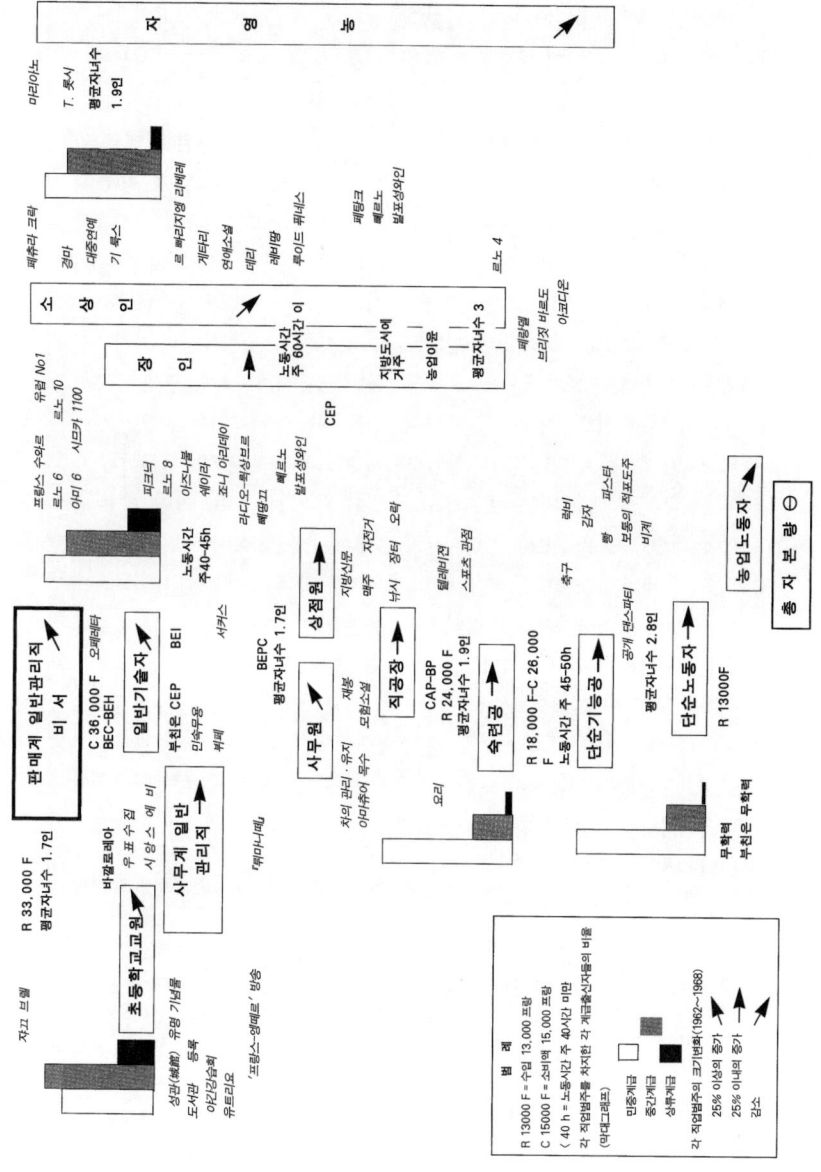

대상으로 한 도표)에 관해 국립경제통계연구소가 실시한 앙케트(1967)에서는 노동시간(보충자료 4)과 같은 자유시간의 지표를 뽑아냈다. 또 직업교육과 취업자격에 대해서는 1970년의 조사(역시 남성을 대상으로 한 도표)에서 사회 직업 범주(사회적 궤적), 부친의 학력(상속된 문화자본) 및 본인의 학력(학력자본)(보충자료 2)에 관한 자료를 뽑아냈다. 그리고 수입에 대한 1970년의 조사에서는 소득총액에 관한 정보, 지방이나 도시의 토지, 주식 소유분, 공업, 상업이윤 및 급여(경제자본)(보충자료 1)에 대한 자료를 원용하였다. 끝으로 각 세대의 소비행동에 대해서는 1972년의 조사에서는 소비액에 대한 자료를, 즉 식기세척기, 전화 소유, 주거상의 지위와 별장의 유무에 관한 자료(보충자료 3)를 뽑아내고, 1968년의 센서스에서는 주거면적 규모에 관한 자료를 뽑아냈다.

또한 도표에 나타난 각 직업집단들에 대해 첫째, 상이한 계급 출신의 개인들이 각 분파에서 차지하는 비율을 나타내는 막대그래프를 통해 각 집단의 구성원들이 각자를 그러한 위치로 인도한 사회적 궤적에 따라 어떻게 분포되어 있는가를 나타내었고[2] 두번째로, 각 분파 전체의 경력histoire을 화살표로 나타냈는데, 이 화살표는 1962년부터 1968년까지 해당 분파의 구성인원이 최저 25% 이상 증가하면 상향, 감소하면 하향, 안정된 상태로 있으면 수평으로 되어있다. 따라서 이것은 급속하게 확대되는 신흥분파와 정체하거나 쇠퇴하고 있는 기성분파와의 대립을 잘 보여준다. 그리고 이를 통해 특정한 시점에서 나타나는 사회공간의 구조를 구성하는 계급간 세력관계의 상태와 함께 이러한 구조변화의 결과이자 요인이 되는 것을, 즉 개인(그리고 집단)이 사회공간에서 차지하고 있는 위치를 유지하거나 개선하기 위해 동원하는 전환 전략을 제시해보려고 했다.

---

2) 도표의 가독률을 손상하지 않기 위해 몇 개의 대표적 범주들만 막대그래프로 만들었다. 사회적 위계가 올라갈수록 상류계급 출신의 비율(검정색)이 뚜렷하게 증가하는 반면, 민중계급 출신의 비율(하얀색)은 감소한다는 것을 보여주기만 해도 충분하기 때문이다(단순기능공에 관한 막대그래프는 만들지 않았지만, 이들은 단순노동자와 숙련공 간의 중간적 성격을 나타낸다). 적어도 상류계급과 중간계급에 대해서는 출신분파별 분포를 나타낼 수 있어야 한다).

통산적인 분류체계는 (단순하게 접근시키는 것조차 생각할 수 없거나 또는 터무니없는 것으로 만들 정도로) 서로 구분하고 마는 영역들에 속하는 정보들을 병렬하고, 또한 집단의 특징을 보여주는 모든 특성과 실천들 간의 관계(이 관계는 즉각적 직관에 의해 포착되며, 이 직관을 토대로 일상생활에서의 분류를 유도해 나간다)를 분명히 함으로써 이러한 일람도식을 만들어나가다 보면 결국 아래와 같은 두 가지 '선택' 체계들 각각의 근거를 찾아내지 않으면 안 된다. 즉 한편으로는 객관적 공간 속에서 차지하는 특정한 위치에 특정적인 사회적 조건과 조건화(이것들은 이 선택 속에서 표현되지만 오인誤認된méconnaissable 형태로 밖에 드러나지 않는다) 속에서 그러한 근거를 찾아야 하고, 다른 한편으로는 다른 '선택' 체계와의 관계(이러한 체계와 관련하여 각각의 관계에 고유한 상징적 의미와 가치가 규정된다) 속에서 찾아야 한다. 생활양식이란 본질적으로 변별적이기 때문에, 다수의 특징들은 각 특징이 표현하는 사회적 위치뿐만 아니라, 이 공간의 반대극에 위치한 특징들과 관계될 때에만 충분한 의미를 가질 수 있다. 가령 사회공간의 두 가지 기본 축(자본의 양과 구조)의 양쪽 또는 어느 한쪽에서 가장 멀리 떨어진 위치들 사이에서 가장 기본적인 형태로 나타나는 대립관계들을 그러한 예로 들 수 있다. 고야Goya와 르누아르Renoir, 아방가르드 연극과 불르바르 연극, 쟈크 브렐과 티노 로시Tino Rossi, '프랑스-뮤직' 방송과 '프랑스-엥떼르(France- Inter)' 방송, 또는 '라디오-뤽상부르(Radio Luxembourg)' 방송, 씨네 클럽과 버라이어티 쇼 간의 대립을 그러한 예로 들 수 있다.

또한 앙케트를 통해 직접 얻은 정보 이외에도 문화소비에 대한 다음과 같은 일련의 지표를 이용했다. 즉 피아노나 디스크 소유, TV 시청, 박물관과 전람회, 버라이어티 쇼와 영화관람 빈도, 도서관이나 공개강좌에의 등록상황, 예술소장품, 스포츠 실천 등 여가생활에 대한 1967년의 국립경제통계연구소의 앙케트를 이용했다(보충자료 4). 그리고 지배계급 구성원들의 소비행동과 생활양식에 대한 정보(하이파이 스테레오, 요트, 항해여행, 브릿지 카드놀이, 그림수집, 샴페인, 위스키, 스포츠 등)는 SOFRES와 CESP(광고매체연구센터)의 앙케트에서 뽑아냈다(보충자료 5, 6). 그 밖에 극장출입 빈도에 대한 정보는 SEMA(응용수학경제연구협회)의 앙케트에서(보충자료 14), 좋아하는 배우에 대한 정보는 IFOP(프랑스여론연구소)의 앙케트에서(보충자료 9, 10), 구독하고 있는 신문이나 주간지, 잡지에 대해서는 CES(유럽사회학센터)와 CESP의 앙케트(보충자료 28), 그리고 여러 가지 문화활동과 실천(도자기, 장터축제 등)에 대해서는 문화부의 앙케트(보충자료 7)에서 뽑아냈다.

이상과 같이 작성된 이 도표에서 각각의 관여적 정보는 단 한번만 기록되기 때문에 사회공간의 모든 영역에(각각의 경우에 따라 확장되는 크기는 달라지게 된다) 적용된다. 물론 직업명에 가장 가까운 범주를 가장 강력하게 성격지우는 것은 너무나 당연하다(따라서 <표 5>의 왼쪽 약간 위에 기록된 '봉급'이란 말은 오른쪽 약간 위의 '상공업 이윤'이란 말과 대립되며, 따라서 사회공간의 왼쪽 전체의 반에 대해서도 똑같이, 즉 교수, 상급관리직, 상급기술자뿐만 아니라 초등학교 교사, 일반관리직, 일반기술자, 사무직노동자나 생산노동자에 대해서도 똑같이 적용된다. 마찬가지로, 동산動産 ─ 오른쪽 상단 ─ 의 소유는 경영자, 자유업, 사기업관리직, 상급기술자 모두에 대해서 유효하다). 그리고 피아노 소유와 『왼손을 위한 협주곡』의 선택은 무엇보다도 자유업에서 현저하게 나타난다는 것도 즉각 간파할 수 있다. 또는 산책과 산행(山行)은 특히 중등학교 교수와 공기업관리직에 특징적으로 나타나며, 신 쁘띠 부르주아지와 사기업관리직 또는 상급기술자와의 중간에 위치한 수영은 두 직업집단의 생활양식의 일부를 이루고 있음도 알 수 있다. 이처럼 각 계급 분파의 직업명 주위에는, 가장 변별적이기 때문에(물론 실제로는 다른 집단과 공유할 수도 있다) 가장 관여적인 생활양식의 특징들이 모아진다. 가령 도서관에의 등록을 그러한 예로 들 수 있는데, 이것은 일반관리직, 초등학교 교사, 일반기술자에서 빈번하게 나타나지만 동시에 최소한 교수들에게서도 동등한 빈도로 나타난다. 하지만 교수들의 경우 도서관 출입이 직업적 역할의 일부이기 때문에 아주 특징적으로 나타나지는 않는다.

또 2차원 공간의 구성작업은 상이한 종류의 자본간의 상호전환가능성*convertibilité des différentes espèces de capital*의 원리를 정식화도록 강요함으로써 — 공간을 일차원으로 환원하기 위해서는 반드시 이 작업이 필요하다 — 다음과 같은 사실을 인식할 수 있도록 해준다. 즉 상이한 종류의 자본간의 전환율은 이러저러한 자본과 관련해 서로 다른 힘과 특권을 행사하고 있는 상이한 계급분파들간의 투쟁의 기본 목표 중의 하나라는 사실을 말이다. 특히 이 전환율은 지배의 지배적 원리(경제자본, 문화자본, 혹은 사회관계 자본. 마지막 자본은 가문의 명성의 저명도, 인간관계망의 범위와 질을 매개로 계급 속에서의 연륜과 밀접히 연관된다)를 둘러싼 투쟁 목표가 되는데, 이것은 항상 지배 계급의 다양한 분파들을 대립시키고 있다.

전환 전략

재생산 전략은 현상적으로는 매우 상이한 일련의 실천으로 나타나는데, 개인이나 가족들은 이러한 전략을 이용해 의식적으로나 무의식적으로 자본을 보존하거나 증대시키며, 따라서 계급관계의 구조상의 위치를 유지하거나 개선하려는 경향이 있다. 단일한 통일원리이자 생성원리의 산물인 이러한 전략들은 체계적인 방식으로 기능하고 변화하는 하나의 체계를 구성한다. 이 전략들은 미래에 관한 성향을 매개로 해서(다시 이것은 해당 집단의 재생산을 위한 객관적 기회에 의해 규정된다) 먼저 재생산할 자본의 크기와 구조, 즉 해당 집단이 소유하고 있는 경제자본, 문화자본과 사회관계 자본의 현재적-잠재적 크기와 이들 세 가지 자본이 자본구조 속에서 차지하는 상대적 비중에 의해 좌우된다. 두번째로,

재생산 도구들(제도화되었건 그렇지 않건 상관이 없다)의 상태(상속에 관한 관습과 법의 상태, 노동시장의 상태, 학교제도의 상태 등)에도 좌우되는데, 다시 이러한 상태는 자체가 각 계급들간의 역관계의 상태에 따라 아주 다르게 나타난다. 더 정확히 말해, 매순간 상이한 집단의 자본과 상이한 재생산 수단 간에 성립되는 관계에 종속되는데, 바로 이러한 조건이 자본의 전달조건을 그리고 이와 함께 자본의 전달가능성을 정하는데, 바로 이것이 각자가 사용할 수 있는 재생산도구의 상태에 따라 계급이나 계급분파의 투자에 제공될 수 있는 차별적 이익을 규정하게 된다.

따라서 재생산 도구나 재생산될 자본의 상태에 조금이라도 변화가 일어나게 되면 재생산 전략의 체계도 재구조화된다. 즉 특정한 종류의 형태로 보유하고 있는 자본을 다른 형태의 자본으로, 즉 더 접근하기 쉽고, 더 많은 이윤을 가져오며 더 정통적인 형태로 전환하게 되면 자본구조까지도 함께 변형시키는 경향이 있다.

이러한 전환은 사회공간 속에서의 여러 가지 이동의 형태로 나타나지만, 이 공간은 소위 '사회적 유동성'에 관한 연구가 상정하는 전혀 비현실적이지만 동시에 아주 단순한 현실주의적인 공간과는 아무런 공통점도 없다. 서로 다른 계급이나 계급분파의 형태적 변화를 '상승이동'으로 서술하는 경향에서도 이와 똑같은 실증주의적 단순함이 나타나는데, 이것은 사회구조의 재생산은 어떤 조건에서는 '직업의 세습'을 최소한도록 요구하고 만다는 사실을 무시하도록 만들어버리고 만다. 행위자가 조건의 변화와 관련된 전이(轉移)*translation*를 통해서야(예를 들어 소토지 소유자 신분으로부터 하급관리 신분으로의 전이, 소규모 장인 신분에서 사무원이나 상점원 신분으로의 전이) 비로소 사회구조상의 위치와 각 위치에 따르는 서열상의 특성들을 유지할 수 있는 경우에는 언제나 그럴 수밖에 없다.

사회공간은 두 개의 축(최대치에서 최소치로 향하는 자본총량의 축과 지배적 자본의 종류에서 피지배적 자본의 종류로 향하는 축)으로 위계화되어 있기 때문에, 두 가지 이동형식이 허용된다. 이것들은 결코 등가적이지도 않고 또한 개연성도 아주 불균등함에도 불구하고, 사회적 유동성에 대한 전통적 연구들은 이것을 혼동하고 있다. 먼저 (초등학교 교사에서 교수로 된다든가, 소경영자에서 대경영자로 된다든가 하는 식으로) 동일한 수직적 영역에서 즉 동일한 장에서 이루어지는 상승이동과 하강이동으로 구성되는 수직이동déplacements verticaux이 있다. 다음으로 한 장에서 다른 장으로 이동하는 횡단이동déplacement transversaux이 있는데, 이것은 (초등학교 교사 또는 그 자녀가 소상인이 되는 경우처럼) 동일한 수평면에서 일어날 수도 있고 (초등학교 교사나 그 자녀가 공업경영자가 되는 경우처럼) 다른 수평면에서 일어날 수도 있다. 가장 빈번하게 일어나는 수직이동은 이미 자본구조에서 지배적인 종류의 자본(교수가 된 초등학교 교사의 경우에는 학력자본)의 크기만을, 다시 말해 결국 특정한 장(기업의 장, 학교의 장, 행정의 장, 의료의 장 등)의 한계 안에서의 이동 형태를 취하는 자본총량의 분배구조 속에서의 이동만을 요구한다. 이와 반대로, 횡단이동은 다른 장으로의 이동을, 그리고 한 종류의 자본에서 다른 종류로 혹은 경제자본이나 문화자본의 한 아종(亞種)에서 다른 아종으로의(가령 토지재산에서 공업자본으로, 혹은 문학적-역사적 교양에서 경제적 교양으로) 전환을, 따라서 자본구조의 변형을 전제하는데, 바로 이것이 사회공간의 수직적 차원에서 자본총량을 보존하고 사회적 위치를 유지할 수 있도록 해준다.

이미 앞에서 살펴본 대로 다른 계급출신이 지배계급의 특정 분파에 접근할 수 있는 확률은 그 분파가 경제자본에 따른 각 분파들의 위계 속에서 차지하는 위치와 반비례 관계에 있다(유일한 예외는 자유업인데, 대개의 경우 문화자본과 경제자본을 전달하는 이들 자유업은 가장 높은 내부충원율을 갖고 있다). 이와 마찬가지로 계급내의 대폭적 이동, 가령 경영자 자식이 교수로 되거나 역으로 교수 자식이 경영자가 되는 등의 이동은 극히 드물다. 가령 1970년의 조사에 따르면, 교수 자식이 상공업경영자가 될 확률은 1.9%인데 반해, 공업경영자 자식이 교수가 될 확률은 0.8%이고, 상업경영자 자식들도 1.5%에 불과하다(확실히 자유업은 지배계급의 양극단의 한가운데 자리잡고 있는 일종의 필수적 통과점을 나타낸다). 또한 초등학교 교사 자식들이 장인이나 상인이 될 확률은 1.2%이며, 장인의 자식들이 초등학교 교사가 될 확률은 2.4%, 소상인 자식들의 경우에는 1.4%이다(보충자료 2, 이차분석).

계급화, 계급탈락, 재계급화

최근 여러 사회계급과 교육제도 간의 관계에서 나타나는 변화는 학교의 폭증(暴增)inflation과 그와 연관된 교육제도 자체의 모든 변화, 그리고 (적어도 일부분은) 학력자격과 직업 간의 관계 변화에 따른 사회 구조의 변화와 마찬가지로 학력자격을 획득하기 위한 경쟁이 강화된 결과이다. 그리고 의문의 여지없이 경제자본이 가장 풍부한 지배계급 분파들(상공업 경영자)과 중간계급 분파들(장인과 상인들)이 자신들의 사회적 재생산을 확보하기 위해 교육제도의 이용을 크게 강화해야만 했던 사실이 경쟁을 강화하는 데 크게 기여했다.

(중등교육전기과정 수료증서BEPC 이상의 학위 소지자 비율로 측정된) 한 계급이나 계급분파의 성인의 학력자본과 동일한 계급이나 계급 분파의 청소년 취학률 간의 거리는 사무직 노동자나 일반관리직보다도 장인, 상인과 공업경영자 쪽에서 훨씬 더 분명하게 나타난다. 그리고 통상 청

소년의 취학기회와 성인들의 문화자본 간에 나타나는 대응관계의 단절은 학교교육 투자에 대한 성향의 근본적 변화를 보여주는 지표라고 할 수 있다. BEPC 혹은 그 이상의 학력자격 소유자율은 45~54세의 소규모 장인이나 소상인층에서는 사무원층보다 확실하게 낮은 숫자를 나타내고 있는 반면(가령 1962년에 전자가 5.7%, 후자가 10.1%), 자식들의 (18세에) 취학비율은 거의 같다(1962년에 전자는 42.1%, 후자는 43.3%). 마찬가지로, 공업경영자와 대상인의 경우 성인의 학력자본은 일반기술직이나 일반관리직보다도 적지만(BEPC 이상의 소유율은 전자 20%, 후자 28.9%), 자식들의 취학률은 거의 변하지 않는다(각각 65.8%, 64.2%). 또한 농업종사자에서도 1962년부터 1975년 사이에 이 계급출신 자녀들의 취학률의 급속한 증대현상이 잘 보여주듯이, 똑같은 과정이 나타나고 있다(자료: M. Praderie, "Héritage social et chances d'ascension", in Darras, *Le partage des bénéfices*, Paris, Ed. de Minuit, 1966, p. 348; INSEE, *Recensement général de la population de 1968, Réultats du sondage au 1/20e pour la France entière, Formation*, Paris, Imprimerie nationale, 1971).

이처럼 이때까지 학교제도의 이용률이 아주 낮았던 분파들이 학력자격을 획득하기 위한 경주와 경쟁에 뛰어들게 됨에 따라 이제까지 주로 오직 학교를 통해 스스로를 재생산해왔던 계급분파들은 자신들의 학력자격의 상대적 희소성을 유지하고 또 그것과 관련하여 계급구조에서 차지하는 위치를 유지하기 위해서 교육 투자를 강화하지 않을 수 없게 된다. 이처럼 학력자격과 그것을 부여하는 학교제도는 계급간 경쟁의 핵심적 쟁점 중의 하나가 되고, 이러한 경쟁은 교육수요의 전반적이고 계속적인 증대와 학력자격의 인플레이션을 야기하게 된다.[33]

33) 계급상승을 지향하고 계급탈락에 저항하는 여러 집단들간의 경쟁, 즉 학력자격을 둘러싸고(더 일반적으로는 각 집단이 다른 집단에 대해 자신의 희소가치를 확인하고 구성할

어떤 학력자격의 소유자수를 해당 자격을 얻기 위한 평균수험 연령에 해당하는 청소년 전체의 수와 비교해보면, 한 학력자격 소유자의 상대적 희소가치의 변천과정을 개략적으로 추정해볼 수 있다. 가령 15세의 청소년 100명에 대해, 중등교육 전기과정 수료증서BEPC와 초등교육 수료증서BE, 혹은 상급초등교육 수료증서BS를 새롭게 취득한 자의 수는 1936년에 6.8명, 1946년에 7.9명, 1960년에 23.6명, 1965년에 29.5명이다. 또 18세 청소년 100명에 대해서 보면, 대입자격증서baccaloréat 취득자 수는 1936년에는 3명, 1946년에는 4.5명, 1960년에는 12.6명, 1970년에는 16.1명으로 되어 있다. 23세의 청소년 100명에 대해 고등교육 수료증서 취득자 수는 1936년에는 1.2명, 1946년에는 2명, 1950년에는 1.5명, 1960년에는 2.4명, 1968년에는 6.6명이다.

동일한 학력자격을 가진 사람이 각각 서로 다른 두 시기에 차지했던 위치를 비교해보면 노동시장에서 학력자격의 가치 변화를 대략적으로 추산해볼 수 있을 것이다. 1968년에 15~24세의 사람 중에서 무학력 혹은 직업교육증서CEP만 보유한 사람들은 1962년에 동일한 연령층이 맡았던 직위와 거의 동일한 직위를 맡은 반면, 같은 연령층의 BEPC 소유자들은, 1962년에는 주로 사무직 노동자의 위치를 차지하고 있었던 데 반해 1968년에는 직공장, 숙련공 혹은 단순기능공이 되는 경우가

수 있도록 해주는 모든 종류의 자격들을 둘러싸고) 진행되는 경쟁 효과에는 반드시 구조적이라고 부를 수 있는 인플레이션의 요인을 추가해야 한다. 취학률의 전반적인 증가는 어느 순간이건 육화된 상태로 존재하는 문화자본의 총량을 증대시키는 결과를 가져온다. 교육행위의 성공정도와 그 효과의 지속성은 가족에 의해 직접 전승되는 문화자본의 비중에 좌우되기 때문에 다른 조건이 동일한 한 학교에 기반한 교육행위의 이익은 계속 증대하는 경향을 띨 것이라고 상정해볼 수 있다. 간단히 말해, 동일한 학교교육에의 투자에 따른 이익이 더 커지는데, 의문의 여지없이 이것은 더 많은 수의 사람들이 학위에 접근가능하도록 만들어버림으로써 인플레이션 효과를 산출하는데 기여하게 된다.

늘어났다. 대입자격증서 취득 후 바로 사회에 나온 사람들의 경우 1962년 당시에는 대부분 초등학교 교사가 되었던 반면 1968년에는 일반기술자, 사무직 노동자, 혹은 생산직 노동자가 되는 경우가 많아졌다. 똑같은 경향을 대입자격증서보다 높은 학력자격을 소지한 25~34세까지의 연령층에서도 볼 수 있는데, 이들은 1962년보다 1968년에 초등학교 교사나 일반기술자가 되는 경우가 더 많았고, 상급행정관리직, 상급기술자 혹은 자유업 종사자가 되는 경우는 분명히 감소했다.[34]

15~24세의 취업 청소년(남성) 중 BEPC 취득자의 경우, 사무노동자는 1962년에는 100명 중 41.7명이던 것이 1968년에는 36.3명으로 감소하고, 단순기능공은 이와 반대로 1962년에는 5.8명, 단순노동자은 2명이던 것이 1968년에는 각각 7.9명과 3.8명으로 증가하고 있다. 같은 연령층에서 대입자격증서만 취득한 사람에 대해 보면, 일반관리직이 되는 경우는 1962년 의 73.9%에서 1968년에는 57.4%로 대폭 감소한 반면, 사무노동자(8.8%에서 19.9%로) 또는 생산노동자(6.4%에서 11%로)가 되는 사람의 수는 크게 증가하고 있다. 대입자격증서보다 높은 학력을 지닌 25~34세 남성의 경우, 상류 직업에 종사하는 사람 수는 1962년의 73.3%에서 1968년에는 68%로 감소하는데, 특히 자유업 종사자가 감소한 반면(9.4%에서 7.6%로), 초등학교 교사(7.5%에서 10.4%로), 일반기술직(3.7%에서 5.4%로)이 되는 사람은 증가하고 있다. 여성에 대해서도 유사한 현상이 보이지만 남성의 경우에 비해 약간 완화된 형태로 나타난다. 여성의 경우 가장 심한 가치하락을 겪은 것은 대입자격증서이다. 15~24세의 여성 대입자격증서 소지자의 취직상황을 역시 두 시점에서 비교해 보면, 사무노동자가 되는 사람이 증가하고(12%에서 23.7%로), 초등학교

---

34) C. Delacourt, "Les jeunes dans la vie active", *Economie et statistique*, n° 18, décembre 1970, pp. 3~15.

교사가 되는 사람은 감소하고 있다(71.7%에서 50%로).

대응하는 직위의 수도 같은 기간에 변화할 수 있다는 것을 염두에 둔다면, 어떤 기간의 초기에 학력자격을 갖고 얻을 수 있는 직위의 숫자보다 학력자격 소유자 수가 더 급속하게 증가하는 경우 언제나 학력자격은 가치하락을 겪을 가능성이 크다고 추정해볼 수 있다. 여러 가지 정황으로 미루어보아 대입자격증서나 그 이하의 학력자격들이 이러한 가치하락의 충격을 가장 강하게 받을 것처럼 보인다. 가령 남성노동인구 중 BEPC나 바깔로레아(고등교육수료자는 제외) 소지자 수는 1954년에서 1968년에 걸쳐 97% 증가한데 반해 사무노동자나 일반관리직 숫자는 같은 기간에 41% 밖에 증가하지 않았다. 마찬가지로 남성 중 대입자격증서보다 높은 학력 소지자수는 85%나 증가하고 있지만, 상급관리직이나 자유업 종사자의 증가율은 68%에 그치고 있다(상류 직업 전체의 증가분은 49%이다). 실제 간격은 이 숫자들이 말하는 것보다 훨씬 더 클 것이다. 왜냐하면 가치하락에 저항하는 수단을 갖고 있는 사람들의 비율은, 특히 높은 출신계급과 연관된 사회관계 자본을 쥐고 있는 사람들의 비율은 학력자격 위계의 위로 올라감에 따라 증가할 것이기 때문이다.

여기에다 이보다는 훨씬 교묘하게 은폐되어 있지만 다음과 같은 가치하락을, 즉 해당하는 직위의 숫자가 초기에 학력자격과 같은 비율로 증가하더라도, 오히려 바로 그 때문에 지위들이(그리고 각 직위로 인도하는 학력자격들이) 변별적 가치를 상실할 수도 있는 사실에서 비롯되는 가치하락을 덧붙여야 한다. 예를 들어 모든 수준에서 희소가치를 상실한 교수의 지위가 이러한 변화를 겪었다.

여성 취학률의 급속한 상승도 학력자격의 가치하락에 적잖은 영향을 미치고 있다. 그리고 성별분업의 표상이 변화(여성의 고등교육에의 접근의 증가는 확실히 이러한 변화를 초래하는 데 크게 기여했다)한데다, 이제껏 부분적으로는 예비로 남아있던(결혼시장에만 '투자'되었던) 학력

<표 10> 학력별로 본 25~34세 여성의 취업률, 1962년과 1968년[a]

년도	CEP	CAP	BEPC	박	박 이상
1962	43.8	59.7	59.8	67.1	67.9
1968	46.3	60.6	63.5	74.3	77.5

Source: INSEE, *Recensement général de la population de 1968, Réultats du sondage au 1/20e pour la France entière, Formation*, Paris, Imprimerie nationale, 1971(무학력의 여성들을 분리할 수 없었다)

자격을 노동시장에 던져 넣는 여성들이 증가함에 따라, 이런 현상은 더욱 현저해지고 있다. 그리고 이런 증가현상은 소지한 학위의 수준이 높아질수록 그만큼 분명해진다(<표 10>을 보라). 가령 대입자격증서보다 높은 학위를 지닌 25~34세의 여성으로서 직업을 갖고 있는 사람의 비율은 1962년에는 67.9%였지만, 1968년에는 77.5%, 그리고 1975년에는 85%에 육박한다. (성별이나 여타의 기준에 따른) 모든 격리가 인원제한 *numerus clausus* 효과를 통해 가치하락을 억제하는 데 기여하듯이, 역방향의 모든 차별철폐는 가치하락 메커니즘이 완전한 기능을 되찾도록 만드는 경향이 있다(인종차별조치의 경제적 효과에 대한 미국학자들의 연구가 잘 보여주듯이 학력자격이 가장 심하게 박탈된 사람들이 이 효과를 가장 직접적으로 느끼게 된다).

학력자격의 가치하락의 주요 희생자는 학력자격 없이 노동시장에 들어왔던 사람들이다. 실제로 학위의 가치가 하락하게 되면 이제껏 무학력자들에게도 개방되어 왔던 직위들을 점진적으로 학력자격 소지자들이 독점하게 되는데, 이 현상은 경쟁을 제한함으로써 학력자격의 가치하락을 제한하는 효과를 갖고 있지만 무학력자들에게 제공되는 취직기회를 제한하고(즉 '좁은 문을 통해') 그리고 장래에 직업을 얻을 수 있는 기회를 학력적으로 미리 규정 prédétermination하는 것을 강화하는 대

가를 치를 수밖에 없다. 사무계통 일반관리직(25~34세의 남성) 중 전혀 학력을 갖지 못하고 직업교육증서밖에 없는 사람의 비율을 보면, 1962년에는 56%이던 것이 1975년에는 43.1%까지 감소했다. 상급관리직에서도 이 비율은 각각 33%에서 25.5%로, 또 상급기술자에서는 17.4%에서 12%로 감소했다. 거꾸로 고등교육 학위소지자의 비율은 1962년과 1972년 사이에 사무계통 일반관리직에서는 7.4%에서 13.8%로 증가하고, 상급관리직에서는 32.2%에서 40.1%로, 상급기술자에서는 68%에서 73.4%로 각기 증가하고 있다. 사회공간의 몇몇 부문에서는, 특히 공직 부문에서는 이처럼 동일한 학력소지자가 상이한 직업에 종사할 수 있는 가능성뿐만 아니라 동일한 직종에 종사하는 사람이 서로 다른 학력을 소지할 가능성이 크게 줄어들게 된다. 다시 말해 학력자격과 직위 간의 호응관계가 재강화된다.

이처럼 공식적인 학력자격을 갖춘 후보자에게 제공되는 직위의 시장은 무학력자들을 희생시키면서 끊임없이 증가한다. 학력자격에 부여되는 일반적인 승인은 분명히 특정한 사회적 위치를 차지할 수 있는 권리를 부여하는 일련의 칭호와 자격의 공식적 체계를 통일시키고, 이와 함께 자체에 고유한 위계화 원리를 갖춘 사회공간들을 통해 내부의 고립집단을 제거하는 효과를 가져온다. 그렇다고 해도 학력자격이 경제주체의 유일하고도 보편적인 가치기준으로서 완전하게 통용되는 일은 일어나지 않는다. 적어도 학교체계의 한계 밖에서는 그러한 일이 일어나지 않는다.

> 이른바 엄밀한 의미의 학력시장 밖에서, 학위는 소지자의 경제적-사회적 가치와 동일한 가치를 가질 수 있을 뿐이다. 학력자본을 통해 얻을 수 있는 이익은 이 자본을 활용하기 위해 할애될 수 있는 경제자본과 사회관계 자본의 관계에 따라 달라지기 때문이다. 일반적으로 기업의 관리직

종사자들은 출신계급이 높을수록, 생산, 제조, 보수직보다도 관리직에 접근할 기회를 더 많이 갖게 된다. 1964년의 국립경제통계연구소의 자료를 토대로 직업이동에 대해 우리가 수행한 이차분석에 따르면, 자유업 종사자 자식의 41.7%, 교수 자식의 38.9%가 기업 내에서 상급기술자, 상급이나 일반 사무계통 관리직, 일반기술직으로서 관리직을 차지하고 있는 데 비해, 전체 평균은 25.7%에 머무르고 있음을 알 수 있다. 반대로, 생산, 제조, 보수직에 종사하고 있는 사람은 전체적으로 29.7%지만, 숙련공 자식의 47.9%, 직공장 자식의 43.8%, 일반기술직 자식의 41.1%가 이 직종에 종사하고 있다. 또한 사무노동자 가정 출신의 상급관리직은 1962년 당시의 평균연봉이 18,027프랑이었던 데 반해, 공업경영자나 대상인 자식은 29,470프랑이었고, 농업노동자나 단순경작자 자식인 상급기술자는 20,227프랑이고, 공업경영자와 대상인 자식인 상급기술자는 31,388프랑이라는 것을 알 수 있다.

학력자격 소유자 수가 증가하면 자동적으로 직위 분배에서도 일정한 변화가 일어나는데, 이것은 매순간 학력자격 소유자의 일부를(물론 학력을 획득할 수 있는 수단을 전혀 상속받지 않은 사람들이 우선적으로) 가치하락의 희생물로 만든다. 가치하락의 위험에 가장 당면한 사람들이 (직업생활을 통해) 단기적으로나 (자녀의 학교교육 전략을 통해) 장기적으로 이런 가치하락에 저항하기 위해 동원하는 전략들은 수여된 학력자격들의 증가를 결정하는 결정적인 요인 중의 하나로, 이 증가 자체가 다시 가치하락을 조장한다. 이처럼 가치하락과 만회(挽回) 시도 간의 변증법은 서로에 기대어 계속 지속되는 것이다.

전환 전략과 형태 변화

개인이나 가족들이 사회공간상의 위치를 보존하거나 개선하기 위해 동원하는 전략들은 다양한 계급분파의 규모volume와 자본구조 모두에 영향을 끼치는 변화 속에 반영된다.

이런 변화를 개략적으로나마 파악하기 위해, 각 분파의 크기의 변화를 나타내는 지표를 각 분파가 보유한 자본의 크기와 구조의 지표(불행히도 매우 불완전하다)와 연관시켜주는 표를 구성하였다. 1954~1975년 기간의 경우 한편으로는 소득액 변화를, 다른 한편으로는 소득구조 변화를 직업범주별로 세세히 살펴볼 수는 없었기 때문에(이 때문에 1954~1968년의 기간에 대해서는 이러한 변화를 큰 범주별로 나타내는 <표 12>를 대신 수록해 놓았다), 여기서는 수입원의 세목 외에 국립경제통계연구소의 조사를 이용해 소득신고액을 표시해두었다. 물론 신고액이 정도는 다르지만 실소득액보다 훨씬 적게 신고 되었다는 것은 이미 아는 바이다. 빌뇌브(A. Villeneuve)에 따르면 (「1975년의 가정의 일차소득」, 『경제와 통계』 103호 1978년 9월, p. 61) 신고액에 대한 실소득액을 월급과 급여소득에 대해서는 1.1배, 농업이윤에 대해서는 3.6배, 유가증권 수입에 대해서는 2.9배 정도로 추정하지 않으면 안 될 것이다. 이런 식으로 정정해 나가야 비로소 독립 가업(獨立 家業)과 특히 농업종사자와 장인, 또는 소상인을 본래 위치로 되돌려놓을 수 있다.

경제자본이 (상대적으로) 가장 풍부한 범주(이것은 유가증권의 소유 양이나 시골의 땅 또는 도시의 토지소유 여부를 통해 파악된다)는 매우 급격하게 후퇴하는 경향을 보이는데, (농업종사자, 장인, 상인, 공업경영자의 경우) 이들의 규모가 감소하고 청년층의 비율이 감소하거나 다른 층에 비해 상대적으로 소규모로 증가하는 현상(소상인이나 장인의 경우,

<표 11> 계급 분파별로 나타나는 인구변화와 자산구조(1954~1975)

계급분파	1975년도 실수	1975년도 남성비율(%)	1954년도를 100으로 한 장 전체의 변화 지수					하위자본의 변화(1962~1975) (하위 소지자의 비율)						1975년의 평균 가계 수 (임포함)	경제자본					
			전체		20~34세			1962년도			1975년도				1975년 임금·봉급	상·공업 이윤	1970년도 수입원 (%) 도시의 유가 의한 이윤	토지소	부동산
			전체	남성	전체	남성		BEPC	밭	매출	BEPC	밭	매출							
농업노동자	373,480	88.4	32	33	27	27		0.5	0.2	0.1	2.7	0.6	0.3	22,740	86.0	1.5	0.8		6.3
농민	1,650,865	65.7	42	46	26	31		0.9	0.5	0.2	3.5	0.9	0.6	22,061	19.3	5.3	6.4		16.5
단순노동자	1,612,725	61.9	143	115	146	108		0.4	0.1	0	2.9	0.7	0.4	27,027	93.4	1.3	2.3		3.3
단순기능공	2,946,860	73.2	162	167	185	186		1.0	0.2	0.1	3.5	0.5	0.2	35,515	97.7	2.2	2.4		3.6
숙련기능공	2,985,865	86.5						2.1	0.5	0.1	5.5	0.7	0.3	39,527	98.2	2.2	2.7		3.6
직공장	443,305	94.1	} 112	126	120	128		6.0	1.7	0.5	10.4	2.5	1.1	56,692	99.5	1.4	4.1		6.7
사무원	3,104,105	35.0	191	141	218	168		11.5	2.9	1.2	19.6	5.3	2.6	42,785	98.8	2.1	5.1		8.6
상점원	736,595	40.6	167	138	183	158		6.5	3.6	1.3	13.4	5.2	2.2	46,196	97.5	3.4	8.9		9.5
장인	533,635	88.1	71	77	81	88		2.8	1.0	0.5	6.1	1.8	1.3	50,335	34.1	96.9	12.9		14.2
상인	912,695	51.8	73	78	73	81		4.7	2.4	0.9	9.3	3.7	2.3	60,160	24.3	93.2	20.2		19.2
사무계 일반관리직	970,185	55.1	182	132	218	152		20.1	11.6	5.3	26.5	12.8	9.0	73,478	99.3	4.0	11.1		17.5
기술자	758,890	85.6	393	367	417	374		16.3	7.0	2.7	25.8	9.6	6.0	59,003	98.5	2.4	5.8		8.7
의료보건 서비스직 종사자	298,455	21.0	} 269	261	345	340		9.7	7.7	6.1	17.7	18.1	20.3	53,450	84.2	0	10.0		12.4
초등학교 교원	737,420	36.5						10.0	55.0	14.5	11.3	39.4	29.4	54,013	96.7	0.9	7.6		10.4
공업경영가	59,845	86.5	66	71	66	65		8.5	6.7	7.5	12.9	6.1	6.3	132,594	83.0	26.0	34.7		40.0
대상인	186,915	69.2	103	100	98	95		9.0	7.3	5.7	14.6	9.1	6.3	132,435	64.0	47.5	29.7		30.2
사무계 상급관리직	653,755	83.9	236	217	293	254		15.5	18.9	25.5	19.3	16.2	32.0	107,342	99.6	3.6	15.2		27.7
상급기술자	256,290	95.6	338	305	272	263		7.3	9.0	59.8	10.0	18.1	63.2	105,989	98.7	3.1	15.5		30.4
교수	377,215	53.0	469	402	612	517		2.7	10.8	71.4	3.6	8.4	77.7	87,795	97.6	2.1	10.4		21.0
자유업	172,025	77.8	143	130	145	137		4.5	10.3	65.1	4.2	6.2	79.9	150,108	41.0	17.5	30.3		40.6

Sources: INSEE, 『국세조사』, 1954, 1962, 1968, 1975. 하위자본의 변화에 대해서는 범주, 연령, 남녀, 하력별 16세 이상 인구총괄표」(근간예정). L. 띠브노[L. Thévenot]가 INSEE, 『1968년도 전국국세조사 ─ 프랑스 전국의 1/20을 대상으로 한 조사결과』. 교육 자료를 제공해 주었다. 소득에 관해서는 INSEE, 『1975년과 1970년도 소득조사』를 보 자격부」(파리, 국립인쇄국을 포함. 1962년의 국세조사 이후의 교육과 훈 다.(1975년 조사와 관련해서는 A. 빌매너브[A. Villeneuve]가, 그리고 1970년 조사와 관 련에 관한 자료도 수록하고 있다. 그리고 INSEE, 『1975년도 국세조사 ─ 사회집업 련해서는 P. 기글리앗소[P. Ghigliazzo]가 자료를 제공해주었다.

<표 12> 계급 분파별로 나타나는 인구변화와 자산구조(1954~1969)

계급 분파	1968년 직업별 실수		변화지수 1954~1968 (1954=100)		35세미만의 변화지수 (1)	하력자본, 1968년의 남성 하위보유자			소득총액(크로땅), 1965 (기본소득)	세대당 평균자산(크로땅), 1966년 1월 1일
	전체 (1)	남성 (1)	전체 (1)	남성 (1)		BEPC (1)	박 (1)	고등교육수준(1)	(2)	(3)
농업노동자	588,200	527,200	51	54	67	1.0	0.4	0.2	9,859	—
농민	2,459,840	1,527,780	62	65	72	1.6	0.7	0.4	23,854	—
생산노동자	7,698,600	6,128,840	119	123	116	2.3	0.4	0.2	14,811	35,000
사무노동자	3,029,900	1,188,300	146	121	133	14.0	3.7	1.5	16,149	46,000
일반관리직	2,014,000	1,197,360	177	168	151	19.0	16.5	7.7	26,887	92,000
장인	622,800	532,340	85	88	109	4.1	1.5	1.0	—	—
상인	1,028,160	515,440	81	85	107	6.7	2.8	1.4	—	—
대상인	213,500	143,840	116	110	148	12.1	8.0	5.2	—	—
공업실업가	79,160	68,940	93	93	98	10.8	6.1	7.5	—	—
상공업 경영자 합계	1,943,620	1,360,560	86	96	110	6.4	3.0	1.9	45,851	—
자유업	142,520	114,920	119	112	122	5.1	6.3	76.8	58,021	—
상급관리직	840,280	691,680	196	183	144	12.6	13.3	45.0		214,000

<표 12> 계속

계급 분파	자산보유세대율					소득구조(1965)				소득구조의 변화			
	유가증권(4)	도시의 토지(4)	유가증권(5)	부동산(5)		노동수입 (2)	양도나 이전(2)	기업수입 (2)	자본수입 (2)	급여, 임금(4)		전답이나 도시의 토지수입과 동산수입(4)	
	1965	1965	1966	1966						1956	1965	1956	1965
농업노동자	10.2	2.3				59.5	29.8	9.2	1.5	96.7	95.9	1.4	1.8
농민	27.6	5.2				6.9	10.9	78.5	3.7	23.8	23.5	16.4	9.9
생산노동자	4.8	2.9	3.2	3.9		66.7	27.9	4.6	0.8	98.0	97.5	0.8	0.8
사무노동자	11.8	6.0	6.6	40.8		69.6	23.2	5.4	1.8	95.9	95.9	2.6	2.1
일반관리직	14.0	8.1	8.5	50.3		73.1	18.5	6.8	1.8	91.6	94.4	4.9	2.1
장인	—												
상인	—												
대상인	—												
공업실업가	—												
상공업 경영자 합계	28.6	20.7.			}	7.1	6.4	79.2	7.3	12.9	16.4	7.0	6.7
자유업													
상급관리직	38.2	18.9	33.1	66.3		56.6	9.6	28.9	5.0	71.8	73.8	9.4	6.0

(1) INSEE, 『국세조사』
(2) H. 르즈 「사회 급부, 직접세, 소득수준」, 『경제와 통계』, 1971년 2월호
(3) P. 아르드, 「자산의 불균형」, 『경제와 통계』, 1973년 2월호
(4) G. 방테리에, 「1965년도 세대별 수입」, 『INSEE 자료집』, 1970년 12월호
(5) P. 아르드, 「1965년도 세대별 저축과 자산구조」, 『INSEE 자료집』, 1972년 3월호

25～34세 층에서 이러한 일이 벌어지지 않은 이유는 새로운 유형의 상인이나 장인이 출현하기 때문이다)은 이를 잘 보여준다. 이 범주들의 학력자본(그리고 분명히 경제자본)이 외견상 증가한 것처럼 보이는 이유 중 일부는, 분명히 이들 범주의 숫자상의 퇴조의 원천인 인구유출이 하층부에까지 미치고 있는 데서 찾을 수 있다.

앞의 분파들과는 반대로 문화자본이 가장 풍부한 분파들(이것은 BEPC나 대입자격증서, 또는 대학졸업장 등의 학력자격 소유자율에 의해 측정된다)은 규모가 크게 증가했다. 청년층도 확대되고, 여성의 비율도 높고, 학력자격 소유자율도 높다(이 과정의 가장 전형적인 직업범주는 사무원, 점원, 일반기술자, 일반 상급관리직, 초등학교 교사 특히 교수들인데, 교수의 경우 상호연관된 변화들이 특히 강력하게 나타나며, 특히 가장 젊은 세대에서 그런 경향이 현저하다. 하지만 상급기술자들에서는 이런 과정이 정지한 것처럼 보이는데, 가장 젊은 세대의 증가율이 전체보다 낮기 때문이다). 또 하나 주목할만한 특징으로는 자유업의 상대적 안정을 들 수 있는데, 이들은 **인원제한**이라는 절묘한 전술을 이용해 숫자상의 증가나 여성의 진출(이런 현상은 큰 문화자본을 지닌 다른 상류직업에 비해 자유업에서 훨씬 미약한 상태이다)을 제한함으로써, 희소가치의 상실을 피할 수 있었으며, 특히 학력자격 소유자의 증가와 그로 인해 직위수에 비해 학력소유자가 상회함으로써 직위를 비판적으로 재정의해야 하는 일을 회피할 수 있었다.

이런 형태 변화의 근거가 되는 재생산 전략의 변화는 한편으로는 소위 전통적으로 '독립적'이라고 불려온 직업범주의 수입에서 봉급이 차지하는 비율이 증대하고, 다른 한편으로는 특히 경제자본을 보유하고 있는 경영자층과는 반대로, 문화적 형태뿐만 아니라 경제적 형태로도 자본을 보유하는 경향이 있는 상급관리직의 자본과 투자 형태가 다양화하는 것에서 분명하게 나타난다. 경영자층의 수입에서 봉급, 급여, 연금이 차지하는 비율은 1956년 12.9%에서 1965년에는 16.4%로 증가했다. 1975년 자료에서는 직업범주의 분류가 변화했기 때문에, 이 비율은 장인, 소상인의 수입에서는 19.2%, 공업경영자, 대상인의 수입에서는 31.8%가 된다(자영농의 경우에는 이와 반대로 이 비율이 거의 변하지 않는데, 1956년 23.8%, 1965년 23.5%, 1975년 24.8%이다). 한편 1975년에 도시의 토지나 농촌의 땅에서 얻은 수입이나 동산수입이 총수입에서 차지하는 비율은 사기업 상급관리직이(5.9%) 공기업의 상급관리직(2.7%)보다 훨씬 높다(빌뇌브가 제공한 자료).

경제자본의 학력자본으로의 전환은 실업 부르주아지로 하여금 상속자의 일부 내지 전체의 위치를 유지할 수 있도록 해주는 전략 중의 하나로, 이 전략은 자신의 공장이나 상점에서 얻을 수 있는 이윤의 일부를 급료의 형태로 끌어내기 때문에 투자에 의한 금리소득보다는 훨씬 더 교묘하게(또 더 확실하게) 은폐된 소득의 사유화 수단이 된다. 예를 들어 1954~1975년 기간에 학력자격 덕택으로 해당 직위를 얻은 관리직, 상급기술자, 교수, 지식인 등 봉급생활자 비율은 급증하는 반면(단 사기업 관리직처럼 수입의 상당 부분을 주식에서 얻는 경우도 있을 수 있다), 공업경영자와 대상인의 상당 부분은 매우 급격히 감소했다(<표 13>). 이와 마찬가지로 많은 소규모 상업이나 수공업이 사라지는 경우 각각의 행위자들이 수행하는 전환 작업이 은폐되지만, 각자의 특수한 상황의 요구에 따라 진행되는 이 작업의 성공률은 천차만별이고 또한 결국 중간계급의 여러 분파의 상대적 비중을 변화시키게 된다(<표 14>). 여기서도 역시 소상인이나 장인의 비율은 농업종사자의 비율과 함께 확실히 감소하는 한편, 초등학교 교사, 일반기술직이나 의료보건직 비율은 증가하게 된다.

이뿐만 아니라 한 직업집단의 형태의 상대적 안정성은 특정한 시기의 초기에 그 집단에 속해 있던 행위자(혹은 자녀들)가 그 장 안에서 전환하거나 혹은 다른 집단 출신의 행위자에 의해 교체되면서 나타나는 구조변형을 은폐할 수도 있다. 그래서 가령 대부분의(93%) 개인경영 소기업(불황에 직면하는 경우에도 이 기업들은 가정소비의 성장분에 따라 충분히 이를 견딜 수 있다)을 소유하고 있는 상인의 경우는 전체 크기가 다른 범주에 비해 약하게 감소하기 때문에 이 직업구조의 변화가 감추어진다. 실제로는 소규모 식료품 관계 일(이 부문은 특히 슈퍼마켓의 진출에 의해 큰 타격을 받았다) 또는 의류업계의 소규모 사업의 침체나 감소는 자동차, 가정설비관계(가구, 실내장식 등), 특히 스포츠, 레저와 문화관계(서점, 레코드점 등)나 약품관계 소매점의 증가에 따라 거의 상쇄되고 있다. 식료품 관계의 소매업 내부에서도 이러한 변화는 결국 점진적으로 직업을 재정의하도록 유도하는 여러 변화들을 은폐한다고 생각할 수 있다. 그리고 불황에 의해 가장 심하게 타격을 받은 식료품 일반을 취급하는 가게나 시골의 빵 가게가 없어지더라도 이와 동시에 다이어트 식품점, 천연특산품점, 건강식품점이나 구식으로 구운 빵 가게가 출현할 수 있는 것이다.

상점 성격의 이러한 변화는 동일한 시기에 나타나는 가정의 소비구조 변화와 관련되어 있는데, 다시 이 소비구조의 변화는 수입의 증가, 그리고 특히 교육제도에 대한 접근기회의 구조적 변화에 따른 문화자본 증대와 관련되어 있기 때문에 이런 변화는 변증법적 관계에 의해 토지소유자나 관리자의 문화자본 증대와 연결되는 것이다.

이 모든 점에서 볼 때, 장인층은 상인층과 거의 같은 내부적 변화를 겪는 것처럼 보이는데, 사치품 제조와 공예품 제작처럼 경제자본뿐만 아니라 문화자본의 소유도 요구하는 장인층의 번성은 전통적 장인층 중에서도 가장 불우한 층의 쇠퇴를 상쇄시키게 된다. 이러한 중간범주의 규모 감소가 교육수준에 의해 측정되는 문화자본의 증대를 수반하

<표 13> 지배계급 내의 인구변화(1954~1975)

계급분과	각 분파에서 지배계급이 차지하는 비율(%)				연간 증감률(%)			여성비율(%)			
	1954	1962	1968	1975	1954~1962	1962~1968	1968~1975	1954	1962	1968	1975
대상인	22.0	17.0	16.4	11.0	-1.5	0	-4.2	29.2	30.2	32.9	30.8
공업실업가	11.0	7.9	6.3	3.5	-0.6	3.3	-1.7	14.9	14.2	13.7	13.5
자유업	14.6	12.3	10.9	10.1	0.5	2.0	2.9	15.6	17.3	19.3	22.2
사무계통 일반관리직	33.5	37.0	35.3	38.3	3.9	3.1	5.3	8.6	11.1	13.4	17.1
상급기술자	9.2	13.5	14.5	15.0	7.8	5.1	4.7	2.1	3.2	3.4	4.4
교수, 문학·자연과학 계통 종사자	9.7	12.3	16.6	22.1	5.7	9.3	8.5	39.9	43.0	44.7	47.0

<표 14> 중간계급 내 인구변화(1954~1975)[a]

계급분과	각 분파에서 지배계급이 차지하는 비율(%)				연간 증감률(%)			여성비율(%)			
	1954	1962	1968	1975	1954~1962	1962~1968	1968~1975	1954	1962	1968	1975
장인	14.6	11.2	9.3	6.6	-2.1	-0.5	-2.1	18.3	16.0	14.7	11.9
상인	24.1	20.0	15.4	11.3	-1.2	-1.7	-1.7	51.7	51.3	50.2	48.2
상점원	8.5	9.0	9.4	9.1	1.9	3.4	2.4	52.0	57.0	57.7	59.4
사무원	31.3	33.2	35.7	38.5	1.9	3.9	3.0	53.0	59.4	61.9	65.0
사무계통 일반관리직	10.2	11.0	11.1	12.0	2.0	2.8	3.9	24.6	31.9	34.9	44.9
초등학교 교사	7.4[b]	7.4	8.4	9.1	4.1[b]	4.9	4.0	68.3[b]	65.1	62.7	63.5
일반기술자	3.7	6.1	8.0	9.4	7.5	7.5	5.2	7.1	7.9	11.3	14.4
의료보건 서비스직 종사자	0	1.9	2.6	3.7	0	7.8	8.1	0	84.8	83.2	79.0

Sources: L. 테보, 『1975년도의 사회범주들 — 봉급생활자의 증가』, 『경제와 통계』, 91(1977년 7-8월호, 4~5. 동자의 비율은 33.8%에서 37.7%로 미비하게 증가한 반면, 중간 계급은 전체적으로 근로인구의 27%에서 37%로 크게 늘어났으며 — 이 표가 잘 보여주듯이 이 계급 안에서 봉급생활자(층)의 확대되었기 때문일 것이다 — 지배계급도 4.3%에서 7.8%로 증가했다. b. 의료보건 서비스직 종사자도 포함된다.

a. 1954년과 1975년 사이에 근로인구의 구조가 크게 변했다는 사실은 이하 일련자. 농업종사자(농민과 임노동자)의 비율은 26.7%에서 9.3%로 떨어졌으며, 생산노

는 것은 바로 이 때문이다.

사치품이나 문화예술관계 상품을 취급하는 장인이나 상인, 기성복 '부띠끄'의 경영자, '유명 메이커' 옷을 싸게 파는 의류점, 이국적인 옷, 액세서리나 민예품을 파는 상인, 레코드점, 골동품점, 실내장식가, 디자이너, 사진가, 혹은 레스토랑 경영자나 '카페' 경영자, 지방의 도기상, (학교를 나온 뒤에도 학생생활의 특징인 오락과 일을 혼동하는 상태에서 전투적 태도militantisme와 도락적道樂的 태도dilettantisme를 계속 구별하지 못하는) 아방-가르드적 서적상 등 문화적 재화와 서비스 판매자들은 모두 성격이 애매한 직업을 (따라서 판매의 성공은 최소한 상품의 질이나 성격만큼이나 판매자와 상품의 미묘한 차별화에 좌우된다) 문화자본에 대한 최대 이익을 되돌려 받는 수단으로 이용한다. 따라서 문화자본에서는 기술적 능력보다는 지배계급 문화와의 친밀성이, 그리고 다른 사람과는 전혀 다른 훌륭한 취미를 가진 사실을 과시할 수 있는 기호(記號)나 표식을 마음껏 사용할 수 있는 능력이 훨씬 더 중요하다. 이처럼 집중적으로 문화적 투자를 하는 새로운 유형의 장인과 상인은 가족에 의해 직접 전승된 문화유산으로부터 이윤을 끌어낼 수 있기 때문에, 학교제도에서 배제된 지배계급의 자녀들에게 피난처로 사용되기도 한다.

이해하는 시간

학력자격의 인플레(이것은 학교라는 장을 최대한도로 이용하는 계급을 위시해서 여타의 모든 계급과 계급분파들이 학교를 이용하도록 끊임없이 강요함으로써, 다시 점차 학력자격을 과잉생산하도록 조장하는 기능을 하게 된다)와 그에 따른 가치하락의 효과 중에서는 의심할 여지없이 가치하락된 학력자격의 소유자가 상속한 위치를 유지하기 위해, 혹은 학력자격으로부터 예전의 학위와 직위 간의 대응관계가 보장해주었던 것과 동일한 실질적인 등가물을 얻어내기 위해 사용하는 일련의 전략이 가장 중요하다고 할 수 있다.

학력자격이 보장하는 것은 현실의 사회체험 속에서 하나의 위치를 차지할 권리나 해당되는 직업을 수행할 능력과는 전혀 다르며, 따라서 그 이상의 것이라는 점은 너무나 분명하다(이 점에서 학위는 엄밀한 기술적 정의에 따른 부동산 등기증서보다는 귀족 칭호에 더 가깝다고 할 수 있다). 이 점을 염두에 둔다면 가치하락된 학력자격의 소유자들은 객관적으로 뿐만 아니라(학력자격은 이들의 사회적 정체성의 중요한 부분을 구성한다) 주관적으로도 자신들과 강하게 동일시하는 칭호의 가치하락을 인식하고(아무튼 이것은 아주 어려운 일이다) 인정하려 하지 않으리라는 것을 쉽게 예상할 수 있을 것이다. 그러나 아무리 학력자격과 직위의 **명목적 가치**에 매달리며 자기-평가를 유지하려 애쓴다 해도 만약 다음과 같은 객관적 메커니즘의 공모가 없다면 이런 가치하락을 오인하는 일은 없을 것이다. 이러한 객관적 메커니즘 중에서 가장 중요한 것은 다음의 두 가지이다. 즉 먼저 이전의 객관적 평가기회에서는 적절했던 지각도식과 평가도식을 학력시장의 새로운 상태에 그대로 적용하려는 아비투스의 지체현상hysteresis과 함께 아주 느린 속도로 학력자격의 가치를 하락시키는 상대적으로 자율적인 시장의 존재를 그러한 메커니즘으로 꼽을 수 있다.

지체현상의 효과는 학교제도와의 거리가 클수록, 학력자격시장에 대한 정보가 적을수록 혹은 추상적일수록 더 확실하게 나타난다. 상속된 문화자본을 구성하는 정보 중에서는 아무래도 학력자격시장의 변동에 대한 실제적 혹은 학문적 지식을 가장 중요한 정보 중의 하나로 꼽을 수 있는데, 이것은 결국 학교시장에서는 상속된 문화자본에서 또는 노동시장에서는 학력자본에서 각각 최대의 이익을 얻을 수 있도록 해주는 투자감각sens du placement으로 나타난다. 가령 이전 상태의 시장에서는 가장 높은 이익을 획득할 수 있도록 해주던 학교적 가치에 집착하는 대신 정확한 시기에 가치하락된 분야나 경력에서 발을 뺴 장래성이 있는 분야나 경력으로 진출할 수 있는 감각을 전형적인 예로 들 수 있다. 이와 반대로 지각도식과 평가도식의 지체효과는 가치하락된 학위의 소유자들이 어떤 의미에서는 함께 공모(共謀)해 학위의 신비화에 참여하는 것을 의미하는데, 통설(通說)allodoxia의 전형적 효과에 의해 가치하락된 학력자격에다 객관적으로는 인정되지 않는 가치를 부여하기 때문에 이러한 일이 나타난다. 학력자격 시장에 대한 정보가 가장 빈약한 사람들이 이미 오래 전부터 명목임금은 유지되어도 실질임금은 계속 하락하고 있다는 사실을 간파할 수 있었는데도 수년에 걸쳐 학교를 다니면서 겨우 일종의 불환지폐(不換紙幣) 같은 것(사회관계 자본을 갖지 못했기 때문에 가치하락의 충격을 가장 먼저 받음에도 불구하고)이라도 받으려고 발버둥치는 이유 또한 바로 이러한 맥락에서 이해할 수 있다.

이처럼 아비투스의 지체현상이 조장하는 대로 학력자격의 가치에 대해 시대착오적인 옛 표상에 집착하기 때문에 분명히 학력자격이 가치하락을 (최소한 외관상으로는) 회피할 수 있는 시장도 존재할 수 있는 것이다. 실제로 하나의 학력자격에 객관적-주관적으로 부여되는 가치는 그 자격의 사회적 용도 전체와 관련해서만 규정될 수 있다. 따라서 친척이나 이웃, 동창생(소위 '동기')과 동료처럼 아주 가까운 사람들이 학력자격을 평가하는 태도는 가치하락 효과를 크게 은폐할 수도 있다. 이 모든 개인적-집단적 오인의 효과들은 결코 환상적이지 않다. 이 효과들이 실제적인 실천을 지향하고, 특히 자격이나 지위에 주관적으로 부여된 가치의 객관적 현실을 확인하거나 재정립하려는 개인적-집단적 전략들을 조정하기 때문이다. 그리고 이 전략들은 각 가치를 실제로 재평가하는 데 커다란 기여를 할 수 있기 때문이다.

학력자격의 상품가치가 결정되는 거래에서 노동력을 파는 사람의 힘은 사회관계 자본을 별도로 한다면 학력자격의 가치에 좌우되는데, 특히 학력자격과 직위 간의 관계가 엄밀하게 약호화되어 있을수록 그만큼 긴밀하게 관련된다(기성의 위치가 그렇다. 이와 달리 새로운 지위는 그렇지 않다). 이로 미루어 학력자격의 가치하락이 직위 제공자들에게 직접적인 이익이 된다는 것을 알 수 있다. 그리고 학력자격 소유자의 이해가 그 자격의 명목가치(즉 이전 상태에서 그 자격이 권리로 보증해 주었던 것)에 강하게 묶여 있는 반면 직위 제공자의 이해는 그 자격의 실질 가치와, 즉 특정 시기의 자격소유자들끼리의 경쟁에 의해 결정되는 가치와 강력하게 연관되어 있다(이런 종류의 구조적인 탈숙련화脫熟練化효과déqualification가 훨씬 이전부터 기업이 활용하고 있는 모든 탈숙련화 전략에 첨가된다). 이런 투쟁에서는 자신의 학위가 학력자격의 위계 속에서 상대적으로 낮은 가치를 갖고 가치하락이 심한 사람이 가장 많은 것을 잃게 된다. 몇몇 경우 학력자격 소유자는 제공된 가격에 노동력을 팔기를 거부하는 방법 말고는 학력자격의 가치를 지키기 위한 방도가 없게 되는데, 이 경우 실업자로 남아있겠다는 선택은 (개인적) 파업의 의미를 띠게 된다.[35]

---

[35] 직업에 대한 수요와 공급의 변천을 연구하면, 비록 물론 부분적이고 불완전하긴 하지만 취업희망자의 희망사항과 실제로 제공된 자리 수 간에 존재하는 괴리를 파악할 수 있다. 가령 1958년 9월~1967년 9월 사이에 18세 미만의 취업희망자수는 3배로 증가한 반면, 공급된 일자리 수는 변하지 않았다. 이러한 괴리는 가장 희망자가 많은 사무원 또는 유사 직종에서 특히 심했다. 사무원의 경우 취업희망자는 전체 취업희망자의 30.2%를 차지한 반면, 공급량은 전체의 겨우 3.3%에 불과했다. 또한 취업을 희망하는 청년들 대부분은 자신들의 희망에 합당한 급료를 받기를 요구하는 만큼, 각자의 자격에 근접한 일자리를 얻기를 바란다. 44%의 청년이 자신의 자격에 어울리지 않는 일자리를 거부하고, 35%가 의당 자신이 받아야 한다고 생각하는 금액 이하의 급료를 받기를 거부한다(M. Mangenot, N. Alisé, F. Remoussin, *Les jeunes face á l'emploi*, Paris, Ed. Universitaire, 1972, p. 230 참조).

남용된 세대

교육제도가 만들어내는 취직희망과 실제로 제공되는 취업기회 간의 괴리는, 학력자격이 폭등하는 시기에는 학력자격의 희소성과 출신계급에 따라 정도의 차이는 있으나 구조적으로 한 학교 세대의 구성원 전체에 영향을 끼치게 된다. 중등교육의 신참자는 중등교육을 받게 되었다는 바로 그 사실만으로도 이전에 자신들이 배제되어 있던 시기에 중등교육이 제공하던 것을 이제 다시 중등교육이 제공해주리라고 기대하게 된다. 이런 희망은 시기나 계급이 달랐다면 객관적 개연성에 조응했기 때문에 완전히 현실적인 희망이라고 할 수 있었겠지만, 이들에게는 변화된 학교시장이나 노동시장의 판결에 따라 급속하게 이런 희망이 거부되는 경우가 많다. 소위 '학교의 민주화'가 내포하고 있는 역설 중의 하나는 '해방하는 힘으로서의 학교'école libératrice'라는 제3제국의 이데올로기에서는 이제껏 무시하거나 기껏해야 모호하게 언급되고 말았던 민중계급이 중등교육에 들어가지만 결국 2급과정으로 추방되거나 배제당함으로써 보수적인 힘으로서의 학교'école conservatrice를 발견하게 된다는 사실을 꼽을 수 있다. 희망과 실제적 기회 간의 구조적 괴리에서, 즉 교육제도가 약속하는 것처럼 보이는, 다시 말해 교육제도가 임시적으로 제시하는 사회적 정체성과 학교를 마쳤을 때 노동시장이 실제로 제공하는 사회적 정체성 간의 괴리에서 비롯되는 집단적 환멸은 노동에 대한 흥미의 상실을 유발하고, **사회적 유한성(有限性)에 대한 거부**를 표명하는 근거가 되는데, 이것은 통상 청소년의 대항문화의 구성요소를 이루는 모든 도피와 거부의 근원이 된다.

물론 이러한 불일치(그리고 그에 따른 환멸)는 각 사회계급에 따라 객관적-주관적으로 상이한 형태를 취하게 된다. 가령 노동자계급의 자녀들의 경우 중등교육을 받고 일시적으로 노동세계의 필연성으로부터

새로운 생산라인

환멸을 느낀 사람들

"나는 맨 처음 조사원 일을 했다. L의 친구도 역시 같은 일을 하고 있었다. 나는 파리에 있는 조사 사무소의 모든 명단을 갖고 있었다. 두 달 동안이나 전화를 하고 편지를 낸 후에 마침내 자리 하나를 발견했다. 하지만 수개월이 되었는데도 아무 연락이 없었다. 더 이상 조사가 없었던 것이다. 나는 실업보험(월 천 프랑)을 받을 권리가 있었기 때문에 그것으로 7개월 살았고, 그 후 2개월간은 포도수확 일을 했다. 그 후 다시 프리랜서 조사원으로 약 7개월을 일했다. 하지만 결국 이 사무소를 그만두었다. 그 안에는 동성연애자 여성들만 있었고, 연인관계에 있는 사람들에게만 일을 주었기 때문에 나는 사직했다. 어쨌든 이런 사무소에서는 많은 사람이 조금씩 차례로 일을 한다. 이런 유형의 사회에서는 일이 중요한 것이 아니다. 만약 중국에서처럼 일을 할 수 있다면 나도 아마 하루에 10시간씩 일을 할 수 있을 것이다"(F., 24세, 기혼녀, 바깔로레아 취득 후 몇 달간 대학의 문학부에 다님. 부친은 금리생활자).

"바깔로레아에 실패했을 때, 벌써 변두리로 밀려나 있었다. 정신을 차렸을 때는 일자리도 찾기 힘들었고, 게다가 눈에 띄는 일자리는 쓸모가 없는 것들이었다.

나는 그다지 내키지 않는 일을 해서 몇 달 간은 일하지 않아도 될 만큼 저축을 했다. 아무튼 나는 틀에 박힌 일을 좋아하지 않기 때문에 가끔씩 일을 쉬는 것을 좋아한다.

바깔로레아에 실패한 후에는 바캉스촌의 아동센터에서 일했다. 그 후 드뢰(Dreux)의 어떤 신문사에서 일을 찾았다. 나는 편집연수생이었지만 2개월 후에는 신문기자의 명함을 만들어야 했고, 그래서 나는 삐지스트(행수 단위의 보수로 일하는 기자 — 옮긴이)가 되었다. 하지만 그 일도 내게 잘 맞지 않았다. 내가 쓴 모든 것은 휴지통으로 갔다. 사진도 찍어 보았다. 그러나 신문사 일에는 미묘한 역관계가 작동하고 있었는데, 나는 투쟁적인 방법을 쓰지 않았고, 경쟁하고 싶은 생각도 없었다. 내게 더 일을 주지 않았기 때문에 6개월 후에 그만두었다. 그 다음으로 관청일이라는 신화에 매혹되어 우편전신전화국(PTT)에 원서를 냈다. 우편물을 구분하는 일을 3주간 했다. 그러나 곧 궁지에 몰렸다. 전혀 모르는 직장 세계로 뛰어든 것이었다.

내게 놀라왔던 것은 사람들보다는 그들의 인간관계였다. 밀고가 난무하고 있었다. 사람들 간에는 아무런 연대감도 없었다. 3주 후에 나는 사직했는데, 그 이유는 이렇다. 우리는 임시고용인으로 모두 다섯 사람이 있었는데, 근무 시작 다음 날로 해고된 남자가 하나 있었다(15분 정도를 더 쉬었다는 이유였다). 그래서 다섯 명 전원이 사직을 했다. 가장 머리에 남는 일은 일단 바깔로레아에서 실패하자 학교를 증오하기 시작했고, 다른 사람들도 나를 전혀 지적이라고 생각하지 않게 된 일이었다.

그 다음에는 국립고용국(ANPE)을 통해 소고기 유통조정기관의 회계일을 얻었다. 그 후 특별수당이 전원에게 배당되지 않았던 사건이 있었고, 나는 말다툼 끝에 여기서도 사직했다. 여기에는 2개월 반 있었다. 9월에는 1개월간 포도수확 일을 했고, 그 후 일을 찾기 위해 또 ANPE로 갔다. 오토바이를 타고 6개월간 배달일을 했는데, 내가 한 일 중에서 제일 미칠 것 같은 일이었다. 지독하게 힘든 일이었고, 오토바이를 조금만 타면 완전히 망상에 빠져버리고 만다. 모두가 내 생명을 노리고 있는 것 같은 느낌이 들어 사직했다.

2개월의 실업 후에 프랑스 국유철도(SNCF)에 취직했는데 바캉스철의 일로 채용되었다. 전자예약을 담당하면서(오퍼레이터라고 말할 수 있을까 …) 그 일에 4개월간 붙어 있다가 사직했는데, 시골에서 살고 싶어서였다. 그 후 나는 줄곧 시골에 있다"(G., 21세, 바깔로레아 D 분야에 실패, 부친은 경찰관, 모친은 가정부).

(C. Mathey, L'entrée와 dans la vie active, Cahiers du Centre d'études de l'emploi, 15, Paris, PUF, 1977, pp. 479~658). (이 책은 일자리를 잃은 50명의 젊은이들과의 인터뷰로 되어 있다)

해방될 수 있는 '학생'이라는 애매한 신분을 경험하다 보면 희망과 기회 간의 변증법적 관계 속에서, 즉 이전 세대에게는 사회적 숙명을 거의 언제나 당연한 것으로, 때로는 자진하여(성인으로의 진입과 처음으로 갱도에 내려가는 것을 동일시했던 광부의 자식들처럼) 진지하게 받아들이도록 한 이 관계 속에서 낙오자가 되기 쉽다. 대입자격증서를 갖고도 단순기능공이나 우체부가 되어버린 사람들처럼 계급탈락의 가장 분명한 희생자들이 특히 생생하게 느끼고 표현하는 노동에 대한 불만은 어떤 경우에는 한 세대 전체에서 나타날 수도 있다. 그리고 이 감정은 투쟁이나 요구 또는 도피의 형태로 표현되는데, 전통적 조합활동이나 정치투쟁을 하는 전통적 조직들은 이를 제대로 이해할 수 없는 경우가 많다. 왜냐하면 단순히 노동조건 이상의 것, 즉 이전부터 누려온 '사회적 지위'situation가 핵심적인 쟁점으로 자리잡고 있기 때문이다. 입에 발린 말만 내놓지 하등 쓸모없는 종이쪽지로 사람을 기만하는 교육체계와, 사회체계에 의해 사회적 정체성과 함께 자아-이미지까지 훼손당한 이들 젊은이들은 전적으로 이런 편견을 거부하는 방법 말고는 자신의 인간적-사회적 정체성을 회복할 길이 없는 것이다. 이들은 핵심적인 문제는 학교제도가 믿게 하려는 대로 개인의 한계나 실패가 아니라, 학교제도 자체의 논리라고 느끼는 것 같다. 학력자격으로부터 이전 세대보다 적은 것밖에는 얻을 수 없도록 운명지어진 세대의 구성원 전체에 영향을 끼치는 구조적 탈숙련화 현상은 일종의 집단적 환멸을 불러일으키게 된다. 그리고 오용되고 좌절된 이 세대는 학교제도에 의해 촉발된 분노감과 반항심을 모든 제도에까지 확장시키는 경향이 있다. 이러한 일종의 반(反)-제도적 기질(이것은 이데올로기적이고 과학적인 비판을 통해 힘을 얻게 된다)은 종국에는 암묵적으로 인정되고 있는 사회질서의 전제들에 대한 부인에로, 즉 사회질서가 제시하는 목표와 사회가 공언하는 가치에의 통념적 동의의 실제적 중단에로, 그리고 사회질서가 기능하기 위한 조건인 투자에 대한 거부로 이들을 이끌게 된다.

가정뿐만 아니라 학교제도 속에서도, 정치조직이나 조합조직 속에서도, 특히 무엇보다 노동세계에서, 가령 학교 수료증서나 BEPC을 가졌지만 교양을 몸에 익히려는 의욕에 찬 30세 정도 나이에서 공부를 시작한 구식 독학자가 젊은 대입자격증서 소유자나 학교제도 속에 반-제도적 기질을 유포하는 새로운 유형의 독학자들과 대면하게 될 때마다 언제나 세대간의 갈등이 생기며, 이 갈등이 궁극적으로는 흔히 사회질서의 기반 자체에 대한 충돌의 형태를 띠는 것을 알 수 있다. 초기 낭만파를 연상시키는 이런 종류의 환멸적 기질은 통상적 형태의 정치적 항의행동보다는 더 과격하고 또 불안정한데, 그것은 실제로 쁘띠 부르주아적 질서의 기본적 교리인 '경력', '지위', '승진', '출세'를 공격대상으로 한다.

계급탈락에 대항한 투쟁

학교적 요소로 구성된 재생산 양식에 특유한 모순은 학교제도가 **통계학적으로** 공헌하는 계급 전체의 이해와 이 과정에서 학교에 의해 희생되는 이 계급 구성원들의 이해와의, 즉 계급의 정식 성원에게 형식적으로 요구되는 학력자격을 보유하고 있지 않기 때문에 계급탈락의 위협을 받고 있는 '낙오자들'의 이해와의 대립에서 찾을 수 있다. 물론 부르주아지 계급출신이 아니기 때문에 '정상적이라면' (즉 학력자격과 직위 간의 관계에 변동이 없다면) 자신의 학력자격으로부터 최대한의 수익을 얻는데 필요한 사회관계 자본을 갖지 못했지만 부르주아적 직업에 접근할 수 있는 학력자격 소유자들도 존재한다는 사실을 잊어서는 안 된다. 학력자격의 과잉생산과 그로 인한 가치하락은 이론적으로는 자격취득 기회가 모든 부르주아지 자녀들(맏이나 막내나, 아들이나 딸이나 똑

1962년에는 15~24세의 단순 기능공 중에서 BEPC 소지자는 겨우 1.5%, 바깔로레아 이상 학력소지자는 0.2%에 불과했지만, 1975년에는 각각 8.2%와 1.0%로 늘어난다. 사무직 노동자에서는, 1962년에 고연령층에서도 상당히 높은 비율로 학위소지자들을 볼 수 있지만, 그 후 고연령층보다도 젊은 층 쪽의 고학력자 비율이 높아지기 때문에, 고학력자가 차지하는 비율은 젊은 층에서 더 많아진다(1962년, 15~24세의 사무노동자 중

BEPC 소유자는 25%, 바깔로레아는 2%, 대학졸업 혹은 그랑 제꼴 수료증서는 0.2%였던 것이 1975년에는 차례로 38%, 8%, 1.7%로 되지만, 같은 해에 25세 이상에서는 차례로 16.1%, 3.3%, 1.4% 밖에 되지 않는다). 이러한 분포 속에서 나타나는 여러 세대의 동료관계의 온갖 변화에 덧붙여, 과거보다 높은 학력을 가진 사람들이 (수많은 사무직 노동자들을 거대한 관료제의 단순기능공으로 만드는 자동화와 사무의 기계화에 따라) 자주 격하된 직위로 내몰리도록 만드는 노동관계의 변화를 고려해야 한다. 이로 미루어 우리는 고연령층의 견고해 보이는 엄격함과 젊은 층의 무사태평 간의 대립, 특히 턱수염과 방랑자의 전통적 등록상표인 장발의 대립은 단순히 세대간의 대립 이상의 것을 표현해주고 있다고 생각해 볼 수 있다(다음의 사진을 참조하라)

같이)에게 똑같이 주어지는 반면 다른 계급들이 이 자격들을 취득하는 경우도 (절대적으로는) 증가함에 따라서 구조적 상수가 되는 경향이 있다. 어떤 사람들은 계급탈락을 피하고 계급 궤적에 합류하기 위해, 또 다른 사람들은 희망하는 궤적의 중단 없는 흐름을 재구축하기 위해 여러 전략을 사용하는데, 이 전략들은 오늘날 사회구조 변동의 가장 중요한 요인들 중의 하나가 되었다. 실제로 이러한 개인적 만회 전략stratégies individuelles de rattrapage은 상속된 인간관계라는 사회관계 자본의 소유자들에게 형식적인 학력의 결여를 벌충하도록 해주거나 사회공간 중 아직 덜 관료화된 영역들(여기서는 학교에서 보증된 '능력'보다는 사교성이 더 중요하다)로 이동함으로써 자신이 갖고 있는 자본으로부터 최대한의 이익을 얻을 수 있도록 해주는데, 이런 개인적 전략은 정치적-사회적 권리를 요구하는 집단적 전략들stratégies collectives de revendication과 결합된다. 이 집단적 전략들은 학력자격의 가치를 재확인하고 이전 상태의 시장에서 보장되었던 보상을 계속 얻어내려 한다. 이 두 전략이 결합해 이전 위치들을 재규정하거나 새로운 위치들을 고안해냄으로써 반(半)-부르주아지semi-bourgeoisie적 위치를 대대적으로 창출해내는데, 이것은 학력이 결핍된 '상속자들'에게는 계급탈락을 피할 수 있도록 해주고 '출세자들'에게는 가치하락된 학력에 준하는 보상을 해줄 수 있도록 해준다.

학력자격 소유자의 증가에 따른 학력자격의 가치하락을 피하기 위해 행위자들이 사용하는 전략은 특정한 시점에서 객관적으로 제공될 수 있는 기회와 이전에는 가능했던 희망 간의 괴리(이것은 특히 특정 국면과 사회적 위치에서는 현저해진다)에 근거를 두고 있다. 이 괴리는 일반적으로 이전의 위치와 그 위치로 이끌어온 궤적 속에 객관적 잠재성으로 각인되어 있는 개인적-집단적 궤적을 행위자들이 제대로 따라가지 못한 쇠퇴의 결과로 나타난다. 이 중단된 궤적의 효과가 나타날 때,

예를 들어 에꼴 뽈리떼끄니끄 출신의 자식이나 손자가 상업 엔지니어나 심리학자가 되는 경우나 법학사가 사회관계 자본이 없어 문화활동 지도자가 되는 경우 행위자의 열망은 마치 자체에 고유한 관성에 의해 움직이는 포탄처럼 현실적 궤적을 넘어 현실적 궤적 이상으로 현실적이며, 아무튼 통상적인 의미의 공상적인 성격과는 전혀 무관한 궤적을 그리게 된다. 일종의 깨어진 희망이나 좌절된 희망으로 각자의 성향의 가장 깊은 곳에 각인되어 있는 이처럼 전혀 불가능한 객관적 잠재성이 여러 차이에도 불구하고 다음과 같은 두 부류의 사람들 사이에 공통 요소로 자리잡고 있다. 즉 학교제도로부터 부르주아지 계급에게 가장 개연성이 높은 궤적을 추구할 수단을 얻을 수 없는 이들의 자녀와, 그리고 문화자본도 사회관계 자본도 없기 때문에 학력자격으로부터 이전의 시장 상태에서는 당연히 보증해주었을 것을 얻지 못하는 중간계급과 민중계급의 자녀들 사이에는 바로 이러한 잠재성이 자리잡고 있는데, 이 두 범주의 사람들은 특히 새로운 위치로 나아가려는 성향이 강하다.

계급탈락을 피하려는 사람들은 각자의 계획에 한층 더 걸맞은 새로운 직업(이것은 자격-직위의 이전의 대응관계에서는 사회적으로 타당했다)을 만들어 내거나 각자의 의도에 맞추어 직업을 재규정하고 재평가함으로써 각 자격이 접근할 수 있도록 해주는 직위를 조정할 수도 있다.[36] 보통 특정 직위를 차지하고 있는 사람들과는 다른 학력을 가지고

---

[36] 일부 노동사회학의 전통이 되어버린 현실주의적이고 항구불변적 모델로부터 벗어나려면 직위poste라는 것을 규칙, 회람, 조직표 안에 그 활동내용이 명기되는 이론상의 직위나 또는 이와 반대로 그 자리를 차지하고 있는 사람의 실제적 활동에 대한 고찰에 기반한 묘사에서 볼 수 있는 소위 현실적 직위로도 또는 이 둘 사이의 관계로도 환원해서는 안된다는 점을 상기할 필요가 있다. 사실 직위라는 것은 이론상의 정의뿐만 아니라 실제의 현실에서도 항구적인 투쟁의 쟁점으로, 해당 직위의 소유자들은 상사나 부하 혹은 인접하고 서로 경합하는 직위의 소유자들이나 또는 동일한 직위의 소유자들(가령 고참과 신참, 학력자와 무학력자 등)을 대립시키고 있다. 어느 직위의 지원자나 소유자는 그 직위가 자신들과 같은 특성의 소유자 이외의 다른 사람들에 의해서는 점유될 수 없는 것처럼 실제

있는 일부 사람들이 그 직위로 진입하기 시작하면 기술적 규정과 사회적 규정 양면 모두에서 이제까지 전혀 알려지지 않았던 능력과 성향, 요구들을 해당 직위와의 관계 속에 도입하게 된다. 그러면 필연적으로 그 직위에는 변화가 일어난다. 이런 종류의 신참자가 높은 학력의 소유자일 때 나타나는 변화 중에서 가장 뚜렷한 것은 다음 두 가지이다. 먼저 전에는 이론적으로나 실제적으로 별로 자격을 갖추지 못한 사람들도 기꺼이 감당했던 직업의 일부가 자동화됨으로써 **노동분업이 증대되고**(교육이나 사회복지 분야 직업의 다양화를 생각해보라), 다른 한편으로는 직업에 대한 재정의가 나타나는데, 후자는 형식과 내용에서 모두 새로운 정치-사회적 기대나 요구의 등장과 관련되어 있다.

결국 직위 점유자의 학력상 특성(그리고 그와 연관된 모든 특성들)의 변화로부터 유래하는 이러한 재정의의 범위는 해당 직위를 기술하는 기술적-사회적 정의의 **유연성**이 클수록(직위의 위계 속에서 위로 올라갈수록 이 유연성은 증대한다고 할 수 있다), 그리고 새로운 점유자가 상류계급 출신일수록, 즉 보통 쁘띠 부르주아지들처럼 평생 아주 제한적이고 점진적이며 충분히 예견 가능한 승진이라는 아주 제한적인 야망을 받아들이지 않을수록 커진다.

물론 이 두 가지 속성은 서로 독립적이지 않다. 실제로 계급탈락의 위기에 직면한 부르주아지 자녀들은 정확한 투자감각에 따르든, 아니면 각자의 자본에게 주어질 수 있는 기회들을 간파해서든 또는 해당 직업에 대한 규정 자체만으로는 창피한 생각을 떨칠 수 없도록 만드는 기성의 직업을 선택함으로써 위신이 떨어질까 하는 걱정에서든 아무튼 오래된 직업 중에서는 가장 불확실한 부문을, 그리고 새로운 직업 중에서

로 또는 규약상 그 직위를 재규정하는 일에 동일한 이해를 가지고 있을 수도 있다(국립행정학교나 이공종합대학의 졸업생들 간의 경쟁이나, 중간계급에서는 세대가 다른 간호사들 간의 대립 등을 생각해보라.

는 아직도 제대로 형성되지 않은 부문을 우선적으로 지망하는 경향이
있다. 따라서 직업의 내용을 일신하려는 재정의 효과는 특히 다방면에
미치며, 전문화가 별로 진전되지 않은 직업이나 문화적-예술적 생산을
담당하는 최신 부문, 가령 문화생산에 주력하는 대규모의 공기업이나
사기업(라디오, TV, 마케팅, 광고, 사회과학연구 등)처럼 직위나 경력이
아직 옛날의 관료체제적 엄밀성을 획득하지 못했고 충원이 아직도 자
주 호선cooption에 의해, 즉 학력자격보다는 '연줄'과 아비투스의 친화
성에 따라 이루어지는 직업에서 두드러지게 나타난다.

따라서 예를 들어 파리의 부르주아지 자녀들은 교수직처럼 이미 하
는 일이 다 규정되어 있고 또 평생 동안 종사해야 하는 직업에 직접 들
어가는 대신, 문화생산의 대관료제도가 제공해주는 면학과 직장의 중간
적 신분에 접근할 기회가 지방보다도 더 많을 뿐만 아니라 특정한 신분
에 '머무를' 수 있는 기회도 더 많은데, 따라서 특수한 자격(가령 파리고
등영화학교, 사진영화기술학교의 학위, 사회학사 학위나 심리학사 학위 등)
을 갖고 있어도 실제로는 이 형식상의 자격에다가 실제의 자격을 첨가
할 수 있는 사람들에게만 진정한 입장권이 발부되는 이러한 직업에 진
출해서 성공할 가능성도 훨씬 더 많다.[37]

문화생산체계에 참여하고 있는 여러 직업범주들간의 상대적 비중은 최
근 20년간 크게 변화했다. 라디오와 TV 또는 (특히 사회과학방면에서 크
게 늘어난) 공적-사적 연구조직의 발전에서 생겨난 봉급생활하는 문화생

---

[37] 이런 새로운 전략은 이미 시험되고 검증되어온 전략, 가령 직접적 재정원조(일종의
사전양도)나 부자와의 결혼을 통한 가정의 사회관계 자본의 전환, 그리고 경제자본과 문화
자본, 사회관계 자본은 더 커다란 이익을 가져다주는 반면 경쟁이 훨씬 약한 시장(옛날의
식민지나 또는 군대나 교회처럼 경제자본이나 문화자본의 소유 없이도 접근할 수 있지만
커다란 권위나 적어도 명예가 따르는 제도)으로의 이동 같은 전략과 결합하거나 또는 그것
들을 대체한다.

산자라는 새로운 범주는 교수층과 마찬가지로 크게, 특히 하층에서 두드러지게 확대된 반면 예술이나 법조 관계 직업, 즉 지적인 장인(匠人)층은 쇠퇴했다. 이러한 형태적 변화는 지적 생활의 새로운 결정기관(검토위원회, 조사위원회)과 제도화된 새로운 커뮤니케이션 양식(집담회나 토론회)의 발달과 함께 경제적-정치적 요구에 한층 더 직접적으로 종속되는 지적 생산자의 출현을 촉진하는데, 이와 함께 이들은 새로운 사고방식과 표현방식과 새로운 문제의식, 그리고 지적 노동과 지식인의 역할에 대한 새로운 견해를 들여오게 된다. 이러한 변화들은 지적으로 견습기간에 있는 학생인구의 증가와 반(半)-지적인semi-intellectuelles 직업 전체의 확대와 더불어 한때 '부르주아적 예술'만이 누리고 있던 것, 즉 생산과 보급을 전문으로 하는 기관을 따로 설치해도 충분할 정도의 대규모 청중을 — 이에 따라 대학의 장이나 지식인의 장의 주변부에서는 일종의 고도의 통속화가 나타나게 된다(소위 '신철학新哲學은 이것을 극단적인 형태로 보여준다 — '지적 생산'에 제공해주는 결과를 가져왔다. 즉 특수한 생산과 보급기관의 발달과 활동 및 엄청난 대중을 '지적' 생산에 제공하는 주요한 결과를 가져왔다(여러 사회직업 범주의 변천에 대해서는 테브노L. Thévenot, "Les catégories sociales en 1975. L'extension du salariat", *Economie et statistique*, n° 91, 7~8월호, 1977, pp. 3~31. 또 1962~1975 동안에는 '기업연구와 기업상담' 부문 — 법률, 회계, 재정, 광고관계 고문이나 건축사무소 등 — 에서 순조로운 발전이 이루어져, 이 부문에서 많은 여성이 고용되고 학위소지자들의 중요한 취직창구가 되었다. 트로갠P. Trogan, "Croissance régulière de l'emploi dans les activités d'études et de conseils", *Economie et ststistique*, n° 93, 1977. 10월호, pp. 73~80).

그러나 특히 이러한 유형의 변화가 현저하게 나타나는 장소로는 예의범절, 좋은 취향 또는 신체적 매력처럼 가족을 통해 가장 직접적으로 전해지는 문화자본에서 최대한의 이익을 끌어내는 공통점을 지닌 직업 전체에서 찾을 수 있을 것이다. 예를 들어 예술적 또는 반(半)-예술적 직업, 지적 또는 반(半)-지적 직업, 여러 가지 상담업(심리학자, 취업지도원, 언어교정사, 전신미용사, 결혼생활 상담원, 식이요법 영양사 등), 교육적 또는 준(準)-교육적 직업(과외활동 교사, 문화활동 지도자 등), 대중 앞에 서는 여러 가지 직업(관광안내인, 안내양, 미술관계 가이드, 라디오나 TV 사회자, 기업의 광고원 등)을 이러한 집단으로 꼽을 수 있다.

공적인 특히 사적인 관료체제는 전통적으로 사회관계 자본과 이 자본의 유지에 필수불가결한 사교기술이 가장 풍부한 지배계급분파(귀족, 구 부르주아지) 출신의 남성에게 맡겨지는 기능들(외교관, 내각의 구성원들)과는 범위나 양식에서 근본적으로 다른 접객과 대접의 기능을 수행하도록 요구받고 있는데, 이런 새로운 요구로부터 여성 특유의 여러 직업과 **신체적 특성을 중심으로 구성되는 정통적 시장**이 나타난다. 일부 여성은 자신의 매력으로부터 직업상의 이익을 얻고, 따라서 아름다움이 노동시장에서 가치를 얻게 되는 사실은 의문의 여지없이 복장이나 화장 등에 대한 규범의 일련의 변화뿐만 아니라 일군의 윤리적 변화 그리고 여성다움에 대한 정통적 이미지를 재규정하도록 만든다. 여성잡지나 신체의 정통적인 이미지와 처신방법을 규정할 수 있는 권리를 가진 모든 정통적 기관들은 이런 관료적 매력의 전문가들에 의해 구현된 여성의 이미지를 보급하는데, 아주 합리적으로 선발되는 이들은 엄밀하게 (전문학교, 미인선발대회 등을 통해) 프로그램화된 경력에 따라 관료적 규범에 잘 들어맞는 가장 전통적인 여성 역할을 수행하도록 훈련 받는다

오래된 직책을 변형시키거나 무(無)에서 새로운 직책을 만들어냄으로써 제한된 전문직을, 특히 '상담업' ─ 이러한 직무를 제대로 수행하

려면 계급의 문화 능력을 합리화하기만 하면 된다 — 을 만들어내려는 시도가 성공할 가능성이 가장 큰 부문은 사회구조 중에서 가장 불확실한 부문들이다. 성문제 전문상담가로 사회적으로 인정된 집단은 자원봉사협회나 박애협회, 정치결사의 점진적인 전문화를 통해서 서서히 구성되고 있는 중인데, 이것은 다음과 같은 과정의 전형적인 형태를 보여준다. 즉 행위자들이 자신이 속한 계급문화의 필요성과 함께 희소성을 동시에 만들어내면서 정통 문화로부터 배제된 여러 계급의 암묵적인 승인을 얻기 위해 교육제도가 마련해준 문화적 정통성을 동원해 자신의 집단적 이익을 충족시키면서도 속으로는 자신이야말로 무사무욕적이라고 확신하게 되는 과정 말이다.

결혼생활 상담원부터 다이어트 식품판매자에 이르기까지 오늘날 신체의 이미지나 관리와 관련된 영역에서 '현실'과 '당위' 간의 거리를 좁힐 수 있는 수단을 제공하는 것을 직업으로 하는 사람들은 다음과 같은 사람들의 무의식적 공모행위 없이는 아무 것도 할 수 없다. 즉 신체의 새로운 사용방법과 새로운 신체적 성향(hexis corporelle; 개인의 과거 속에서 개인에 의해 무의식적으로 내면화된 신체의 관리방식, 신체의 성향, 신체와의 관계로, 이것은 아비투스의 중요한 차원을 구성한다 — 옮긴이)을 — 가령 사우나, 체조 클럽과 스키장에 가는 신흥 부르주아지는 자신들에게 고유한 성향을 만들어낸다 — 강요함으로써 그에 상응하는 욕구, 기대와 불만들을 만들어내는 과정에서 제공되는 상품에 대해 결코 소진될 수 없는 시장을 창출하는 데 기여하는 사람들의 공모행위가 반드시 동반되어야 한다. 과학의 권위로 무장하고 '정상인의 체중과 신장의 대응표', 영양분을 골고루 섭취할 수 있는 식사방식 또는 성생활의 이상적 평균회수 들을 통해 정상적 상태*normalité*를 정의하려는 의사와 영양사, 패션모델이나 마네킹 등 보통 사람으로는 도저히 도달할 수 없는 기준에다 좋은 취미의 공인된 척도를 맞추어버리는 부인복 재단사, 신체를

1966년 4월 8일자 『로로르』지 '상류계급의 매너'를 가르치는 학교 — 이 학교에서는 18~60세의 남녀학생들이 식사예법, 꽃을 바치는 방법, 걷는 방법에서 재채기하는 방법에 이르기까지 '상류계급의 매너'를 배우고 있다.

아래 왼쪽: 여성의 적성을 활용할 수 있는 직업 — 안내양
아래 오른쪽: 어떻게 무리하지 않고 날씬해질 수 있는가?
(『엘르』지, 1978년 10월 23일호)

제2장 사회공간과 그 변형 281

새롭게 내보일 수 있는 방법을 끊임없이 설파하면서 수많은 경고와 기억('체중을 조절하세요', '누구는 무엇무엇을 사용하고 있어요' 등의)을 불러일으키고 있는 광고업자, 여성 주간지나 부유한 관리직을 독자로 하는 잡지에서 자신들의 생활양식을 과시하고 보여주며 그 양식을 찬미하는 언론인들(이들은 잡지를 만드는 동시에 자신들을 만든다), 이들은 때로는 서로 대립하고 경쟁하기도 하지만 모두 힘을 합쳐 하나의 대의 cause를 열심히 밀어붙인다. 이들이 그토록 열심히 할 수 있는 이유는 다름 아니라 실제로는 자신들이 특정한 대의에 봉사하고 있으며 또는 그 과정에서 실은 자신들에게 봉사하고 있다는 사실을 전혀 의식하지 못하기 때문이다. 신흥 쁘띠 부르주아지는 이처럼 계급간의 매개기능을 수행하기 위해 새로운 조작수단을 사용하는데, 이들의 존재만으로도 구쁘띠 부르주아지의 위치와 성향에서 변화가 일어나게 된다. 이런 계급분파의 출현을 제대로 이해하려면 지배양식의 변화를 염두에 두지 않으면 안 된다. 즉 억압 대신에 유혹을, 공권력 대신에 공적 관계를, 권위 대신에 선전을, 강경수단 대신에 온건한 수단을 내세움으로써, 규범을 주입하기보다는 욕구를 부과함으로써 피지배계급의 상징적 통합을 추구하는 지배양식의 변화 말이다.

학교제도의 변화

학교제도의 안팎에서 취학인구의 대폭적인 증가에 의해 일어난 변화 전체를 학력자격의 인플레와 노동의 가치하락으로 이루어진 단순한 기계적 과정으로 환원하는 것은 분명히 너무 단순한 접근방법이다. 특히 이러한 변화는 학교제도의 모든 수준에서 형태적 변화만이 아니라 이 제도의 전통적 이용자 측의 방어반응을 통해 이 제도의 조직과 기능방식까지 함께 변형시키는데, 가령 예를 들어 학교제도를 통해 미묘하게 위계화된 진로를 아주 복잡하게 만들어 버리거나 교묘하게 은폐된 대피선(待避線)voies de garage을 만드는 것을 그러한 방법으로 들 수 있다. 후자는 학교제도의 위계에 대한 지각을 애매모호하게 만들어버리고 만다. 이 점을 좀 더 분명하게 하기 위해 중등교육제도의 두 단계를 대비시켜 보기로 하자. 이전 단계에서 중등 교육의 조직 자체 그리고 교육이 제공할 수 있던 진로들과 가르쳤던 과목들, 또 수여해주었던 학력자격들은 분명한 단절과 명확한 경계에 기반해 있었으며, 초등교육과 중등교육 간의 구분은 교육내용, 교육방법, 장래 진로의 모든 차원에서도 체계적 차이를 만들어냈었다(비로소 지배계급에의 접근이 가능해진 이때 이러한 구분이 그대로 유지되고 심지어는 강화되고 있는 사실, 즉 고등학교lycée 입학과정에서는 소위 '엘리트' 반인 C분과와 다른 분과와의 대립을 그리고 고등교육 수준에서는 그랑 제꼴, 더 정확히 말하면, 권력을 가진 학교와 그렇지 못한 다른 교육기관과의 대립형태로 이런 구분이 계속 유지되거나 강화되고 있는 것은 의미심장하다). 한편 현재 단계에서는, 민중계급과 중간계급의 대다수 자녀들을 배제하는 일이 6학년 진급 시(즉 중학교collège 입학 시 — 옮긴이)에는 일어나지 않지만, 중등교육의 초기 몇 년 동안 줄곧 점진적이고 제대로 감지할 수 없는 방식에 따라 지속적으로 진행된다. 물론 그런 일을 하지 않는다고 부인하지만 은밀한 형태의 배제가 이루어지는데, 먼저 유급retard(이것은 연기만 되었지 실제로는 배제라고 할 수 있다)과 2류 진로로의 추방을 그러한 예로 꼽을 수 있다. 특히 후자는 학력이나 사회관계는 운명적인 것이라는 사실을 조기에 승인하도록 이끄는 일종의 낙인이라고 할 수 있다. 마지막으로 가치 하락된 학력자격 수여도 이러한 예로 들 수 있다.[38]

---

38) 두 진로로의 분할(엄밀하게 말하면, 초등교육의 고학년을 추가하고 특히 주요행정기관 모두가 제공하는 연수나 경쟁시험 전체를 포함하면, 항상 세 가지 진로가 있었다)이 서서히 사라지면서 다른 차원에서 재구성되기 시작한 바로 그 순간에 C. 보드로(C.

제4학급과 CPPN(직업훈련준비학급)[*1] 속에서 여러 사회직업 범주의 자녀들이 차지하는 비율 또한 프랑스 노동인구 전체의 분포를 반영하고 있지만 계급간 차이는 이미 각 분과(또는 '진학반', '취업반' 할 때의 '반' — 옮긴이)의 분포에서 그대로 나타나고 있다. 장기교육과정[*2]에서 사실상 배제된(CPPN이나 취업준비반으로 추방된) 자녀들의 비중은 사회적 위계와 반비례 관계에 있는데, 각각 농업노동자 자녀들의 42%, 생산직 노동자와 남의 가정에서 일하는 사람들의 자녀들의 29%, 일반 관리직의 4%, 상급관리직의 1%의 순서로 나타난다. 단기기술교육과정에는 민중계급출신의 자녀들이 과잉대표되고 있으며, 일반관리직과 사무직 노동자 자녀들의 비율도 일 년 교육과정(직업교육증서)에서 직업훈련 준비학급(여기에는 장인의 자식들이 압도적으로 많다)과 CAP(직업적성증서) 취득과정의 1학년을 거쳐, (중급의) BEP(직업교육수료증서)[*3] 취득과정과 중급기술학급으로 옮겨감에 따라 일정 비율로 증가한다. 반면에 생산직 노동자 자녀의 비율은 이 순서대로 감소한다(지배계급 자녀의 비율은 항상 낮다). 그러나 좀 더 자세히 살펴보면, CAP 수준에서 중간계급의 소년들은 건축업보다는 전기관계에 진출하는 사람이 많고, 또한 다른 계급의 소년들에 비해 선택폭이 넓음을 알 수 있다. 그리고 중간계급의 소녀들은 경제, 재정방면에 진출하는 경우가 많은 반면, 민중계급의 자녀들은 의상관계부문에 많이 진출한다는 것을 알 수 있다. BEP의 수준에서 보자면, CAP에서보다는 훨씬 더 많이 나타나는 중간계급의 소년들은 상업서비스 방면으로 진출하는 경향이 강한 반면 생산직 노동자의 자식들은 기계방면으로 진출하는 사람이 많다. 이처럼 아주 논리적이며 추상적인 직업으로부터 극히 기술적이며 실용적인 직업에 이르기까지 아주 복

Baudelot)와 R. 에스따블레(R. Establet)가 이러한 대립의 존재를 발견한 것은 주목할 만한데, 이러한 대립이 학교를 통한 재생산 메커니즘의 가장 명백한 표현이기 때문에 이 대립의 존재에 대해 이의를 제기할 사람은 아무도 없을 것이다.

잡하게 위계화된 여러 진로가 착종되어 있는 구조 전체와 관계를 맺게 되는 것이다. 그리고 이 진로들 각각은 가령 전기관계일과 건축업 간의 대립처럼 동일한 원리를 따르고 있지만 자체에 고유한 위계를 포함하고 있다(외브라르F. Oeuvrard의 발표예정 논문을 참고할 것). 한편 제2학급의 수준에서는, 출신계급에 따른 차이는 사람 수의 비율 자체에 명확히 나타나며, 각 분과의 분포 속에 분명하게 나타난다. 즉 한 극에는 '엘리트' 학급인 C분과가 있는데, 이 학급의 반수 이상은 일반관리직, 상급관리직, 자유업, 공업경영자, 대상인 등의 자식들로 채워진다. 다른 한쪽의 극에는 특수 제2학급이 있는데, 이것은 단기코스와 장기코스 간의 '다리'로서 사실은 아주 소수에 제한되어 있으며, 여기에는 생산직 노동자의 자식이 많다. 그리고 다시 그 중간에 A(철학, 문학, 언어전공), AB(철학, 문학, 경제, 사회전공), T(공업기술 전공)반이 있다. 지체를 만회하도록 강제하고 훈련 메커니즘으로서 작용하는 자격의 가치하락은 기술의 진보에 따라 높은 숙련도를 요구하는 전문직이 점점 커다란 기술능력을 갖춘 소수를 요구하도록 만들 뿐만 아니라 노동자계급의 자녀들, 특히 그 중 가장 '혜택 받은' 층(일반기술원, 숙련공 등)의 출신자녀에게는 다소간 장기간의 기술교육을 받는 것이 자신의 위치를 유지하고 하층 프롤레타리아로 내몰리는 부정적 경력으로부터 벗어나는 유일한 수단이 되어 왔다.

*1. 제4학급은 중학교의 삼년째로, CPPN은 이 단계에 진급할 수 없는 학생들로 구성된 학급을 가리킨다.
*2. 프랑스의 중등교육은 크게 장기코스와 단기코스로 갈라져 있고, 전자의 학생들은 보통의 리세lycée를 거쳐 바깔로레아 시험에 응시하는 반면, 후자의 학생들은 직업리세를 거쳐 단순기능공(주로 CEP취득자)이나 숙련공(주로 CAP취득자)으로 나가는 것이 일반적인 진로이다.
*3. CEP나 CAP보다 높은 단계로서, 중학교 수료자들이 2년간의 기술 교육을 거쳐 취득할 수 있다.

뚜렷하게 구분되는 경계선을 가진 이전의 체계가 사회적 분할에 분명하게 대응하는 학교제도상의 분할을 내면화시켰던 데 반해, 분류체계가 유동적이고 경계선도 흐릿한 오늘날의 체계는 경쟁시험의 무자비한 엄밀성으로 상징되는 구식 체계만큼 엄격하거나 잔인하지도 못한 방식으로 '기대수준'을 여러 장애물과 학교수준에 맞추도록 강요함으로써, 원래 자체가 불명확하고 혼란스러운 여러 기대치를 한층 더 혼란스럽게 만들고 있다(적어도 학교공간의 중간적 수준에서는 그렇다). 오늘날의 체계가 (서로 대체하거나 비교하기가 불가능하지만 동시에 여러 가지 위엄에 따라 교묘하게 위계화된 여러 진로와 학력자격의 무정부적 증식에 의해 조장된 인식의 착오를 이용해) 학교제도의 이용자들 대부분에게 가치하락된 학력자격을 속여 팔아치우 것은 사실이지만 이와 동시에 이 체계는 구체계처럼 갑작스런 **투자축소**désinvestissement를 강요하지도 않는다. 또 선택된 사람과 배제된 사람, 진짜 자격과 가짜 자격 간의 위계나 경계선의 혼란이 슬며시 배제작용을 일으키거나 그에 대한 은연중의 수락을 요구하는 것도 사실이지만, 이것은 위계에 대한 매우 예민한 감각의 토대가 되었던 옛날의 **경계감각**보다 객관적 미래에 대해 훨씬 덜 현실적이고, 자포자기적인 관계를 맺도록 해주는 것도 사실이다. 새로운 체계가 여러 방식으로 조장하는 **통설**(通說)*allodoxia*은, 추방된 사람들이 자신들과 관련된 진로와 학력자격을 과대평가하고 실제로 자신들을 위해선 전혀 존재하지 않는 가능성을 스스로에게 부여함으로써 바로 자신들의 추방에 협조하도록 만들며, 또 이들이 자신의 위치와 자격의 객관적 진실을 있는 그대로 수락하지 않도록 만들기도 한다. 또한 새롭거나 혁신 가능한 위치가 매력적인 이유는 다음과 같다. 즉 과거의 예술가나 지식인의 직업처럼 사회 공간 속의 위치가 막연하고 애매모호하며, **사회적 시간과 사회적 위계**를 체험하고 측정할 수 있도록 해주는 (승진, 보상, 급료인상 등) 물질적-상징인 기준을 제공하지 않는 이러한 위치들이 앞으로의 희망에 대해 상당히 포괄적인 여지를 마련해주기 때문이다.

따라서 그것들은 아주 제한적이어서 충원에서 은퇴까지의 과정이 아주 분명하게 규정된 직업들이 강제하는 갑작스럽고 결정적인 투자축소를 피할 수 있도록 해준다. 이러한 위치가 제시하는 불확실한 미래는 이제껏은 예술가와 지식인들에게만 국한되었던 특권으로, 이것은 현재를 끊임없이 혁신되는 일종의 일시적 지위로 취급하고 소위 (옛날 말대로 하면) 신분état을 우발적인 상태로 다루도록 만든다. 이것은 가령 광고 일을 하는 화가가 그럼에도 불구하고 계속 자신을 '진정한' 예술가로 생각하며, 돈 때문에 하는 이 일은 경제적 독립을 확보할 정도로 충분히 돈을 벌자마자 즉시 그만 둘 일시적 직업에 불과하다고 주장하는 것과 똑같은 것이다.39) 장래가 불확실한 이러한 직업들은 철학자라는 '천직(天職)vocation'으로부터 철학교수라는 '직업'vocation으로, 예술가로서의 화가로부터 광고 디자이너나 학교의 미술교사로의 전환과정에 따르는 투자축소와 재투자 작업을 면제하거나, 적어도 그것을 무한대로 연기할 수 있도록 해준다. 이런 유예기간에 있는 사람들이 평생교육(계속교육제도 속에 몸을 담고 있는 것)과 밀접하게 연결되는 것은 충분히 이해할만한데, 열려있고 전혀 한계가 없는 미래를 제공해주는 이 교육은 할 수 있는 것과 할 수 없는 것을 단 한번에 결정적으로 그리고 가능한 한 빨리 결정해버리는 전국적인 거대 경쟁체제로부터 거의 완전하게 벗어나 있다.40)

---

39) M. Griff, "Les conflits intérieurs de l'artiste dans une société de masse", *Diogène*, n° 46, 1964, pp. 61~94. 그리프의 이 논문은 '상업 예술가'라고 불리는 광고 디자이너들이 자기들 나름대로는 예술가를 자임하는 연수생들에게 어떤 방식으로 투자축소('코스를 밟는' 등)와 '하층의' 장으로의 재투자를 강제하는지를 매우 정확하게 기술하고 있다.
40) 따라서 교육제도가 파생시키는 과잉생산물의 일부는 학교에서의 '과잉생산'과 그 결과 생겨난 새로운 '수요'(가령 평생교육에의 '욕구' 등)에 의해 야기된 문제들과 사회적

그리고 이런 사람들이 예술가처럼 청춘의 미학적이고 윤리적인 양식과 모델에 열중하는 것도 충분히 이해할만하다. 이것은 자신과 다른 사람들에게 자신이 유한하거나 끝나지 않았으며, 또 종점에 도달하지 않았다는 것을 과시하기 위한 수단의 하나라고 할 수 있다. 학교생활과 직업생활, 재직기간과 퇴직 후 사이에 전부 아니면 전무(全無)식의 급작스러운 단절 대신에 거의 느낄 수 없을 정도의 극히 미소한 변화만 겪게 되는 이행이 일어난다(가령 과학 연구나 고등교육의 기존 직위의 주변에 몰려있으며 대개 졸업년도의 학생들이 떠맡는 일시적이거나 반半-영속적인 모든 일거리를 생각해보라. 또는 이와 다른 차원에서는, 현재 '가장 앞서가는' 기업들에서 나타나고 있는 단계적 퇴직을 생각해보라). 이 모든 것은 마치 학교제도와 경제제도의 새로운 논리가, 극히 미세한 모든 변동이 마침내 궁극적 결과로, 즉 최종결과가 — 이것은 자주 '개인적 위기'의 형태를 취하기도 한다 — 나타나는 순간을 가능한 한 오래 연기시키도록 조장하는 것처럼 일어난다.

이런 식으로 이루어지는 객관적 기회와 주관적 희망 간의 조정은 이제까지보다 더 교묘하게 강요되며, 따라서 그만큼 더 위험하고 불안정하다는 것은 두말할 필요가 없다. 자신의 현재 위치와 미래 위치에 대한 이미지를 모호하게 유지하는 태도는 한계를 받아들이는 한 가지 방법이긴 하지만, 그것은 동시에 한계를 인정하지 않으려는 방법으로, 결국 한계를 거부하는 것과 같은 것이다. 다시 말해, 한계를 거부하는 방법이긴 하지만 상상속의 기대에 견주어 계급탈락에 분노하며 애매모호한 혁명(주의)을 숭배하는 허위의식mauvaise foi을 통해 거부하는 것이다. 명확하게 구분된 사회적 정체성을 만들어내는 경향이 있기 때문에 사회적 몽상의 여지는 거의 남기지 않았으며, 이에 따라 가차 없이 요

갈등을 관리하는데 사용된다.

구되는 체념 속에서도 개인들을 편안하고 각자의 위치를 보장해주었던 구체제와 달리 당연한 권리로 주어지는 여러 희망과 사회적 정체성의 표상들과 관련해 나타나는 **구조적 불안정성**은 행위자의 여러 운동 — 이것은 사실 전혀 비개인적인 것이다 — 을 통해 사회적 위기와 비판의 영역으로부터 개인적인 비판과 위기의 영역으로 이동시켜 버리는 경향이 있다.

경쟁 투쟁과 구조 이동

사회공간의 특정한 자리가 '갱신'novation되고 '혁신'innovation되었다는 말만으로 사회변동 문제를 해결했다고 주장하는 것이 얼마나 단순한 태도인지는 이미 밝혀졌다. 그 자리는 어떤 사람들에게는 제일 높은 위치인 반면 다른 사람들에게는 제일 낮은 위치이며, 또 어떤 대가를 치루고서라도 논의 속에 '혁신'을 도입하는 것이 제일 관심사인 사회학자들에게 이러한 위치는 어딘가 다른 곳에 즉 '새로운', '주변적인', '배제된' 집단 안에 존재하기 때문이다. 필연적으로 사회에 따라 상이하게 나타날 수밖에 없는 윤리적 기준에 암묵적으로 의존해 어떤 계급을 '보수적'이나 '혁신적'(어떤 측면에서 그런지 분명히 하지 않으면서)으로 특징짓다 보면 그러한 논의가 출발하는 위치 이외에는 거의 아무 것도 말해줄 수 없는 담론밖에 만들어내지 못하게 된다. 왜냐하면 이러한 담론이 본질적인 것을, 즉 **투쟁의 장** 그리고 여러 위치와 위치표명이 관계적으로 규정하고 있으며 심지어는 그 장을 변형시키려고 애쓰는 투쟁마저 지배하고 있는 객관적 관계체계를 사라지게 만들기 때문이다. 이러한 투쟁을 규정하고, 또 그래도 유지하거나 재규정하려는 게임의 공간과 관련해 볼 때만이 보존과 변화 혹은 보존하기 위한 변화를 목표로 하는 개인이나 집단의 전략 또 자발적이거나 아니면 조직된 전략들을 이해할 수 있다.

전환 전략은 각 집단이 사회구조 안에서 각자가 차지하는 위치를 유지하거나 변화시키려고 노력하는 항구적인 작용과 반작용의 한 측면에 불과하다. 더 세밀한 계급분화가 진행되면서 오직 변화함으로써만 스스로를 보존할 수 있는 단계에 와서야 각 집단은 스스로를 보존하기 위해 **변화하려고** 애쓰는 것이다. 각 계급이나 계급분파가 새로운 이익을 쟁취하기 위해, 즉 다른 계급들에 대해 이익을 취하기 위해 가하는 작용, 따라서 결국 객관적으로 계급간의 객관적 관계(여러 특성의 통계학적 **분포상황**에 따라 형성된 관계)의 **구조를 변형시키려는** 작용들은 동일한 목적을 추구하는 다른 계급들의 반작용에 의해 보충된다(즉 **차례대로 상쇄된다**). 이처럼 서로 상반된 작용은 각자가 상대방에서 야기하는 역반응에 의해 상쇄되고, 경쟁의 초점이 된 재화를 둘러싼 각 계급이나 계급분파들간의 분배구조를 **전반적으로 전환시키게 된다**(고등교육에 접근할 수 있는 기회에서 나타나는 변화가 이를 잘 보여준다 ― <표 15>와 (그림 7)을 참조하라).

<표 15>에서는 여러 계급과 계급분파들의 형태적 변화와 각 성원들이 학교제도라는 재생산 수단을 이용할 수 있는 정도의 변화 간의 관계를 읽을 수 있다. 사회적 재생산양식이 초기단계에서는 특히 경제자본의 전달에 기반해 형성되는 집단들의 크기는 감소 또는 정체하는 경향이 있는 반면, 이 집단출신 자녀들이 학교를 이용하는 비율은 같은 기간에 증가하고 있다. 그리고 이들의 대부분이 사회적 위계의 동일한 수준의 위치에 자리잡고 있는 봉급생활자층을 팽창시키게 된다. 형태적으로 팽창하고 있는 계급분파의 성원들(일반관리직, 상급관리직, 사무직 노동자)은 특히 문화자본이 풍부하고, 주로 학교 제도를 주요 재생산 수단으로 이용하는데, 이들이 자녀들을 취학시키는 비율은 계급구조에서 동등한 위

<표 15> 직업별 인구변화와 진학률, 취학률의 변화(1954~1968)

계급분파	변화지수 (1954=100)	BEPC 이상의 학력 소지자들		고등교육 진학률			14세~18세 인구의 취학률		
		1962	1968	1961~1962	1965~1966		1954	1962	1968
농업노동자	53.7	0.8	1.6	0.7	2.7		8.0	23.3	29.7
농민	65.2	1.6	2.7	3.6	8.0		7.5	22.5	38.8
생산노동자	122.8	2.0	2.9	1.4	3.4		16.3	26.1	35.4
상공업 경영자	89.0	8.5	11.3	16.4	23.2		30.0	45.0	51.7
사무노동자	120.4	14.7	19.2	9.5	16.2		34.9	47.0	54.3
일반관리자	168.3	39.9	43.3	29.6	35.4		42.6	71.0	74.6
상급관리직, 자유업	167.8	69.5	73.4	48.5	58.7		59.3	87.0	90.0

Sources: INSEE, 『국세조사 1954, 1962, 1968』; 『고등교육 진학률』, 1973, p. 105;
P. 부르디외와 J. C. 빠세홍, 『유산상속자들』(Minut, 1964), p. 4;
P. 부르디외와 J. C. 빠세홍, 『재생산』(Minut, 1970), p. 260.

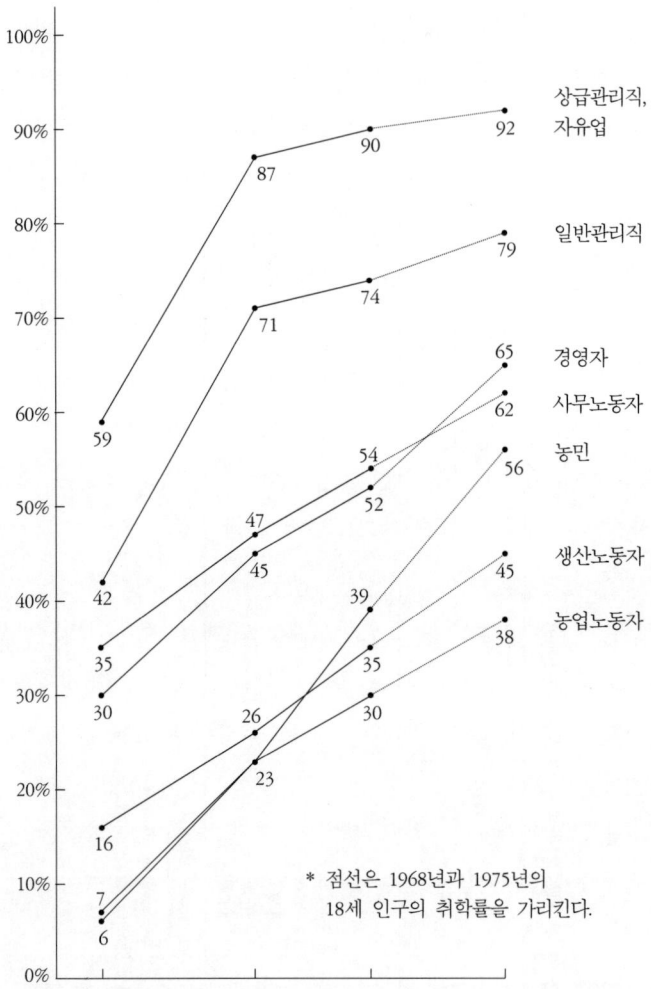

<그림 7> 16~18세 인구의 취학률 변화(1954~1975)

sources - INSEE, 『국세조사 1954, 1962, 1968』; 「고등학교 진학률」, P. 부르디외와 J. C. 빠세롱, 『유산상속자들』, 파리, 미니, 1964, p. 15 그리고 P. 부르디외와 J. C. 빠세롱, 『재생산』, 파리, 미니, 1970, p. 260; 「16~18세의 취학률」, 『사회자료』, INSEE, 1973, p. 105(1975년도의 경우, 국세조사의 1/5만을 조사결과에 포함시켰다).

치를 차지하고 있는 범주들에서와 거의 같은 비율로 증가하고 있다. 한편으로는 상업경영자와 사무직 노동자, 다른 한편으로는 농업종사자와 생산직 노동자 간의 상대적 위치의 역전은 다음 두 가지 이유에 의해 동시에 설명될 수 있다. 먼저 숫자가 계속 감소하고 있는 두 범주(상업경영자와 사무직 노동자)는 어쩔 수 없이 학교에의 의존도가 커질 수밖에 없고, 두번째로는 이 범주들의 내부구조가 (덜 분산적인 방향으로) 변화한 결과, 더 정확히 말해 이 범주들의 하층부가 특히 위기에 의해 큰 타격을 받아 소멸되거나 전환된 결과 전반적인 통계상의 수치가 증가하기 때문이다(가령 학력자격과 관련해 분명하게 나타난다).

그래프에 그려진 취학률은 과대평가되었을 수도 있는데, 독신자나 기숙사에 거주하는 사람들은 제외하고 가족과 함께 살고 있는 청소년만을 대상으로 통계를 내기 때문이다. 그리고 이러한 과대평가의 정도는 확실히 사회적 위계의 아래로 내려갈수록 커지게 된다. 최근 집단들간의 폭이 좁혀지는 것처럼 보이는 것은 한편으로는 최상층 범주들에서 취학률이 거의 포화상태에 이르고, 다른 한편으로는 여러 계급의 청소년들이 고도로 위계화된 진로들 자체 안에서는 어떻게 분포되는지를 통계가 무시하기 때문이다. 1967~1968년간의 공교육의 제2학급에서 생산직 노동자의 자식(1975년 기준으로, 17세 인구의 40.7%에 해당)이 차지하는 비율은 거의 변화하지 않는 데(각각 25.7%와 25.9%) 반해, 관리직이나 자유업 종사자 자식들은 같은 기간에 15.4%에서 16.8%로 증가하고 있다. 더구나 1976~1977 기간에 제2학급 학생들 중 상급관리직이나 자유업 종사자 자식의 57.6%가 C분과(자연과학계)에 속해 있는 데 반해, 농업노동자의 자식은 20.6%, 생산직 노동자 자식은 23.5%가 이 분과에 속해 있다. 반대로 기술계통 분과에 속하는 비율은 관리직, 자유업의 경우는 9.8%에 불과하고, 농업노동자 자식은 24.6%, 생산직 노동자 자식은 24.7%에 달한다(외브라르의 앞의 논문 참조). 이와 똑같은 경향을 고등

교육 수준에서도 찾아볼 수 있다. 거기서는 민중계급 출신 학생들은 대학의 문학부나 이학부 또는 기술계의 단기 양성기관으로 추방되는 경향이 점점 강해지는 반면, 지배계급 출신 학생들은 그랑 제꼴이나 대학의 의학부 또는 학업 성취가 최악인 경우에도 상업과 경영관계의 전문대학에 진출한다.

사회과학의 경우 과학적 담론은 자체의 수용조건을 무시할 수 없다. 그리고 이것은 언제나 특정 시점에서 널리 사용되고 있는 사회적 문제틀 problématique sociale의 상태에 따라 결정되며, 이 문제틀 자체도 적어도 부분적으로는 이 담론의 이전 상태에 대한 반응에 따라 규정된다.『유산 상속자들Les héritiers』과『재생산La reproduction』에서 제시되고 그 후 일군의 저서들을 통해 한층 심화된 분석들 ― 이것들은 앞의 두 저작이 분석을 단순화하는 등 몇 가지 오류를 범했음을 확인해주었다 ― 에 대해 교육적 측면에 대한 배려가 명쾌하게 나타나지 않는다는 구실로 나의 분석 전체가 과도한 단순화를 범하고 있다고 간단하게 치부해버리는 사람들은 나의 분석을 이해하지도 못한 채 무조건 비판만 하는 사람들과 마찬가지로 단순한 사실만을 선호하고, 여러 요소간의 관계를 사고할 줄 모른다고 할 수밖에 없다. 가령 1950~1960년 동안 대학의 '평균모집인원이 증가'했다(이것은 거의 별로 의미가 없다)고 이야기하며, 그 결과 부르주아지의 대학이 '중간계급에 의해 지배되는 대학'으로 변모했다는 결론을 내리는 식의 단순함(레이몽 부동R. Boudon,「프랑스 대학의 위기: 사회학적 진단의 시도」, Annales, 3, 1969년 5~6월, pp. 747~748)이 나타나는 이유를 이데올로기적 완고함만으로는 설명할 수 없을 것이다. 대학의 학부, 특히 문학부와 이학부가 재학생의 출신계급에 따라 고등교육기관의 위계 속에서 어떤 위치를 차지하고 있는 지만을 일별해보아도 이러한 통계 분석을 어떻게 읽어야 할지를 이해할 수 있을 것이다. 이러한 분석은『프랑스 병Mal français』의 저자에 의해 높이 칭송되었는데, 그는 대학현실에 대한 그 나름대로의 중대한 인식의 또 다른 증거를 제시하면서 이러한 분석이 그에 합당한 성공을 거두지 못한 것을 개탄하고 있다 (A. Peyrefitte, *Le Mal français*, Paris, Plon, 1978, pp. 408~409, 508~509). 대학의 문학부와 이학부는 당연히 그랑 제꼴에 의해 지배되는 장의 최하층에 위치하며, 또 이 두 학부의 학력자격이 가져다주는 경제적-사회적 이익에 따라 판단해본다면 최근 크게 증설된 상과대학 중에서 가장 권위 없고 가장 최근에 세워진 대학보다도 더 낮게 자리매김될 정도로 추방 장소로서의 모든 특성을 갖추고 있는데, 우선 특히 높은 '대중화'démocratisation(그리고 여성화) 비율에는 절도 있는 측정자도 깜짝 놀라고 말 것이다. 오베르빌리에(Aubervilliers)나 생-드니(Saint-Denis) 같은 교외의 공업지역의 CET(기술교육 중학교)에서 사회구조에 따른 중등교육의 '대중화'율을 측정해보아도 똑같은 결과가 나올 것이다. 의식적으로건 무의식적으로건 아래와 같은 두 가지 사실을 혼동하지 않고는 결코 '중간계급에 의해 지배되는' 대학이라는 이야기를 할 수 없을 것이다. 즉 대학의 학부 재적생 중 전체에서 중간계급출신 학생의 **점유율**(학부재적자중 중간계급출신 학생이 차지하는 백분율에 의해 표시된다)과 중간계급에 객관적으로 부여되는 **입학기회**를 혼동하지 않는 한, 다시 말해 학부의 **사회적 구성의 변화**(이것은 가령 구제도하에서 암묵적으로 요구되던 전제조건을 갖추지 못한 학생이 신제도하에서는 크게 증가하고, 그에 따라 교육의 전달을 곤란하게 하는 등 중대한 영향을 미칠 수 있으며, 따라서 한 집단이 수적으로는 지배적이어도 사회적으로는 피지배 상태에 있을 수도 있는 것이다)와 입학 가능성의 구조의 변화를 혼동하지 않는 한 그런 이야기는 할 수 없을 것이다. 그런데 취학률은 각 계급 중학교에 남아 있는(학업과정의 일정 수준에 재학하고 있는) 학생 수를 (**동창생 전체**가 아니라) 출신계급의 전체 수로 나누어야 얻을 수 있는데, 이러한 구조는 위로 단순한 이동을 했을 뿐, 진정한 의미의 변화는 일어나지 않는다.

이와 유사한 발전 과정은 다음과 같은 경우에도 나타나는 것처럼 보인다. 즉 특정한 재화나 희소가치를 가진 자격을 놓고 경쟁관계에 있는 집단들의 노력이나 분투가 일련의 추월과 만회 끝에 최초의 거리가 유지되는 경주에서처럼 서로 균형을 이룰 때마다, 다시 말해 가장 심하게 박탈된 상황에 처해있는 집단들이 사회적 위계 속에서 바로 위에 위치해 있거나 경주에서 바로 앞에 위치해 있던 집단들이 이제껏 차지해왔던 재화나 자격들을 차지하려는 시도들이 모든 수준에서 이들보다 훨씬 나은 위치에 있는 집단들이 자신들의 재화와 자격들의 희소성과 차별화를 유지하기 위해서 행하는 노력에 의해 상쇄될 때마다 이와 유사한 일이 벌어지는 것처럼 보인다. 가령 16세기 후반 작위 매각현상이 나타나 거의 자동적으로 작위의 인플레와 가치하락이 일어남으로써 영국의 귀족계급 내에 얼마나 심한 분쟁이 일어났는지를 생각해보라. 가장 먼저 타격을 받은 것은 에스콰이어(Esquire)나 암즈(Arms) 같은 가장 낮은 작위들이었고, 다음으로 나이트(Knight) 작위가 급속하게 가치하락되었는데, 이 작위는 하도 빠르게 가치가 하락되는 바람에 옛날부터 이 작위를 갖고 있던 사람들은 새로운 작위, 즉 배러니트(Baronet)를 만들기 위한 운동을 대대적으로 벌여야 했을 정도였다. 그러나 나이트와 왕국 귀족 간의 틈을 메울 이 새로운 작위는, 일정한 거리를 유지해야만 자신의 작위의 가치를 유지할 수 있는 상위의 작위소유자에게는 위협일 수밖에 없었다.[41] 이처럼 작위지원자들은 작위소유자들에게 희소가치를 부여해주던 작위들을 차지함으로써 기존의 작위소유자들의 쇠망에 일조하게 된다. 평민이 작위를 사는 것만큼 작위의 가치를 하락시키는 분명한 방법도 없을 것이다. 작위소유자들은 기존의 작위를 지원자들에게

---

41) L. Stone, "The Inflation of Honours, 1558~1641", *Past and Present*, 14, 1958, pp. 45~70.

떠넘기고 좀더 희소가치가 있는 칭호를 사들이거나 또는 작위를 획득한 시기나 연륜 등과 관련된 차이(가령 의전)를 도입함으로써 객관적으로 작위지원자들의 가치를 하락시키려고 한다. 그 결과 경주에 뛰어든 모든 집단들은 어느 서열을 차지하고 있건 바로 뒤에서 자신을 뒤쫓고 있는 사람들과 거리를 유지하고, 앞서 달리고 있는 사람들과의 **차이**를 위협할 수 있을 때만이 자신의 위치, 희소가치, 서열을 보존할 수 있는 것이다. 다시 말해, 바로 앞에 뛰고 있는 집단이 지금 소유하고 있으며, 나중에 언젠가는 자신들이 손에 넣게 될 것을 소유하려고 열망할 때만 그럴 수 있다.

가장 희소가치가 높은 칭호의 소유자들은 **인원제한**numerus clausus을 도입함으로써 자신들을 경주밖에, 경쟁밖에 위치시킬 수도 있다. 특권적 집단의 희소성을 '정상적으로' 보호해주는 통계적 메커니즘이 불충분하다는 사실이 드러나고, 이러한 메커니즘의 은밀한 유효성과 진정한 논리 (특히 배제의 사실상의 기준)가 통계적 분석에 의해서만 포착될 때는 일반적으로 어쩔 수 없이 이런 종류의 방책이 나타나게 된다. 즉 은밀하게 특권 집단의 이익을 보장해주는 한 견고하게 유지되는 자유방임주의가 일종의 의식적 **보호주의**protectionnisme에 의해 대체되는데, 이것은 외견상 자연적이고 중립적인 것처럼 보이는 메커니즘이 전혀 보이지 않는 형태로 수행했던 일들을 이 제도들로 하여금 공개적으로 수행하도록 요구한다. 희소가치가 있는 자격과 희소가치를 가진 직위를 차지하고 있는 사람들은 정원초과에 맞서 스스로를 지키려면 반드시 해당 직업에 대한 규정을 지켜내야 하는데, 실제로 이것은 칭호와 직위 간의 특정한 관계상태에서 어떤 사람이 직업을 차지할 수 있느냐에 대한 규정에 다름 아니다. 가령 미래의 의사, 건축가, 교수는 현재의 자신들의 모습 그대로여야 한다고, 즉 지금의 모습 그대로여야 한다고 공언함으로써, 해당 직위를 차지하고 있는 소수의 사람으로부터 도출한 모든 특성(가령 높은 출신계급처럼 엄격한 선별과 관련된 이차적 특성)을 각 직위에 대한 정의 속에, 즉 다시 말해 경쟁에 부과되며 또 이 경쟁이 야기할지도 모르는 여러 변화에 강제되는 일정한 한계에서 유래하는 모든 특성을 그 속에 영구히 새겨 넣는 것이다.

플라톤이 존재와 부재의 경계에 대해 말하면서 언급한 '혼합된' 영역을, 즉 사회적 분류체계(청년이나 노인, 도시인이나 시골사람, 부자나 가난한 사람, 부르주아지나 쁘띠 부르주아지 등)의 차별력에 도전하는 영역에 둘러싸인 집단들을 그대로 남겨두고 마는 통계적 경계 대신에 인원제한은, 차별 방책이 가동하기 위한 극단적 형태로서 분명하고 뚜렷한 한계를 설정한다. 또한 인원제한은 상당히 밀접하게 상호연관되고 통상서로를 함축하고 있는 일련의 기준에 따른 선별 원리를, 즉 포함과 배제 원리를 대신해 단 하나의 기준, 따라서 분류에서 탈락하는 사람을 남길 여지가 전혀 없는 유일한 기준(여자는 안 된다거나, 유대인은 안 된다거나, 흑인은 안 된다거나)에 기반한 격리와 차별과정을 제도화하고 의식적으로 만들고 조직하게 된다. 실제로 고도로 선별적인 집단은 잔인한 차별적 조치를 회피하고 일견 아무런 선별기준도 없는 듯한 매력을 풍기기를 선호하는데, 이 때문에 집단의 성원들에게 자신은 인간으로서의 독자성에 기반해 선택되었다는 환상을 부여해주는 동시에 집단의 **동질성**을 최대한도로 보증해주는 선별기준을 갖고 있다는 확신을 마련해 준다.

상류 클럽은 **동질성**을 지키기 위해 가입지원자에게 매우 엄한 절차를 부과한다. 즉 신청서, 추천장, 때로는 (이미 몇 년 동안 클럽의 정회원인 추천자에 의한) 본래적 의미의 소개장 제출, 성원 전원 또는 가입심사위원회에 의한 선거, 가입금의 불입 등이 바로 그런 절차로, 가입금의 경우 때에 따라 굉장한 고액을 요구하기도 한다. 가령 '블로뉴의 숲' 클럽(클레이 사격을 중심으로 하는 스포츠 클럽으로 1867년에 만들어졌다 — 옮긴이)의 1973년 가입금은 일인당 5천 프랑, 생-끌루의 골프 클럽(파리 교외에 있는 골프 클럽으로 소개나 추천이 없으면 회원이 될 수 없다 — 옮긴이)의 1975년 가입금은 9,500프랑이며, 더욱이 후자의 경우 거기다 연 회비로 2,050프랑을 지불하지 않으면 안 된다. 무엇보다 먼저 국외자(처음부터 배제된 다른 계급들이 아니라 같은 계급의 다른 분파나 같은 분파 안의 벼락부자들이 더 문제이다)에 대해 집단을 보호하는 것을 목표로 하는 형식적 규칙들은 대개는 전혀 불필요한 것임이 입증되는데, 과연 이러한 규칙들이 선별의 자의성을 은폐하기 위해 필요한 것인지, 아니면 이와 반대로 선별을 도저히 규정할 수 없는 미묘한 문제로 만들어버릴 정도로 현격하게 드러나는 자의성이 형식적 규칙들을 은폐하는지를 규명하려는 시도는 전혀 무망한 일이다. "손님의 모습을 보고 결정하죠"라고 어느 클럽 회장은 말한다. 다른 사람은 다음과 같이 말한다. "두 사람의 소개가 있으면 누구나 가입할 수 있는 클럽이 있고, 두 사람이 소개하면 대부분이 들어갈 수 있는 클럽이 있고 또 두 사람의 소개로는 가입하기 매우 힘든 클럽도 있죠." 게다가 이 모두는 추천자의 비중에 달려있다. "보통 가입까지는 2~3년이 걸리지만 중요한 성원의 추천이 있으면 기다리지 않아도 됩니다"(회사부장, '블로뉴의 숲' 클럽의 회원). 마찬가지로 회원권은 공식적으로는 상속되지 않음에도 불구하고 '블로뉴의 숲' 클럽에서는 가입을 희망하는 젊은 여성이 있다면, 부친이나 오빠가 회원인지를 물어본다. 이로부터 다음과 같은 사실을 확인할 수 있다. 상류 클럽은 대부분이 소수의 선별된 사람들만이 할 수 있는 활동, 가령 골프, 폴로, 사냥, 승마, 클레이 사격, 요트 등의 활동을 중심으로 조직되어 있지만, 그런 활동은 많은 경우 명색뿐인 구실에 지나지 않으며, 따라서 분명히 파리 요트 클럽의 요트타기처럼 공통적인 특성의 소유에 의해 성원들이 규정되는 전문 클럽과는 대립된다. 상류 클럽의 경우 성원의 사회적 인격 전체, 그리고 그것이 가져다주는 사회관계 자본 전체가 고려되기 때문이다. 그 클럽이 권위가 있을수록, 또 (가령, 죠키 클럽〔Jockey Club; 1834년에 창립된 전통 있는 클럽으로 회원은 남성에게 국한되어 있다 — 옮긴이〕, '블로뉴의 숲' 클럽, 누보 세르클〔Le Nouveau Cercle; 1835년에 창립된 단체로 1983년에 세르클 뒤니옹과 합쳐 지금은 누보 세르클 뒤니옹이라는 이름으로 바뀌었다 — 옮긴이〕처럼) 이익과 가치를 전체적으로 조화시키려는 의도가 강할수록 더욱 더 그럴 수밖에 없다.

선별기준의 본모습은 집단 외부에서만, 즉 미리 지나치게 단순화하고 조잡하다는 이유로 거부해버려야 할 것을 **객관화**하는 과정에서만 표현되기 때문에 각 집단은 자신들의 모임은 뭐라고 규정할 수는 없지만 회원이라면 누구나 느낄 수 있는 소속감 위에 기반하고 있다고 스스로를 설득시킬 수 있는 것이다. 천생연분이라는 경이로운 느낌은 지식인 집단에서 최고도로 나타나지만, 클럽을 구성하기 위해 필요한 최소한의 객관화작업조차 양보할 정도로 이 집단이 단순한 것은 아니다.

배제된 이방인들은 참여자들에게서 전형적으로 나타나는 거의 신비적인 형태의 참여감각을 그대로 믿기 때문에 (이들은 오직 비의도적으로만, 즉 배타적 집단의 존재에 대한 반발을 통해서만 배타적 집단의 존재를 입증할 수 있다) 자신들과 선택된 사람들을 분리하는 보이지 않는 장벽을 지적하려 할 때마다 그림자를 공격하는 것으로 끝나버리고 마는 것이다. 지식인 집단, 특히 가장 권위 있는 집단은 객관화작업에 대해 이처럼 가공할 정도로 보호되고 있다. 집단에의 소속을 규정하는 메커니즘을 실제로 지배하려면 해당 집단에 속해 있어야 하는데, 집단에 소속된 사람들은 확실히 자신을 객관화하려는 경향이 강하지 않은 반면 배제된 사람은 항상 본질적인 것을 놓칠 우려가 있거나 아무튼 배제되었다는 이유로 분노에 찬 시각으로 사물을 단순화시키는 근시안에 사로잡힐 우려가 있기 때문만은 아니다. 그 이유는 또한 자신의 내기 돈을 게임에 거는 위험(이것은 웃음거리가 되거나, 아니면 동시에 아주 위험한 모험이 될 수 있다)을 감수할 때만이 지적 게임을 객관화할 수 있기 때문이기도 하다.

모든 종류의 사회과정의 기저에 자리잡고 있는 계급탈락과 재계급화의 변증법적 관계는 관계된 모든 집단이 똑같은 목적, 동일한 특성을 향해 동일한 방향으로 달려갈 것을 전제하고 요구한다. 이 특성은 경주에서 선두를 점하고 있는 집단에 의해 대변되며, 규정상 후속집단은 접근할 수 없다. 왜냐하면 내적으로 어떤 속성을 갖고 있건 간에 이 특성은 이 선두집단의 변별적 희소성에 의해 변형되고 질적으로 바뀌고, 또 수가 증가하고 비밀이 드러남으로써 하위집단에게도 접근가능해지면서 더 이상 본래의 모습을 유지할 수 없게 되기 때문이다. 이처럼 일견 역설처럼 보이는 과정에 따라 실체적(즉 비관계적) 특성들이 끊임없이 변화함으로써 질서=순서, 즉 거리, 차이, 서열, 우선권, 독점권, 탁월성 같은 **서열적 특성** 전체가 유지되고 이와 함께 사회구성체에 구조를 부여하는 순서적 관계 전체가 유지된다.

이것은 특정한 시점의 기성질서는 필연적으로 시간적 질서, 라이프니츠의 말을 빌리자면 **연속적 계기의 순서**_ordre des successions_라는 것을 의미하는데, 각 집단은 바로 자신의 아래에 있는 하위집단을 자신의 과거로, 그리고 바로 위에 있는 상위집단을 자신의 미래로 갖기 때문이다(진화론적 모델이 그토록 매력적인 것은 바로 이 때문이다). 경쟁관계에 있는 집단들은 본질적으로 이러한 시간의 질서 속에서 차지하는 위치에 따른 여러 차이에 의해 분리되는 것이다.

이 체제가 신용구입_crédit_방식에 그토록 커다란 가치를 부여하는 것은 우연이 아니다. 경쟁 투쟁을 통해 정통성이 부과되며, 다시 이것은

문화적 권유와 선전활동에 의해 가해지는 부드러운 폭력에 의해 박차가 가해지기 때문에 상승지향이 나타난다. 이 폭력은 희생자 쪽의 암묵적인 공모 속에서 행사되고, 자의적으로 욕망을 부과하면서도 마치 희생자들이 기다려온 해방자라는 외관을 부여해준다. 이러한 정통성의 부과는 적절한 충족수단에 앞서 존재하는 욕구의 형태로 상승지향을 만들어낸다. 그리고 가장 심하게 박탈된 사람들에게도 만족할 수 있는 권리는 그대로 인정하는(하지만 항상 궁극적으로는 단서가 붙는다) 사회질서에 대립되는 상승지향욕을 가진 사람은 신용거래 외에는 다른 선택의 여지가 없다. 이것은 약속된 상품의 즉각적 향유(享有)jouissance를 허락하지만, 단지 현재의 연장 또는 모방에 불과한 미래를 수용해야 하기 때문에 결국 가짜 고급자동차와 외관뿐인 호화 바캉스밖에 얻을 것이 없다.

그러나 계급탈락과 재계급화의 변증법적 관계는 또한 이데올로기적 메커니즘으로서도 기능하는 경향이 있기 때문에 보수적 담론은 이 메커니즘의 효과를 강화하려고 한다. 그리고 이 메커니즘은 신용구입을 통해서라도 상품을 즉각적으로 향유하려는 조급함을 보여주는 피지배자들로 하여금 — 특히 현재의 조건과 과거의 조건을 비교하고 나서 — 실제로는 투쟁을 통해서만 얻어낼 수 있는데도 기다리기만 하면 된다는 환상을 강제하는 경향이 있다. 결국 계급간 차이를 계기의 순서ordre des successions 속에 위치시킴으로써 경쟁 투쟁은 명확하게 규정되어 있는 상속법에 의해 규제되는 사회질서 속에서 선행자와 계승자를 구분하는 차이와 마찬가지로 최고로 절대적이며 극복하기 어려운 동시에 가장 비현실적이며 가장 소멸하기 쉬운 차이를 새롭게 만들어낸다. 비현실적이며 소멸하기 어려운 이유는 기다리는 것밖에는 달리 할 일이 없기 때문인데, 그것도 퇴직하고 나서야 비로소 자신의 집을 구입할 수 있는 쁘띠 부르주아지처럼 평생을 기다려야 하거나 아니면 도중에 끊긴 자신의 궤적을 자녀들에게 물려주는 쁘띠 부르주아지처럼 몇 세대를 기다리는 수밖에 없기 때문이다. 비현실적이고 소멸하기 어려운 이유는, 일단 기다릴 수만 있다면 거역할 수 없는 진화의 법칙에 따라 아무튼 약속된 것을 갖게 되리라는 것을 알기 때문이다. 요컨대, 경쟁이 영속하는 것은 상이한 존재상태가 아니라 존재상태들간의 차이 때문인 것이다.42)

일단 이러한 메커니즘을 이해하면 먼저 영속(永續)과 변화, 구조와 역사, 재생산과 '사회의 생산'production de la société 같은 학문상의 양자택일에서 비롯된 논쟁의 공허함을 인식할 수 있을 것이다. 이러한 논란이 벌어지는 이유는, 사회적 모순과 투쟁들은 항상 모든 면에서 기성질서의 영속화와 모순되는 것은 아니며 또 '이항대립적 사고'(二項對立的 思考)'의 대조법의 논리와 달리 영속성은 변동에 의해서도 확보될 수 있고 구조 또한 운동에 의해 영속화될 수 있다는 것을 인정하길 거부하기 때문이다. 또한 이러한 논란이 벌어지는 이유는 정당한 욕구(이러한 욕구를 도입하고 채택하고 강요하는 마케팅 전문가들이 최근에 유행시킨 용어대로 하면 절대적 필요must)의 강제와 이러한 욕구를 충족시킬 있는 수단에 접근할 수 있는 가능성 간의 어긋남에서 유래하는데, 직접적으로

---

42) 집단적, 개인적 지체의 모든 사회적 결과들이 분석되어야 한다. 상대적으로 늦게 접근하면(조숙에 대립되는) 단순히 이용시간이 단축되는 효과가 나타날 뿐만 아니라 특정한 실천이나 재화에 대한 관계(자동차에 대해서라면 기술적인 관계를, 문화상품에 대해서라면 상징적 관계를 맺게 된다)에서 일찍 접근한 경우보다 훨씬 덜 친숙하고 덜 편한 관계를 맺게 된다. 더구나 재화나 실천의 가치가 뒤늦은 접근이 가져다주는 내재적 만족보다는 변별적 능력(이것은 분명히 특권적이고 배타적인 소유화 — 영화의 '독점공개' — 나 우선적 소유화 — '최초 공개'와 관련된다)과 관련될 때 이런 지체는 은폐된 형태이긴 하지만 온전한 박탈효과를 가져오게 된다(통설通說의 효과에서 이익을 얻으려는 서비스나 재화 판매자들은 시간상의 지체를 최대한 이용해, 제 시기나 제 시간에만 최대의 가치를 지닌 재화를 시기에 반해서 — 계절에 맞지 않게 조직된 여행을 예로 들 수 있다 — 혹은 시기를 늦춰서 — 유행에 맞지 않는 의상이나 실천을 예로 들 수 있다 — 제공하기도 한다).

든 간접적으로든(신용거래를 통해서) 잉여노동을 획득하는 경제적 효과를 만들어내는 '좌절된 기대'가 반드시 현 체제의 존속을 위협하는 것은 아니며, 구조적 거리와 이에 따른 좌절감이 구조 이동을 통한 재생산 원리의 원천에 자리잡고 있으며, 이 구조 이동은 여러 존재상태의 '성격'을 변화시키는 동시에 여러 위치들의 구조를 영속화한다는 것을 인정하길 거부하기 때문에 나타나게 된다.

또 기수적(基數的)cardinales(기본적 또는 실체적 — 옮긴이)이라 불리는 속성들에 기대어 노동자계급이 '부르주아지화'했다고 말하는 사람들과 서수적(序數的)ordinales(관계적 또는 상대적 — 옮긴이) 속성을 환기함으로써 그것을 논박하려는 사람들은 모두 이들이 나누어보고 있는 현실의 모순적 측면들이 실제로는 동일한 과정의 분리불가능한 차원들이라는 사실을 무시하고 있다는 점 또한 분명하게 드러난다. 사회구조의 재생산은 경쟁 투쟁 속에서 그리고 그러한 투쟁을 통해 이루어지는데, 피지배계급 성원들이 고립되고 개별적인 방식으로 그러한 투쟁에 참여하는 한, 그리고 오직 그러할 때만이 그러한 투쟁은 분배구조의 단순한 이동으로 나가게 된다. 다시 말해 **외재적 효과**에 의해, 즉 한쪽의 행위가 모든 상호작용과 파급작용과 무관하게 다른 쪽의 행위에 행사하는 효과, 따라서 집단적-개인적 통제 밖에서 그리고 자주 행위자들의 개인적-집단적 이익에 반해 객관성 속에서 행사되는 외재적 효과를 매개로 **통계적으로만 집계되는 작용과 반작용에 의해서 이루어지는 한 그럴 수밖에 없다.**[43]

---

[43] 통계 처리행동의 극단적인 경우는 공황(恐慌)이나 패주에서 찾아볼 수 있는데, 이 경우 각 행위자는 (금융공황처럼) 자신이 두려워하는 효과에 의해 고무된 행동을 수행함으로써 자신이 두려워하는 것을 그대로 만들어내게 된다. 이 모든 경우 제대로 조정되지 않은 개인적 행위들의 단순한 통계적 총합에 불과한 집단행위는 집합적 이해로, 심지어는 개별적 행동이 추구하는 특수한 이익에로도 환원할 수 없거나 그와 모순되는 집합적 결과에 도달하게 된다(계급의 미래에 대한 비관적 표상에 의해 초래된 사기저하가 계급의 쇠퇴에 기여

계급투쟁의 특수한 형태인 경쟁은 지배자들이 제시한 내기에 거는 돈=투쟁목표를 피지배계급의 성원들이 수락할 때만 진행될 수 있다. 이것은 **상대방을 통합시키기 위한** 투쟁이며, 최초의 장애가 있다는 점에서 **재생산적인** 투쟁이기도 하다. 일정한 격차의 존재가 증명하듯 필연적으로 패자로서 이런 종류의 경주에 참여하게 되는 사람들은 단순히 참여하고 있다는 사실만으로도 자신들이 추구하는 선행자들의 목표의 정당성을 암묵적으로 인정하게 되기 때문이다.

이처럼 경쟁(또는 경주) 과정의 논리를, 즉 각 행위자가 다른 행위자들의 무수한 반응들의 결과에 대해, 더 정확히 말해 개개 행위의 **통계적 총합**의 결과에 대해 각각 **개별적으로** 반응하지 않을 수 없도록 만들고, 또 계급classe을 내부의 수에 따라 지배되는 다수masse로 환원해버리는 논리를 분명하게 확인했기 때문에 이를 토대로 현재 역사학자들 사이에서 뜨거운 토론의 대상이 되고 있는 문제를,44) 즉 서로를 재생산해내는 객관적 기회와 주관적 기대 간의 변증법적 관계가 어떤 조건(가령 경제적 위기, 확장기에 뒤이어 돌연 나타나는 경제적 위기 등)에서 중단되는가 하는 문제를 제기할 수 있다. 위에서의 이야기를 종합해 다음과 같이 추론해볼 수 있을 것이다. 주관적 기대와 관련한 객관적 기회의 갑작스런 감퇴는 이전에 피지배계급들 — 이들은 갑자기 객관적으로 뿐만 아니라 주관적으로도 경주에서 배제되어 버렸다 — 이 암묵적으로 받아들였던 지배계급의 목표에 대한 동의의 단절을 초래해, 그 결과 진정한 의미의 가치체계의 전복을 가능하게 할 수도 있다.

하는 경우 특히 이 점이 분명하게 나타난다. 쇠퇴하는 계급의 성원들은 여러 가지 방식으로 집단적 쇠퇴에 기여한다. 학교제도가 청년들을 취직으로부터는 멀어지게 한다고 비난하면서도 자식들에게는 학업을 강요하는 장인을 그러한 예로 꼽을 수 있다).
44) L. Stone, "Theories of Revolution", *World Politics*, 18(2), 1966년 1월.

3장 아비투스와 생활양식 공간

이상에서 묘사된 바 있는 사회공간이 도표로 제시될 수 있다는 사실은 결국 그것이 **추상적인 표상**이라는 것을 의미한다. 특수한 구성 작업의 대가로 생산된 이 표상은, 마치 지도처럼 상공에서 조망할 수 있는 시각과 함께 일반 행위자들(일상적인 방식으로 행동하고 있는 사회학자와 독자 자신)이 사회세계를 바라보는 관점들 전체를 조망할 수 있도록 해준다. 사회공간의 행위자들로서는 결코 전체적이고 복합적인 관계망 속에서 바라볼 수 없는 여러 입장을 한 눈에 지각할 수 있도록 동시에 전체적으로 조명하게 되면 (바로 이것이 이러한 작업의 발견술적 가치의 핵심을 이루고 있다) 사회공간은 일상생활의 실천적 공간(이 속에서 사람들은 상대방에게 다양한 거리를 유지하거나 지정하며 따라서 이웃이 이방인들보다 훨씬 멀게 느껴질 수도 있다)이 된다. 마치 기하학적 공간이 다양한 공백과 불연속성을 가진 일상적 경험의 '순회공간'espace hodologique이 되듯이 말이다.

그러나 가장 중요한 점은, 이 공간 문제가 그 공간 자체 안에서 제기되고 또 행위자들의 관점도 이 객관적인 공간 내에서 각자가 차지하는 위치에 따라 달라진다는 것이다. 그리고 각 위치에 따라 행위자들은 그 공간을 변형시키거나 보존하려는 의지를 표현한다. 우리가 앞으로 구성하려는 계급을 가리키기 위해 사용하게 될 개념의 상당 부분을 일상적 용법에서 차용해온 이유는 바로 이 때문이다. 통상 이 개념들은 일상생활에서는 한 집단이 다른 집단에 대해 갖고 있는 관점(일반적으로 이 관점은 항상 논란의 대상이 된다)을 표현하기 위해 사용된다. 더 엄밀한 객관성만을 추구하다가 너무 멀리까지 나가는 사회학자들은 자신들이 분류하는 '대상'이 객관적으로 분류가능한 실천뿐만 아니라 동일하게 객관적이고 자체가 분류가능한 분류 작용opérations을 생산한다는 사실을 잊는다. 과학이 수행하는 계급 구분은 행위자들이 산출하는 분류가능한 실천과 자신과 타자들의 실천을 분류하는 판단이라는 공통의 뿌리에 연결되어 있다. 아비투스는 객관적으로 분류가능한 실천들의 **발생 원리**인 동시에, 이 실천들의 **분류체계**principium divisionis이기도 하다. 아비투스는 두 가지 능력간의 관계에 의해 정의되는데, 분류가능한 작품과 실천을 생산할 수 있는 능력과, 이 실천과 생산물들(취향)을 구별하고 평가할 수 있는 능력이 그것이다. 이로부터 사회공간, 즉 생활양식 공간이 구성된다.

경제적-사회적 조건의 관여적 특성들(공시적-통시적으로 파악된 자본의 총량과 구성)과 생활양식 공간 안에서의 상응하는 위치와 결부된 변별적 특징 간에 실제로 성립하는 관계는, 아비투스를 생성 공식으로 구성할 때만이 제대로 이해할 수 있다. 이 공식은 분류가능한 실천과 생산물 그리고 판단(이것 자체도 분류된다)을 동시에 설명해주는데 특히 후자의 판단들은 이러한 실천과 작품들을 구별적 기호signes distinctifs의 체계로 만들어준다. 교수들은 귀족적 금욕주의를 고수하고 쁘띠 부르주아지는 상승지향에 매달린다고 이야기하는 것은, 곧 이들이 갖고 있는 속성 중의 하나, 아마 가장 중요한 특성 중의 하나를 이용해 이들 집단을 묘사하는 것일 뿐만 아니라 동시에 이 모든 특성의 발생 원리와 함께 자신들과 타집단의 특성에 대한 이들의 판단의 발생 원리를 명명하는 것이라고 할 수 있다. 아비투스는 필연적으로 육화되어, 의미 있는 실천과 함께 이 실천에 의미를 부여하는 지각을 발생시키는 성향으로 전환된다. 일반적이고 이항가능한 이 성향은 학습조건에 내재해 있는 필연성을 — 직접적 교육의 한계를 넘어서 — 체계적이고 보편적으로 적용하려 한다. 한 행위자(또는 동일한 조건에 의해 생산된 행위자들 전체)의 실천 전체가 동일한(또는 상호 교환가능한) 도식을 적용한 산물인 한, 체계적인 동시에 다른 생활양식을 구성하는 실천으로부터 체계적으로 구별되는 것은 바로 이 때문이다.

상이한 생활조건은 상이한 아비투스 — 간단한 전이를 통해 극히 다양한 실천의 영역에 적용가능한 발생 도식들의 체계 — 를 생산하기 때문에, 상이한 아비투스에 의해 생성된 실천은 차별적 격차 체계의 형태로 생활조건 안에 객관적으로 각인되어 있는 차이를 표현하는 특성들의 체계적인 배치도configurations처럼 보인다. 이것은 생활양식으로 기능하는 상관적 속성들을 구별하고, 해석하고, 평가하는데 필요한 지각도식과 평가도식을 갖고 있는 행위자들에 의해 감지된다(<그림 8>을 보라).[1]

아비투스는 실천과 실천의 지각을 조직하고 구조화하는 구조일 뿐만 아니라 동시에 구조화된 구조이기도 하다. 사회세계에 대한 지각을 조직하는 논리적 계급 구분원리는 자체가 사회계급 구분이 육화된 결과이다. 이와 동시에 각각의 계급조건은 내재적 속성과 함께 계급 조건의 체계 안에서의 위치에 따른 관계적 특성에 의해 정의되는데, 이 체계는 또한 차이, 차별적 위치들의 체계이기도 하다. 즉 계급조건은 자체와 무관한 것, 특히 자체와 대립되는 조건으로부터 각 조건을 구별시켜 주는 모든 것에 의해 정의된다. 사회적 정체성은 차이를 통해 규정되고

---

[1] 이로 미루어 존재조건과 실천 또는 실천 의미 간의 관계는 메커니즘의 논리나 의식의 논리를 중심으로 이해되어서는 안 된다는 것을 알 수 있다.

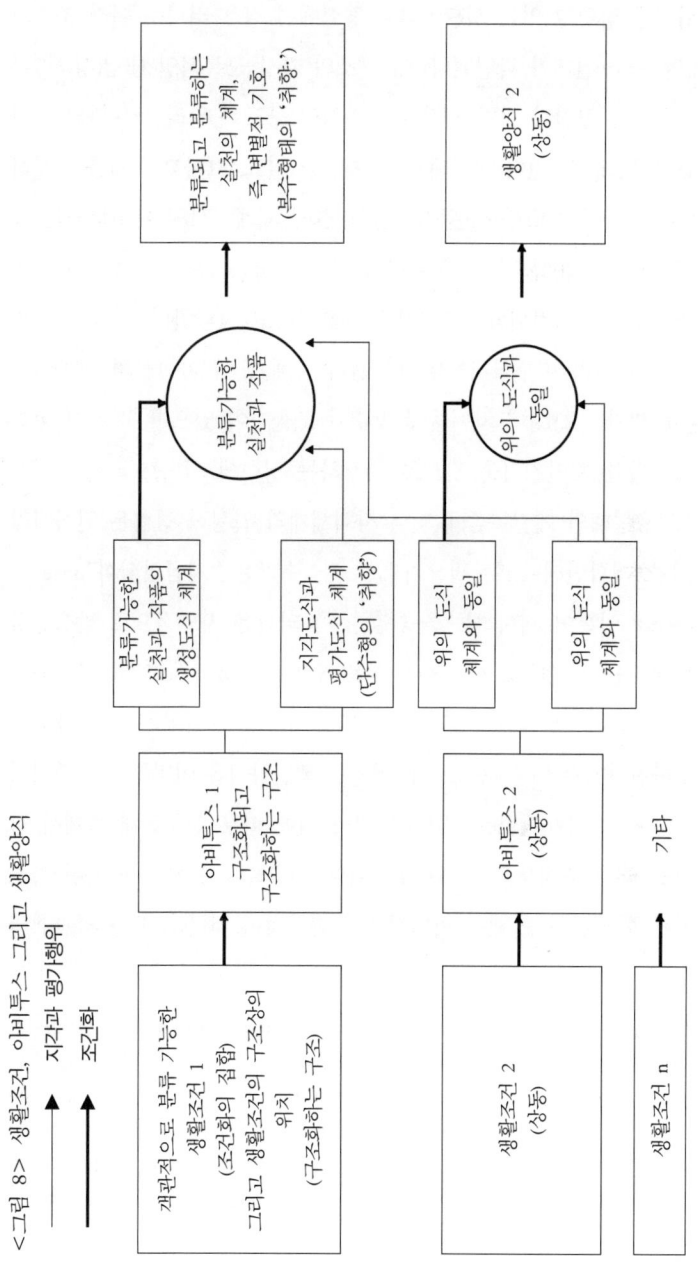

<그림 8> 생활조건, 아비투스 그리고 생활양식

확인된다. 즉 아비투스의 성향 안에는 불가피하게 그 구조 안에서 특정한 위치를 점하고 있는 생활조건의 경험에서 잘 드러나듯 여러 조건의 체계의 구조 전제가 각인된다. 이 구조의 가장 근본적인 대립(상/하, 부자/빈자…)은 실천과 실천 지각의 근본적인 구조화 원리로 부과되는 경향이 있다. 계급조건에 내재해 있는 자유와 필요, 그리고 위치를 구성하는 차이를 체계적으로 표현하는 실천-발생 체계로서의 아비투스는 각 조건의 차이를 분류되는 동시에 분류작용을 하는 실천들(다른 아비투스의 산물인 실천들)간의 차이의 형태로 포착하고 파악한다. 이것은 분화의 원리에 따라 이루어지는데, 이 원리 자체가 이 차이들의 산물이기 때문에 객관적으로 이 차이들에 맞추어 조율되어 있으며, 따라서 이러한 차이들을 자연스러운 것으로 지각하는 경향이 있다.[2]

모든 형태의 메커니즘에 맞서 사회세계의 일상적 경험은 인식이라는 점을 재확인해야 할 필요가 있듯이, 수많은 "계급의식화"prise de conscience 이론이 제시하는 최종결론, 즉 의식은 자발적으로 발생한다는 환상과는 정반대로 시초의 인식은 오인(誤認)méconnaissance인 동시에 머리 속에서 성립되는 질서의 승인reconnaissance이라는 점을 깨닫는 것도 마찬가지로 아주 중요하다. 이처럼 생활양식은 아비투스의 체계적 산물이다. 그리고 이것은 아비투스의 도식에 따른 상호관계 속에서 감지됨으로써 사회적으로 ('품위 있다'거나 '저속하다' 등처럼) 규정된 기호들의 체계가 된다. 조건과 아비투스의 변증법이 자본 분배와 역관계의

---

[2] 국민을 계급으로 나누는 연구자도 기실 사회적 실천 속에서는 이와 하등 다르지 않은 작업을 수행하고 있는 셈이다. 이 사실을 깨닫지 못한다면 그는 자신이 발 딛고 있는 영역의 분류법을 다소 수정해 과학적 분류법으로 제시할 뿐(실제로 이것은 유형학의 다름 아니다), 자신의 분류작업의 진정한 위치를 의식의 차원으로 끌어올릴 수는 없다. 다른 본래적 지식과 마찬가지로 관계설정과 비교를 전제하는 이 분류작업은 사회 물리학의 영역에 속하는 것처럼 보이지만 실제로는 의미작용적인 구별을 생산하고 해석하고 있는 것이다. 즉, 그 조작은 상징적 질서 내에서 이루어지는 것이다.

대차대조표를 지각된 차이의 체계와 구별적 특성의 체계로, 즉 상징적 자본, 객관적 진리로서 인식되지 못한 정통적인 분배체계로 변형시키는 연금술의 기초를 이룬다.

상이한 장의 고유한 논리에 따른 재해석을 거쳐 구조화하는 구조 modus operandi가 생산한 구조화된 산물opus operatum로서 나타나는 특정한 행위자의 모든 실천과 작품은 의식적으로 논리적 일관성을 추구하지 않아도 서로 객관적 조화를 이루며, 의식적인 협정 없이도 같은 계급의 성원들 사이에서는 객관적으로 협화음을 낼 수 있다. 아비투스는 실천적 메타포를 끊임없이 발생시킨다. 즉, 다양한 전이(주도적 습관의 전이는 하나의 특수한 예에 불과하다), 더 구체적으로는, 아비투스가 '실제로 실천되는' 특수한 조건이 요구하는 체계적 치환transpositions systématiques을 끊임없이 발생시킨다. 이리하여 예를 들어 항상 절약을 통해 표현되리라고 예상되는 금욕주의적 에토스도 맥락이 바뀌게 되면 신용을 사용하는 특수한 방식으로 표현될 수 있는 것이다. 동일한 행위자의 실천, 더 일반적으로는, 동일 계급의 모든 행위자들의 각각의 실천을 다른 어떤 것의 메타포로 만드는 스타일상의 친화력l'affinité de style은 각 실천이, 동일한 행동도식이 한 장에서 다른 장으로 전이된 결과이기 때문에 나타날 수 있다. 아비투스에 다름 아닌 이것을 분명하게 보여주는 패러다임으로서 우리는 '필체'와 같은 것을 들 수 있다. 즉, 항상 동일한 필체로 글자를 쓰는 고유한 방법 말이다. 이 철자들의 선은, 종이나 칠판과 같은 보조기구나 볼펜, 분필 등의 도구 등의 크기, 재료나 색깔의 차이에도 불구하고, 그리고 근육을 다른 방식으로 사용함에도 불구하고 즉시 지각될 수 있는 유사성을 드러낸다. 이와 동일한 방식으로 한 사람의 걸음걸이를 틀림없이 분간할 수 있듯이, 화가나 작가의 스타일이나 문체의 특징을 알아볼 수 있다.[3]

체계성systématicité은 구조화하는 구조modus operandi 안에 존재하기 때문에 구조화된 생산물opus operatum 안에도 있다.4) 이중적인 의미에서 개인과 집단을 둘러싸고 있는 집, 가구, 그림, 책, 자동차, 술, 담배, 향수, 옷 등과 같은 "특성"들 전체와 스포츠, 게임, 문화적 여가활동 등을 통해 탁월함을 드러내는 실천 속에서 체계성을 찾을 수 있는 까닭은, 그것이 모든 실천의 발생원리이자 통일원리인 아비투스의 총괄적인 통일성 안에 있기 때문이다. 취향은, 즉 구분하고 구분된 특정한 대상 전체를 (물질적으로 또는 상징적으로) 전유할 수 있는 적성이나 능력은 동산(動産), 옷, 언어, 또는 육체적 엑시스와 같은 각각의 상징적 하위공간 sousespaces의 특수한 논리 안에서 동일한 표현적 의도를 드러내는 생활양식의 생성양식, 즉 구별적 기호(嗜好)의 통일적인 체계이다. 각 차원의 생활양식은, 라이프니츠가 이야기한 대로, '다른 것들과 함께 상징화되면서' 다른 것들을 상징한다. 늙은 가구상의 세계관, 예산과 시간 그리고 몸의 관리 방식, 어법과 의류 선택 등은 모두 세심하고, 완벽하며, 정성과 공이 스며 있는 직업윤리éthique와 작업에 요구되는 정성과 인내심에 비추어 제품의 아름다움을 평가하도록 만드는 작업의 심미적 성격esthétique 속에 고스란히 들어있다.

잘 어울리는*bien assorties* 속성들의 체계는 ── 이 가운데에는 사람들

---

3) 프루스트가 잘 보여주고 있듯이 진정한 모작(模作)은 예를 들어 스타일상의 가장 두드러진 특징을 패러디나 풍자하는 방식이 아니라, 자크 리비에르(Jacques Rivière)가 "정신적 활동의 근원"이라고 부른 바 있는 아비투스 즉 원초적 담론이 발생하는 장소인 아비투스를 재생산하는 방식에서 찾을 수 있다. "모든 작가들이 얼마나 즐겁게 '제 정신을 차리고', 전혀 경험해보지 못한 사건에 부딪히는 경우에도 전에 현실의 삶에서 일어났던 돌발적인 사건에 대해 대처했던 방식과 똑같은 방식으로 대처하는 것을 보니 얼마나 기쁜지 모르겠습니다. 작가의 정신적 활동의 근원은 재발견되고, 램프는 이들의 머리 속에서 다시 켜지고 있습니다"(J. Rivière, in M. Proust et J. Rivière, *Correspondance*, 1914~1922, Paris, Gallimard, 1976, Appendice B, p. 326).
4) 구조화된 생산물opus operatum을 설명할 수 있는 부분적 '법칙'을 확정하기 위해 실천의 일관성을 깨트리는 사회심리학의 원자론적 접근방법과 반대로 우리는 이처럼 구조화하는 구조, 즉 생산의 법칙을 재생산하는 일반적 법칙을 확정하려고 한다.

도 포함되어 있다(부부가 '천생연분'이라는 이야기를 보라. 또 친구들은 흔히 취미가 같다고 이야기하기를 좋아한다) — 취향, 즉 분류도식 체계를 원리로 갖고 있지만, 이 체계는 아주 부분적으로만 의식될 수 있다. 사람들이 사회적 위계의 위로 올라가 생활양식이 베버가 말한 바대로 "삶의 양식화"에 가까워지더라도 마찬가지다. 취향은 근본적으로 한 사람과 결부된 모든 특징의 상호 조정의 토대를 이루고 있다. 이미 고대 미학은 각 특징의 상호강화를 위해 이를 권고해 온 바 있다. 한 사람이 의식적으로 또는 무의식적으로 전달하는 무수히 많은 정보는 서로를 거의 무한대로 배가하고 재확인하면서 주의 깊은 관찰자에게, 마치 예술애호가가 잉여적 요소들의 조화로운 분배로부터 유래하는 균형과 상응성으로부터 끌어내는 것과 똑같은 즐거움을 제공해준다. 이들 잉여적 요소로부터 유래하는 과잉결정surdétermination 효과는 고립적으로 관찰되거나 측정된 변별적 특징들이 일상적인 지각에서는 강하게 상호침투하기 때문에 더욱더 강력하게 느껴지게 된다. 실천을 통해 전달되는 각각의 정보요소(예를 들면 그림에 대한 평가)는 이전에 또는 동시에 지각되는 일련의 특징 전체에 의해 오염되고, 개연적인 특징으로부터 이탈하는 경우에는 교정된다. 바로 이 때문에 특징들을 고립시키고 — 예를 들어 말해진 내용을 말하는 방식으로부터 분리시킴으로서 — 상호 연관된 특징들의 체계로부터 떼어놓는 경향이 있는 앙케트는 각각의 질문사항에서 계급들간의 격차를 최소화시키는 경향이 있으며, 특히 부르주아지와 쁘띠 부르주아지의 거리를 최소화시키는 경향을 보이게 된다. 부르주아적 삶의 일상적 상황에서, 예술, 문학, 또는 영화에 관한 진부한 의견은 엄숙하고 침착한 목소리, 느리고 경쾌한 말투, 거리감 있거나 자신에 찬 미소, 절도 있는 제스처, 품위 있는 옷차림, 그리고 이러한 태도를 분명하게 드러낼 수 있는 부르주아적 살롱과 분리불가능하다.[5]

이처럼 취향은 사물을 명확하고 구별적인 기호(記號)로 변화시키고,

연속적인 분배를 불연속적인 대립으로 변화시키는 실천의 작동인(作動因)이다. 취향은 신체의 **물리적 질서**ordre physique 안에 각인된 차이를 표상적 구별의 **상징적 질서**ordre symbolique로 끌어올린다. 취향은 객관적으로 분류된 실천을 변형시킨다. 이 실천 속에서 한 계급의 조건은 (이 취향을 매개로) 각 실천을 실천간의 상호관계와 관련하여, 그리고 사회적 분류 도식으로 파악함으로써 분류적인 실천으로서, 즉 계급위치의 상징적 표현으로서 스스로의 의미를 드러낸다. 따라서 취향은 특수한 생활조건의 체계적 표현으로 파악될 수밖에 없는 구별적 특징으로 구성되는 체계의 근원을 이룬다. 즉 구별적 기호와 분배위치 간의 관계, 그리고 과학적 구성을 통해 비로소 모습을 드러내는 객관적 특성의 우주와 일상적 경험을 위해 그리고 그를 통해 자체로 존재하는 그에 못지않게 객관적인 생활양식 공간 간의 관계에 대한 실제적 지식을 갖고 있는 사람이면 누구나 파악할 수 있는 구별적 생활양식으로서 말이다.

사회 공간의 구조의 산물이 육화된 이 분류체계(이것은 그 공간 안에서 차지하는 위치에 따라 어떤 체험을 하느냐에 따라 다양한 형태를 취한다)는 경제적 가능성과 불가능성(바로 이 체계가 자신에 고유한 논리에 따라 이것들을 재생산하는 경향이 있다)의 한계 안에서 각 존재상태에 고유한 규칙성에 적합하게 조정되는 실천의 원리이다. 이 체계는 끊임없이

---

5) 따라서 앙케트에 대해 공란으로 보낸 회답은 경멸적인 거절로, 혼란스런 회답은 부주의로 읽을 수 있는 셈이다. 부르주아지 응답자들은 특히 조사상황을 지배할 수 있는 능력을 갖고 있음을 주의할 필요가 있다(따라서 조사결과를 분석할 때는 이 점을 염두에 두어야 한다). 교양을 발휘할 수 있는 장을 규정하는 사회적 관계에 대한 지배력은 모든 겸손한 대화상황(예를 들면 여행이나 영화에 관한 잡담)에서 요구되는 언어와 관계를 맺을 수 있는 능력에 의해 좌우되는데, 이 능력은 아주 불평등하게 분배된다. 그리고 이것은 언어학자들이 부르주아적 언어의 특징으로 규정하는 기교, 즉 온갖 에둘러 말하기, 엉뚱한 소리를 하면서 진짜 얘기를 가려버리는 말투, 구문상의 신중한 배려 등을 풍부하게 이용하면서 화제를 가볍게 건드리고 지나가거나 교묘하게 화제를 피하고, 또 진의를 은폐할 수 있는 기술을 전제한다.

필요성을 전략으로, 속박을 기호(嗜好)로 전환시키며, 분류되고 분류하는 생활양식을 구성하는 "선택" 체계를 발생시키는데(이것은 기계적 결정론과는 전혀 무관하다), 이 생활양식은 대립관계와 상관관계의 체계 안에서 자신의 의미를, 다시 말해 가치와 위치를 끌어낸다.6) 이 체계는 끊임없이 '선택'(이 선택은 각 선택을 낳는 조건에 상응해 이루어진다)을 유도함으로써 필요를 미덕으로 전환시키는데, 이를 통해 이 체계 또한 필요성으로 구성된 미덕임을 알 수 있다. 사회적 위치가 변할 때마다 아비투스가 생산되는 조건이 새롭게 변하는 데서 잘 알 수 있듯이, 따라서 각각의 아비투스에 고유한 유효성을 고립시킬 수 있듯이 각 실천을 재원에 맞춰 객관적으로 조정하도록 요구하는 것은 소득의 높낮이가 아니라 취향 즉 필요 취향goût de nécessité 또는 사치 취향goût de luxe이다. 취향을 통해서 한 행위자는 자신이 좋아하는 것을 소유하게 되는데, 왜냐하면 그는 자신이 소유하고 있는 것, 즉 분배를 통해 자신에게 부여되는 특성과 분류과정에서 그에게 합법적으로 할당되는 특성을 좋아하기 때문이다.7)

6) 경제 주체를 상호교환가능한 행위자acteurs로 다루는 경제이론은 역설적으로 경제적 성향을 규정하는 경제적 조건을 고려대상에서 제외하는 동시에 다른 것과는 비교가 불가능하고 따라서 독립적인 주관적 유용성을 규정하는 선호 체계를 실제로 설명하고 있지 못하다.
7) 하나의 에토스(즉 존재조건의 강제적 선택)의 원리를 보편적 규범으로 부과하려는 윤리관은 이보다 한층 미묘한 방식으로 운명애amor fati에 굴복하고 자신의 현재 상태와 소유에 대해 만족하도록 만들어주는 또 다른 방식이라고 할 수 있다. 윤리관과 혁명적 의도 사이에서 감지되는 이율배반의 근거는 바로 여기서 찾을 수 있다.

공간들간의 상동(相同)관계

앞서 논의된 내용, 특히 아비투스의 생성도식은 간단한 이동을 통해 극히 다양한 실천의 영역에 적용된다는 사실을 염두에 둔다면, 우리는 상이한 실천영역 안에 있는 상이한 계급들과 결부된 실천 또는 재화는 서로 상동적인 대립구조에 따라 조직된다는 사실을 즉각 이해할 수 있을 것이다. 왜냐하면 이들 모두 계급조건들간의 객관적 대립구조와 상동적이기 때문이다. 앞으로 이 책 전체에서 발전시킬 논의 내용을 단 몇 페이지로 증명할 수는 없다는 점을 전제하면서 — 하지만 독자들이 상세한 분석들로 구성되는 나무를 숲으로 보지 않을까 우려되어 — 아래에서는 사회공간의 두 가지 주요한 조직원리가 문화소비의 구조와 변형, 더 일반적으로는 생활양식 공간 전체(소비도 이러한 공간의 일부를 구성한다)를 어떻게 지배하는 지만을 아주 도식적으로 살펴볼 생각이다.

문화 소비에서 자본의 총량에 따른 주요 대립은 소비형태 사이에서 나타난다. 즉 하나는 희귀하다는 이유만으로 탁월한 것으로 지정되는 소비로서 경제자본과 문화자본이 모두 극히 풍족한 분파에 의해 이루어지고, 다른 하나는 쉽게 손에 넣을 수 있고 평범하기 때문에 사회적으로 통속적인 것으로 간주되는 소비로서 위의 두 자본이 가장 심하게 박탈당한 분파에 의해 이루어진다. 그리고 이러한 대립의 중간에는 야심과 성취 가능성의 철저한 불일치로 인해 상승지향적으로 보이는 실천이 자리잡고 있다. 지배자들의 관점에서 볼 때 강제된 금욕과 근거없는 관용주의의 결합에 의해 지배되는 피지배자들의 존재상태와 반대로, 지배적인 미학 — 예술작품과 미학적 성향이 이것을 가장 완벽하게 구현해준다 — 은 편안함과 금욕의 조합을 내세운다. 즉 긴장 속의 이완이라는 탁월함의 절대적 표현 속에서 확인되는 신중한 자기절제, 수단의 절약économie de moyens, 자제, 조심성으로서의 선택적 금욕주의 ascétisme électiq를 전면에 제시하는 것이다.

이처럼 근본적인 대립은 자본구조에 따라 구체적으로 드러난다. 지배계급의 각 분파들은 한편으로는 전적으로 또는 주로 문화적이며 다른 한편으로는 주로 경제적으로 이용가능한 전유수단을 매개로, 그리고 그 결과물로 나타나는 예술작품에 대한 다양한 관계 형태를 통해 문화적 실천들로 향해 나가는데, 이 문화적 실천들은 스타일과 대상에서 너무 상이하고 때때로 ("예술가들"의 실천과 "부르주아적 실천"과 같이8) 노골적으로 적대적으로 보이기 때문에 그러한 실천이 모두 필요nécessité에 종속되어 있는 사람들과의 관계에서 볼 때 결국 기본적으로 동일한 관계의 변종이며, 또 각각의 사람들은 정통적인 문화 상품뿐만 아니라 그와 연관된 구별이익을 독점적으로 소유하려 한다는 사실을 말하기가 너무나 쉽다. 지배집단의 지배 분파들("부르주아지")은 예술에 대해 사회세계에 대한 강한 부정을 요구하고, 불르바르의 통속극과 인상파 회화가 상징적으로 보여주듯 편안하고 손쉬운 쾌락주의적 미학을 선호하는 경향이 있는 반면, 피지배 분파의 구성원들("지식인과 예술가")은 본질적으로 금욕주의를 핵심으로 하는 미학과 친화력을 갖고 있으며, 과시와 장식을 선호하는 부르주아적 취향을 거부하고 순수성과 순화의 이름으로 수행되는 모든 예술혁명을 지지하는 경향을 보여준다. 가난한 부모parents pauvres의 아들에게 할당되는 지위에 따라 이들이 사회세계에 대해 갖게 되는 성향은 통상 사회세계를 비관적으로 표상하도록 이끄는 경향이 있다.

예술이 실천에 가장 포괄적인 지평을 제공하고 있음은 분명하지만,

---

8) 여기서 "부르주아지"란 "지배계급의 지배 분파"라는 의미로, "지식인"은 "지배계급의 피지배 분파"라는 의미로 쓰인다.

편안함을 추구하려는 충동과 기본적 욕구를 순수화하고 세련화시키고 승화하려는 의도가 드러나지 않는 실천의 영역은 존재하지 않으며, "마찬가지로 삶의 양식화", 즉 기능에 대한 형식의 우선성 — 이것은 결국 기능의 부정 la dénégation de la fonction으로 이어진다 — 이 이와 동일한 효과를 생산하지 않는 실천의 영역은 존재하지 않는 것도 사실이다. 언어활동의 경우 거리낌 없이 솔직하게 말하는 민중의 언어와 극도로 검열된 부르주아지의 언어가 대립되며, 화려함이나 수사학적 효과를 극대화하려는 표현주의적 추구와, 절제와 가장된 단순함(희랍어로는 곡언법 曲言法 litotès이라고 한다)의 선택이 대립된다. 신체언어 langage corporel의 사용에서도 이와 똑같은 수단의 절약이 이루어진다. 여기서도 몸짓과 서두름, 얼굴표정과 무언의 제스처는 느림 — 니체의 말대로 하면 "귀족 특유의 느린 제스처와 느린 시선9)" — 과 대립되며, 고매함을 상징하는 절제나 태연함과도 대립된다. 기본적 취향의 장(場)조차 양과 질, 가벼운 식사와 정식(定食), 소재와 요리방법 manières, 실체와 형식 간의 반(反)-명제를 중심축으로 구성되는 기본적 대립항에 따라 형성된다.

형식과 실체

음식 소비와 관련하여 나타나는 주된 대립이 대략 소득차에 대응하는 사실은 중간계급과 지배계급 내에서도 문화 자본은 풍부하지만 경제 자본은 빈곤한 분파와 그 역의 자산구조를 가진 분파 간에 나타나는 이차적 대립을 은폐해왔다. 따라서 관찰자들은, 어떤 사람이 사회적 위계의 상층부로 올라갈수록 가계의 지출 중 식비가 차지하는 비율이 감

---

9) F. Nietzsche, *Der Wille zur Macht*, Sttutgart, Alfred Kröner Verlag, 1964, Aph. 943, p. 360.

소하거나 또는 식비 중 지방이 많아 소화되기 힘들고 살찌기 쉬운 음식이나 값이 싼 음식(파스타, 감자, 콩, 베이컨, 돼지고기)과 포도주 소비가 차지하는 비율은 감소하는(보충자료 33) 반면, 기름기 없고 가벼운(소화하기 쉬운)음식과 살찌지 않는 음식(소고기, 송아지고기, 양고기, 새끼양고기, 그리고 특히 신선한 과일과 야채 등)의 비율은 증가한다는 사실10)을 단순히 수입의 영향만으로 바라보고 만다. 호(好)/불호(不好)의 진정한 선택의 원리는 취향, 필요로 이루어진 미덕이므로 소비를 소득의 단순한 기능으로 보는 이론은 아주 그럴싸해 보인다. 왜냐하면 소득은 필요로부터의 거리를 결정하는 데서 중요한 역할을 하기 때문이다. 그럼에도 불구하고 이 이론은 몇몇 경우 동일한 수입을 가진 사람들이 완전히 다른 소비유형을 보여주는 이유를 설명할 수 없다. 예를 들어 직공장은 사무노동자(이들의 취향은 노동자들의 취향과는 근본적으로 다르고, 오히려 교사들의 취향과 비슷하다)보다 더 많은 소득을 얻지만 '민중적' 취향을 고수한다.

이처럼 다양한 변형태(J. F. 엥겔의 법칙은 이것들을 현상적으로만 기록할 수 있을 뿐이다)들을 제대로 설명하려면 수입의 대소에 따라 유년기부터 (통계적으로) 결부되어 온 사회적 존재상태의 모든 특징을 고려하지 않으면 안 된다. 바로 이러한 수입상태가 각각의 조건에 걸맞은 취향을 형성해내기 때문이다.11) 소비행동의 영역과 이를 한참 넘어선

---

10) 생산노동자와 농업노동자의 일인당 연간 소비량(23.36프랑과 25.20프랑)이 다른 계급의 소비량보다 많은 유일한 과일은 바나나다. 특히 사과 소비액에서 1위를 차지하고 있는 상급관리직(생산노동자의 사과소비량이 21.00프랑인 반면 상급관리직의 소비량은 31.60프랑이다)의 바나나 소비량(19.15프랑)과 비교해 보면, 확실히 알 수 있다. 이와 반대로 값비싼 과일(포도, 복숭아, 호두/개암)은 주로 자유직 종사자들, 공업경영자, 대상인에 의해 소비된다(이들의 소비량이 포도 29.04프랑, 복숭아 19.09프랑, 호두/개암 17.33프랑인 반면 생산노동자의 소비량은 6.74프랑, 11.78프랑, 4.90프랑에 불과하다).
11) 이 절에서 기술되고 있는 내용은 모두 사회직업 범주에 따라 39개 항목을 중심으로 1972년에 국립경제통계연구소INSEE가 행한 가계소비조사를 근거로 작성한 통계표에 대

영역에서도 의연히 관찰되는 차이의 진정한 원리는, 사치 취향(또는 자유 취향)과 필요 취향 간의 대립에서 찾을 수 있다. 사치 취향은 필요로부터의 거리(*la distance à la necessité*), 자유, 또는 자본 소유가 보장해주는 용이함(*facilités*)에 의해 규정되는 물질적 존재조건의 산물이다. 필요 취향은 필요의 산물로 바로 그 필요에 적응하는 과정에서 본모습을 드러낸다. 이 때문에 우리는 가장 영양가 있는*nourrissantes* 동시에 가장 저렴한(*économiques* 음식물*nourritures*(이것은 음식의 기능을 순전히 일차적인 경제적 기능으로 환원시키는 이중적인 중복어라고 할 수 있다)에 대한 대중적 취향 *goûts populaires*을 가장 적은 비용으로 노동력을 재생산해야 할 필요성*necessité de reproduire au moindre coût la force de travail*으로부터 추론해낼 수 있다. 그런데 이것은 규정상 프롤레타리아에게 강요될 수밖에 없다. 절대적인 선택의 자유를 전제하기 때문에 전형적으로 부르주아적인 취향이라는 관념은 자유라는 관념과 너무 밀접하게 연관되어 있어, 사람들이 필요 취향의 역설을 제대로 파악하지 못하도록 만들어버리고 만다. 일부 사람들은 실천을 경제적 필요의 직접적 산물로 취급함으로써 이 문제를 간단하게 폐기하며(생산노동자들은 그 밖의 다른 음식물은 살 여유가 없기 때문에 콩을 먹는다), 어쩔 수 없이 갖게 되는 취향 때문에 행위자들이 필요를 충족시키는 쪽으로 마음을 기울일 때만 필요가 충족될 수 있다는 사실을 무시한다. 또 다른 사람들은 이것을 자유 취향으로 변형시켜, 취향을 생산하는 여러 조건을 잊고 만다. 따라서 이들은 취향을, (기본적인) 필요에 대한 비정상적이고 병적인 기호(嗜好), 일종의 선천적 빈곤의 문제로 환원시켜버림으로써, 대중을 gros rouge(값싼 적포도주), gros sabots(두툼한 나막신〔즉 속이 빤히 들여다보임 — 옮긴이〕), gros travaux(거친 일), gros rire(배꼽을 잡는 웃음), grosses blagues(터무니없는 헛소리),

한 이차분석에 기반하고 있다.

gros bon sens(조잡한 상식), plaisanteries grasses(음담패설) 등의 gros(살찐, 조야한, 하품下品이라는 뜻을 갖고 있다 — 옮긴이)와 gras(기름기가 많은, 비만의, 외설스러운 등의 뜻을 갖고 있다 — 옮긴이)라는 관념과 연결시키는 계급적 인종주의un racisme de classe를 위한 구실로 만들어버리고 만다. 취향은 운명적 사랑amor fati, 운명의 선택이지만, 강요된 선택으로, 필요 취향을 제외한 다른 모든 가능성을 순진한 몽상으로서 배제해 버리는 생활조건의 산물이다.

필요 취향이 사치 취향인 것처럼 묘사하면(실천 양식modalité des pratiques을 무시하면 필연적으로 이런 일이 일어난다),[12] 사회공간의 양 극단에 있는 위치간에 허구적인 일치관계를 만들어낼 수밖에 없다. 자식이 많은 것이나 독신상태(혹은 같은 이야기지만, 만혼晩婚도 마찬가지다)는 어떤 사람에게는 선택적 사치인 반면 다른 사람에게는 박탈의 효과이다. '직장 여성'에 대한 여성들의 태도에 관한 니꼴 따바르(Nicole Tabard)의 분석은 이러한 사실을 전형적으로 보여준다. 노동계급의 여성에게서, "취업은 강제성이며, 이 강제성은 남편의 수입이 늘어나면 완화된다." 이와는 반대로, 특권 계급에게서 여성의 일은 선택이다. "지위가 상승해도 여성 취업율이 감소하지 않는" 사실은 이를 분명하게 확인해준다.[13] 통계치를 읽을 때는 반드시 이러한 예를 염두에 두어야 한다. 동일한 질문이 부과하는 명목상의 동일성은, 사회공간의 한 극단에서 다른 극단으로 나아갈 때 흔히 일어나듯이 완전히 상이한 현실을 은폐하기 때문이다.

12) "자유 취향"이라는 용어대신 "사치 취향"이라는 용어를 사용하기로 한다. 이는 자유 취향 또한 '편안함'("facilités")에 의해 규정되는, 다시 말해 사회적 필요로부터의 거리에 의해 규정되는 사회적 필요성의 생산물임을 잊지 않기 위해서이다.
13) N. Tabard, "Besoins et aspirations des familles et des jeunes", CREDOC et CNAF, s. d., p. 153.

어떤 경우에는 일하는 여성들이 여성노동에 우호적인 태도를 표명하는 반면, 다른 경우에는 일은 하고 있지만 일에 대해 이와 반대되는 태도를 표명할 수도 있다. 노동계급의 여성들이 암묵적으로 언급하고 있는 일은 이들이 기대할 수 있는 유일한 일, 즉 보수가 낮고 힘든 육체노동이며, 따라서 이것은 부르주아지 여성들에게 "일"이라는 단어가 상기시키는 것과는 아무런 공통점도 없기 때문이다. 그리고 본질주의적이고 반(反)-발생론적인 지배자들의 견해가 의식적으로 또는 무의식적으로 필요 취향(칸트의 '야만적 취향')을 자연화(본성화)함으로써 naturalise(지배자들의 시각은 필요 취향을 경제적-사회적 존재이유 raison d'être로부터 분리시킴으로써 이를 자연적인=본성적인 성향으로 전환시킨다) 행사하는 이데올로기적 효과를 이해하려면, 사회적 실험이 잘 보여주는 대로 헌혈과 같은 똑같은 행위가 특권계급의 구성원들에 의해 이루어졌는가 아니면 민중계급의 구성원들에 의해 이루어졌는가에 따라 자발적인 것으로 느껴질 수도 있고 강제적인 것으로 느껴질 수도 있다는 사실을 상기하기만 해도 충분하다.14)

필요 취향은 오직 부정적으로만, 결함에 의해, 다른 생활양식과 맺는 **박탈관계**에 의해서만 규정되는 "즉자적 의미"의 생활양식의 원리를 구성하고 있다. 일부 사람들에게는 선택적 표장(票章)이지만 다른 사람들에게는 신체 속까지 새겨진 낙인(烙印)이다. "마치 선민(選民)들이 자신들이 여호와의 백성이라는 기호를 이마에 표시하였듯이, 노동분업은 공장 노동자들에게 자본의 소유물이라는 각인을 찍는다." 마르크스가 말하는 이 각인은 생활양식과 하등 다르지 않다. 이를 통해 가장 빈곤

---

14) J. W. Thibaut and A.W. Rieken, "Some determinants and Consequences of the Perception of Social Psychology", *Journal of Personality*, 1956, vol. 24, pp. 113~133.

한 사람들은 심지어는 여가시간에서도 즉각 자신의 본성을 드러낸다. 그렇게 하는 가운데 이들은 불가피하게 모든 차별화를 만드는 들러리re-poussoir로서의 역할을 수행하게 되며, 끊임없는 취향의 변화를 불러일으키는 상승지향과 차별화의 변증법에 순전히 부정적인 방식으로만 기여한다. 학교 시험이나 사교계의 대화 시장에서 가치를 인정받는 방법이나 지식을 전혀 소유하지 않고, 아무런 가치도 없는 수완만을 갖고 있는 자신에 대해 아주 불만족스러워하는 이들이 '사는 방법을 모르고', 먹고 사는데 필요한 음식, 그 중에서도 특히 빵, 감자, 유제품처럼 가장 소화되기 힘들고 거칠며 살찌는 음식과 포도주처럼 통속적인 음식에 가장 많은 비용을 바친다. 의류나 몸치장, 화장품, 미용에 대해서는 몇 푼의 돈도 쓰지 못한 채 말이다. 이들은 '휴식을 즐기는 법을 모르며', '항상 무슨 일을 해야 하고', 항상 사람들이 북적거리는 캠핑장에 텐트를 치고, 대로 옆에서 겨우 피크닉 자리를 구해야 한다. 르노 5(Renault 5)나 심카 1000(Simca 1000)과 같은 자동차를 타고 바캉스에 나서지만 출발지점에서부터 길이 막혀 꼼짝도 못하며, 문화적 대량생산의 전문가에 의해 날조되어 규격품이 된 여가활동에 모든 것을 맡긴다. 이들은 전혀 자신들의 발상과는 무관한 이 '선택들'을 통해 계급 인종주의를 강화하는데, 특히 자신들은 의당 자신들이 누릴 만한 것을 누릴 뿐이라는 형태로 이러한 생각은 한층 굳어지게 된다.

먹고 마시는 방법art은 민중계급이 정통적인 생활방식에 대해 분명하게 도전할 수 있는 희귀한 영역 중의 하나이다. 농민과 특히 산업 부문의 노동계급은 사회적 위계의 최상층에서 가장 높이 인정받는 날씬함을 위해 절제를 강조하는 새로운 윤리에 맞서 즐거운 삶이라는 도덕mo-rale de la bonne vie을 대립시킨다. 즐거운 삶을 추구하는 사람은 단순히 먹고 마시기를 좋아하는 사람이 아니다. 너그럽고 친숙한 관계 내로, 즉, 함께 먹고 마시면서 형성되는 소박하고 자유로운 관계(함께 먹고 마시는 모습이 이를 상징적으로 보여준다) 안에 어렵지 않게 낄 수 있는 사람, 그리고 함께 섞여 어울리거나 되는 대로 내버려 두는laisser-aller 것을 거부함으로써 거리감을 나타내는 절도, 자제, 과묵함 등이 전혀 쓸모없는 관계 속에서 허물없이 어울릴 수 있는 사람이 바로 삶을 즐기는 사람이다.

상급관리직, 자유업, 공업경영자의 64%, 일반관리직, 사무노동자의 60%가 '프랑스인들은 지나치게 먹는다'라고 평가하고 있다. 농업종사자들 (이들은 자신들이 '적당량을 먹는다'고 생각하는 경향이 가장 높다. 상층계급의 32%에 비해 농업종사자들은 54%가 그렇게 생각한다)과 생산노동자들은 새로운 문화 규범을 가장 받아들이지 못하는 축에 속한다(40%와 46%). 남성들보다는 여성들이 그리고 나이 든 사람들보다는 젊은층이 새로운 문화규범을 더 손쉽게 수용한다. 음료수에서는, 농업종사자들만이 지배적 견해와 명백하게 대립한다('프랑스인들은 적당히 마신다'라고 답한 사람은 32%이다) 생산노동자들의 경우, 이에 대한 긍정적 대답의 빈도수가 다른 범주에 비해 줄어든다. 생산노동자의 63%(그리고 농민의 56% 대對 관리직, 자유업, 공업경영자의 48%)가 먹고 마시길 좋아하는 사람에 대해 우호적인 견해를 갖고 있다고 대답했다. 문화적인 문제에서는 은폐하려고 애쓰나 이 영역에서는 애써 감추지 않고 이단적 실천임을 기꺼이 보여주려는 이들의 성향을 그대로 드러내는 또 다른 지표로는 레스토랑에서 구이(상급관리직은 구이를 선호한다)보다는 조리된 요리를 시키겠다거나 치즈와 후식을 모두 시키겠다는 이들의 답변을 꼽을 수 있다(이는 다음과 같은 사실을 염두에 두면 쉽게 이해된다. 이들 대부분에게 레스토랑에서의 외식은 매우 드문 일이기 때문에 — 농민의 51%와 생산노동자의 44%가 실제로는 거의 외식을 하지 않는다고 답한 반면, 그렇게 답한 상층계급의 구성원은 6%에 불과하다 — 아주 특별한 일이며, 일상적 제약이 유예되거나 풍성함을 즐길 수 있다는 생각과 연결되게 된다). 의심할 여지없이 이보다 정통성의 무게가 한층 크게 느껴지는 알코올 소비에서조차, 음주허가 나이의 제한선을 15세 이상으로 정하는 것에 대해 가장 소극적인 사람들은 민중계급의 구성원들이다(농민은 35%, 생산노동자는 46%인 반면, 상층계급은 55%). (보충자료 34)

음식물에 대한 민중적 관계와 여타의 관계를 가르고 있는 경계선은 의문의 여지없이 생산노동자와 사무노동자 사이를 지나간다(<표 16>을 보라). 절대적 가치(9.377프랑 대 10.347프랑)로나 상대적 가치(34.2% 대 38.3%)로나 식료품 소비에서 숙련공보다 지출이 적은 사무노동자는 빵, 돼지고기, 돼지고기 가공품charcuterie, 우유, 치즈, 토끼고기, 닭고기, 콩류, 유제품 등을 덜 소비한다. 식료품에 대한 가계지출이 제한되어 있기 때문에 이들은 고기, 소고기, 송아지고기, 양고기, 새끼양고기 등 육류를 그만큼 더 많이 소비하며, 생선, 신선한 과일, 아뻬리띠프는 이보다 조금 더 많이 소비한다. 이러한 식료품 소비구조의 변화는 위생이나 치장을 위한 지출(즉 건강과 미용을 위한 지출)과 의복에 대한 지출의 증가와 함께 문화와 여가활동에 대한 약간의 지출 증가를 동반한다. 식비지출의 제한, 특히 가장 세속적이고terrestres 비속하며terre à terre 물질적인matérielles 음식물에 대한 지출의 제한이 출생률의 감소를 가져오는 이유를 설명하려면 식비 제한이 세계와 맺고 있는 관계의 총체적 변형의 한 측면을 구성한다고 가정해보기만 해도 충분하다. 미래의 욕구를 충족시키기 위해 목전의 식욕과 쾌락을 희생할 줄 아는 '검소한' 취향goût 'modeste'은 벤담(Bentham)처럼 쾌락과 고통, 이익과 (예를 들면 건강과 미용을 위한) 비용을 계산하기를 거부하는 민중계급의 본능적 물질주의maérialisme spontané와 대립된다. 다시 말해 땅에서 거둔 음식물에 대한 이들 두 가지 관계는 미래에 대한 두 가지 성향에 뿌리박고 있는데, 이

<표 16> 사무노동자, 직공장, 숙련공의 식료품 소비구조 (보충자료 3)

	사무노동자		직공장		숙련공	
가구별 평균 가족 수	3.61		3.85		2.95	
가구별 평균 전체 지출액(포함)	26,981		35,311		27,376	
가구별 평균 식료품 지출액(포함)	10,347		12,503		9,376	
전체 지출액 중 식료품 지출액의 비율(%)	38.3		35.4		34.2	
	식비의 내역		식비의 내역		식비의 내역	
	포함	전체 식료품 지출액에 대한(%)	포함	전체 식료품 지출액에 대한(%)	포함	전체 식료품 지출액에 대한(%)
국물	925	8.9	1,054	8.4	789	8.4
빵	464	4.5	512	4.1	349	3.7
과자, 비스킷	331	3.2	439	3.5	322	3.4
쌀	27	0.3	28	0.2	24	0.2
파스타(면류)	65	0.6	46	0.4	49	0.5
밀가루	37	0.3	27	0.2	45	0.5
야채	858	8.3	979	7.8	766	8.2
감자	141	1.4	146	1.2	112	1.2
신선한 야채	556	5.4	656	5.2	527	5.6
콩류 및 통조림	162	1.6	177	1.4	127	1.3
과일	515	5.0	642	5.1	518	5.5
신선한 과일	248	2.4	329	2.6	278	3.0
감귤류, 바나나	202	1.9	229	1.8	177	1.9
견과	65	0.6	86	0.7	62	0.7
식육점 고기	1,753	16.9	2,176	17.4	1,560	16.5
소고기	840	8.1	1,086	8.7	801	8.5
송아지고기	302	2.9	380	3.0	296	3.1
양고기, 새끼양고기	169	1.6	170	1.3	154	1.6
닭고기	88	0.8	112	0.9	74	0.8
돼지고기	354	3.4	428	3.4	235	2.5
돼지고기 제품류, 조리된 요리	893	8.6	1,046	8.4	758	8.0
생선, 갑각류, 조개류	268	2.6	330	2.6	280	3.0

<표 16> 계속

	사무노동자		식모장		숙련공	
가구별 평균 사람 수	3.61		3.85		2.95	
가구별 평균 전체 지출액(교량)	26,981		35,311		27,376	
가구별 평균 식료품 지출액(교량)	10,347		12,503		9,376	
전체 지출액 중 식료품 지출액의 비율(%)	38.3		35.4		34.2	
	식비의 내역		식비의 내역		식비의 내역	
	교량	전체 식료품 지출액에 대한(%)	교량	전체 식료품 지출액에 대한(%)	교량	전체 식료품 지출액에 대한(%)
닭고기	389	3.7	403	3.2	317	3.4
토끼고기, 사냥한 고기	173	1.7	156	1.2	131	1.4
계란	164	1.6	184	1.5	146	1.5
우유	342	3.3	337	2.7	252	2.7
치즈, 요구르트	631	6.1	700	5.6	521	5.5
유지제품	547	5.3	629	5.0	439	4.7
버터	365	3.5	445	3.5	292	3.1
식용유	149	1.4	146	1.2	125	1.3
마가린	30	0.3	37	0.3	21	0.2
돼지기름	2	0	0	0	1	0
설탕, 당과, 카카오	345	3.3	402	3.2	290	3.1
주류	883	8.6	1,459	11.7	771	8.2
포도주	555	5.4	1,017	8.1	466	5.0
맥주	100	1.0	109	0.9	68	0.7
능금주	13	0	5	0	8	0
아뻬리띠프, 리꾀르 등	215	2.1	328	2.6	229	2.4
비알콜성 음료	236	2.3	251	2.0	224	2.4
커피, 차	199	1.9	252	2.0	179	1.9
레스토랑에서 식사	506	4.9	583	4.7	572	6.1
구내식당에서 식사	457	4.4	559	4.5	473	5.0
기타	263	2.5	359	2.9	389	4.1

성향 또한 자체가 두 가지의 객관적인 미래와 순환적인 인과 관계를 맺고 있다. '일시적 선호도'를 보편적 법칙으로까지 정식화하는 데서 한 발작도 물러서지 않고 있는 경제학의 비현실적 인류학에 대해서는 현재의 욕구를 미래의 욕구에 종속시키려는 성향은 이 희생*sacrifice*의 '합리성'의 정도에 달려 있다는 것, 즉 어쨌든*en tout cas* 현재 희생된 욕구보다 미래에 더 커다란 만족감을 얻을 수 있는 가능성에 달려 있다는 점만을 상기하기만 해도 충분하다.15)

장래에 예견되는 만족을 위해 목전의 만족을 희생하려는 성향의 경제적 조건 중에, 미래에 만족감을 얻을 수 있는 개연성이 현재의 조건 안에 각인되어 있는 정도를 반드시 포함시키지 않으면 안 된다. 생활조건을 경제적 계산에 맞추어 조정하지 않으려는 성향 또한 여전히 일종의 경제적 계산법이라고 할 수 있다. 그날그날 드물게 주어지는 목전의 만족('좋은 순간들')을 추구하도록 만드는 쾌락주의는 '미래가 없는' 사람들, 어쨌든 미래에 대해 기대할 것이 별로 없는 사람들에게는 유일한 철학이다.16) 특히 음식물에 대한 관계에서 분명하게 나타나는 실용적

---

15) 이러한 본질분석이 얼마나 잘못되었는지를 보려면 뵘-바베르크(Böhm-Bawerk)로부터 인용한 문장을 하나만 살펴보아도 충분할 것이다. "우리는 이제 인간 경험의 두번째 현상, 즉 중대한 영향력을 가진 현상을 고려해야 한다. 기쁨이나 슬픔 같은 미래의 감정에 대해 우리가 마음을 덜 쓰는 이유는 단지 그것들이 미래의 일이기 때문이며, 그리고 그러한 미래가 멀면 멀수록 우리의 관심도 그만큼 줄어들게 된다. 따라서 우리는 미래의 목적에 쓸 예정인 상품들에 대해 우리는 각 상품의 미래의 한계 효용의 진정한 강도에 미치지 못하는 가치를 부여한다. 우리는 우리들의 미래의 욕구와 이를 충족시키는 수단들을 체계적으로 과소평가한다"(E. Böhm-Bawerk, *Capital and Interest*, vol 2, South Holland, IL 1959, p. 268, G. J. Stigler와 G. S. Becker에 의해 인용됨, *loc. cit.*).
16) 미래(그리고 사회적 위계 내에서 높은 지위에 있을수록 더 많은 가치를 부여하는 자기 자신)에 대한 관계의 심도(深度)는 "사후에 새로운 삶이 있다"고 말하는 사람들이 생산노동자들 내에서는 거의 없다(생산노동자의 15% 대 장인이나 상인, 또는 사무노동자, 일반관리직의 18%, 그리고 상급관리직의 32%)는 점을 보면 어느 정도 유추할 수 있을 것이다 (Sofres, "Antenne 2", *Les Français et la mort*, octobre 1977).

물질주의matérialisme pratique가 대중적 에토스 또는 심지어 대중적 윤리의 가장 기본적인 구성요소 중 하나인 이유는 바로 이 때문이다. 좋은 순간들을 기꺼이 이용하고, 흘러가는 대로 시간을 보내는 태도 속에서 분명하게 드러나는 현재의 시간 속의 존재la présence au présent는 그 자체가 타자들(이들은 미래의 위협으로부터 자신을 보호해주는 현재의 유일한 보증인이기도 하다)과의 연대에 대한 긍정이기도 하다. 이러한 일종의 시간적 내재주의immanentisme temporel가 현재의 존재상태를 규정하는 한계에 대한 인식인 한 그럴 수밖에 없다. 바로 이 때문에 쁘띠 부르주아지의 절제된 생활태도는 단절로서 느껴질 수밖에 없는 것이다. 지위상승에 대한 희망에 부풀어, 즐거운 시간을 보내거나 그 시간을 다른 사람들과 함께 지내는 것을 삼가하는 쁘띠 부르주아지는 평범한 현재로부터 벗어나고자 하는 야망을 드러낸다. 즉, 자신의 전체적인 이미지를 집과 카페, 절제와 무절제, 다시 말해 개인의 안녕과 집단적 연대 간의 대립을 중심으로 구축하지 않을 때는 그렇게 된다.

카페는 마시기 위한 장소가 아니라 사람들과 더불어en compagnie 마시기 위한 장소로, 이방인들과의 교류에서 행해지는 검열과 관습, 예절의 유예에 기초하여 친숙한 관계를 확립할 수 있는 장소이다. 탁자가 따로따로 떨어져 특정한 사람에게 속한 작은 영토를 구성하는 부르주아나 쁘띠 부르주아지의 카페나 레스토랑(의자나 소금을 빌릴 때는 양해를 구한다)과는 반대로, 민중적 카페는 사람들이 합류하여 다 함께 어울리는 장소이다(카페에 새로 들어서는 사람의 '여러분 안녕'이나 '모두들 안녕' 또는 '친구들 안녕'과 같은 인사말이 이를 잘 보여준다). 카운터가 그러한 카페의 중심으로, 카페주인(암묵적으로 주인장으로 지명되며 종종 놀이를 이끈다)과 악수를 한 후, 그리고 가끔씩은 카페 안의 모든 사람과 악수를 한 후, 사람들은 카운터 위에 팔꿈치를 기댄다(탁자가 없는 경우도 있고, 있는 경우도 있는데, 후자의 경우에는 '이방인들'이나 아이들에게 마실 것을 사주거나 전화하기 위해 온 부인들의 몫이다). 모든 것을 농담처럼 받아들이거나(다시 진지한 대화로 돌아가거나 새로운 농담을 도입할 때 쓰는 '농담이 아니라sans blague', '농담은 그만하고… blague dans le coin… '와 같은 말이 이를 잘 보여준다), 농담을 하거나 받는 기술art이 잘 보여주듯이, 카페에서는 전형적으로 민중적인 농담방법art이 아무런 제약 없이 자유롭게 구사된다. 여기서는 통상 뚱뚱한 사람이 희생자로 지정되는데, 왜냐하면, 민중적 약호code에 따르면 뚱뚱한 몸매는 결점이 아니라 독특한 개성이며, (누구나 의당 그런 사람이면 반드시 그렇다고 생각하는) 선한 본성을 가진 그 사람이 농담을 좋게 받아들여 별 허물없이 생각할 것이라고 믿기 때문이다. 따라서 농담은 한 마디로 말해, 상대방의 화를 돋우지 않고 웃기는 방법, 지나침으로 인해 오히려 중화되는 관례적 욕설 또는 조롱이라고 할 수 있다. 아주 친숙해야 이런저런 농담을 하면서 개인의 신상에 관한 여러 정보를 자유롭게 이용할 수 있기 때문에 실제로 그러한 농담이나 조롱은 관심과 애정의 징표이며, 겉으로 보기에는 헐뜯고 비난하는 듯 하나 실은 칭찬하고 한층 친밀한 관계를 맺는 방식의 일종이다 — 물론 이들 조롱과 욕설은 집단과 거리를 두려는 사람들을 시험하기 위해 사용될 수도 있다.17)

세 가지 차별화 방식

사치 취향과 필요 취향 간의 기본적 대립은, 노동계급과 이들의 기본적 욕구에 대해 자신의 탁월성을 명확히 하는 방식이 다양한 만큼

---

17) 그 나름대로 좌중의 흥을 돋우는 이 방면의 거장을 갖고 있는 이 기술이 대중적 취향의 기준에서 보더라도 상투적이고 어리석고 상스럽게 보일 수 있는 말과 농담에 대한 풍자로 나갈 수도 있음을 굳이 지적할 필요는 없을 것이다.

<표 17> 교수, 자유업 종사자, 공업실업가-대상인의 지출구조 (보충자료 3)

지출종류	교수		자유업 종사자		공업실업가-대상인	
	연간 총액(F)	%	연간 총액(F)	%	연간 총액(F)	%
식비[a]	9,969	24.4	13,956	24.4	16,578	37.4
외모[b]	4,912	12.0	12,680	22.2	5,616	12.7
문화[c]	1,753	4.3	1,298	2.3	574	1.3

a. 식비 : 레스토랑과 구내식당에서의 식사도 포함
b. 외모 : 의류, 신발, 수선 및 청소용품, 화장품, 두발제품, 파출부
c. 문화 : 책, 신문, 문구류, 레코드, 스포츠, 장난감, 음악, 공연.

— 또는 결국 같은 이야기지만 필요로부터 거리를 유지할 수 있도록 해주는 권력이 다양한 만큼 — 여러 가지 대립적 관계로 구체화된다. 따라서 단순화시키면, 지배계급 안에서 세 가지 소비구조를 구별할 수 있는데, 이 구조들은 세 개의 주요 항목, 즉 식료품, 문화=교양, 외모와 상징을 위한 지출(의류, 미용, 화장품, 가정부)로 나누어진다. 이 구조들은 교수와 공업경영자/대상인에게서 정반대되는 형태를 띠며 각 구조의 자본의 구조도 마찬가지다(<표 17>을 보라). 공업경영자/대상인들은 식료품 소비에서는 예외적으로 높은 지출(가계예산의 37%이상)을 하는 반면, 문화=교양비 지출은 매우 낮고, 외모나 상징을 위한 지출은 중간수준이다. 총지출액이 평균적으로 이보다 낮은 교수들의 경우, 식비지출은 낮고(생산노동자에 비해 상대적으로 낮다), 외모와 표현을 위한 지출은 제한적이며(하지만 건강을 위한 지출은 가장 높은 축에 든다), 문화=교양비 지출(책, 신문, 영화나 연극, 스포츠, 장난감, 음악, 라디오와 전축)은 상대적으로 높다. 자유업 종사자들은 이 양자 모두와 대립된다. 이들은 식료품 소비에서는 교수들과 대등한 예산을 지출하지만(24.4%), 전반적인 지출액은 훨씬 더 많다(57,122프랑 대 40,884프랑). 외모와 상징에 대한 지출에서는 다른 모든 분파를 훨씬 능가하며, 특히 가사 서비스 분야의 지출을 합하면 더욱 그렇다. 하지만 문화비 지출은 교수들보다 작다(거의 모든 소비항목에서 이들 자유업 종사자들에 가깝지만 아무튼 교수

<표 18> 지배계급 안의 여러 분파들의 식료품 소비구조 (보충자료 3)

식료품 종류	교수		상급관리직		자유업 종사자		상급기술자		공업상업가(상인)	
가구별 평균 가족 수	3.11		3.6		3.5		3.6		3.6	
가구별 전체 평균 지출액(프랑)	40,844		52,156		57,122		49,822		44,339	
가구별 평균 식료품 지출액(프랑)	9,969		13,158		13,956		12,666		16,578	
전체 지출액 중 식료품 지출액의 비율(%)	24.4		25.2		24.4		25.4		37.4	
	소비내역:		소비내역:		소비내역:		소비내역:		소비내역:	
	평균지출액(F)에서 차지하는 비율(%)		평균지출액(F)에서 차지하는 비율(%)		평균지출액(F)에서 차지하는 비율(%)		평균지출액(F)에서 차지하는 비율(%)		평균지출액(F)에서 차지하는 비율(%)	
	프랑	%	프랑	%	프랑	%	프랑	%	프랑	%
곡물:										
빵	865	8.7	993	7.5	1,011	7.2	951	7.5	1,535	9.2
과자, 비스킷	322	3.2	347	2.6	326	2.3	312	2.5	454	2.5
쌀	452	4.5	552	4.1	548	4.0	539	4.2	989	5.6
파스타(면류)	16	0.2	27	0.2	33	0.2	28	0.2	29	0.1
밀가루	35	0.3	32	0.2	62	0.4	41	0.3	33	0.1
야채	40	0.4	35	0.2	41	0.3	31	0.2	28	0.1
감자	766	7.7	1,015	7.7	1,100	7.9	899	7.1	1,222	7.4
신선한 야채	81	0.8	94	0.7	95	0.7	98	0.7	152	0.8
콩류 및 통조림	555	5.6	729	5.5	811	5.8	647	5.1	915	5.1
과일:	131	1.3	191	1.4	216	1.5	154	1.2	153	0.8
신선한 과일	632	6.3	871	6.6	990	7.2	864	6.8	877	5.2
감귤류, 바나나	295	2.9	405	3.1	586	4.2	424	3.3	547	3.1
건과	236	2.4	343	2.6	303	2.2	324	2.5	256	1.4
식육점 고기:	102	1.0	122	0.9	98	0.7	116	0.9	72	0.4
소고기	1,556	15.6	2,358	18.0	2,552	18.3	2,073	16.4	2,323	14.0
송아지고기	814	8.1	1,291	9.8	1,212	8.7	1,144	9.0	1,273	7.2
양고기, 새끼양고기	335	3.4	452	3.4	630	4.5	402	3.1	377	2.3
말고기	156	1.6	315	2.3	438	3.2	242	1.9	390	2.2
	31	0.3	49	0.3	31	0.2	37	0.3	94	0.5

돼지고기	221	2.2	251	1.7	239	1.7	247	1.9	187	1.3
돼지고기 제품류	634	6.3	741	5.6	774	5.5	705	5.6	812	4.9
조리된 요리	336	3.4	350	2.6	233	1.7	310	2.4	1,362	8.0
생선, 갑각류, 조개류	336	3.4	503	3.8	719	5.1	396	3.1	588	3.5
닭고기	235	2.3	311	2.4	399	2.8	310	2.4	333	2.0
토끼고기, 사냥한 고기	36	0.3	97	0.7	148	1.1	89	0.7	289	1.7
계란	149	1.4	172	1.3	190	1.4	178	1.4	185	1.1
우유	299	3.0	271	2.0	249	1.8	287	2.3	309	1.9
치즈, 요구르트	692	6.9	776	5.9	843	6.0	785	6.1	1,090	6.5
유지제품	399	4.0	564	4.3	525	3.8	504	4.0	551	3.3
버터	320	3.2	408	3.1	379	2.7	371	2.9	405	2.4
식용유	66	0.6	136	1.0	132	1.0	103	0.8	112	0.6
마가린	12	0.1	17	0.1	12	0.1	29	0.2	19	0.1
돼지기름	1	0	2	0	1	0	1	0	13	0.1
설탕, 당과, 카카오	304	3.0	395	3.0	265	1.9	327	2.6	407	2.4
주류	711	7.1	1,365	10.3	1,329	9.5	937	7.4	2,218	13.4
포도주	457	4.6	869	6.6	899	6.4	392	3.1	1,881	11.8
맥주	82	0.8	91	0.7	40	0.3	184	1.4	93	0.5
농금주	13	0.1	12	0	0	0	8	0	5	0
아뻬리띠프, 리꾀르 등	157	1.6	391	3.0	389	2.8	352	2.8	237	1.4
비알콜성 음료	344	3.4	342	2.6	267	1.9	295	2.3	327	2.0
커피, 차	152	1.5	215	1.5	291	2.1	178	1.4	298	1.8
레스토랑에서 식사	829	8.3	1,863	13.0	1,562	11.2	1,372	10.8	1,179	7.1
구내식당에서 식사	745	7.5	562	4.0	221	1.6	773	6.1	299	1.8
기타	264	2.6	379	2.7	258	1.8	432	3.4	324	1.9

와 자유업 종사자들의 중간적 위치에 있는 상급기술자, 상급관리직보다도 작다).

식료품 소비의 내역을 좀더 자세히 살펴보면 차이의 체계가 훨씬 분명하게 드러날 것이다. 이와 관련하여 공업경영자와 대상인은 곡물로 만든 제품(특히 과자류), 포도주, 고기, 통조림(장조림 등), 사냥한 고기를 중시하는 반면 고기, 과일, 신선한 야채는 상대적으로 덜 중시하는 자유업 종사자나 교수들과 근본적으로 다르다. 사무노동자들과 거의 동일한 식비 지출구조를 갖는 교수들은 다른 모든 분파들보다 빵, 우유, 설탕, 잼, 비알코올성 음료에 대한 지출이 많으며, 포도주나 주류 소비량은 낮고, 고기처럼 비싼 제품, 특히 양고기나 새끼 양고기처럼 그 중에서도 가장 값비싼 제품들, 과일, 신선한 야채에 대한 지출은 자유업 종사자들에 비해 훨씬 작다. 자유업 종사자들의 경우, 값비싼 제품들, 특히 고기(식료품 소비의 18.3%)와 그 중에서 특히 비싼 송아지고기, 새끼양고기, 신선한 과일, 생선, 갑각류, 치즈, 아뻬리띠프 등에 대한 지출이 많다는 점에서 다른 직업계층과 차별성을 보인다.[18]

이처럼 노동자에서 직공장, 장인, 상인을 거쳐, 상공업 경영자로 다가갈수록 소비선택의 기본구조는 전혀 변화하지 않은 채 경제적 구속요인이 느슨해지는 경향이 있다(<그림 9>를 보라). 따라서 양 극단간의 대립은 가난한 자pauvre와 (신흥)부자riche 사이에서, 보통 식사la bouffe와 진수성찬la grande bouffe 사이에서 확립된다. 소비되는 음식물은 (즉 가격과 칼로리 모두에서) 갈수록 풍부해지고, 갈수록 소화되기 힘들게 된다(사냥한 고기, 푸아그라foie gras/거위 간 요리). 이와 반대로 자유업 종사자나 상급관리직의 취향은 가볍고 섬세하며 세련된 음식을 선호하며,

---

[18] 중간계급의 내부에서는 이러한 대립이 한층 애매하게 나타난다. 비록 초등학교 교사, 사무노동자 축과 상인 축 사이에서 이러한 상동적 차이를 발견할 수 있음에도 불구하고 말이다.

무겁고 기름지고 거친 음식은, 부정적으로, 민중적 취향으로 규정한다. 경제적 제약요인의 제거는 탁월함과 날씬한 몸매를 위해 조야함과 비만을 금지하는 사회적 검열의 강화를 수반한다. 희귀하고 귀족적인 음식에 대한 취향은 고가의 진귀한 제품(신선한 야채나 육류)을 풍부히 사용하는 전통적 요리를 선호한다. 마지막으로, 경제자본보다는 문화자본이 더 풍부하고, 따라서 모든 분야에서 금욕적인 소비를 선호하는 경향이 있는 교수들은 경제적 비용을 최소화하면서도 이국적 취향(이탈리아 요리, 중국요리 등)과 함께 요리의 민중주의(농민요리)를 지향하면서 독창성을 추구한다. 이러한 식으로 이들은 거의 의식적으로 호화로운 음식을 좋아하는 (벼락) 부자들이나 '진수성찬'의 판매자와 소비자, '뚱보들' 즉 육체는 뚱뚱하고 영혼은 야비한 사람들로 경제적-문화적 소비에서는 민중계급과 크게 다르지 않은 생활양식을 누리고 있기 때문에 누가 봐도 '저속'한데도 거만하게 자신의 생활양식을 자랑거리로 내세울 수 있는 경제 수단을 갖고 있는 사람들과 정반대의 위치를 고수하려고 한다.19)

식료품 소비, 특히 소비되는 제품*produits*만으로 파악된 식료품 소비를 전체적인 생활양식과 분리시켜 고찰할 수는 없다. 그 이유는 요리에 대한 취향(통계적 파악은 여러 차례 미결정 단계를 거치기 때문에 이 취향에 대해 아주 희미한 근사치만을 제시할 수 있을 뿐이다)이 조리법을 통해 가계(家計)économique domestique와 성별분업에 대한 전체적인 표상과 결합되기 때문이다. 많은 시간과 공을 들여야 제대로 만들 수 있는 조

---

19) 외국요리 식당 — 이탈리아 요리, 중화음식, 일식집 — 에 대한 선호도(러시아 식당은 이 보다는 약간 낮은 선호도를 갖는다)는 사회적 위계가 높을수록 증가한다(사회적 위계가 낮을수록 선호도가 높게 나타나는 스페인 식당 — 이는 아주 널리 대중화된 관광형태와 관련된 것이 틀림없다 — 과 일반관리직이 가장 선호하는 북아프리카 식당은 예외이다).(보충자료 34)

리법에 따른 요리(스튜, 화이트소스 스튜, 고기 찜)는 여성의 역할에 대한 전통적인 견해와 친화력을 갖는다. 따라서 이러한 측면에서 민중계급과 지배계급의 피지배 분파 사이에 뚜렷한 대립관계가 나타난다. 지배계급의 피지배 분파에 속한 여성들은, 이들의 노동이 높은 시장가치를 갖고 있기 때문에(아마 그 때문인지 이들은 자신들의 가치를 매우 높이 평가한다) 여가시간을 우선적으로 아이들을 돌보고 문화자본을 전달하는데 할애하며, 전통적인 성별분업을 의문시하는 경향이 있다. 조리에 드는 시간과 일을 절약하려는 태도는 가볍고 칼로리가 낮은 식품을 찾는 경향과 결합되어 있으며, 구이나 생야채(모듬 샐러드), 냉동식품, 요구르트, 설탕이 첨가된 우유제품을 선호하는 경향과 부합한다. 이러한 경향은 값싼 고기로 만든 스튜와 탕 요리(이것은 구이나 로스트와 대립된다)를 전형적인 음식으로 하는 민중적 요리와 대극을 이루는데, 이것은 시간을 특히 많이 요구하는 하급의 조리법이다. 이러한 조리형식 — 사람들은 가정 일에만 헌신하는 여성을 '스튜'라고 부른다 — 이 여성의 지위와 노동의 성별분업을 상징하는 것은 전혀 우연이 아니다. 저녁식사 전에 신는 실내화pantoufles가 남성들의 보족적 역할을 상징하듯이 말이다.[20]

  요리에 가장 많은 시간과 관심을 투여하는 사람들은 생산노동자들이다. 진수성찬을 즐긴다고 답한 사람이 생산노동자의 경우 69%인 반면, 일반

[20] 매일 저녁식사 전에 실내화로 갈아 신는다고 가장 많이 답한 사람들은 전통적으로 예술가들이 혐오해온 '속물'의 대표인 소상인과 소기업주이다(60%). 이와 달리 자유업과 상급관리직 종사자들은 이러한 쁘띠 부르주아적 상징을 거부하는 경향이 가장 강하다(35%가 절대 착용하지 않는다고 답했다). 여성노동자와 여성농민의 경우 실내화 구입률이 매우 높은 사실은 의문의 여지없이 가정과 가사생활 안에 갇혀 있는 이들이 신체, 화장, 미용과 맺고 있는 관계를 고스란히 반영하고 있다(예를 들면, 옷을 살 때 '남편 마음에 들 것'을 고른다고 대답하는 비율은 장인, 상인, 생산노동자의 아내에게서 가장 크게 나타난다).

관리직은 59%, 소상인은 52%, 상급관리직이나 자유업, 그리고 공업경영자는 51%이다. 노동의 성별분업과 관련된 이러한 차이를 간접적으로 보여주는 다음과 같은 또 다른 지표가 있다. 교수와 상급관리직의 경우, 설거지 기계와 세탁기에 우선권을 부여하는 반면, 자유업, 공업경영자, 대상인의 경우는 텔레비전과 자동차에 우선권을 둔다. 마지막으로, 7가지 요리 목록 중에서 가장 좋아하는 요리 2가지를 선택하는 항목에서, 다른 모든 범주에서와 마찬가지로 양의 넓적다리 고기gigot를 첫번째 등급에 놓는 농민과 생산노동자는 뽀또푀pot-au-feu에 대한 선호도도(전자는 45%이고 후자는 34%인데 반해 사무노동자는 28%, 상급관리직은 20%, 소고용주는 19%로 나타난다) 가장 높다(순대 소시지andouillette를 선택한 것은 농민뿐이다. 농민의 14%가 이를 선택한 반면, 노동자, 사무노동자, 일반관리직은 4%, 상급관리직은 3%에 불과하고, 고용주는 0%이다). 또한 생산노동자와 소고용주는 '고상한 분위기'를 연출하기에 알맞은 작은 레스토랑의 전형적 메뉴인 포도주-닭요리coq au vin를 좋아한다(50%와 48%)고 말하는데, 이 때문에 이 외식은 흔히 '외식'에 대한 생각과 결부되어 나타난다(사무노동자는 42%, 상급관리직은 39%, 농민은 37%). 관리직이나 자유업 종사자들과 고용주들은 극히 한정된 범위의 목록 중에서 상대적으로 '가볍지만' 쁘띠 부르주아지의 일상적 요리와 대비하여 상징적인 특징을 갖고 있는 부이야베스(bouillabaisse; 생선수프의 일종 — 옮긴이)를 선택(이들의 31%가 이 음식을 선택하는 반면 사무노동자는 22%, 소고용주는 17%, 생산노동자는 10% 그리고 농민은 7%만이 이 음식을 선택한다)함으로써 자신들을 차별화한다. 여기에다 생선과 고기(그 중에서도 특히 양배추 절임을 곁들인 돼지고기와 꺄술레cassoulet)간의 대립은 지역적-관광적 색채에 의해 한층 명확히 배가된다(보충자료 34). 이 앙케트에서 사용된 분류법이 엄밀하지 않기 때문에 여기서는 각 분파들간의 이차적 대립의 효과를 파악하는 데는 한계가 있을 수밖에 없다.

<그림 9> 식품소비공간

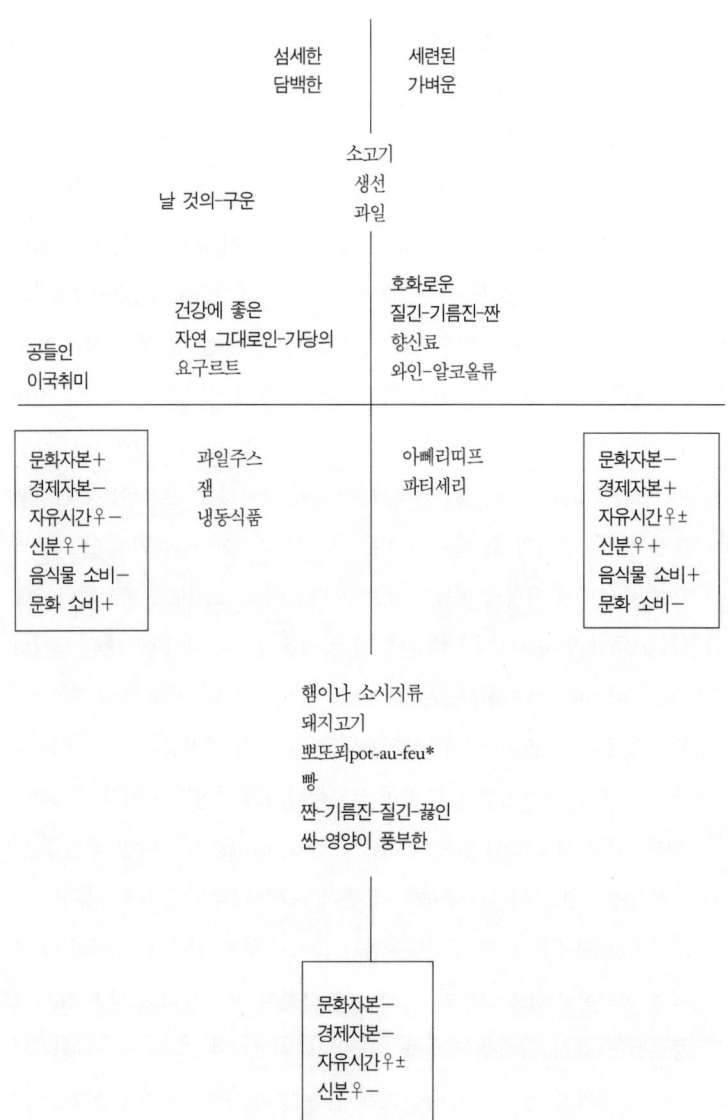

* 고기와 야채를 같이 삶은 수프의 일종

342 제2부 실천의 경제

따라서 예를 들어 교수를 따로 분류하거나 사회학적으로 타당한 방식으로 요리목록을 한층 다양하게 제시할 수 있었더라면 틀림없이 관찰된 성향을 훨씬 더 잘 식별할 수 있었을 것이다.

음식 취향은 동시에 신체나 신체에 미치는 음식물의 효과, 즉 힘, 건강과 미에 대한 효과와 이 효과를 평가하기 위해 사용하는 범주에 대한 각 계급의 생각에도 의존한다. 그 중 어떤 범주는 한 계급에 의해서는 중시되지만 다른 계급에 의해서는 무시될 수 있으며, 결국 각 계급은 이러한 범주들을 서로 다른 서열에 따라 배치할 것이다. 예를 들어 신체 **형태**forme보다는 (남성적) **힘**force을 중시하는 민중계급은 값싸면서도 영양가 있는 제품을 찾는 반면 자유업 종사자들은 맛있고, 건강에 좋으면서 가볍고, 살찌지 않는 음식을 선호한다. 자연(본성)nature화한 계급의 문화, 즉 **육화된** 계급 문화인 취향은 계급적 신체를 형성하는데 기여한다. 취향은 모든 형태의 육화를 지배하는 육화된 분류 원리로서, 신체가 생리학적-심리학적으로 삼키고 소화하고 흡수하는 모든 것을 선택하고 변화시킨다. 따라서 신체는 다양한 방식으로 나타나는 계급적 취향의 가장 확실한 객체화를 보여준다. 이러한 객체화는 우선 외견상으로는 극히 자연적인 특징들, 즉 가시적인 체형의 차원(덩치, 키, 몸무게 등)과 체형(둥글거나 각진, 경직되거나 유연한, 곧거나 구부러진)을 통해 이루어지는데, 이는 신체와의 전체적인 관계에서 수천 가지 방식으로 표현된다. 즉 신체를 다루고, 보살피고, 유지하고, 신체에 영양을 주는 방식으로 표현되는데, 이 모든 과정은 아비투스의 가장 깊은 성향을 드러낸다. (억양이나 걸음걸이 등의 다른 분야에서와 마찬가지로) 실제로 생산[21]의 사회적 조건을 넘어서까지 영원히 존재할 수 있는 것이 바로

---

[21] 바로 이 때문에 신체는 현재의 위치뿐만 아니라 궤적trajectoire도 함께 나타내게 된다.

식료품 소비에 대한 선호도라고 할 수 있다. 그리고 물론 계급들간의 신체적 특성의 분류도 노동과 여가에서의 신체의 사용방식을 통해서 결정된다.

지각된 신체에 대한 공인된 형상의 준(準)-의식적 표상이 적당한 음식에 대한 사회적 정의를 형성시켜주는 유일한 매개체는 아니다. 이보다 한층 심화된 수준에 자리잡고 있는 신체 도식schéma corporel 전체가, 특히 어떤 자세로 먹을까 하는 문제가 특정한 음식물에 대한 선택을 지배한다. 따라서 예를 들어, 민중계급에서 생선이 남성들에게는 부적절한 음식으로 받아들여지는 이유는 단지 그것이 '배를 채워주지' 못하는 가벼운 음식이거나, 환자나 어린이의 건강을 위해 만드는 음식이기 때문만이 아니라, 그것이 과일(바나나는 예외이다)과 더불어 남성의 손으로 다룰 수 없는 섬세한 것이고, 그 앞에서 남성은 어린아이처럼 되기 때문이기도 하다(여기서는, 이와 비슷한 모든 경우에서처럼, 어머니 역할을 맡은 여성이 접시에 생선을 준비하고, 배 껍질을 벗긴다). 하지만 무엇보다도 먼저 그것은 고기를 먹는 방식이 남성에 고유한 식사법과 상충되기 때문이다. 즉, 조심스럽게 작은 입놀림으로, 입 끝으로, (뼈를 발라내기 위해) 이빨 끝으로, 가볍게 씹을 것을 요구하기 때문이다. 여성들처럼 입 끝으로 잘게, 깨지락거리거나, 남성들처럼 입 가득히 와작와작 씹으며, 크게 베어 먹는 이 두 가지 먹는 방식에는 사내다움이라고 불리는 남성적 정체성 전체가 개입되어 있다. 이것은 동시에 (이것과 완전히 상동적으로) 두 가지 말하는 방식, 즉 입 끝으로 말하는 방식과 또는 입 전체로 특히 입 안 깊숙이 목구멍으로부터 말하는 방식과도 똑같이 연결되어 있다(이미 앞에서 지적했듯이 이것은 얇은 입la fine bouche, 꼭 다문 입la bouche pincée, 또는 입술로 상징되는 부슈bouche와 큰소리로 떠들고fort en gueule, 주먹으로 한 방 때리거나coup de gueule, 고함지르고engueuler, 한입 가득 넣고 먹는 것 s'en foutre plein la gueule과 결부된 결gueule의 대립과 일치하고 있다〔부슈bouche와 결gueule은 둘 다 '입'이라는 뜻을 갖지만, 결gueule은 원래 짐승의 입을 의미하는 것으로서, 사람의 입을 짐승의 아가리나 주둥이에 비유하여 비하시키거나 얼굴(낯짝) 등을 의미하는 속어로서 사용된다. 부르디외는 『상징폭력과 문화재생산Ce que parler veut dire』(새물결, 1995 ─ 옮긴이)에서, 부슈를 닫혀 있거나 꼭 다문, 긴장되고 검열받는 입을 의미하는 것으로 설명하면서 부르주아적인 것, 또는 여성적인 것과 결부시키며, 결은 거리낌 없고 기탄없는 솔직함, 또는 육체적 폭력을 행사할 수 있는 능력을 나타내는 말로, 민중적인 것, 또는 남성적인 것과 결부시킨다 ─ 옮긴이〕).

이러한 대립은 신체의 다양한 사용, 특히 외견상으로는 극히 무의미해 보이는 몸놀림 속에서도 발견된다. 이것은 집단의 가장 심오한 가치관이나 가장 기본적인 '신조'가 기록되어 있는 '메모장'으로서 기여하는 경향이 있다. 예를 들면, 크리넥스 티슈를 사용해 지나치게 코를 누르지 않고 코끝을 살짝 닦으면서 코를 조심스럽게 다루는 것과, 커다란 헝겊 손수건을 사용해 힘을 잔뜩 주면서 눈살을 찌푸리고, 코를 잔뜩 움켜쥐고 소리 내어 한번에 코를 크게 푸는 것이 대립되듯, 음성적으로나 가시적으로 절제된 웃음은, 큰소리로 목구멍으로부터 울려나오는 웃음, 코를 찌푸리고 입을 크게 벌리며 숨을 깊게 내시면서 온 몸으로 웃는 웃음('두 조각으로 접혀질 듯 웃었다')과 대립된다. 후자의 웃음은 고통스럽지 않은 경험을 최대한 확대하려는 듯이 보이는데, 일단 그 경험이 타자들에게 가시화되고 공유되어야 하기 때문이다.

남성의 모든 몸동작, 특히 음식을 먹을 때 확연히 드러나는 태도, 즉 엄청나고 황당하고 난폭한 욕구를 채우고, 거대하고 강력한 박력으로 나타나는 남성 신체의 행동 철학philosophie pratique은 동시에 남녀 간의 음식 구분의 원리이기도 한데, 남녀 쌍방이 일상적인 실천과 언어 속에서 이러한 구분을 인정하고 있다. (여성들보다) 더 많이 먹고 마시며, 더 강한 음식물을 먹고 마시는 것이 남성적이다. 아뻬리띠프를 마실 경우, 남성들은 두 번을 마시며(특별한 기념일 때는 그 이상 마신다), 커다란 컵을 가득 채워 마신다(리까르Ricard나 뻬르노Pernod 같은 술이 성공한 이유는 의문의 여지없이 강하고 양이 많은 술이기 때문이다 — 작은 술잔에 담아 '한 입에 홀짝 마실 수 있는' 술이 아니기 때문이다). 그리고 직접 집에서 담근 아뻬리띠프(조제법을 서로 교환한다)를 작은 술잔에 마시는('비틀거릴 정도로 취하면' 안 된다) 부인들이나 어린아이의 몫으로 안주(짭짤한 비스킷, 땅콩)를 남겨둔다. 이와 마찬가지로 전채(前菜) entrées에서도, 돼지고기 제품과 치즈는 남성용이며, 샐러드와 같은 생야채는 여성용에 가깝다. 이는 남은 음식을 나누거나 다시 덜어 먹을 때도 마찬가지이다. 특히 영양가가 풍부하고 강한 음식으로 정력과 활력, 혈기를 보강해주는 고기는 남성의 음식이다. 따라서 고기를 먹을 때 남성들은 두 번 먹는 반면, 여성들은 적은 양만 먹고 그만둔다. 그렇다고 여성들이 절제한다는 이야기는 아니다. 여성들은 다른 사람들, 특히 남성들(이들은 원래부터 고기를 잘 먹는다)이 원하는 음식은 정말 원하지 않으며, 자신들에게 결핍되어 있는 것으로 경험되지 않은 음식으로부터 일종의 권위를 끌어내려 한다. 게다가 이들은 음식에 대한 남성적 취향을 갖고 있지 않다. 남성취향적 음식을 너무 많이 먹을 경우 유해하다고 믿으며(예를 들면 고기를 많이 먹으면 '혈기가 왕성해지고', 비정상적인 근육질 체형이 되며, 여드름 등이 돋아난다고 여겨진다), 일종의 혐오감을 불러일으키기까지 한다.

순수한 신체 형태상의 차이는 **몸가짐**maintien의 차이, 즉, 사회세계에 대한 관계 전체를 표현하는 제스처, 태도, 품행의 차이에 의해 증폭되고 상징적으로 강조된다. 여기에 특히 미용적 특징(헤어스타일, 화장, 턱수염, 콧수염, 구레나룻) 또는 의류적 특징처럼 신체의 변경가능한 부분에 대한 모든 의도적 수정이 첨가된다. 투자가능한 경제적-문화적 수단에 따라 크게 다르게 나타나는 이러한 특징들은 사회적 표식으로 기능하면서, 이러한 표식들이 구성하는 변별적 기호체계(이것은 자체가 사회적 위치의 체계와 상동관계를 이루고 있다) 안에서 차지하는 위치에 따라 각기 다른 의미와 가치를 갖게 된다. 기호의 담지자인 신체는 동시에 기호의 생산자로, 각 기호는 신체와의 관계에 의해 지각되는 실체를 표현해준다. 따라서 남자다움을 중시하는 입장은 말을 하거나 발성할 때 입을 사용하는 방식에 대한 다양한 가치부여를 통해 민중계급의 발음 전체를 규정할 수 있는 것이다. 사회적 산물인 신체는 '인격'의 유일한 감각적 표현으로 통상 심오한 본성의 가장 자연스러운 표현으로 느껴진다. 말 그대로의 '육체적' 기호는 없다. 루즈의 두께나 색깔, 또는 신체의 형태는 얼굴이나 입의 형태와 마찬가지로 즉각 사회적으로 특징지어지는 '정신적' 용모의 지표로서 읽히게 된다. 즉 '저속하거나' '고상한' 정신상태의 지표로, 천성적으로 '자연적'이거나 '교양 있는' 정신상태의 지표로 읽히게 된다(부르디외는 여기서 '자연'이라는 의미와 '천성'이라는 의미를 동시에 갖는 nature라는 말과 '경작' 또는 '문화'나 '교양'이라는 의미를 동시에 갖는 culture라는 말을 갖고 언어유희를 하고 있다 — 옮긴이). 감지된 신체를 구성하는 기호는 말 그대로 문화적 생산행위의 산물로, 문화 정도에 따라, 즉 자연으로부터의 거리에 따라 각 집단을 구별하는 효과를 갖는데, 이 효과는 마치 자연에 기반하고 있는 것처럼 보인다. 신체의 정통적인 사용은 자동적으로 도덕적 자세의 지표로 느껴지며, 외모를 꾸미지 않고 '자연스러운' 상태로 놔두는 것은 '제멋대로 구는 돼먹지 않은 태도'laisser-aller의 지표로, 패씸하게 편안함facilité에 몸을 맡기는 잘못된 태도의 전형적인 사례로 간주된다.

이처럼 우리는 계급적 신체의 공간을 그려낼 수 있는데, 생물학적인 우연성을 별도로 한다면 이 공간은 자체에 특수한 논리에 따라 사회공간의 구조를 그대로 재현하는 경향이 있다. 그리고 신체적 특성이 사

직업에 어울리는 외모와 신체의 운용

회적 분류체계를 통해 파악되는 것은 전혀 우연이 아닌데, 왜냐하면 이러한 속성들이 사회계급별 분포상태와 무관하지 않기 때문이다. 현재 널리 유행하고 있는 분류법은 지배자들에게서 가장 빈번하게 나타나는 특성들(즉 가장 드물게 찾아볼 수밖에 없는 특성)과 피지배자들에게서 가장 빈번하게 나타나는 특성들을 서열화하면서 대립시키는 경향이 있다.[22] 따라서 각각의 행위자들이 자신의 신체와 육체적 엑시스에 대한 주관적 표상을 정교화하기 위해 처음부터 고려해야 하는 자신의 신체에 대한 사회적 표상은 이처럼 사회적 분류체계를 적용함으로써 비로소 획득되는데, 이 분류체계는 그것이 적용되는 사회적 생산물의 원리와 동일한 원리에 기반하고 있다. 따라서 신체는 다음과 같은 조건하에서 그 신체의 소유자가 기본적 특성들의 분류체계 안에서 차지하는 위치와 정확하게 상응하는 가치를 부여받을 가능성이 아주 크다. 즉 생물학적 유전의 논리가 사회적 유전의 논리와는 독립적으로 때때로 다른 모든 측면에서는 전혀 혜택을 누리지 못한 사람들에게 가장 희귀한 신체적 특성, 예를 들어 미모 같은 (사람들은 이것이 다른 위계구조를 위협하기 때문에 종종 이를 '치명적'fatale 아름다움이라고 말한다) 속성을 부여해 주지만 않는다면 말이다. 그리고 역으로 생물학적으로 우발적인 사건이 '상류층'으로부터, 큰 키나 미모처럼 이들의 지위에 걸맞은 신체적 속성을 박탈하지 않는다면 말이다.

---

22) 지각된 신체에 적용되는 분류법(뚱뚱한/날씬한, 강한/약한, 큰/작은 등등)은 항상 자의적인(여성의 아름다움에 대한 관념은 경제적-사회적 맥락에 따라 뚱뚱함과 결부될 수도 있고 날씬함과 결부될 수도 있다) 동시에 필연적이기도 하다. 즉 특정한 사회질서에 고유한 이치 안에 자리잡고 있다.

격식없이 혹은 거리낌없이?

이처럼 음식 취향은 타자들이나 신체 자체에 대한 관계 등 세계와 맺고 있는 다른 차원의 관계들(이 속에서 각 계급에 고유한 행동철학이 완수된다)로부터 완전히 독립적으로 다루어질 수 없음은 너무나 분명하다. 이를 입증하려면 음식을 조리하고, 차리고, 내놓고, 권하는 민중적 방식과 부르주아적 방식을 체계적으로 비교해야 한다. 이러한 방식들은 관련된 음식 재료의 성질보다 훨씬 많은 것을 드러내준다(특히 대부분의 소비조사가 질적 차이를 무시하기 때문에 이 점은 특히 중요하다). 각각의 생활양식은 서로를 객관적-주관적으로 부정하는 다른 생활양식과의 관계 속에서만 실제로 검토될 수 있기 때문에 이것은 아주 어려운 분석이 될 수밖에 없다. 따라서 행동의 의미는 어떤 관점을 택하느냐에 따라, 또 각 행동(예를 들어 '매너')을 명명하기 위해 사용하는 **공통**의 **용어**를 민중적 의미로 사용하는가, 아니면 부르주아적 의미로 사용하는가에 따라서 긍정적인 것이 부정적인 것으로 역전될 수도 있다.

항상 언어 교환으로 이루어지는 모든 설문지 조사는 이러한 메커니즘에 대해 무지하기 때문에 커다란 오해가 빚어질 수 있다. (이상적인 친구나, 의복 또는 인테리어를 묘사하기 위해 응답자들에게 똑같은 형용사의 목록을 제시하는 '윤리 테스트'에서처럼) 질문자가 해당 단어에 대한 판단이나 반응을 모으려고 하는 경우 오해를 더욱 가중시킬 수 있다. 이 경우에 얻을 수 있는 답변은 실제로는 자극과의 관계에 의해 규정되는데, 이 자극들은 명목상의 동일성identité nominale(제시된 단어들의 동일성)을 넘어서, 지각된 현실réalité perçue 안에서, 따라서 그 실천적 유효성의 측면에서 변화한다. 이러한 변화는 질문자가 측정하려고 하는 변화의 원리 자체(무엇보다도 사회계급)에 따라서 이루어진다(이로부터 대립되는 계급간의 전혀 무의미한 일치가 나타나기도 한다). 각 집단은, 자신들을 다른 집단과 대립시키는 모든 요소와 함께 자신을 전부 공통의 용어 내로 투입하는데, 이 용어 속에서 각자의 사회적 정체성과 차이가 표현된다. 겉으로는 중성적인 것처럼 보이는 '검소한', '깨끗한', '기능적인', '우스운', '섬세한', '친밀한', '고상한'과 같은 일상적이면서도 실제적인 단어들은 서로 다른 계급들이 각 단어에 상이한 의미를 부여하거나 아니면 똑같은 의미로 쓰더라도 그 말이 가리키는 대상에 대해 대립적인 가치를 부여하기 때문에 각 단어 자체 내에서 대립적으로 분화한다. 예컨대, '정성들인'soigné과 같은 단어는 훌륭하게 수행되고, 말끔하게 완수된 작업에 대한 취향을 표현하기 위해 이 말을 사용하는 사람들이나 외모에 세심한 주의를 기울이는 사람들의 전유물이기 때문에, 그 단어를 싫어하는 사람들에게는 쁘띠 부르주아적 생활양식에서 볼 수 있는 편협함이나 '옹색한' 엄격함을 상기시킨다. 또한 '우스운'drôle과 같은 단어는 부르주아지나 멋쟁이들의 사회적 특성을 가리키는 발음이나 화술과 결부되어 있는 사회적 함의를 띠기 때문에 동일한 의미를 갖는 민중적 속어인 '익살스러운'bidonnant, '웃기는'marrant, '재미있는'rigolo(이들 세 단어들은 우리말로 옮기면 모두 '우스운'이라는 뜻을 갖는 속어이다 — 옮긴이)과 같은 단어를 사용하는 사람들을 배척함으로써 결과적으로는 표현된 가치와 모순되게 된다. '검소한'sobre과 같은 단어도 의류나 인테리어에 적용되는 경우 장인(匠人)의 신중하고 방어적인 미학적 전략을 표현하기 위해 사용되었는가, 아니면 형식미에 사로잡힌 교수의 금욕주의를 표현하기 위해 사용되었는가, 아니면 유서 깊은 대 부르주아지의 엄격한 취향을 표현하기 위해 사용되었는가에 따라 근본적으로 다른 의미를 부여받을 수 있다. 모든 '보편' 종교와 도덕처럼 언어가 상이한 계급에게 공통의 의미를 갖는 동시에 특수한 용법에서나 적대적인 용법에서는 서로 다른 의미를 가질 수도 있다는 사실을 철저히 인식하지 않는 한, 모든 계급에 공통적인 윤리적 원칙을 생산하려는 시도는 모두 처음부터 좌절할 수밖에 없는 운명에서 벗어날 수 없다.

'거리낌 없는 솔직한 화법(말하기)'franc-parler과 비슷하게 '거리낌 없는 솔직한 식사(먹기)'franc-manger도 존재한다. 민중계급의 식사는 (제한과 한도를 배제하지 않는) 풍부함, 특히 자유로움을 특징으로 한다. 수프나 소스, 파스타나 (항상 야채와 곁들여지는) 감자와 같이 '유연하고' '넘쳐흐르는' 음식을 만드는데, 이 음식들은 로스트구이처럼 썰어서 조각조각 나눠 먹는 요리와는 반대로 숟가락이나 국자로 떠먹으면 되므로 그다지 측정하거나 셈할 필요가 없다.[23] 이처럼 풍부하다는 인상은 특별한 경우에는 관례처럼 나타나며, 가능하면 언제나 남자들이 따라야 하는데(남자들은 접시를 두 번 채운다 — 이러한 특권적 행위는 소년이 어른의 지위에 도달했다는 것을 나타내준다), 일상적인 상황에서 여성들에게 적용되는 제한(여성들은 일인분을 둘이 나눠 먹거나 전날 남은 음식을 먹는다 — 소녀들이 절제하기 시작했다는 것은 곧 이들이 여인의 지위에 도달했음을 나타낸다)과 상호보완관계에 있다. 먹는 것, 게다가 잘 먹는 것(그리고 또한 잘 마시는 것)은 남성의 지위의 한 부분을 이룬다. 특히 남성들에게 '남기면 안 된다'는 원칙을 내세워 먹을 것을 강요하며, 따라서 거절은 왠지 진짜 남자로서는 금해야 할 의심스러운 행동으로 간주된다. 일요일에는 항상 여성들이 서서 분주하게 시중을 들고, 테이블을 치우고, 설거지를 하는 동안 남성들은 계속 앉아서 먹고 마시기만 한다. 이러한 사회적 지위간의 아주 현격한 차이(이것은 성이나 연령차

---

[23] 이와 마찬가지로 우리는 한 번에 듬뿍 떠서 두 손을 잡고 격식 없이 마실 수 있는 사발bol과 다시 마실 수 있도록 — 커피 한잔 더 하시겠어요? — 조금씩 담아 두 손가락으로 잡고 입술 끝으로 마시는 찻잔tasse를 대립시킬 수 있다(차별화 의도와 '과거 회귀' 경향에 따라 '목제 사발'은 대항-문화의 상징이 되었다).

와 연결되어 있다)는 아무런 실제적 분화(하인 또는 가끔 어린이들이 식사를 하는 부엌과 식당을 나누는 부르주아적인 구분을 예로 들 수 있다)도 수반하지 않음으로써, 요리를 내놓는 엄격한 순서를 무시하는 경향이 있다. 모든 음식이 거의 동시에 식탁 위에 올려지고(이는 왔다갔다하는 수고를 절약할 수 있도록 해준다), 이에 따라 남자들은 본 요리를 먹고 뒤늦게 도착한 '사내 녀석'은 수프를 먹는 동안 여자들은 벌써 후식을 먹고, 아이들은 텔레비전 앞으로 접시를 가져가 먹을 수도 있다.

무질서나 '되는 대로 내버려두는 것'처럼 보일 수 있는 이러한 자유로움은 그 나름대로의 기능을 한다. 먼저 일을 덜 수 있도록 해주는데, 이것은 다른 곳에서는 매우 드문 것이다. 남성의 가사노동 참여는 무엇보다도 여성에 의해 배제되기 때문에(여성들은 남성들이 그러한 배제된 역할을 맡는 것을 수치스럽게 생각한다) 노력의 절약économie은 무조건 환영이다. 예를 들어 커피를 낼 때 숟가락은 하나만으로도 충분해, 먼저 사용한 후 흔들어 턴 다음 옆 사람에게 건네주어 설탕을 저을 수 있게 한다. 그러나 사람들이 이처럼 노력을 절약할 수 있는 것은 이러한 분위기가 제 자신, 집, 가족처럼 편안하게 느껴지고, 또 이를 원하기 때문이다. 이는 격식을 배제한다. 예를 들어 후식을 먹을 때 접시를 닦는 수고를 덜기 위해 케이크 상자 안에 있는 판을 접시대신 잘라서 쓸 수 있으며, (이것은 분명히 위반이지만 '뭐 그러면 어때'하는 농담과 함께) 초대한 손님에게도 이 골판지에 담은 케이크를 대접하는데(접시에 담아주면 그를 배제하는 것이 된다), 이는 손님도 그들과 더불어 어울린다는 친숙함familiarité의 징표이다. 마찬가지로, 매번 요리를 내 놓을 때마다 접시를 바꾸지도 않는다. 수프접시는 빵으로 닦아 낸 후, 식사가 끝날 때까지 사용할 수도 있다. 여주인은 한 손으로는 의자를 뒤로 밀고 한 손으로는 옆 사람의 접시를 향해 뻗으면서, '접시를 바꾸세요'라는 말을 잊지 않는다. 그러나 사람들은 모두 거절한다("배 속에 들어가면 다 섞일

텐데요"). 만약 그녀가 계속해서 고집한다면, 이는 그녀가 식기를 자랑하고 싶거나(누군가가 그녀에게 선물을 했을 경우는 그럴 수도 있다), 손님을 이방인처럼 대한다는 인상을 주게 된다. 불청객이나 '식객'처럼 결코 '답례'로 다시 초대하지 않을 사람들에 대해서는 종종 고의적으로 그렇게 하기도 한다. 이 경우 거절하는데도 그것을 애써 무시하고 접시를 바꾸고, 이들이 던지는 농담에도 웃지 않으며, 아이들의 행동을 매몰차게 꾸짖음으로써(손님들은 "괜찮아요. 놔두세요."라고 말할 테지만, 부모들은 "아니에요. 얌전히 있는 법을 배울 때도 됐어요"라고 대답한다) 이들 불청객을 차갑게 대할 것이다. 의문의 여지없이 이 모두 '허물없음'의 기저에는, 식사하는 시간 외의 다른 시간과 다른 모든 장소에서는 필요에 종속되어 있는 만큼 유일한 자유의 안식처인 가정생활에서까지 엄격한 자기 관리, 구속, 제한을 부가하지 않겠다는, 특히 기본적인 욕구인 음식물과 관련해서는 더욱더 그렇게 하고 싶지 않다는 생각이 자리잡고 있다.

민중의 '거리낌 없는 솔직한 식사'에 부르주아지는 **형식을 갖춘** 식사를 대립시킨다. 형식은 무엇보다도 리듬의 문제로, 기다림, 한숨 돌림, 절제를 함축하고 있다. 사람들은 결코 서두르지 않으며, 마지막으로 서빙 받은 사람이 음식을 먹기 시작할 때까지 기다리며, 음식을 조심스럽게 덜어 먹는다. 사람들은 엄격한 규칙에 따라 음식을 먹으며, 로스트구이와 생선, 후식과 치즈처럼 따로 나와야 할 음식을 함께 내놓는 일은 피한다. 예를 들어 후식을 먹기 전에는 식탁 위에 남은 모든 것, 심지어 소금그릇까지도 치워버리며, 부스러기를 쓸어낸다. 자기 집과 바깥, 일상생활과 특별한 기회(민중계급은 이 경우 외출복으로 갈아입는다) 간의 분리를 거부하면서 일상생활에까지 이러한 엄격한 규칙을 확대적용하는(부르주아지 남성들은 매일 아침 '외출할' 일이 없어도 먼저 면도를 하고, 옷을 갈아입는다) 태도는 가족적이고 친숙한 세계에 하인이나 초대 손님과 같은 이방인이 존재하고 있는 사실만으로는 설명되지 않는다. 이것은 결코 제거해버릴 수 없는 독특한 아비투스의 표현으로, 질서, 예절바른 행동, 절도의 아비투스를 구성하고 있다. 기본적인 쾌락이자 욕구인 음식물과의 관계는 부르주아지가 사회세계와 맺고 있는 관계의 한 차원에 불과하다. 부르주아지의 식사방법에서 특히 뚜렷하게 드러나는, 즉각적인 것과 연기된 것, 쉬운 것과 어려운 것, 실체(또는 기능)와 형식 간의 대립이 모든 실천의 미학화와 모든 미학의 토대에 자리잡게 된다. 즉각 만족시켜주길 요구하는 식욕에 대해서도, 온갖 형식과 형식주의가 강요되기 때문에 부드럽고, 간접적이며 비가시적인 검열(이는 강제적인 박탈과는 대립되는 것이다)과 같은 관습의 구조화를 통해 음식소비를 규율화할 수 있는 성향(이것은 처세술의 일부로, 예를 들어 엄격한 격식을 갖추고 식사를 하는 것은 여주인과 집주인의 정성과 노고를 존중하고 이들에게 경의를 표하는 방식이다)뿐만 아니라, 아무런 제동 없이 원초적이고 저속한 욕구를 향한 동물적 본성과 맺고 있는 관계 전체를 금지할 것을 요구받고 주입받는다. 이것은 식사를 사회적 의식(儀式), 엄격한 예의, 미적 세련됨을 표현하는 행동으로 만들면서, 본질적으로 일반인과는 공통된 소비의 기본적 의미와 기능을 부인하여 차별을 나타내는 방식 중의 하나이다. 음식의 조리법, 요리를 내놓는 순서, 식사의 규칙, 요리에 따라 엄격히 구별되고 시각적 즐거움을 위해 배치되는 테이블 세트, 소비되는 실체만큼이나 예술작품과 마찬가지로 형태와 색깔도 함께 고려대상이 되는 상차림, 태도와 몸가짐, 서빙하고 덜어먹는 방식, 다양한 식기구를 사용하는 방식 등을 지배하는 에티켓, 아주 엄격하지만 아주 완곡한 형태로 서열에 따라 앉도록 요구하기 위한 회식자리의 배치, (음식을 씹는) 행위의 육체적 표현이나 (서두름과 같은) 식사의 쾌락에 대한 검열, (포도주나 요리 모두에서) 양보다는 질이 우선시되는 소비대상의 세련됨 등과 같은 양식화의 모든 수단은 실체나 기능으로부터 형식과 방식으로 강조점을 옮기고, 이를 통해 소비 행위와 소비된 물품의 거친 물질적 현실을 거부하며, 결국은 같은 이야기지만, 단순한 감각aisthesis의 전형적 형태인 음식소비에 따른 즉각적 만족을 탐닉하는 사람들의 비천한 물질적 저속함을 거부하는 경향이 있다.[24]

이러한 분석을 한층 확실하게 구체화시킬 수 있는 대접 기술에 관한 아주 상세한 앙케트(보충자료 43)의 핵심 결과를 아래의 일람표에 모아 보았다(<표 19>를 보라). 여기서 우리는 우선 노동계급 내에서는, 즉흥적이건 아니면 많은 준비를 하여 초대하건 서로 초대할 수 있는 사람들의 세계가 손님을 '가족의 일원처럼 다루거나', '가족처럼 편안하게 느끼는' 가족과 친숙한 사람들의 세계로 국한되어 있음을 볼 수 있다. 이와 달리 직업적 또는 사업상 관계라는 의미의 말 그대로 '아는 사람'이나 직업상 관계된 교제relation는 주로 중간계급, 특히 핵심적으로는 지배계급에서 나타난다. 노동계급이 커피, 후식, 아뻬리띠프를 함께 하기 위해 사람들을 초대한다는 사실은 이러한 초대의 비공식성을 보여주는 좋은 증거라고 할 수 있다(사회공간의 다른 극단에 있는 사람들은 이와 달리 그보다는 차, 점심, 저녁, 또는 레스토랑에서의 식사를 위해 사람들을 초대한다). 노동계급이 즉흥적인 초대를 아뻬리띠프나 커피를 마시는 것으로 제한하는 이유는 '어정쩡하게' 초대하기보다는 '후하게 대접하는 것'을 자신의 명예로 생각하기 때문이다. 때문에 시간과 공을 들이지 않기 위해 뷔페나 싱글 코스처럼 (여성주간지가 충고하는 바와 같이) '실용적인

[24] 형식을 갖추는 것은 사회세계와 사교 관계의 진실을 부인하는 방식이기도 하다. 사람들은 음식물에 관한 민중적 '기능주의'를 거부하듯이, 민중계급으로 하여금 사람들간의 물건의 교환을 단순히 형식적 의례로 받아들이도록 만드는 현실주의적 시각도 거부한다 (예를 들어 민중계급은 달리 불쾌하게 생각하지 않고 친절함이나 서비스를 베푼 사람에 대해 "그 사람은 내가 보답하리라는 것을 잘 알고 있어"라고 말한다). 사회관계 내에 내재해 있는 타산을 입 밖으로는 내지 않은 채 이들은 주고받는 선물을 순수한 우정, 존중, 애정의 증거나 순수한 아량과 도덕적 가치의 표현만으로 보려고 한다.

해결책'을 배제하도록 한다.25)

가식(假飾)을 거부하는 노동계급의 태도(이들은 무엇보다도 손님들에게 충분한 식사와 맛있는 요리가 제공되기를 원하고, 다음으로는 지루하지 않기를 원한다)는 식사의 구성요소를 분석해보면 훨씬 분명하게 드러난다. 노동자가 보기에 진짜 식사는 아뻬리띠프부터 후식까지 완전히 갖춘 최상의 메뉴를 구성하는 모든 요소가 포함된 식사를 의미한다(반면 다른 계급들은 전채, 샐러드나 후식을 생략함으로써 식사를 '간소화'하기를 원한다).26) 이처럼 형식보다는 실체에 우선권이 부여되기에, 간소화될 것은 예의나 형식, 에티켓뿐으로, 이것들은 비본질적이고 순수하게 상징적인 것으로 생각된다. 식사가 '특별'하다면, 서비스가 평범해도 상관없다. 누구나 흔쾌히 이렇게 공언하며, 의례에 관한 수많은 견해도 마찬가지로 이렇게 주장하고 있다. 초대된 손님들이 격식을 따르지 않아도 상관없으며, 적절한 복장을 착용하지 않아도 상관없다. 관례적 요소가 전혀 없는 이러한 식사에 아이들이 합석해도 전혀 상관없다 — 어른들의 대화에 끼어들지만 않는다면. 형식을 숭배하는 분위기와는 전혀 무관하기 때문에 식사 중에 텔레비전을 시청할 수도 있고, 식사 후에 노래를 부를 수도 있으며, 게임을 할 수도 있다. 여기서도 역시 식사의 기능이 명확하게 공인되었기 때문에 — '즐기기 위해 모였다' — 이 기능을 실현하기 위해 음료수, 게임, 재미있는 이야기 등 모든 가능한 수단을 동원하여 축제 분위기를 만든다. 형식에 대한 실체의 우선성, 형식을 갖추는 행동 속에 함축되어 있는 뭔가 거부하는 자세를 재거부하려는 태도는 도착할 때 서로 교환하는 선물의 내용을 통해서도 드러난다. 공짜이고 예술, 게다가 예술을 위한 예술(사람들은 '꽃은 먹는 것이 아니다'는 농담

---

25) 여기서는 분석 전체에 걸쳐 다양한 차이의 중요성 — 지배계급 내에도 여러 분파가 있으며 각 분파의 취향, 특히 음식물에 관한 취향이 대립적으로 분화되므로 차이는 어쨌든 최소화된다 — 보다는 수렴적 경향을 띠는 전체 체계를 검토해 볼 생각이다.
26) 생선은 예외이다. 사회적 위계가 높을수록 생선요리의 빈도는 늘어난다. 사치 관념과 결부된 혀가자미sole와 연어에서 이 차이는 훨씬 현저하게 드러나며, 민물고기나 대구의 경우에는 상대적으로 약하게 나타난다.

<표 19> 계급분파별 접대방식의 차이 (보충자료 43)

접대방식의 차이	생산노동자	사무노동자, 일반관리직	상급관리직, 공업 실업가, 자유업
즉흥적 초대 대상			
가까운 친척	51.7	34.7	32.5
가까운 친구	20.9	35.9	33.2
아이들의 친구	2.8	3.4	8.3
직업 관계	1.9	3.1	4.2
선약에 따른 초대 대상			
친척	41.2	33.1	30.2
직업 관계	2.6	8.4	18.9
가장 빈번한 초대 목적			
커피	49.2	48.4	38.2
후식	23.7	24.7	15.1
저녁식사	51.3	67.8	70.2
즉흥적 초대의 목적			
아뻬리띠프	52.8	46.3	39.2
식사	23.9	31.9	40.0
즉흥적 초대에서 가장 중요한 것			
맛있는 요리	10.1	5.9	9.4
충분한 요리	33.6	28.4	26.0
손님들을 지루하게 하지 않는 것	33.4	46.6	47.9
손님들에게 접대하고 싶은 요리유형			
뷔페 또는 싱글 코스	19.4	25.3	26.1
최상의 풀코스 메뉴	77.2	71.6	70.9
초대 시 사용하는 식기			
은 식기	27.8	40.7	61.5
크리스털 잔	29.3	49.7	57.3
사기접시	39.6	46.3	60.0
평범한 잔	84.8	56.5	55.4
도기접시	60.6	55.9	54.8
초대 손님에게 바라는 복장 및 좌석배치			
우아한 복장	10.8	15.9	30.6
편안한 복장	79.7	70.9	58.5
손님들 좌석을 지정	29.7	31.3	46.0
손님들이 스스로 좌석을 선택			
부부의 좌석배치	65.7	63.1	46.8
부부가 떨어져 앉는 것	22.8	35.0	50.6
부부가 함께 앉는 것	26.0	38.4	26.0
아이들이 합석할 수 있는 시점			
식사시	6.5	7.5	8.8

저녁이 끝날 무렵	10.9	11.9	*12.9*
대화 시	12.0	12.2	12.1
손님들로부터 받는 선물			
꽃	41.8	56.3	68.3
후식	*24.6*	16.6	9.8
포도주	*18.6*	16.9	14.0
손님들이 있을 때 좋아하는 분위기			
배경음악	48.1	56.6	57.7
텔레비전 시청	*14.4*	4.7	4.2
식사 후 노래 부르기	*64.9*	55.3	45.3
게임	*66.4*	59.7	50.9

이 표는 다음과 같이 읽을 수 있다. 즉흥적 초대의 경우, 노동자의 51.7%가 가까운 친척만으로 그리고 20.9%가 가까운 친구만으로 초대를 제한다. 사무노동자와 일반관리직은 34.7%가 가까운 친척만으로, 35.9%가 가까운 친구만으로 제한한다. 각각의 질문에서 총%는 100이상 또는 이하가 될 수 있다. 각 질문에 대해 응답자는 여러 가지 항을 선택하거나 이와 반대로 아무 것도 선택하지 않을 수도 있기 때문이다. 각 항에서 가장 높은 비율로 나타난 항목은 이탤릭체로 표시했다.

을 즐긴다)로 간주되는 꽃은 뒷전으로 밀려나고, 세속적인 음식, 포도주나 후식, '항상 기쁨을 선사하고', 식사준비에 드는 비용을 실제적으로 탕감해줄 수 있는 물건이나 의지(사람들은 자연스럽게 이러한 의지를 갖게 되고, 이를 공유, 승인한다)를 대표할 수 있는 격식 없는 선물이 대신 그 자리를 차지한다.

형식과 실체 간의 기본적 대립으로부터 우리는 음식물을 다루고 먹는 행위의 두 가지 적대적인 방식간의 모든 대립을 도출할 수 있다. 어떤 경우에는, 음식은 신체에 이롭고, 힘을 북돋아주는 영양가 있는 물질적 실체로 규정된다(따라서 소화하기 힘들고, 기름기 많고 질긴 음식 — 짜고 기름진 돼지고기가 이러한 범주의 음식의 전형을 보여주며, 이와 반대로 지방이 적고, 가볍고, 부드러운 생선이 반명제로 이와 대립된다 — 을 특권화하는 경향이 있다). 이와 다른 경우에는, 형태(예를 들어, 체형)와 사회적 형식에 우선권을 부여함으로써, 힘을 얻거나 실질적 내용을 얻으려는 의도를 부차적인 것으로 밀어내고, 스스로 부과한 규칙에 따른 선택적 금욕정신과 진정한 자유를 동일시하는 경향이 있다. 이와 비슷하게 두 개의 적대적인 세계관, 두 개의 세계, 인간의 우수함에 대한 두 가지 표상이 다음과 같은 모체matrice(母體) 안에 들어있음을 확인할 수 있다. 실체 — 또는 질료 — 는 우선 '배를 채워준다'는 의미에서, 그리고 또한 현실적이라는 의미에서 실질적이다. 이것은 모든 외양, (멋있는) 말과 몸짓, 간단히 말해 사람들이 순수하게 상징적이라고 부르는 모든 것과 대립된다. 이것은 가짜, 모조품, 겉치레와는 정반대되는 현실이다. 따라서 종이 냅킨이 놓여 있는 대리석 테이블을 갖춘 볼품없는 작은 식당에서는, 격조 높은 레스토랑에서처럼 '속임수를 당하지 않고' 낸 돈만큼 적당한 식사를 제공받을 수 있다. 이는 외관paraître과 대립하는 실체être이다. 또 꾸밈, 교태, 거짓가장, 허세와 격식(이것들은 항상 진실한가 하는 느낌, 즉 행동 속에서 느끼고 증명되는 어떤 실체의 대체물에 불과할지도 모른다는 의심을 받는다)과 대립되는 자연('그는 자연 그 자체이다'), 자연스러움, 소박함(격식을 차리지 않고 꾸밈이나 의식儀式을 결여한)이다. 이것은 솔직하고, 의리를 지키고, 정직하며, 직선적이고, 거리낌 없고, '결코 변절하지 않으며', '죽으면 죽었지 딴 짓은 하지 않는' 진짜 '멋진 남자'에게만 고유한 솔직한 화법과 가슴에서 우러나오는 정중함으로, 형식만 갖추고 있는 것, 순전히 형식을 갖추기 위해 하는 행위('입바른' 말이나 행위)와 말뿐인 정중함(정직하다고 보기에는 너무나 격식을 차려 오히려 부담스러운)과 대립된다. 이는 복잡함을 거부하는 자유로움으로, 자동적으로 차별화와 권력의 도구로 인식되는 모든 형식에 대한 존중과 대립된다. 이러한 도덕과 세계관에는 중립적인 관점이란 있을 수 없다. 똑같은 행동을 갖고도 어떤 사람들은 거리낌 없고, 제멋대로라고 느끼지만 다른 사람들은 격식이나 거드름을 찾아볼 수 없어 좋다고 생각한다. 친숙함은 어떤 사람들에게는 최고의 형태의 승인이자, 모든 거리감의 폐기, 상호신뢰 속의 허심탄회함, 대등한 관계를 의미하지만 이를 경계하는 다른 이들에게는 도저히 용납할 수 없는 무례함으로 비치게 된다.

대중의 현실주의는 노동계급으로 하여금 여러 실천을 각 실천의 현실적 기능으로 환원시키도록 유도하며, '제 꾀에 제가 넘어가지 않고' 사람들이 실제로 하고 있는 바 그대로 행동하고('뭐 이렇게 하면 되지'), 존재하는 바 그대로 존재하게끔('이게 바로 나야') 하는 대중의 현실주의와 감정의 표출을 검열하거나 또는 감동을 난폭한 행동이나 조야한 행위로 전환시켜버리는 경향이 있는 실용적 물질주의는, (예를 들어 포르노와 에로티즘의 대립에서 볼 수 있는) 일종의 본질적인 위선을 통해 형식에 우선권을 부여함으로써 기능에 대한 관심을 은폐하고, 실제로 사람들이 행하는 바를 마치 행하지 않는 듯이 행하도록 만들어버리고 마는 미학적 부인(否認)에 대한 거의 완벽한 반명제이다.

보이는 것과 보이지 않는 것

그러나 민중계급은 음식의 실체와 실내용의 측면을 중시하는 반면 부르주아지 계급은 안과 밖, 자신의 집과 타인의 집, 일상과 일상 외의 일의 구별을 거부함으로써 음식 안으로 형식과 외양의 범주를 도입하는데, 이 음식물 자체를 의복과 관련시켜 보면 안과 밖, 내적인 것과 외적인 것, 가정적인 것과 공적인 것, 실재와 외양의 관계라는 측면에서 동일한 관계를 맺고 있음을 확인할 수 있다. 실재를 우선시하는 민중계급과 외양에 신경을 쓰는 중간계급의 지출에서 나타나는 음식물과 의복의 위상의 도치는 세계관 전체의 역전의 지표이다. 민중계급은 의복을 현실주의적 용법, 또는 기능주의적으로 바라본다. 형식보다는 실체와 기능에 특권을 부여하는 이들은 지출한 비용만큼의 가치를 원하고, '쓸모 있는 것'을 선택한다. 자유로움 — (여성들의) 앞치마와 실내화,

(남성들의) 벗은 상반신과 메리야스 — 의 장소인 가정세계에 품위와 형식적인 의복을 도입하려는 부르주아지의 관심을 무시하면서, 민중계급은 밖으로 보여 질 수밖에 없는 가시적(可視的)인 겉옷과, 비가시적이고 감춰진 속옷을 거의 구별하지 않는다. 이와 반대로 중간계급은 최소한 외출 시에나 직장에서(민중계급보다는 일하는 여성의 비율이 높다) 훨씬 더 외모와 의복, 미용에 신경을 쓴다.

이처럼 유용한 자료가 제한되어 있음에도 불구하고, 우리는 남성복장(여성 복장에 비해 제품별 구입에 관한 통계수준에서 훨씬 유의미한 결과를 얻을 수 있다)에서 음식소비에서 확인한 바 있는 확연한 대립에 상당하는 대립을 재발견할 수 있다. 여기서도 마찬가지로 공간의 일차적 차원에서 가장 기본적인 경계선은 사무노동자와 생산노동자 사이를 가로지른다. 이는 특히 회색이나 흰색 작업복과 청색 작업복 사이에서, 그리고 구두와 이보다 훨씬 편안한 단화, 키커스(캐주얼화로 우리나라의 랜드로바와 비슷한 유형의 신발 — 옮긴이), 농구화 사이의 대립으로 나타난다(생산노동자보다 사무노동자가 3.5배나 더 많이 구입하는 실내가운은 말할 필요도 없다). 양적으로나 질적으로 현저한 남성의류 구입의 증가는 상급관리직의 전유물인 양복 세트와 농업종사자와 생산노동자의 변별적 지표인 푸른 작업복(이는 장인을 제외한 다른 모든 집단에서는 거의 무시된다) 간의 대립으로 요약된다. 또는 다른 계급보다 상급관리직 내에 훨씬 널리 보급되어 있는 코트 — 이것은 항상 여성보다는 남성들 사이에서 한층 드물게 나타난다 — 와 농민과 노동자가 주로 착용하는 짧은 외투, 잠바 간의 대립으로 요약된다. 이 중간에 작업복은 거의 입지 않고, 양복 세트를 자주 구입하는 일반관리직이 있다.

모든 범주에서(농업종사자와 농업노동자는 제외) 남성들보다 의류지출이 많은 여성들의 경우 (특히 일반관리직, 상급관리직과 자유업 또는 고소득층에서 분명하게 드러난다) 사회적 위계 내의 지위가 높을수록 구입

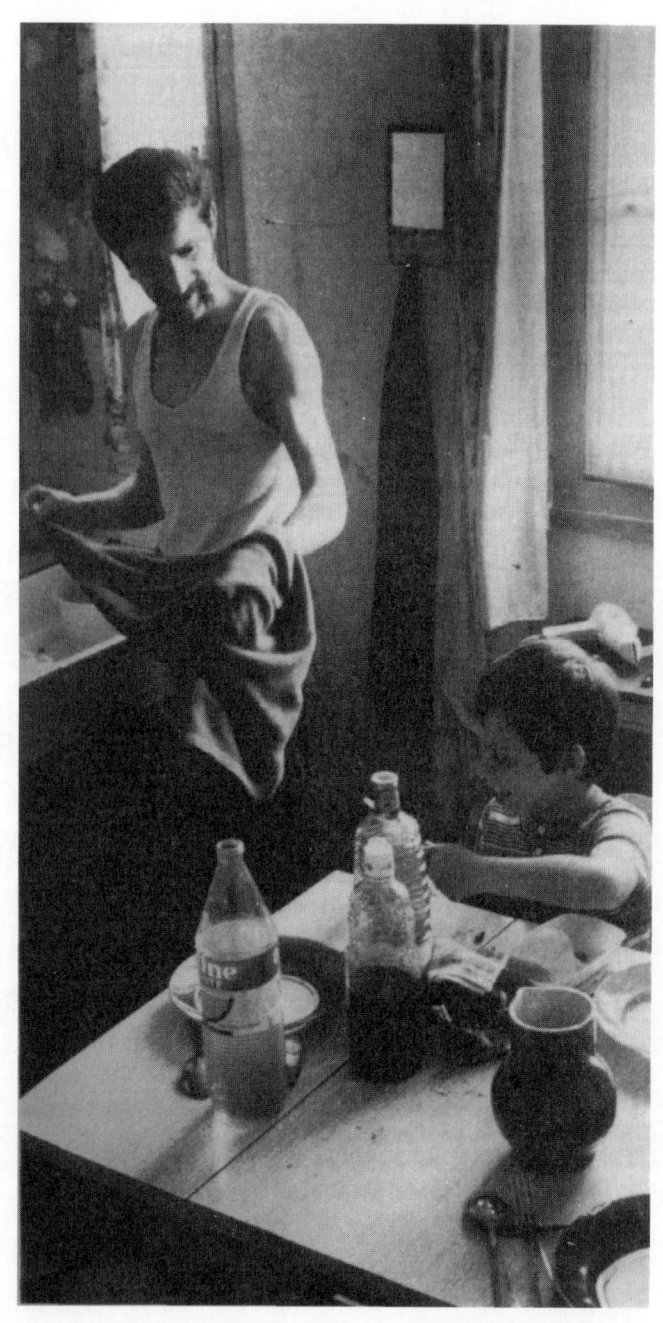

수량도 증가한다. 여기서 가장 커다란 차이는 양장, 정장 세트(비싼 의류)에서 발견되며, 최소치는 원피스, 그리고 특히 치마와 웃옷에서 발견된다. 남성들의 경우 외투와 잠바가 대립하고 있듯이 여성들의 경우에도 사회적 위계서열이 높을수록 자주 사 입는 외투와 '모든 용도로 사용될 수 있는' 레인코트 사이에서도 이와 똑같은 대립관계를 관찰할 수 있다. 민중계급 내에서 가사 일을 하기 위해 입는 일종의 기능적 복장인 작업복이나 앞치마의 구입은 사회적 위계서열이 낮을수록 현저히 증가한다(이는 농민이나 노동자에게는 거의 알려지지 않은 실내가운의 구입과는 정반대이다).

매년마다 생산노동자는 일반적으로 손수건, 속옷, 팬티 그리고 이와 비슷한 정도로 구입하는 양말, 짧은 양말, 폴로 등을 다른 계급보다 더 구입한다. 그러나 잠옷(실내가운과 마찬가지로 전형적으로 부르주아적인 속성을 갖는 의류)과 와이셔츠는 다른 계급에 비해 구입 수량이 적다. 여성들의 속옷구입에서 나타나는 계급간 차이는 가격에서는 확연히 드러나지만, 수량에서는 이보다 약하게 나타난다(슬립, 잠옷, 스타킹, 손수건은 이와 반대이다). 이와 반대로 겉옷 구입의 경우 여성들이나 남성들이나 모두 사회적 위계서열이 높을수록 수량이나 가격 모두가 증대한다.

 횡단적 대립관계를 파악하기는 이보다 훨씬 더 힘들다. 5개의 직업군에 따른 가사생활 조건의 변화를 보여줄 앙케트가 매우 대략적인 결과만을 제시하기 때문이다. 그럼에도 불구하고 우리는 의복지출(거의 속옷구입)은 지배계급 내의 각 분파들 사이에서 아주 다르게 나타나며, 절대적인 측면이나 상대적인 측면에서 가장 낮은 지출액을 보이는 교수직(연간 1,523프랑, 3.7%)을 출발점으로 공업경영자와 대상인(4.5%), 상급관리직과 상급기술자(각각 5.7%와 6.1%), 자유업종사자(4,361프랑 또는 7.6%)에 이르기까지 순차적으로 증가함을 확인할 수 있다. 외모치장에

<표 20> 육체, 미용과 몸치장에 부여하는 가치의 차이, 1976.[a]

육체, 미용, 몸치장의 양상	농업노동자	노동자	가정의 직업 사무노동자, 일반관리직	상급관리직, 공업경영자, 자유업	응답한 여성의 직업 유무 일하지 않는다	일 한다
신체 표준 치수가 42이상이다	33.7	24.2	20.4	11.4	24.7	17.3
미적인 측면에서 평균치 이하라고 생각한다	40.2	36.0	33.2	24.2	34.2	31.0
나이보다 늙어 보인다고 생각한다	13.0	14.0	10.1	7.6	13.6	9.8
설문에 응한 여성들이 자신의 신체에 부여한 평균점수:						
모발	5.22	5.47	5.40	5.88	5.47	5.62
얼굴	5.36	5.53	5.51	5.67	5.54	5.58
눈	6.18	6.44	6.30	6.48	6.35	6.41
피부	5.88	5.63	5.64	5.75	5.63	5.74
치아	5.24	5.45	5.40	5.74	5.40	5.59
몸매	5.35	5.78	5.75	5.91	5.76	5.83
코	5.94	5.48	5.56	5.65	5.41	5.74
손	5.88	5.99	6.10	5.82	5.78	6.17
종종 또는 가끔 얼굴을 바꾸고 싶다	45.7	60.8	68.2	64.4	60.1	64.6
아름다움은						
자신이 지향하기에 달려 있다	33.7	46.9	52.0	54.7	45.8	53.1
수입에 달려 있다	15.2	18.8	9.2	8.9	16.7	10.3
옷이나 얼굴을 꾸미면 성공할 수 있는 기회가 증가한다.	75.0	68.8	72.9	74.5	70.1	72.1
미적인 측면에서						
자연미를 선호한다	69.6	69.8	62.8	57.6	68.8	61.6
세련미를 선호한다	12.0	15.6	22.9	25.0	16.8	22.3
남편은 여성들의						
자연미를 선호한다	65.2	65.0	51.4	50.8	60.6	54.1
세련미를 선호한다	6.5	8.1	15.1	16.1	10.6	12.3

<표 20> (계속)

육체, 마음, 몸가짐의 양상	가장의 직업				피응답 여성의 직업 유무	
	농업노동자	노동자	사무노동자, 일반관리직	상급관리직, 공업실업가, 자유업	일하지 않는다	일한다
더 낫다고 생각하는 것						
아름다운 것	52.2	58.5	59.2	61.9	59.5	58.7
부유한 것	39.1	35.4	33.5	27.5	32.7	33.9
더 낫다고 생각하는 것						
아름다운 것	9.8	14.0	17.5	17.4	15.7	14.4
운이 좋은 것	83.7	83.3	76.8	75.8	80.2	80.3
화장으로 나이를 감추는 것은 당연하다고 생각한다	53.3	51.9	62.3	67.8	52.1	63.6
몸무게를 줄이기 위해서						
다이어트를 한다	23.9	19.8	28.8	23.3	23.9	23.1
운동, 체조를 한다	4.3	8.3	14.0	16.9	10.6	11.8
약을 복용한다	2.2	4.6	3.6	3.0	3.8	3.6
아무 것도 하지 않는다	69.6	71.7	60.6	66.1	68.3	66.4
젊어지기 위해 성형수술을 받는 것에 찬성한다	50.0	50.0	56.4	52.0	51.3	53.4
적어도 하루에 한 번 이상 샤워나 목욕을 한다	9.8	16.9	36.6	43.2	23.2	32.0
매일 화장을 한다	12.0	29.6	45.0	54.7	30.1	44.8
화장을 전혀 하지 않거나 드물게 한다	48.9	35.6	21.2	17.3	35.1	22.9
화장이나 몸가짐에 30분 이상을 투자한다	12.3	45.6	48.9	45.3	42.1	48.2
기본치환을 위해 화장을 한다	4.3	15.9	25.9	27.8	21.0	22.1
적어도 15일에 한 번씩 미장원에 간다	6.5	8.1	16.9	20.8	9.8	13.5
저녁 때 얼굴을						
비누로 씻는다	34.8	35.4	20.1	15.7	28.1	25.7
클린싱 크림 등으로 씻는다						
기타	47.8	59.4	86.0	91.4	67.5	78.8

Sources: 보충자료 6a(1976년)
a. 각 열에서 이탤릭체는 가장 강력한 경향을 가리킨다.

필요한 수단(신발소비도 의류소비와 마찬가지 양상으로 변한다)을 구입하는 데 드는 비용의 차이는 각 위치와 조건에 걸맞은 수단과 필수품을 특정한 생활양식으로 재해석하는 발생 공식 안에서 그 원리를 발견할 수 있다. 그리고 이 공식이 사회관계 자본을 축적하기 위한 기회로 이용되는 타인과의 교제에 부여되는 가치와 중요성을 규정한다 — 그 정도는 쁘띠 부르주아지에 아주 가까운 교수직에서 가장 작게 나타나고 (따로 통계를 낼 수는 없으나) 자유업과 대기업 부르주아지에서 가장 크게 나타난다. 그러나 이처럼 특수한 영역에서는 고려 대상의 질에 대한 세밀한 묘사 — 사용되고 있는 분류법과 의식적-무의식적으로 추구되는 표현 의도(캐주얼하거나 고전적이다, 스포티하거나 고상하다)를 파악하게 해주는 소재(예를 들면 영국인들은 트위드tweed를 시골의 대지주와 결부시킨다), 색깔, 재단 — 를 하지 않는 한 각 생활양식의 기본 원리의 특수한 형식을 완벽하게 특징지을 수는 없다. 하지만 옷차림과 헤어스타일은 지배층으로부터 멀어질수록 캐주얼하고, 그 층에 접근할수록 그만큼 더 '진지해진다'(즉 어둡고, 엄격하고 고전적이다).27) 사회적으로 젊을수록, 즉 동일한 분파에서 생물학적 나이가 젊을수록, 그리고 각 분파들의 공간에서 피지배자층, 그리고/또는 직업공간의 새로운 분야(새로운 직업)와 가까울수록 정장차림이라고 일컬어지는 옷차림이 요구하는 관례와 강제를 거부하고, 새로운 옷차림 형태(주니어 패션의 유니섹스unisex 복장, 청바지, 셔츠 등)와 그만큼 커다란 친화력을 갖는다.

27) 이것은 남성들에게는 그대로 적용되지만, 여성의 경우 이 대립은 전혀 다른 양상을 띤다. 왜냐하면 남녀 양성간의 노동분업이 (성별분업이 최소화되어 있는) 피지배 분파와 지배 분파(여기서 여성은 경제적 책임으로부터 배제되어 젊은이와 '예술가' 역할을 부여받는다. 우리는 귀족계급과 부르주아지 여성들 — 그리고 그들의 살롱 — 이 잔통적으로 예술의 세계와 사업 세계를 매개하는 역할을 수행해 왔음을 잘 알고 있다)에서 아주 다른 형태를 띠기 때문이다.

다양한 계급들이 외모에 부여하는 이해관심이나 배려attention, 외모가 가져다주는 이익에 대한 의식, 실제로 외모에 투자하는 시간, 노력, 희생, 정성은 각 계급이 그로부터 당연히 기대할 수 있는 물질적 또는 상징적 이윤을 획득할 수 있는 기회와 비례한다(<표 20>을 보라). 더 정확하게 말하자면, 이는 한편으로 노동시장의 존재에 달려 있는데, 거기서 미용상의 특성은 직업활동 자체나 직업상의 여러 관계에서 가치를 부여받을 수 있고(그 정도는 직업의 성격에 따라 다르다), 다른 한편으로 미모와 옷차림이 직업상의 가치에 가장 크게 기여하는 노동시장과 이 노동시장의 각 부문에 접근할 수 있는 차등적 기회(당연히 이것은 직업의 성격에 따라 크게 변화한다)에 달려있다. 미용에 투자하는 경향과 그로부터 이윤을 획득할 수 있는 기회 간의 이러한 상응관계를 보여주는 첫번째 증거를 우리는 신체에 대한 관심이나 배려가 어떤 형태를 띠건 직업을 가진 여성과 직업을 갖지 않은 여성 사이에서 나타나는 편차(이것은 또한 직업의 성격과 직업 환경에 따라서도 크게 변화한다)에서 찾을 수 있다. 이러한 논리에 따르면 다른 범주의 여성들보다 직업을 가질 기회가 훨씬 적고, 특히 미용에 관한 한 지배적인 규범을 철저히 따를 것을 요구받는 직업을 가질 기회는 거의 없는 민중계급의 여성들이 미의 '상품' 가치에 대해 다른 사람들에 비해 훨씬 덜 의식하고, 따라서 신체 교정에 투자하는 시간, 노력, 희생, 돈도 훨씬 적을 것이라고 유추해볼 수 있다.

쁘띠 부르주아지 여성, 특히 외모와 다른 사람에게 비치는 모습에 신경을 써야 하는 직업에 종사하는 신흥 쁘띠 부르주아지 여성들의 사정은 이와 전혀 다르다. 이러한 직업들은 모든 이단적 취향의 흔적을 지워버리기 위해 종종 제복tenue을 착용하도록 강요한다. 이것은 또한 로베르 사전에 따르면 "통속성과 안이함에 대한 거부"를 함축하고 있고, 흔히 "고결한 품행과 한치도 벗어나지 않는 예의범절"이라는 의미로 사용되는 소위 품위la tenue를 강요한다(스튜어디스 양성 전문학교에서는 '타고난' 미모를 기준으로 민중계급으로부터 선발된 젊은 여성들에게 걷고, 앉고, 웃고, 미소 짓고, 말하고, 옷 입고 화장하는 방식을 철저히 변형시킨다). 쁘띠 부르주아지 여성들은 신체적 특성이 신체에 대한 지배적 표상을 무조건적으로 승인할 수 있는 자본으로서 기능할 수 있는 시장에 대해 충분한 이해관심을 갖고 있지만 자신들의 눈으로 봐도(그리고 의문의 여지없이 객관적으로도) 최대의 이윤을 획득하기에 충분한 신체 자본을 소유하지 못했기 때문에 여기서도 역시 가장 긴장이 심한 위치를 차지하게 된다.

자기 자신의 가치, 특히 자기 자신의 신체나 언어의 가치에 대한 확신이 부여해주는 자신감은 실제로는 사회공간 상의 위치(그리고 물론 궤적)와 밀접하게 관련되어 있다. 따라서 자신의 용모가 평균 이하라고 생각하거나 실제 나이 이상으로 늙어 보인다고 생각하는 여성들의 비율은 사회적 위계가 높을수록 확연히 감소한다. 이와 마찬가지로 사회공간에서 차지하는 위치가 높을수록 신체의 각 부위에 대해 높은 점수를 주는 경향이 있는데, 사회공간의 위로 올라갈수록 더 많은 필요조건이 추가되더라도 마찬가지다. 쁘띠 부르주아지 여성들은 민중계급의 여성들만큼이나 자신의 신체를 불만족스럽게 여기지만(얼굴을 가장 바꾸고 싶어 하고, 또 신체에 대해 가장 불만족스럽게 생각하는 것은 바로 이들 쁘띠 부르주아지 여성들이다) 이와 동시에 민중계급보다는 미모의 유용성에 대해 훨씬 더 강하게 자각하고 있으며 신체적 우수성에 대한 지배적인 이상형을 그대로 승인하는 사람들도 훨씬 많기 때문에 자신의 물리적 외모의 개선에 상당한 투자 — 시간과 특히 절제 — 를 하며, 모든 형태의 미용상의 적극적인 조치volontarisme(예를 들면 성형수술)에 대한 무조건적인 동의를 표한다.

지배계급 여성들은 자신들의 신체로부터 이중적인 자신감을 끌어낸다. 이들은 쁘띠 부르주아지 여성들과 마찬가지로 미의 가치와 아름다워지려는 노력의 가치를 믿으며, 따라서 미적 가치와 정신적 가치를 결합시키기 때문에 자신들의 신체가 본래적이고 생래적인 아름다움이나 아름다워지려는 방식art에서, 또 이들이 품위la tenue라고 부르는 모든 것, 즉 '자연스러움'을 '단정치 못한 태도'로 부정적으로 정의하는 도덕적-미적인 미덕 모두에서 자신들이 훨씬 더 우월하다고 느낀다. 이처럼 아름다움은 자연nature의 선물이자 미적 자질의 획득으로, 따라서 그 자체로 정당화되는 타고난 기품인 동시에 재차 정당화되는 미덕이기도 하다. 이것은 저속함뿐만 아니라 무책임한 태도와 안일한 자세와도 대립되기 때문이다.

따라서 '소외된 신체'의 전형적인 경험이라 할 수 있는 불편함la gêne과 이와 대립적인 경험인 편안함l'aisance은, 정통적인 체형과 몸가짐에 대한 표상은 동일하게 승인하지만 그 실현수단은 불평등하게 갖고 있는 부르주아지와 쁘띠 부르주아지 구성원들에게 균등하게 제공되지 않는다. 자신이 갖고 있는 신체적 능력이 그에 상응하는 승인을 받을수록 자신의 신체를 기품과 지속적인 기적이 일어나는 용기(容器)로 체험할 수 있는 기회도 많아진다. 그리고 이와 반대로 현실의 신체와 이상적 신체, 타인의 반응 속에 반영되고 반사되는 거울속의 자아looking-glass self와 환상적 자아 사이의 부조화가 클수록, 신체를 불편함, 부자유, 수줍음 속에서 느낄 수 있는 가능성도 그만큼 커진다(언어도 똑같은 법칙을 따른다).

누구나 바라마지 않는 신체적 특성(날씬함, 아름다움 등)이 계급들 사이에서 아무렇게나 무작위적으로 배분되지 않는다는 사실(예를 들어 사회적 위계 내에서 지위가 낮을수록 신체 치수가 표준치수보다 급격하게 커진다)만으로도 각 행위자들이 신체의 사회적 표상과 맺는 관계를, '타자를 위한 신체'를 구성하는 유적 소외aliénation générique로서 다룰 수 없다는 것은 분명해진다. 본질 분석을 상기시키는 이 '소외된 신체'는 소외와 마찬가지로 타자들의 시선과 담론에 의해 지각되고, 명명되며, 객관화될 때 모든 신체에서 발생하는 유적 신체이다(J. P. Sartre, l'être et le néant, Paris Gallimard, 1943, pp. 404~427). 현상학자들의 '대타 존재(對他 存在)'는 이중적으로 사회적 생산물이다. 이것의 변별적 특성은 생산의 사회적 조건으로부터 기인한다. 사회적 시선은 사르트르의 시선과 마찬가지로 보편적-추상적인 객관화의 힘이 아니라 사회적 힘으로, 항상 각 수신자가 자신들에게 부과하는 지각 범주와 평가 범주를 승인함으로써 비로소 효력을 갖게 된다.

쁘띠 부르주아지의 전유물은 아니지만 사회세계에 대한 쁘띠 부르주아적 경험은 우선 자신의 신체와 언어를 아주 수줍어하고 불편하게 느끼는 곤란함으로부터 시작되는데, 이들은 '신체와 언어를 한 몸처럼 느끼는 대신' 이 양자를 타인의 시선으로 외부에서 바라보며, 스스로를 감시하고, 교정하고, 수정한다. 그리고 소외된 대타 존재un étre-pour-autrui aliéné를 재소유화하기 위한 절망적 시도에 의해 과잉교정과 서투른 시도 속에서 계속 헤매다 스스로를 타인의 신체와 언어의 소유대상으로 노출시켜 버리고 만다. 집단적인 지각(知覺)과 언표행위(별명을 생각해 보면 된다)가 제시한 운명에 스스로를 가두는 객관화된 신체를 본의 아니게 실현하게 되는 수줍음은, 수동적이고 무의식적인 반응(얼굴이 빨개지는 것을 느낀다)에서 타인들의 표상에 굴복하는 신체를 통해 그대로 드러나게 된다. 이와 반대로 타인들의 객관화하는 시선에 대한 일종의 무관심으로서 그러한 시선의 힘을 중화시켜버리는 편안함은 (타인의 이러한 — 옮긴이) 객관화를 객관화시키고, 다시 (타인의 이러한 — 옮긴이) 소유를 재소유하고, 자신의 신체에 대한 지각 규범을 부과할 수 있다는 확신, 간단히 말해 비록 신체 안에 자리잡고 있고, 신체로부터 매력이나 위엄과 같은 특수한 무기를 빌린다고 하더라도 본질적으로 신체로 환원될 수 없는 모든 힘을 소유하고 있다는 확신이 부여하는 자신감assurance을 전제한다. W. D. 다낭마이에(W. D. Dannen-maier)와 F. J. 튀멩(F. J. Thumin)이 실시한 실험결과의 현실적 의미는 바로 이러한 맥락에서 이해해야 한다. 이 실험에서 기억을 통해 친숙한 사람들의 신장을 평가해 달라고 요구받은 사람들은 자신들이 보기에 중요한 권위나 위엄을 보유하고 있는 사람들일수록 그 사람의 실제 신장보다 과대평가하는 경향이 있다.[28] '위대한grand' 사람들을 신체적으로도 커다란 사람으로 느끼게 하는 논리는 아주 일반적으로 적용되고 있는 것처럼 보이며, 어떤 종류의 권위든 유혹하는 힘pouvoir de séduction을 내포하고 있는 것처럼 보인다. 따라서 이러한 힘이 사심(私心)에 따른 비굴함 때문에 생긴다고 생각하는 것은 너무 단순한 생각이다. 정치적 항의는 항상 풍자에 의존하게 되는데, 이 풍자caricature가 매력을 깨트리고rompre le charme(이 말은 말 그대로 '매력을 깨트린다'라는 의미 외에도 '마법을 풀어준다'는 의미도 함께 갖고 있다 — 옮긴이), 권위 부과가 효력을 발휘할 수 있도록 해주는 원리 중의 하나를 조롱할 목적으로 신체에 대한 이미지를 왜곡하는 것은 바로 이 때문이다.

매력(=마력)charme과 카리스마charisme는 실제로는 일부 사람들에게 귀속된 권력을 일컫는 말로, 이를 갖춘 인간은 신체와 존재에 관한 이미지를 객관적이고 집단적인 이미지로 부과하고, 사랑이나 신념에서처럼 다른 사람들로 하여금 인간 특유의 객관화 능력을 포기하고 객관화 대상에게 자신을 위임하도록 설득하며, 이를 통해 자신을 절대적 주체로, 즉 외부 없이(왜냐하면 그 자신이 자신의 타자이기 때문에) 자신의 존

---

[28] W. D. Dannenmeier and F. J. Thumin, "Authority Status as Factor in Perceptual Distorsion of Size", *Journal of Social Psychology*, 63, 1964, pp. 361~365.

재가 완전히 정당화되고 정통성을 공인받는 존재로 만들 수 있는 힘을 갖고 있다. 상징 투쟁에서 카리스마적 지도자는 피지배자들처럼 타자를 위한 존재를 자신을 위한 존재로 제시하는 것이 아니라, 자기 자신을 위한 것을 집단을 위한 것처럼 제시한다. 그는 자기 자신을 만들기 위한 여론을 '만든다'. 그는 자기 자신의 객관적 이미지를 생산하고 타자에게 강요할 수 있도록 해주는 권력의 일부인 상징 권력을 통해 자신을 외부 없는 절대자, 무시할 수 없는 존재로 구성한다.

양식적 가능성의 세계

이처럼 음식, 의복, 미용에 관한 선호의 공간은 동일한 기본구조, 즉 자본의 총량과 구조에 의해 규정되는 사회공간의 구조에 따라 구성되어 있다. 따라서 문화소비를 규정하는 다양한 생활양식의 공간을 완전히 구성하려면 우선 각 계급 혹은 계급의 분파에서, 즉 각 자본의 배치구조에서 나타나는 아비투스의 **발생 공식**formule génératrice을 확립하지 않으면 안 된다. 이 공식이 해당 계급의 (상대적으로) 동질적인 존재조건에 특유한 필요나 안락함을 특정한 생활양식 안으로 재번역해 주기 때문이다. 그 다음에는, 아비투스의 성향들이 실천의 주요 영역 각각에서 (예를 들어 스포츠나 음악, 음식물, 실내장식, 또는 정치나 언어 등과 같은) 각 장(場)이 제공하는 다양한 양식적 가능성 중의 하나를 실현함으로써 어떤 식으로 구체화되는지를 밝혀야 한다. 이처럼 상동적인 공간들을 중첩시키면 생활양식 공간의 엄밀한 표상을 얻을 수 있다. 그리고 각각의 변별적 특징(모자를 쓴다든가 피아노를 치는 것 등)을 두 가지 측면에서 특징지을 수 있도록 한다. 생활양식 공간을 객관적으로 규정하는 이들 두 측면은 한편으로는 해당 분야(예를 들어 헤어스타일의 체계)를 구성하는 여러 특징 전체와의 관계와 관련해, 다른 한편으로는 특정한 생활양식(예를 들어 대중적 생활양식)을 구성하는 특징들 전체와 관련해 규정되며, 이 안에서 각 생활양식 공간의 사회적 의미가 결정된다.

예를 들면, 스포츠 실천이나 관전의 세계는, 이 세계의 새로운 신참자들에게는 전통, 규칙, 가치, 시설, 기술, 상징 등 이미 결정된 선택과 객관적으로 제도화된 가능성의 집합으로 나타나는데, 이들 각각의 사회적 의미는 그것들이 구성하고 있는 체계에 의해 주어지며, 또 이들 특성의 일부는 그때그때의 역사로부터 주어지게 된다.

럭비처럼 적어도 영국에서는 지금도 '엘리트 학교'에서 행해지고 있지만 프랑스에서는 루와르(Loire) 남부지방의 민중계급과 중간계급의 전유물이 된 스포츠(단 레이싱 클럽(Racing Club; 프랑스의 가장 전통 있는 스포츠 클럽 중의 하나로 파리 제16구에 위치하고 있으며, 럭비가 상류계급의 스포츠였을 때 이것을 아주 빨리 받아들였다 — 옮긴이)이라든가 SBUC (보르도 대학 스포츠 클럽 — 옮긴이)와 같은 몇몇 '대학의' 보루는 지켜지고 있지만)의 사회적 양의성(兩意性)을 이해하려면 19세기 영국의 「엘리트 학교」에서처럼 대중적 유희를 귀족적 도덕moral이나 세계관(페어플레이fair play 정신, 승리하려는 의지 등)에 입각한 엘리트 스포츠로 변환시킨 과정의 역사를 염두에 두지 않으면 안 된다. 이 때문에 스포츠의 의미나 기능은 근본적인 변화를 겪는다. 즉 민속무용이 '예술' 음악의 복잡한 형식 안으로 들어갔을 때에 겪게 되는 것과 거의 흡사한 변화가 일어나게 된다. 이보다는 덜 알려진 보급과정의 역사, 즉 엘리트 스포츠를 이차 과정에서 대중적 스포츠로, 즉 실제로 대중들이 행할 수 있는 스포츠이자 구경거리로 변용시킨 과정도 함께 염두에 두어야 한다. 이 과정은 LP 레코드를 통해 예술 음악이나 대중음악이 널리 보급된 것과 여러 가지면에서 유사하다.

다양한 실천이 위계화된 계급들간에 어떻게 분포되어 있는가, 다시 말해, 그것을 실천할 수 있는 가능성이 각 계급에서 어떻게 나타나는가에 대해 실제적 지식을 갖고 있는 행위자들이 각각의 실천에 일어나는 분포상의 특성들을 평가한 결과를 보면, 이 특성들은 지체효과 때문에 과거의 분포상황에 의해 결정되는 측면이 아주 강하다는 점을 알 수 있다. 예컨대 골프는 두말할 필요도 없고, 테니스나 승마 등의 스포츠가 갖고 있는 '귀족적' 이미지는 각 스포츠에 접근할 수 있는 물질적 조건이 (상대적으로) 변형됐다 하더라도 변함없이 남게 되지만, 다른 한편 페텅크(금속으로 된 공을 교대로 굴리면서 표적을 맞히는 놀이 — 옮긴이) 등은 남프랑스에서 발생한 민중 유희이자 이들 민중이 특히 선호하고 있다는 이중의 불리한 조건에 결부되어 있기 때문에 리까르(Ricard; 술이름 — 옮긴이)나 그밖의 독한 술, 경제적(즉 값이 싼 — 옮긴이)일 뿐만 아니라 강하고, 무겁고 기름기가 많으며 양념이 많이 들어가 있으므로 체력을 보강해 준다고 생각되는 모든 음식물과 극히 유사한 분포상의 의미를 갖고 있다.

그러나 이러한 분포적 특징만이 행위자들이 지각(知覺)을 통해 다양한 상품에 부여하는 유일한 특성은 아니다. 행위자들은 각자의 아비투스의 지각도식과 평가도식을 통해 대상을 파악하므로, 같은 스포츠(다른 어떤 실천이라도 상관이 없다)를 하는 사람들이 전부 자신의 실천에 대해 같은 의미를 부여한다거나, 또는 엄밀히 말해, 동일한 실천을 행하고 있다고 보는 것은 너무나 단순한 생각이다. 스포츠로부터 기대하는 이익이 계급에 따라 반드시 같지 않다는 것을 보여주는 것은 별로 어렵지 않다. 그것이 날씬함, 우아함, 또는 눈에 띄는 근육질처럼 신체 외면에 나타나는 효과와 같은 말 그대로의 신체적 이익이건 — 이러한 이익은 실제로 기대되기 때문에 여기서는 그것이 현실적인 것인지 아니면 단지 상상적인 것인지를 따로 검토할 필요는 없다 — 아니면 건강이나 휴식처럼 육체 내부에 미치는 효과이건 상관이 없다. 또 스포츠가 직접 갖고 있지는 않은 외재적 이익, 예를 들어 스포츠 실천을 통해 맺을 수 있는 사회적 관계라든가, 일부 경우에는 이를 통해 보증되는 경제적-사회적 이익 등에 대해서는 두말할 필요도 없다. 확실히 실천의 주된 기능이 어느 정도 일의적(一義的)으로 정해지는 경우도 적지 않지만, 그렇다고 각 계급이 동일한 스포츠로부터 똑같은 것을 기대하고 있다고 생각해서는 안 된다. 예를 들어, 체조의 경우 일부 사람들은 힘의 외재적 기호를 나타내는 건장한 육체를 만드는 것(이는 민중의 요구로, 보디 빌딩이 이를 만족시켜 준다)을 기대하고, 다른 사람들은 건강한 신체를 만드는 것(이는 부르주아지 계급의 요구로, 건강증진을 목적으로 하는 체조나 '미용체조'가 이를 만족시켜준다)을 기대하며, 또 '신체조'를 선호하는 다른 사람들은 '해방된' 신체를 만들기를(이러한 요구는 특히 부르주아지와 쁘띠 부르주아지의 신흥 분파들의 여성에서 특징적으로 나타난다) 기대한다.29) 따라서 다양한 스포츠 활동에 부여된 의미와 기능이 계급에 따라 어떻게 차이를 보이는가를 체계적으로 분석할 때만이, 연구자 개인이 체험한 경험의 일반화에 기초한(이는 그 분야의 법칙이다) 추상적이며 형식적인 '유형학'을 피하고, 각 행위자들이 (의식적이든 무의식적이든) 스포츠를 선택하는 기준이 되는 사회학적으로 타당한 특징의 일람표를 작성할 수 있을 것이다.

스포츠 실천의 의미는 어느 정도의 빈도로, 얼마 전부터 행해지고 있는가, 어떤 사회적 조건에서 실행되고 있는가(장소, 시간, 설비, 도구 등),

---

29) Cf. J. Defrance, "Esquisse d'une histoire sociale de la gymnastique (1760~1870)", *Actes de la recherche en sciences sociales*, 6, déc, 1976, pp. 22~47.

또 어떤 방식으로 개인이 행하고 있는가(예를 들어 팀 내에서의 위치라든가 스타일)와 같은 수많은 변수들과 연결되어 있기 때문에 이용할 수 있는 대부분의 통계자료는 극히 해석하기 힘들다. 특히 산포도(散布度)가 높은 스포츠가 그렇다. 예컨대 페팅크는 정기적으로 주말마다 전용 페팅크 장에서 항상 정해진 상대와 같이 하는가, 아니면 가끔 바캉스 등에서 심심풀이로 아이들을 즐겁게 해주기 위해서 하는가에 따라 의미가 확연히 달라진다. 또는 체조의 경우, 특별한 설비 없이 자기 집에서 매일 (혹은 주1회씩) 행하는 신체 단련에 지나지 않는가, 아니면 특별한 연습장에서 하는가에 따라 그 의미가 하나부터 열까지 달라진다. 연습장의 '질'(그리고 가격)도 제공되는 설비나 서비스에 따라 다양하다(본격적인 스포츠로서의 체조는 이것과 구별되는 것은 물론이며, 또 고전체조와 신체조의 형태 사이에 차이가 있음도 두말할 필요 없다). 그러나 스키나 테니스의 경우 행하는 빈도가 같다고 가정한다면, 아주 어릴 때부터 그 스포츠를 한 사람들과 어른이 되어 배운 사람들을 동렬에 놓을 수 있을까? 혹은 학교 방학 중에 스키를 타는 사람들과 스키장 활주로 밖에서나 크로스컨트리 등의 형태로 시즌이 아닐 때에도 장소에 구애받지 않고 스키를 탈 수 있는 사람들을 동급에 놓을 수 있을까? 실제로 스포츠를 실천하는 사람들의 사회적 동질성이 이처럼 큰 경우는 거의 없기 때문에, 동일한 활동에 의해 동일한 종류로 규정되는 사람들은 정통적인 실천에 대한 규정 자체가 쟁점이 되는 장(場)과는 무관하게 된다. 따라서 해당 스포츠를 실천하는 정통적인 방식과 그 실천을 가능하게 해 주는 조건(예산, 도구, 공간 등) — 이 조건의 희소성에는 다소 차이가 있다 — 을 둘러싼 갈등은 거의 언제나 사회적 차이를 장(場)에 고유한 논리로 표현하게 된다. 그러므로 '대중화'되고 있는 스포츠는 사회적으로 상이한 사람들을 (일반적으로 분리된 시간이나 공간 속에서) 일치시킬 수 있다. 이때 사람들의 사회적 차이는 그 스포츠를 해온 경력의 차이와 상응한다. 예를 들

체력과 체형

"발레리 지스까르 데스땡(Valéry Giscard d'Estaing) 대통령의 테니스 레슨 장면. 1978년 7월 파리에서. 프랑스에서는 테니스 인구가 꾸준히 증가하고 있는데, 발레리 지스카르 데스탕 대통령도 테니스에 관심을 나타내고 있다. 그는 스타일을 가꾸기 위해 현재 파리 근교의 어떤 테니스 클럽에서 정기적으로 아침 레슨을 받고 있다. 그 현장을 본지의 카메라가 잡았다."

Tennis - magazine/Sygma

"물론 운동을 시작할 때도 원래 나이에 비해 약골은 아니었습니다만, 그래도 단 3개월만에 어깨는 12cm, 가슴은 8cm, 팔은 3cm나 늘었습니다. 정말 훌륭한 성과입니다. 설마 이렇게까지는 기대하지 못했습니다. 근육이 몇 센티미터나 더 붙어서, 체력이 배가 되었습니다. 다시 태어난 기분입니다. 부모님이나 친구들은 처음에는 비웃었지만, 지금은 아버지께서도 손님 앞에서 와이셔츠를 벗어 보이라고 말할 정도입니다. 당신 덕분에 제가 얻은 신체를 손님들께 보여드리고 싶으신 거죠"

Sculpture humaine(보디빌딩 잡지 — 옮긴이)의 광고 팸플릿

"'신체균형에 민감하지 않으면 패션계의 심미가(審美家)는 될 수 없을 테지요.'라고 칼 라저펠드(Karl Lagerfeld)는 말한다. 파리의 이 패션디자이너는 몸매를 유지하기 위해 매일 최소한 30분의 시간을 할애한다. 작은 체조장으로 바꾼 침실에는 온갖 종류의 기구가 놓여 있다. 헬스용 자전거, 에스파리에 (승강운동용의 대형 사다리 — 옮긴이), 실내 보트 기구, 전기 맛사지기 등등. 이들 기구 덕택에 바캉스를 생-트로페(Saint-Tropez: 남프랑스의 휴양지 — 옮긴이)에서 보내고 돌아와서(그곳에서 수영을 실컷 즐기고 와서), 실내에서 자신이 원하는 대로 운동을 할 수 있는 것이다. '저는 제 몸매를 자유롭게 선택하고 싶어요.'라고 그는 말한다."

La maison de Marie- Claire 제56호, 1971년 10월.

어 테니스의 경우, 사적인 클럽의 회원으로서 엄격한 복장(라코스테 셔츠, 흰 반바지 혹은 원피스, 테니스 슈즈)을 착용하고 그와 관련된 모든 요소를 엄격히 준수하면서 예전부터 테니스를 하고 있는 사람들은 시립 클럽이나 바캉스용 클럽에서 최근 테니스를 시작한 사람들과 모든 면에서 대립한다. 후자의 사람들은 복장상의 관습이라고 말하는 것이 테니스의 정통적 실천형태의 단순한 표면적 속성이 아니라는 것을 여실히 드러내고 있다. 즉 버뮤다Bermuda표 운동 팬츠, T셔츠를 입고 하는 테니스, 트레이닝 복 차림으로 하는 테니스 그리고 수영복과 아디다스 운동화를 신고 하는 테니스는 실천방식이나 그로 인해 제공되는 만족의 내용에서 서로 완전히 다른un autre 테니스인 것이다. 따라서 소위 '전문적'인 정의에 호소하더라도 각 실천의 의미가 여러 실천의 계급별 분포상황을 밝혀주고, 역으로 이 분포상황이 각 계급에 따른 실천의 차별적 의미를 밝혀주는 필연적인 순환고리를 단절시킬 수는 없다. 이러한 정의 — 이것은 결코 장과 그 장의 투쟁 논리로부터 벗어날 수 없다 — 는 흔히 실천 속에서 여러 실천을 실제로 조직하는 지각도식과 행동도식의 부과와 체계적인 주입을 주도해야 하는 사람들(체육 교사들을 이러한 사람들로 꼽을 수 있다), 그리고 자신들이 만들어내는 실천도식의 명백화 작업을 — 잘하든 못하든 — 이성(理性)이나 자연 안에 근거지우려고 하는 경향이 있는 사람들로부터 비롯된다.

어쨌건 스포츠 활동의 계급 또는 계급분파간 분포상황을 포괄적으로 이해하려면, 이 활동이 계급에 따라서 서로 다르게 나타나는 이유는 각 활동이 가져오리라고 예상되는 이익profits — 이것은 즉각적일 수도 또 나중에 얻어지는 것일 수도 있다 — 에 대한 지각이나 평가상의 차이와 함께, 경제적-문화적-신체적 비용coûts상의 차이(위험이 큰가 작은가, 체력의 소모가 심한가 그렇지 않은가 등)에서 발생한다는 것을 의식하는 것으로 충분하다. 이렇게 볼 때 다양한 스포츠를 실천할 수 있는 가능성은 경제자본(그리고 문화자본)과 자유 시간에 따른 한계와 함께 아비투스의 성향, 더 정확히 말해, 그 아비투스의 한 차원인 신체 자체와의 관계라는 측면에서 각각의 실천의 내재적-외재적 이익이나 비용을 어떻게 지각하고 평가하느냐에 달려 있는 셈이다.30)

식이요법이나 미용법, 질병과 건강유지법에 대한 관계 등 신체를 대상으로 하거나 신체와 관련 있는 모든 실천을 통해 민중계급이 신체와 맺게 되는 **도구적**instrumental 관계는 많은 노력, 노고, 혹은 (권투처럼) 고통까지도 투자하기를 요구하는 스포츠, 그리고 때로는 **신체 자체를 위험하게 하는** 것까지 요구하는 스포츠(오토바이 경주, 스카이다이빙, 모든 형태의 곡예, 그리고 모든 격투기도 어느 정도까지는 여기에 해당된다)의 선택에서도 그대로 나타난다.

> 신체 자체를 위험하게 하고, — 물론 부분적으로는 규제되지만 — 육체적 폭력의 표현과 '선천적'인 육체적 자질(힘, 스피드 등)의 직접적인 사용을 허용하는 격투기와 구기(球技)의 민중적 특징을 겸하고 있는 럭비는 남자다움에 대한 숭배라든가 싸움을 좋아하는 성향, 강력한 '접촉', 피로

---

30) 다양한 스포츠와 연령 간의 관계는 이보다 한층 더 복잡하다. 왜냐하면 이 관계는 각 스포츠를 하는 데 요구되는 육체적 노력의 강도와 이 육체적 소모에 관한 성향(이것은 계급적 에토스의 한 측면을 구성한다)을 매개로 하여 특정한 스포츠와 특정한 계급 간의 관계를 통해서만 정의될 수 있기 때문이다. '민중적' 스포츠의 가장 중요한 특성은 암묵적으로 청년기와 관련되어 있는 점에서 찾을 수 있다. 즉, 이들 스포츠는 일종의 임시 자격증 licence provisoire을 부여하지만 곧 격렬한 육체적(그리고 성적) 에너지의 낭비 이후 모두 아주 어린 나이에 스포츠를 포기하게끔 만든다(가장 흔하게는 결혼과 함께 성인기에 들어서면서 포기한다). 그리고 이것은 자연스럽고 당연하게 여겨진다. 이와 반대로 해당 스포츠의 신체유지 기능과 그것이 제공하는 사회적 이익의 측면이 중시되는 '부르주아적' 스포츠는 그 실천의 제한 연령을 청년기 훨씬 이후까지 미룬다. 고급 스포츠(가령 골프)일수록 한층 더 그렇다.

나 고통에 대한 저항, 연대감('친구들')이나 축제분위기('시합 후의 오락') 등 가장 전형적인 민중적 성향과 친화력을 갖고 있다. 그러나 이러한 성격도 특히 지배계급 내 지배 분파(또는 의식적-무의식적으로 럭비의 가치를 표현하는 인텔리계층)가 이 게임을 미학적-윤리적 투자 대상으로 삼고, 때로는 직접 게임을 하는 것을 막지는 못한다. 때로 폭력이나 '남자 대 남자의 싸움'이라는 미학과 뒤섞이는 거칠음의 추구나 남성적 힘에 대한 숭배는 일단계의 참여자들 속에 깊숙이 내재해 있는 성향을 담론의 수준으로까지 끌어올린다. 그런데 이들은 언어로 표현하거나 이론화 작업을 거의 하지 않기 때문에 이들을 둘러싼 사람들(코치, 지도자, 저널리스트 집단 등)의 담론에 의해 그 거친 힘이 억눌려 순종적으로 되며(소위 '착한 아이'가 되며), 민중적 힘은 공인된 형태(자기희생이라든가, '팀'에 대한 헌신 등)에 순응하는 방향으로 내몰리게 된다. 그러나 전통적으로 3-쿼터 플레이와 결부된 '용맹성'이라는 가치관에 기반해 온 귀족적인 럭비관은 현대 럭비의 실정에는 이미 적용할 수 없게 되었다. 왜냐하면 현대 럭비에서는 기술이나 훈련의 합리화, 선수를 사회적으로 충원하는 방식의 변화, 관객층의 확대 등의 결합효과에 의해 오히려 '포워드의 플레이' 쪽으로 게임의 중요성이 옮겨갔기 때문이다. 이 포워드에 대해서는 종종 가장 하찮은 공장노동("〔갱도의 막다른 곳인 — 옮긴이〕 막장인생이다")이나 보병의 희생("물불을 가리지 않고 적의 진영으로 돌진한다")과 관련된 은유법을 사용한다.31)

이 모든 사실이 잘 보여주듯이 신체 단련에 대한 배려는 흔히 기본형태에서는 즉 건강에 대한 위생학적 숭배로서는 중간계급(일반관리직,

---

31) 민중계급 또는 중간계급 하층 출신의 사람들이 단체 스포츠의 훈련과정에서 도입하는 성향 — 특히 자신이 속한 계급으로부터 기적적으로 탈출하고자 하는 희망 — 은 훈련과 실천의 합리화 요청에 조응한다.

의료보건 서비스직 종사자, 특히 초등학교 교사, 그 중에서도 특히 여성 진출이 현저한 직종에 종사하는 여성들의 일부)의 금욕주의적 절제나 엄격한 다이어트와 결부되어 나타난다. 이들 중간계급 성원들은 특히 외모에 신경을 쓰며, 따라서 타인의 눈에 비칠 자신의 모습에 신경을 쓰기 때문에 체조처럼 전형적으로 금욕적인 스포츠에 전념하게 된다. 이것은 다름 아니라 훈련*askesis*을 위한 훈련이기 때문이다. 사회심리학이 잘 보여주는 대로 사람들은 자신에 대해서 방심할수록, 자신에 대해 부주의할수록, 타자의 시선에 의해 소유된 자기 신체의 매력으로부터 벗어날수록(절대 늙을 수 없는 부르주아지 여성들에게서 매우 자주 나타나는 시선, 즉 타인의 시선을 자기 자신에게 돌리는 불안한 시선을 생각해보라), 스스로를 한층 쉽게 받아들일 수 있는 것이다(우리는 바로 이것을 **편안함**에 대한 규정으로 볼 수 있다). 이와 관련하여 자신이 외모에 관한 사회적 규범을 충족시키고 있다는 느낌을 갖기 위해 — 바로 이것이 자신의 조건 그리고 타인을 위한 자신의 존재(對他 存在)를 잊기 위한 전제조건이다 — 쁘띠 부르주아지 여성들이 그토록 많은 시간과 노력을 희생하는 경향을 보일 수밖에 없는 이유를 충분히 납득할 수 있을 것이다(보충자료 61).

그러나 신체 단련과 보행이나 조깅처럼 엄밀히 건강을 증진하기 위한 목적으로 시작된 모든 스포츠 활동은 이와는 다른 방식으로 중간계급 중 문화자본이 가장 풍부한 분파나 지배계급의 다양한 성향과 아주 친화력 있는 관계를 맺고 있다. 즉 일반적으로 말해 이들 스포츠 활동은 대개 운동이 가져다주는 효과에 대한 이론적이고 추상적인 지식과 관련해서만 의미를 가질 뿐이다. 체조의 경우 이러한 지식은 특수한 학술상의 목적에 의거하여 분리, 조직되는 일련의 추상적 동작으로 환원되는데(예를 들면, 복식호흡), 이것은 실용적 목적을 지향하는 일상생활의 모든 동작과 전적으로 대립되는 것이다. 따라서 이들 활동은 각 활동이 약속한 이익(노화 방지라든가, 나이가 들면서 일어나는 여러 돌발적 증상의 방지와 같은 추상적이고 소극적인 이익)이 연기되거나 종종 획득될 수 없을 수도 있다는 합리적 신념을 전제한다. 따라서 지위가 상승 중인 개인들, 즉 노력 자체만으로도 만족할 수 있으며 현재의 희생을 통해 약속되는 장래의 만족을 마치 현금처럼 받아들일 수 있는 사람들의 금욕주의적 성향 속에서 이러한 활동을 실천할 수 있는 조건을 찾을 수 있는 것은 얼마든지 납득할 만하다. 그 밖에도 이들 활동은 타인에 대해 어느 정도 의식적으로 최대한의 거리를 두려고 하는 의도를 갖고, 정해진 시간과 장소에 구애받지 않고서 홀로 고독 속에서 행할 수 있고 (예를 들어 숲 속의 외딴 길을 따라 조깅하는 것 같은), 경쟁이나 경주 등의 요소를 일체 배제하기 때문에(이것이 경주와 조깅의 차이 중의 하나이다), 지배계급 내의 피지배 분파의 금욕적 귀족주의를 규정하는 무수한 윤리적-미학적 선택 속에 자연스럽게 자리잡는다.

계급들간에 상당히 균등하게 배분되어 있는 능력(선천적인 '육체적' 능력이든, 후천적으로 훈련된 능력이든 상관이 없다)만을 요구하고 따라서 시간과 체력이 허락하는 한에서 누구든 평등하게 접근할 수 있는 단체운동은 개인운동과 마찬가지로 사회적 위계 내에서 지위가 높을수록 보다 빈번히 실행될 것으로 예측될 수도 있다. 그러나 다른 분야 — 예를 들어 사진 등 — 에서와 마찬가지로 지배계급의 시각에서 보면 단체운동에 대한 접근가능성 자체뿐만 아니라 원치 않는 사회적 접촉과 같은 몇 가지 상관적 특성들은 당연히 피해야 할 대상이다. 실제로 축구나 럭비, 또는 레슬링이나 복싱 등 성말 전형적인 민중적 스포츠 — 이들 스포츠는 프랑스에서는 원래 귀족(혹은 적어도 한번도 다수였던 적이 없었던 이들 중 이 스포츠를 통해 속물근성snobisme을 드러낸 소수의 사람들)들이 향유하던 것이었으나, 이후 '대중화'됨으로써 지배자들의 지각과 현실 속에서 더 이상 예전과 같이 존재하지 않게 되었다 — 는 지배계급을 밀어낼 수 있는 모든 요소를 갖추고 있다. 예를 들어 관객의 사회적 구성 — 이것은 스포츠가 일반 대중에게 보급되면서 띠게 된 통속성을 더욱 배가시키게 된다 — 뿐만 아니라 여기서 요구되는 가치나 미덕, 즉 힘, 고통에 대한 인내, 폭력적 성향, '희생' 정신, 집단의 규율에 대한 순종과 복종정신 — 이것은 부르주아지의 '역할거리'와 정반대된다 — 그리고 경쟁에 대한 열광 등을 그러한 요소로 꼽을 수 있다.

정기적으로 스포츠를 하는 사람들의 비율은 사회계급에 따라 상당한 차이가 있다. 농업 종사자는 1.7%, 생산노동자는 10.1%, 사무노동자는 10.6%이지만 일반관리직에서는 24%, 그리고 자유업에서는 32.3%나 된다. 교육수준의 차이에 따른 차이도 이와 비슷한 정도의 폭을 나타내지만, 남녀간의 차는 다른 경우와 마찬가지로 사회적 위계 내 지위가 낮을수록 증대한다(INSEE 자료집, 시리즈 M, NO. 2, 1970년 7월). 테니스와 같은 개인스포츠의 경우 이러한 간격은 더욱 현저하게 나타나지만, 축구 등의 경우에는 위계가 역전되어 가장 비율이 높은 것은 생산노동자이며 다음이 장인/상인의 순서로 나타난다. 이러한 차이는 부분적으로는 학교에서 어떤 스포츠를 장려하는가에 따라 설명되지만, 다음과 같은 사실도 큰 영향을 미친다. 나이가 들면서 스포츠를 중단하는 경향을 살펴보면, 민중계급은 대개 학교 졸업 혹은 결혼과 동시에 갑자기 때 이른 시기에 이런 경향을 보이는 반면(농업종사자 또는 생산노동자의 4분의 3이 25세에 스포츠를 중단한다), 스포츠에 분명히 건강유지 역할을 부여하고 있는 지배계급 내에서는(예를 들어 아이들의 체력증진에 대한 관심이 지배계급 내에서 특히 높은 사실이 이를 잘 보여주고 있다) 그러한 경향이 훨씬 늦게 나타난다(이 일람표에서 볼 수 있듯이 관찰된 시점에서 정기적으로 스포츠를 하는 사람의 비율은 사회적 위계 내의 위치가 상승할수

<표 21> 스포츠 활동과 스포츠에 대한 판단의 차이 (1975) (단위 %)[a]

	농업종사자	생산노동자	장인/소상인	사무노동자/일반관리자	상급관리직/자유업	남성	여성
스포츠 경기를 매우 또는 꽤 자주 관람한다. (텔레비전 모든 라디오 스포츠 중계를 매우 또는 꽤 자주 시청하거나 듣는다.	20	22	24	18	16	26	10
자식이 훌륭한 운동선수가 되기를 바란다.	50	62	60	60	50	71	47
오늘날 학교 시간표가 아이들의 체력 향상에 대한 중요성을 충분히 부여하고 있지 않다고 생각한다.	50	61	55	44	33	52	47
하나 또는 여러 가지 운동을 규칙적으로 하고 있다(바캉스 때만 하는 제외).	23	48	41	60	71	47	39
현재 운동을 규칙적으로 하고 있지 않지만 예전에는 했었다.	17	18	24	29	45	25	15
규칙적으로 운동을 한 적이 한번도 없다.	26	34	41	34	33	42	21
규칙적으로 하고 있는 운동	57	48	35	37	22	33	64
테니스	0	1.5	2.5	2.5	15.5	2	2.5
승마	1.5	0.5	1	1.5	3.5	1	1
스키	3.5	1.5	6.5	4.5	8	3	3
수영	2.0	2.5	3.5	6.5	10	4	3
체조	0.5	3	0.5	5	7	1.5	4
육상	0	1.5	0.5	2.5	4	2	0.5
축구	2.5	6	4.5	4	4	7	0.5

Source: 보충자료 38(1975)

a. 이들 이용기준한 통계자료<부록 2>의 보충자료를 참조하는 귀의 일반적인 경향을, 즉 설이, 설의 잦기, 기타에 대한 불명확을 정의에도 불구하고 모든 경우에서 드러나는 경향만을 보여줄 뿐이다(다른 의미지도는 한편 여가서 제시되는 비율이 과대평가되었음은 두말할 필요가 없다. 물론 그 정도는 계급별로 불균등하게 나타난 수밖에 없다. 모든 조사가 응답자의 진술에 의존할 수밖에 없고, 실제 운동을 하고 있거나 관람하고 있는 사람들을 대상으로 한 연구를 대체할 만한 조사는 가능하지 않기 때문이다. 이 때문에 위의 일람표는 가장 최근에 하고 있는 스포츠 활동과 스포츠에 대한 전체 조사에 입각해 행위자들이 각 계급과 성에 따라 어떤 비율로 나타나고 있는지를 제시하고 있을 뿐이다.

록 현저하게 증가하는 데 비해, 오랫동안 스포츠를 했지만 지금은 중단한 사람의 비율은 대부분 변화가 없고, 그 최대치는 장인과 상인에서 나타난다).

스포츠를 관람하는(그 중에서도 인기 있는 스포츠를 관람하는) 횟수는 주로 장인과 상인, 생산노동자, 일반관리직, 사무노동자 층이 많다(그들은 또 스포츠신문 『레끼프*l'équipe*』의 주요 독자층이기도 하다). 이는 텔레비전 스포츠 중계(축구, 럭비, 자전거 경기, 경마 등)에 대한 관심도 마찬가지이다. 이와는 반대로 지배계급의 성원들은 경기장에서든 텔레비전을 통해서든 스포츠 관람 횟수가 훨씬 적다. 단 테니스, 럭비, 스키는 예외이다.

소수만이 스포츠를 할 수 있었던 시기에는 페어 플레이, 즉 자신을 차분히 억제함으로써 무심결에 자신이 게임을 하고 있다는 것을 잊을 정도로 게임에 몰두하지 않고 단지 '게임일 뿐인' 시합을 할 수 있도록 해주는 놀이의 약호에 대한 숭배가 스포츠의 구별적 기능의 논리적 발전이었듯이, 스포츠를 하고 있다는 것만으로는 더 이상 해당 스포츠의 희소성을 주장할 수 없게 되어버린 오늘날, 자신의 우수성을 증명하고 싶은 사람들은 여러 스포츠가 점점 대중화되면서 외견상 양과 같은 순응주의나 맹목적인 추종정신만을 보여준다는 이유로 가치가 하락된 스포츠에 대해 일정한 거리를 유지하면서 자신의 무사무욕성을 증명하지 않으면 안 된다. 평범한 오락으로부터 거리를 두려면 특권적인 사람들은 다시 한번 통속적인 사람들의 무리를 혐오하고, 항상 다른 장소에서 더 높이, 더 멀리 나아가, 시간과 장소에 구애받지 않고, 새로운 경험과 순결한 공간의 배타성과 우월성을 구하기만 하면 된다. 그리고 자신들의 스포츠 활동이 정통적이라는 느낌을 가지면 되는데, 이러한 감각이 해당 실천의 분포상의 가치와 함께 실천이나 담론의 영역에서 실천이

미학화될 수 있는 정도를 결정하는 기능을 하게 된다.32)

지배적 취향이 인지하고 평가하는 모든 특징은 골프, 테니스, 요트, 승마(혹은 장애물 넘기), 스키(특히 크로스컨트리와 같은 가장 구별적인 형태의 스키), 펜싱 등의 스포츠에 집약되어 있다. 이들 스포츠는 전용 장소(사적 클럽 등)에서 본인이 선택한 시간에 혼자서, 혹은 **선택된** 파트너와 함께 한다(이 모든 특징은 단체운동의 집단적 규율, 강제된 리듬, 강요된 노력과는 대립된다). 또한 이들 스포츠에 소모되는 체력은 비교적 적으며, 소모량도 자유롭게 결정할 수 있지만, 그 특수한 기법을 습득하려면 상대적으로 많은 시간과 노력을 투자해야 한다 — 게다가 빨리 투자할수록 얻을 수 있는 성과도 그만큼 커진다(이 때문에 이들 스포츠는 신체자본의 대소나 연령에 따른 신체의 쇠퇴로부터 상대적으로 독립되어 있다). 그리고 이들 스포츠는 규칙을 넘어 페어 플레이라고 하는 성문화되지 않은 법칙에 의해 고도로 의식화(儀式化)되고 통제된 경쟁만을 가능하도록 해준다. 따라서 스포츠적 교환은 고도로 통제된 인간관계와 같은 양상을 띤다. 모든 육체적 폭력이나 언어폭력, 신체의 무질서한 사용(큰 소리를 지르거나 거친 동작 등), 그리고 특히 적수들 간의 모든 종류의 직접적 접촉(이들은 게임의 공간 구성 자체와 다양한 개·폐회 의식에 의해 격리된다)은 배제된다. 혹은 요트나 스키, 그리고 모든 캘리포니아적 스포츠와 마찬가지로 이들은 민중적 스포츠에서 볼 수 있는 남자들간의 싸움, 남자와 남자의 대결(인격이라는 고귀한 개념과는 양립할 수 없는 '경쟁'에 대해서는 두말할 필요도 없이)을 어떤 시대에나 변함없이

---

32) 이 분야에서도 정통성의 위계가 존재한다. 부르주아지의 대화 속에서 다양한 스포츠에 대해 각기 다른 가치가 부여되는 것은 이 때문이다. 『르 몽드』지가 이 위계를 잘 표현하고 있다. 이 잡지는 테니스와 럭비(그리고 이차적으로는 육상)에 대해서는 저명인사의 명의로 진지한 '비평'기사를 쓰는 반면, 축구와 자전거 경주에 대해서는 훨씬 거리를 두고 극히 일반적으로 다루고 있을 뿐이다.

찬미되어 온 자연에 대한 싸움으로 대체한다.

따라서 골프, 스키, 요트, 또는 심지어 승마나 테니스의 경우 아무리 경제적 장애가 중요하더라도 이러한 장애만으로는 이러한 활동의 계급별 분포상황을 충분히 설명할 수는 없다. 가문의 전통, 스포츠의 조기 습득, 엄격한 사교 기술, 품위(복장과 태도라는 이중적 의미의 tenue)처럼 한층 은폐된 입장권이 있어야 하는데, 바로 이것이 민중계급, 또는 중간계급이나 상층계급으로부터 상승 중인 개인들이 이들 스포츠에 접근할 수 없도록 만들어버린다. 이와 동시에 이것들은 (체스나 특히 브리지bridge와 같은 세련된 오락 게임과 함께) 어떤 사람이 부르주아지에 얼마나 오랫동안 속해있었는지를 가리키는 가장 확실한 지표 기능을 하게 된다.33)

동일한 실천도 시점이 달라지면 의미와 기능이 변하기 때문에 귀족이나 민중을 동시에 끌어들일 수 있었던 사실, 또는 이와 동시에 같은 시점에 끌어들인 다양한 사람들에게 상이한 의미와 형식을 띨 수 있었던 분명한 사실을 염두에 둔다면 스포츠의 계급간 분포상황을 순전히 다양한 스포츠활동의 본성 자체로부터 끌어내려는 유혹을 경계해야 하는 이유를 충분히 이해할 수 있을 것이다. 탁월화 논리가 민중적 스포츠와 부르주아적 스포츠 간의 대립의 핵심적 내용을 충분히 설명할 수 있다 하더라도 여전히 다음과 같은 문제가 남는다. 즉 제도화된 다양한

---

33) 카드놀이의 경우, 블롯belote(마니유manille는 말할 것도 없고)과는 반대로 사회적 위계가 높을수록 브리지bridge를 하는 사람이 증가해, 자유업에서 정점에 도달하는 것을 알 수 있다(IFOP, 1948). 그랑 제꼴 학생들 사이에서도 브리지를 하는 사람, 특히 토너먼트 방식으로 집중적으로 하는 사람들의 비율은 출신계급에 따라 커다란 차이가 난다. 체스는 브리지만큼 사회적 전통이나 사회관계 자본을 축적하려는 경향과 관련되지는 않으나, 반대로 문화자본과는 아주 밀접히 관련되어 있다. 사회적 위계가 높을수록 체스를 하는 사람이 증가하나, 특히 문화자본의 크기에 규정되는 정도가 아주 큰 직종에서 증가율이 현저하게 나타나는 사실이 이를 잘 보여준다.

실천의 객관적 잠재성, 즉 각 스포츠 활동의 내재적 논리와 위치나 분포상의 가치 때문에 특정한 활동에 유리하게 작용하거나 불리하게 작용하거나 아니면 배제하는 작용을 염두에 두지 않는다면 다양한 집단과 다양한 실천 간의 관계를 완전히 이해할 수 없다. 우리는 특정한 스포츠가 가장 깊고 무의식적인 수준에서 특정 계급의 신체와 맺고 있는 관계와 상충되지 않을수록, 즉 사회세계에 대한 총체적 관점과 인격이나 자신의 신체에 대한 총체적 철학이 자리잡게 되는 신체도식*schéma corporel*과 상충되지 않을수록 그 스포츠를 그 계급 성원들이 채택할 가능성도 그만큼 높아진다는 일반 법칙을 가정해볼 수 있다.

따라서 특정한 스포츠가 요구하는 신체의 움직임이 어떠한 경우에도 '품위 있는' 인격을 손상시키지 않을 때 그 스포츠는 부르주아적 경향을 갖게 된다고 말할 수 있다. 따라서 이들은, 예를 들어 포워드 중심의 럭비에서 볼 수 있는 거칠고 격렬한 전투나 육상경기처럼 자존심을 상하게 하는 경쟁 속으로 신체를 던지길 거부한다. 그리고 언제나 다른 사람들에게 자신의 권위, 위엄, 또는 품위를 논란의 여지없는 형태로 부과하는 데 관심을 갖고 있기 때문에 신체를 하나의 목적으로 취급하고, 신체를 기호로, 자신의 편안함을 드러내줄 수 있는 기호로 만들려고 한다. 따라서 스타일이 가장 우선시되며, 신체를 유지하는 가장 전형적인 부르주아적인 방식은 특정한 공간 안에서 차지하고 있는 자리를 통해 어떤 사람이 사회공간에서 점유하는 장소의 크기, 동작과 보폭의 **풍부함***ampleur*에 의해, 특히 절도 있고 안정되었으며 절제된 **템포***tempo*에 의해 식별된다. 이러한 템포는 대중의 성급한 말투나 쁘띠 부르주아지의 조급함과는 대립적인 것으로서, 이는 부르주아적 언어의 전형적인 특징이기도 하다. 이는 자신의 시간뿐만 아니라 상대방의 시간까지도 여유 있게 사용할 권리가 있다는 자신감의 표현이기도 하다.

다양한 실천 안에 객관적으로 새겨져 있는 잠재적 요소와 성향들간의 친화성은 비행(飛行), 특히 군대내의 비행이 가장 잘 보여준다. 소뮈르(Saumur) 기병학교에서 비행대로 이적한 프러시아와 프랑스 귀족들의 개인적 무훈(武勳)이나 기사도정신(영화『거대한 환상la Grande illusion』〔장 르느와르Jean Renoire의 영화인『거대한 환상』〔1937〕은 제1차세계대전에 참가한 프랑스와 독일의 조종사들의 기사도 정신을 그리고 있다. 영어권 독자들은 영국공군인 R. A. F〔Royal Air Force〕의 모토인 *per ardua ad astra* 즉 "난관을 넘어 ─ 그리고 고지를 넘어 ─ 별들에게로"라는 말을 상기할 필요가 있다. 이 모토도 영웅적 탁월함을 고도高度와 연관시키고 있다 ─ 영어판 옮긴이〕은 이를 너무나 잘 그려 보이고 있다)은 비행 활동 자체 안에 포함되어 있다. 왜냐하면 비행은 수면을 스쳐지나가는 비행이라든가 고도(高度) 비행 등에 얽힌 다양한 비유가 잘 보여주듯이 사회적 지위의 고상함이나 정신적 고결함, 프루스트가 스탕달(Stendhal)과 관련해 "정신생활과 결부된 어떤 고도의 감정"이라고 부른 것과 연결되어 있기 때문이다.34)

용감하고, 위험을 무릅쓰며, 위험을 두려워하지 않는 행동하는 남자와 그의 결단력을 지도자의 미덕으로 생각하는 호전적이고 군국주의적인 부르주아지와 결정능력이나 조직능력, 한 마디로 말해 사이버네틱스적 능력으로 환원할 수 있는 여러 능력을 발휘하는 다국가주의적이고 자유교류적인 부르주아지 간의 대립은 그대로 승마나 펜싱, 복싱이나 비행기조종 등을 좋아하던 금세기 초반의 귀족이나 부르주아지와 스키나 요트, 글라이딩을 좋아하는 현대의 관료층 간의 대립 속에서 그래도 응축되어 있다.

지배계급의 스포츠 실천의 역사를 살펴봄으로써 이들의 윤리적 성향, 이상적 인간에 대한 부르주아적 표상, 특히 신체적인 미덕과 지적 미덕을 일치시킬 수 있는 방식(후자는 여성화 경향을 부추기는 것으로 간

---

34) M. Proust, *A la recherche du temps perdu*, Paris, Gallimard(Pléiade), 1954, T. III, p. 377.

주된다) 등의 변천 과정에 대한 깊은 이해를 얻을 수 있듯이, 특정한 시점에 지배계급 내의 각 분파들간의 스포츠 실천의 분포상황을 분석해 보면, 예를 들어 무의식의 가장 깊숙한 곳에 은폐되어 남녀간 분업이라든가 지배를 위한 분업관계를 둘러싸고 이들 각 분파가 서로 대립하고 있는 몇 가지 은폐된 기본 원리를 밝힐 수 있을 것이다. 다른 어느 때보다도 특히 오늘날 이러한 원리가 가장 완벽하게 작용하고 있다고 할 수 있다. 왜냐하면 건강이라는 새로운 도덕에 적합한 교육, 즉 스포츠 훈련과 식사의 절제를 통한 비가시적이고 온건한 교육이 신체단련과 정신도야를 중심으로 하는 분명히 윤리적인 과거의 교육법을 점차 대체해 가고 있기 때문이다. 경제자본이 가장 풍부한 분파와 문화자본이 가장 풍족한 분파 간의 대립, 유산상속자와 벼락부자의 대립, 장년층과 청년층(또는 고참과 신참) 간의 대립 등 지배계급을 다양한 구조로 배치하는 다양한 분할원리는 결코 완전히 독립적일 수 없기 때문에 다양한 분파들의 실천은 지배 분파부터 피지배 분파에 이르기까지 부분적으로는 서로 환원될 수 있는 일련의 대립관계에 따라 분포되는 경향이 있다. 예를 들어, 가장 돈이 많이 들고 가장 세련된 스포츠(골프, 요트, 승마, 테니스) 또는 그 스포츠를 하기 위한 가장 비싸고 가장 세련된 방식(사적私的 클럽)과, 가장 돈이 안 드는 스포츠(보행, 하이킹, 경보, 자동차여행, 등산 등) 또는 가장 돈을 적게 들이면서 세련된 스포츠를 하는 방식(테니스라면, 시립코트에서 하든지 아니면 바캉스 클럽에서도 할 수 있다) 간의 대립, 또 상당한 에너지 투자를 필요로 하는 '남성적' 스포츠(사냥, 낚시, 격투기, 클레이-피전clay-pigeon 사격 등)와, 자기탐구나 자기표현을 지향하는 '내향적' 스포츠(요가, 댄스 '육체적 표현'), 혹은 에너지 투자가 비교적 적은 만큼 상당량의 문화자본을 필요로 하는 '사이버네틱스적' 스포츠 간의 대립을 그러한 예로 들 수 있다.

예를 들어 교수, 자유업, 경영자를 구별하는 차이는 다음의 세 가지 실천에 집약된다. 이들 실천은 비록 두드러진 비율을 나타내는 분파 안에서도 비교적 낮은 비율을 보이지만 — 대충 10% 전후 — 동일한 나이대를 기준으로 비교해 보는 경우 각각 다른 직업층보다도 확실히 높은 수치를 나타내기 때문에 이들 세 계층의 구별적 특징으로 나타나게 된다(보충자료 5와 보충자료 6, 2차분석 참조). 먼저 교수층의 귀족적 금욕주의는 등산이라는 스포츠에서 전형적으로 나타난다. 그것은 자기 자신의 신체와 보통 사람들은 쉽게 접근할 수 없는 자연을 동시에 정복하고 있다는 느낌을 통해 전용 산책로를 따라 거니는 산보 — 생각하면서 거닌다는 하이데거의 말을 생각해보라 — 나 자동차여행을 하면서 만나는 로마네스크 풍 교회보다도 한층 더 최소의 경제 비용으로 최대의 차별화, 타자와의 거리, 고상함, 정신적 고지(高地) 등을 얻을 수 있는 방법을 제공해 주기 때문이다.35) 반면 가장 품위 있는 실천에 접근할 수 있는 물질적-문화적 수단을 갖고 있는(이것은 실천의 조기 습득과도 관련되어 있다) 의사나 현대의 관리직의 건강한 쾌락주의는 속물적인 대중들과는 멀리 떨어진 곳에서 진행되는 요트, 바다 한복판에서의 해수욕, 크로스컨트리, 스키, 잠수 낚시 등의 형태로 수행된다. 그리고 경영자들은 동일한 차별화 이익을 골프와 같은 스포츠에서 얻으려고 한다. 구체적으로는 골프에 따라다니는 귀족적 에티켓, 영어에서 차용된 용어, 그리고 넓고 배타적인 공간 등을 통해 그러한 이익을 얻으려고 하며, 이를 통해 이 스포츠와는 별도로 외재적인 여분의 이익, 예를 들어 사회관계 자본을 축적할 수 있음은 두말할 필요도 없다.36)

---

35) 신체나 다른 사람과 맺고 있는 두 가지 관계와 관련하여 나타나는 대립은 다음과 같은 변별적 특징 속에도 집약되어 있다. 교수직의 3분의 2(59.8%)가 절대로 춤을 추지 않는다고 답한 반면, 자유업 종사자들은 매우 자주 춤을 춘다고 말하고 있다(이 집단의 18%만이 절대로 춤을 추지 않는다고 답했는데, 이것은 모든 직업 중에서 가장 낮은 수치이다). (보충자료 4)

36) 생 농 라 브르테슈(Saint-Nom-la-Bretèche, 대표적인 고급 골프장 — 옮긴이) 골프 클럽

여기서는 연령이 아주 중요한 변수이기 때문에 동일한 사회적 위치에 있는 사람들을 생물학적으로 젊은 사람과 나이 많은 사람으로 대립시키고, 동일한 생물학적 연령의 사람들을 피지배 분파와 지배 분파, 혹은 신흥 분파와 기성 분파로 대립시키는 사회적 연령의 차이가 전통적 스포츠와 고전적 스포츠의 모든 새로운 형식(야외승마, 크로스컨트리, 활주로 밖의 스키 등) 간의 대립으로 재해석되는 것은 전혀 놀랄 만한 일이 아니다. 이러한 새로운 스포츠의 대부분은 신흥 대소(大小) 부르주아지 계급의 성원들, 특히 다양한 유행업에 관계하는 사람들, 예를 들어 디자이너, 사진가, 패션모델, 광고업자, 신문기자 등에 의해 미국에서 유입된다. 이들은 소위 빈자(貧者)의 엘리트주의의 새로운 형식을 발명하고 판매하는 사람들이다. 이 엘리트주의는 교수층에 전형적으로 나타나는 엘리트주의와 흡사하지만 관습이나 관례로부터는 한층 더 철저하게 벗어나 있다.

이러한 '대항-문화'는 실제로는 자연적인 것, 순수한 것, 진정한 것을 좋아하는 전형적인 교양인들의 오래된 숭배 전통을 부활시키고 있다. 이 문화의 진정한 본성은 프낙(Fnac; 레코드, 책 등을 파는 대형상점 — 옮긴이), 보부르(Beaubourg; 퐁피두 센터와 그 주변 광장 — 옮긴이), 『르 누벨 옵세르바뙤르』지, 다수의 바캉스 클럽 등 진보적 생활양식의 부속물을 파는 새로운 상점이나 기관이 하이킹 애호가들에게 제시하는 물품의 내용을 살펴보면 아주 분명하게 드러난다. 즉 파카, 골프용 짧은 바지, **진짜** 셰틀런드 울 또는 유명생산지에서 만들어진 울로 된 **기품 있는 쟈카드 스웨터**, **천연** 양모로 만든 **진짜** 풀오버(pullover; 머리부터 입는 스웨터의 일종 — 옮긴이), 캐나다의 사냥꾼용 재킷, 영국의 어부용 풀오버,

회원의 절반 이상이 은행가, 공업경영자, 회사중역이며, 26%가 회사부장, 관리직, 상급기술자, 16%가 자유업 종사자들이다.

새로운 스포츠 방법의 목록
— 리브레리 알터나티브 출판사와 파라렐레즈 출판사에서 공동 출판한 『방법의 목록』에서 발췌

육체표현

가젤(Gazelle)

약 10년간 아르슈(Arche)에서 다양한 경험을 쌓아 그곳의 가르침이 완전히 몸에 밴 그녀에 대해 란차 델 바스토(Lanza del Vasto: 이탈리아 출신의 프랑스 작가로 동양 각지를 여행했으며 힌두교에 관심이 많았다. 아르슈는 그가 창립한 요가교육센터이다. 여기서 '그녀'라고 불리는 사람은 그의 형제 중의 하나이며, '가젤'은 그가 만든 무용학교이다 — 옮긴이)는 다음과 같이 쓰고 있다. "그녀의 기술은 단순히 다리에 국한되지 않는다. 그것은 오랜 시간 동안 마음과 머리 속에서 숙성된 것이다." "내가 가끔씩 그녀를 세상에 알리려고 하는 이유는 힌두 춤과 중세 기독교의 판화에서 영감을 얻은 이 귀중한 기술이 유실되지 않도록 하기 위해서다."

내적 생활로의 접근은 하루의 훈련 활동 전반을 통해 실행된다. 그리고 계속해서 일상의 삶 속에서도 이어진다. 사실, 내적 통일의 탐구가 이 학교의 중심 테마이다. 춤은 민속춤이건 아니면 종교적 의식을 위한 춤이건 또는 창작무용이건 상관없이 상당히 중시된다. 물론 춤 자체가 목적이 아니라 내적 생활의 버팀목이기 때문이다. 기술은 물론 연습을 통해 연마되지만, 인격의 조화에 불가결한 마음의 여유를 희생하면서까지 이루어지는 일은 결코 없다.

여성들은 춤을 통해 자신의 상처를 발견한다

여성들에게 춤은 무엇보다도 먼저 자신의 육체를 자각하는 방법으로, 이런 의미에서 자기-발견이라고 할 수 있다. 응답에 응한 여성들에게 육체에 대한 의식은 종종 육체가 특별한 표현수단이라는 의식으로 이어지기도 한다. 이러한 여성들은 춤을 스스로를 표현할 수 있도록 해주는 언어로 체험한다… 게다가 설문에 응한 여성의 과반수가 이러한 활동은 원초적 에로티시즘, 또는 원초적 자기-에로티시즘(auto-érotisme)을 일깨우는 것처럼 보인다. 왜냐하면 자신의 육체에 대한 의식은 쾌락으로 체감되기 때문이다… "그 순간에는 저도 제가 육체를 갖고 있다는 것을 느끼죠…

춤은 내 자신과 조화를 이룰 수 있도록 해준다고 생각해요." "…자신에 대한 탐구, 나 자신을 육체적으로 발견하는 것이죠." "그것은 육체를 통한 감각… 일종의 말하는 방식이지요. 꽤 많은 것을 말할 수 있죠." "일종의 자기-주장입니다…" "나는 춤추고 있으면 기분이 좋아요. 내 자신을 자각할 수 있지요. 언젠가 2년간 그만둔 적이 있었는데, 그때는 계속 무언가 모자란 듯한 기분이었어요… 춤은 필요불가결한 것이에요."

집시풍 마차 여행

일행은 4명의 소녀와 2명의 소년, 빌린 말(馬) 한 필과 새로 산 짐마차 한 대, 그리고 자전거 한 대였다.

일행은 확실한 목적지도 없이 니에브르(Niévre) 지방의 라 샤리떼 쉬르 루아르(La Charité-sur-Loire)에서 출발했다. 그리고 브르보네(Bourbonnais) 지방의 뒷길을 거쳐 한 달 동안 300km를 전진해(퓌 드 돔 Puy-de-Dôme 지방에 있는) 몽떼귀 땅 꽁브라이유(Montaiguten-Combraille)까지 갔다. 평균시속은 3km였다(말의 거동과 기분 탓에 그 이상의 속도는 무리였다). 하루에 전진하는 거리는 15~20km 정도였다. 그러나 이렇게 시속 3km로 여행한 덕분에 자동차 여행이었다면 불가능했을 많은 일을 할 수 있었다. 잘 익은 과일을 따먹는다든지, 자전거를 타기도 하고, 지나가는 길에 만난 지방 사람들과 대화를 나누기도 하고, 짐마차에 타기도 하고, 해수욕을 하기도 하고, 섹스를 하기도 했다 등… 이렇게 며칠을 보낸 후에는 모두 완전히 시간 개념(먹고 일하고 잠자는 매일의 일상리듬)을 잃어버리고 말았다.

자유비행

행글라이더는 알루미늄 튜브 위에 닻을 펼친 것으로 일종의 거대한 연이다. 그러나 인간의 체중이 연줄을 대체한다. 안전벨트를 착용하고 공중에서 몸을 던져 날기 시작하는 것이다.

초보자일 때에는 언덕이나 풀이 돋아 있는 비탈길, 모래가 깔린 길에서 하고, 지면으로부터 몇 미터만 떨어진 곳을 날아본다. 지리적으로 비행은 어디에서나 가능하다. 예를 들어 피레네 산맥부터 보즈(Vosges) 산맥까지, 북프랑스의 광산이나 해안절벽부터 퓌 드 돔 지방을 거쳐 쥬라(Jura) 산맥이나 알

프스 산맥까지 어디서나 날 수 있다.

하이킹

"뽀르뜨 드 생 끌루(Porte de Saint-Cloud) 역에서 내려 질식할 것 같은 지하철의 사람들 틈에서 밖으로 나오기만 해도 제1의 대산책코스로 들어설 수 있다는 것을 모르는 사람이 있다니!!! 물론이지요!!! 아침식사 때 지난 밤의 여운에서 덜 깨어나 들뜨고 멍한 꿈같은 이야기처럼 들린다고요? 그러나 정말입니다. 베르사유 거리의 끝에서부터 565km(그 이하는 아니다!)의 길이 시작되고 있는 것입니다. 그것도 인구밀집지대를 하나도 거치지 않고 말이에요!

기막히게 재미있는 축구

오래 전부터 '비공식' 축구가 성행하고 있다. 클럽 밖에서, 선수권도 없이, 종종 경기장 이외의 장소에서도 축구를 하고 있다. 전통적인 단색 T셔츠 대신에 알록달록한 T셔츠나 온갖 종류의 셔츠, 심지어 인도 풍의 반팔셔츠를 입고 있는 사람도 있다.

짧은 바지를 입고 있는 사람은 많지 않고, 대부분이 청바지를 입고 있다. 밑바닥에 두꺼운 스파이크 축구화는 거의 볼 수 없고, 만약 신고 있는 사람이 있으면, '시합' 전에 그 주위에 구경꾼이 몰린다. 대부분이 테니스 화나 클래크 슈즈(인도의 군화를 흉내낸 가늘고 날카로운 신발 — 옮긴이)를 신고 있다.

선수의 수도 때에 따라 아주 다양하게 변하며, 11명을 전부 다 채우는 경우는 거의 없다. 성별의 경우에도 선수는 항상 남성으로 한정되지 않는다. 나는 쏘 공원(Parc-de-Sceaux)의 눈 섞인 진흙탕에서 벌어진 몇몇 시합에서 각 팀의 멤버에서 너 명씩 젊은 여성이 포함되어 있던 것을 기억하고 있다. 그녀들은 힐을 신고 있었으므로, 상대편 남자들뿐만 아니라 자기 팀 남자들까지도 힐로 복사뼈나 정강이를 채이고 있었다.

참으로 굉장한 시합이었고, 하프타임이 2~3회 있어서 그 사이에 그다지 지치지 않은 사람들은 오래된 좋은 마리화나를 피우러 갔다. 전형적인 스코어는 대개 32 대 28 정도였다. 연령도 상당히 다양하다. 어린이층, 청소년층, 주니어, 시니어, 베테랑 등의 범주로 나누어져 있지는 않다. 11~12세의 아이들은 뚫고 나가기 가장 힘든 모기 같은 존재이다.

당연히 규칙도 말 그대로 지켜지지 않는다. 또 대개의 경우는 심판도 없다. 오프사이드는 누구의 눈에도 명확한 위반을 한 경우에만 적용된다(예를 들어 어떤 선수가 패스를 받으려고 상대방 골 근처에 처음부터 꼼짝 않고 서 있는 경우). 드로 인은 없기 때문에 때로는 코트의 세로선보다도 가로선이 길어지는 경우도 있다. 단, 코너킥은 있다. 왜냐하면 장난을 즐길 수 있기 때문이다. 팀 멤버는 시합이 한창일 때 선수들이 삼삼오오 도착하여 모이면서 구성되는 식이다.

경쟁정신이 전혀 없다고는 말할 수 없지만, 그래도 역시 몇몇 '프로급' 팀이 보여주는 열광적인 모습과는 거리가 멀다. 실제 공을 차러 오는 사람들은 반드시 이기겠다는 마음으로 운동장에 오는 것이 아니다. 돈이 걸려 있는 것도 아니고 같은 팀끼리 2번 시합하는 일도 거의 없고, 경기시간은 꽤 융통성이 있고, 득점 기록도 때로는 대충하기 때문이다(한두 번의 골만 있었다면 예외이지만). 또 한 팀이 다른 팀보다 두드러지게 강할 경우에는 양 팀 간에 선수를 '교환'하여 힘을 조정한다⋯ 이것은 중학교나 고등학교에서 계속 배워온 정신과는 상당히 다른 정신이다.

문제가 생긴 경우에는 어떻게 해결하는가? 게임을 가장 잘하는 사람이 전원에게 공을 한번씩 돌리기 때문에(이는 실화이다. 이 교사는 이처럼 공인된 규칙을 준수하지 않았다가 곤란한 지경에 빠졌다) 별 문제가 일어나지 않는다.

다음 주말, 만약 머리카락을 흩날리는 이상한 무리들이 공을 차고 있는 것을 보게 되면, 망설이지 말고, 끼워달라고 부탁해 보라. 결코 잡아먹지는 않을 테니까.

미군용 레인코트, 스웨덴의 나무꾼용 셔츠, 작업바지, 미군의 작업용 신발, 미군 군화, 인디언의 모피로 만든 모카상 단화, 아일랜드의 끈 없는 작업용 모자, 노르웨이의 끈 없는 모직 모자, 수풀(林)지방용 모자, 그리고 물론 호루라기, 고도계(高度計), 하이킹 안내서, 니콘 카메라, 그 외에도 자연으로 회귀하는데 필수불가결하다고 표방되는 다양한 아이디어 상품이 출시되어 있는 것이다. 게다가 하이킹, 승마, 자전거, 오토바이, 배, 카누, 궁술, 윈드서핑, 크로스컨트리, 스키, 행글라이딩, 삼각날개 등 모든 새로운 스포츠에는 사회적 비약의 역동적 꿈이 숨어있다. 왜냐하면 이들 스포츠는 한결같이 연습 자체와 각종 도구의 준비, 유지, 이용을 위해, 그리고 특히 자신의 경험을 언어로 표현하기 위해 상당한 문화자본의 투자를 필요로 한다는 공통점을 갖고 있기 때문이다. 따라서 자유업 또는 관리직의 사치스러운 스포츠에 대해 이들 스포츠가 맺고 있는 관계는 예술작품의 상징적 소유에 대해 물질적 소유가 갖고 있는 관계와 거의 흡사하지 않은가?

고전적 스포츠와 캘리포니아적 스포츠의 대립 속에서는 연극이나 문화에 관한 취향에서와 마찬가지로 사회세계에 대한 두 가지 관계가 분명하게 대립하고 있다. 즉 한편으로는, 형식에 대한 존중과 존중의 형식이 있는데, 이것은 복장이나 의례에 신경을 쓴다든지, 별다른 콤플렉스 없이 풍부함이나 사치스러움을 과시하는 등의 행위에서 나타난다. 다른 한편으로는, 감히 보란 듯이 빈곤을 드러내거나(이는 결핍nécessité을 미덕으로 만든다) 형식이나 구속으로부터 자유로움을 추구함으로써 부르주아적 질서를 상징적으로 전복하려는 태도가 있다. 이것은 구체적으로 의류나 미용의 측면에서 분명하게 나타난다. 예를 들어 느슨한 복장이나 장발 등은 클래식한 양장이나 고급차, 통속극이나 오페라 등 부르주아적 의례에 없어서는 안 되는 다양한 속성에 대한 도전인 것이다

(다른 영역의 예를 들면, 마이크로버스나 캠핑 카car, 포크나 록 등이 이 역할을 수행하고 있다). 사회세계에 대한 이러한 두 가지 관계간의 대립은 자연세계에 대한 두 가지 관계, 즉 자연적이고 야생적인 자연을 좋아하는 취향과 교화되고 표식이 붙여진 문명화된 자연을 좋아하는 취향 간의 대립 안에 완벽하게 요약되어 있다.

이처럼 특정 시점에 잠재적 '소비자'가 선택하도록 제공되는 스포츠 활동과 관전의 체계는 해당 순간에 사회학적으로 관여적인 모든 차이, 예를 들어 남녀간의 대립이나 계급간/계급내 분파들간의 대립 등을 표현하는 경향이 있다. 행위자들은 자신의 아비투스의 경향들에 몸을 내맡기기만 하면 자신도 모르는 가운데 그에 상응하는 다양한 실천에 내재하는 의도를 받아들이게 된다. 즉 행위자들은 이들 실천 안에서 자신의 모습을 전부 드러내고, 이와 함께 동류의식을 느끼게 된다. 이는 실천의 다른 모든 영역에서도 마찬가지다. 각 소비자는 공급자 측의 특수한 취향, 즉 객체화된 갖가지 가능성(재화, 서비스, 행위 유형 등)을 고려하지 않으면 안 된다. 이러한 가능성의 전유야말로 각 계급간 계급투쟁의 핵심적인 쟁점 중의 하나로, 각각의 가능성이 특정 계급이나 계급분파와 결부될 수 있으므로 자동적으로 분류되고 분류하며, 위계화되고 위계화하는 기능을 하게 된다. 이처럼 관찰된 재화나 실천의 분포상황은 특정 시점에서 (과거와 현재의) 다양한 생산의 장이 제공하는 가능성과 사회적으로 차별화된 성향이 어떻게 만나는가에 따라 결정된다. 그런데 이들 사회적으로 차별화된 성향들dispositions은 (특정한 크기와 구성을 갖는) 자본 — (궤적에 따라) 정도의 차이는 있지만 이러한 성향들은 바로 이러한 자본의 산물이며, 바로 그 안에서 실현수단을 발견할 수 있다 — 과 결부되어 있기 때문에 이러한 가능성에 대한 이해관심을, 즉 특정한 가능성을 획득해 (이러한 전유화를 통해) 변별적 기호로 전환하려는 경향propension을 결정하는 것이다.

따라서 예를 들어 이러한 관점에 따라 완구시장을 조사하는 경우 무엇보다 먼저 이 생산의 장의 특수한 구조화 원리를 확인해야 한다. 이 장의 경우에도 이와 비슷한 다른 장의 경우와 마찬가지로 '전통의 역사'(목재완구를 만드는 작은 제작소부터 근대적 대기업에 이르기까지), 규모의 크기(종업원 수 등), 특히 '문화' 투자가 차지하는 비율을 알아봄으로써, 즉 생산이 단지 기술적 탐구뿐만 아니라 심리학적 탐구에 어느 정도 의존하고 있는가를 알아봄으로써 이를 확인해야 한다. 그 다음으로는 완구를 구입하는 조건들에 대한 분석, 즉 특히 선물을 교환하는 전통적인 기회, 즉 해마다 의례로 되어있는 기회(크리스마스, 설날 등)나 계절 등과 어느 정도 결부되어 있는가(아마 계급에 따라 가지각색일 것이다)에 대한 분석에서 출발하여, 다양한 계급이 각자에 고유한 지각도식과 평가도식에 따라, 더 정확히 말해 자신들의 교육 전략과 관련하여 의식적으로 또는 무의식적으로 완구에 부여하는 의미와 기능을 규명해 볼 수 있을 것이다. 이 교육 전략은 계급의 재생산 전략체계의 일부이며, 장난감에 교육 기능을 부여하려는 성향은 의문의 여지없이 사회적 위치의 재생산이 오직 문화자본의 전달에 의존하는 정도가 높을수록, 따라서 자산구조에서 문화자본이 점하는 비중이 클수록 그만큼 강하게 나타난다. 또 우리는 각각 설비도 다르고, 판매하고자 하는 상품의 종류도 다른 다양한 종류의 기업간의 경쟁의 논리가 다양한 고객층에 의해 어떤 식으로 조정되어 가는가를 검토해야 한다. 본래 지능을 '개발하고' '발달시키는' 두뇌 게임을 좋아하는 지식인층의 특수한 취향대로 목제완구가 특히 자연 그대로의 재료나 단순한 형태를 선호하는 이들의 구미에 잘 어울려 시장이 좁아지더라도 수공업 완구를 생산해온 산업은 다시 새로운 방향을 열어나갈 수 있을 것이다. 또 대량의 문화투자를 하고 있는 기업은 학력자격을 목표로 한 경쟁의 격화나 그에 따른 교육투자의 전반적인 증대뿐만 아니라, 끊임없이 스스로의 생활양식을 모범으로 제시하고 자신의 에토스의 경향을 보편적 윤리로 만들려고 하는 사람들이 자신의 취향에 따라 이들 제품을 자발적으로 사려는 현상에 의해 많은 이익을 얻을 수 있을 것이다.37) 교육완구 생산자들은 제품 판매가 매해 일회적인 행사 기간에 집중되는 계절적 성격을 완구시장으로부터 없애는 것이 최대의 관심사이므로, 완구나 유희의 교육적 효과 — 이것은 엄밀히 말하면 증명할 수 없다 — 를 믿고 타인에게도 믿게끔 만들 수 있는 사람들의 열렬한 선전이 필수불가결하게 요구된다. 구체적으로 말하면 심리학자, 정신분석자, 교육자, 완구박물관 직원뿐만 아니라 이들로, 아동용 제품이나 서비스 시장을 만들어 낼 수 있기 때문에 '아동'에 대한 정의와 밀접한 관계를 가진 모든 사람들을 이러한 사람들로 꼽을 수 있다.38)

경제학 이론은 기껏해야 구매력(이것은 다시 수입으로 환원된다)으로 환원된 소비자나, 모두 동일하게 소유하고 있다고 간주하는 기술적 기

---

37) 새로운 취향의 창조자들taste-makers이 (고풍스럽고, 낡고 경직되었으며, 시대에 뒤떨어진 모든 것과 대립되는) 미래의 규범으로 구성된 자신의 취향을 척도로 다른 모든 실천을 측정할 때 보여주는 무의식적이지만 그 나름으로는 사회적으로 근거를 가진 자신감만큼 모든 영역에 정통성, 정통적인 실천에 대한 정의가 존재한다는 것을 분명하게 보여주는 증거는 없을 것이다. 마케팅을 위해 작성된 소비통계자료를 대상으로 한 몇몇 분석에서 보이는 순진함은 예를 들어 모든 식료품 소비를 계란 프라이와 베이컨으로 된 아침식사, 미네랄워터를 곁들인 간단한 점심식사와 같은 앵글로 색슨적 이상형으로부터의 거리distance를 기준으로 분류하는 데서 잘 드러난다. 이것은 마치 다른 사람들이 하버드나 프린스턴 또는 스탠퍼드 대학 등에서 행해지는 (또는 행해지지 않는) 바를 기준으로, 정치 분야의 '현안in'과 최근 철학 분야의 '필독서must'를 간단히 정리해버리는 것과 마찬가지이다.
38) 언어적 가능성의 세계를 생산하는 장인 문학의 장과 계급적 아비투스 간의 분석도 함께 염두에 둘 필요가 있다(Cf. P. Bourdieu, avec L. Boltanski, "Le fétichisme de la langue", *Actes de la recherche en sciences sociales*, 4, 1975, pp. 2~33, 그리고, P. Bourdieu, "L'économie des échanges linguistiques", *Langue française*, 34, mai 1977, pp. 17~34). 그리고 또한 뒤의 8장에서 검토하고 있는 신문이나 주간지의 공간 또는 정치정당의 공간과 상이한 사회계급의 기대 간의 관계도 함께 염두에 둘 필요가 있을 것이다.

능을 갖고 있는 제품(이것도 추상적이기는 마찬가지다)만을 알고 있을 뿐이다. 따라서 이러한 경제이론의 추상성을 탈피하려면 특정한 제품을 생산하는 상대적으로 자율적인 장과 이 장이 묶어세우는 소비자 집단(이들은 끊임없이 사회적 계급의 장에서 차지하고 있는 위치에 의해 규정되면서 때로는 장으로 기능하기도 한다) 간의 관계에 대한 경험적 분석을 계속 증가시켜야 한다. 오직 이러한 방식으로만 우리는 진정 과학적인 실천의 경제학 이론을 확립할 수 있다.[39]

---

[39] 노동시장이라는 추상적인 개념도 동일하게 비판되어야 한다. 우리는 생산수단의 소유자 — 즉 일자리의 소유자 — 와 노동력 판매자 간의 관계의 불변요소와 가변요소를 쌍방의 역관계에 따라 동시에 묘사하지 않으면 안 된다. 이 역관계는 특히 해당 지위의 희소성, 그리고 그 지위를 통해 얻을 수 있는 물질적-상징적 이익, 제공된 노동력의 희소성과 그 희소성이 보증하는 자격 등에 달려 있다. 다시 말해, 일자리 소유자가 노동력의 개인적-집단적 철회(재배치의 거부, 파업 등)를 어느 정도 견딜 수 있는가, 그리고 노동력 소유자가 지위의 거부(이것은 예를 들면, 학력자격, 연령, 부양가족의 크기에 따라 크게 달라지는데, 아직 결혼을 하지 않은 젊은 독신자들의 인내력이 가장 강하다고 할 수 있다)를 어느 정도 견딜 수 있는가 등에 달려 있다.

4장 장(場)의 역학(力學)

이처럼 양식적 가능성의 장과 동일한 숫자의 선호의 공간이 존재한다. 이들 세계 — 정치적 강령은 두말할 필요 없이 음료수(광천수, 포도주, 아뻬리띠프), 자동차, 신문이나 주간지, 바캉스 형태, 집이나 정원의 디자인이나 가구배치 — 는 각각 몇 가지 변별적 특징을 드러내는데, 차이와 차별적 편차의 체계로 기능하는 이러한 특징들은 가장 기본적인 사회적 차이가 정통적인 예술에서 사용되는 극히 복잡하고 세련된 표현체계를 통해 완벽하게 드러나도록 해준다. 그리고 이러한 개별적 장이 모여 형성하는 전체적인 장이 계속 구별을 만들어나갈 수 있는 거의 마르지 않는 원천을 제공하고 있음을 확인할 수 있다.

이 모든 가능성의 세계 속에서 사치품보다, 더 구체적으로는 문화 상품보다 분명하게 사회적 차이를 표현하는 속성을 가진 것도 없을 것이다. 구별 관계가 객관적으로 각 상품 안에 새겨지고, 또 의도적이건 그렇지 않건 소비행동을 통해, 즉 경제적-사회적 획득 수단을 통해 그러한 관계를 분명하게 드러내기 때문이다. 문화 생산의 장의 자율성이 확실하게 굳어질수록 작가와 예술가들은 그만큼 철저하게 이러한 차이를 확증하려 할 뿐만 아니라 문화적 대상 자체 안에 내재해 있는 그러한 의도를 함께 강조하려 한다.1)

정통적인 언어에 담겨있는 사회적 사명과 그 안에 공탁(供託)되어 있는 윤리적-미학적 가치체계, 즉 정반대의 의미를 가진 한 쌍의 형용사 속에서 거의 자동적으로 드러나게 되는 가치체계를 생각해보라. 또는 학문적 언어의 논리를 생각해보라. 이 독특한 언어의 통상적인 가치는 편차écart에 의해, 즉 단순소박하거나 평범하게 말하는 방식과의 거리에 의해 결정된다. 통상적인 용법의 변형으로 나타나는 수사학적 비유법은 어떤 의미에서는 이러한 비유법이 생산되고 기능하는 사회적 관계의 객체화라고 할 수 있다. 따라서 '수사학 교과서'의 각 항목마다 내용이 적시되는 비유법의 내재적 본성 속에서, 구별의 다른 모든 속성처럼 오직 관계 속에서만, 그리고 그 관계를 통해서만, 또한 차이 속에서만 그리고 차이를 통해서만 존재할 수 있는 속성들을 찾으려는 것은 전혀 쓸데없는 짓이다. 단어의 운용법이나 스타일은 항상 단지 관례적 용법의 변형, 따라서 변별적 지표(指標)로서 이것은 다른 모든 지표들이 부재하는 경우에도 의연히 존속한다. 즉 '너무 지나치거나'('상승지향'은

---

1) 몇 가지 예를 들어보자: "모든 자유, 모든 탁월함 그리고 자연의 부정이 아니라면 평등이란 무엇인가? 평등이란 노예상태이다. 바로 이 때문에 나는 예술을 사랑한다"(루이즈 꼴레A. Louise Colet에게 보내는 G. 플로베르의 1852년 5월 16일자 편지). "평등의 왕국에서(우리 모두 그 영향권 안에 있다) 예술이라든가, 시라든가, 문체라든가 하는 것이 대체 무슨 소용이 있는가? 대중들은 예술, 시, 문체에 대해 티끌만치도 관심이 없다. 이들에게는 그저 보드빌, 감옥의 노역에 관한 논문, 노동자용 공동주택지, 현재의 물질적 이익에 관한 논문이나 던져주라. 독창적인 것은 모두 악마의 소행이니"(1853년 6월 20일자 편지). "하지만 내게는 하나의 진리가 나타난 것처럼 보인다. 즉 일반 대중이라든가 속물적인 대중 아니면 이들의 칭찬이나 성별(聖別) 모두 전혀 쓸데없어 보인다. 89년의 대혁명은 왕후장상을 몰살시키고, 1848년의 혁명은 부르주아지를 그리고 1851년은 대중을 몰살시켰다. 촌뜨기 같고 우매한 천민들 말고는 아무도 남아있지 않다. 우리는 모두 사방에 평범함이 만연해 있는 상태로 발을 들여놓고 있다. 사회적 평등의 정신이 전권을 행사하고 있다. 철도나 공동으로 사용하는 난방실처럼 책이나 예술, 과학연구 모두 만인을 위한 것이 되었다. 인류는 광적으로 도덕적 타락을 향해 치닫고 있으며, 나도 그 일원인 것을 한스러워 한다 (1853년 9월 28~29일자)." 말라르메의 「만인을 위한 예술"L'Art pour tous"」 또는 「문자 안의 신비"Le mystère dans les lettres"」(Oeuvres complètes, Paris, Gallimard, Pléiade, pp. 257~260 et 382~387)를 인용해도 무방할 것이다.

바로 이러한 상태를 통속적으로 말하는 것이라고 할 수 있다) 그저 단순히 '낡아빠지고', '시대에 뒤쳐진' 구별의도로부터 거리를 두려는 의도가 이중 부정으로 이어져, 결국 사회 공간의 양극단이 수없이 서로 조응하고 있는 듯한 가상을 만들어내는 상황에서도 계속 존속한다. 지배적인 미학이 모두 질박함, 소박함, 수단의 절약économice과 같은 미덕에 높은 가치를 부여하는 사실은 이미 널리 알려져 있는데, 이러한 특징들은 제1단계의 빈곤함이나 간소함에 반대되는 만큼이나 '얼치기demi-habiles'의 전형적인 특징을 보여주는 과장이나 허장성쇠와도 대립된다.

예술작품은 구별관계의 객체화이며, 따라서 아무리 맥락이 다양하게 변하더라도 각 작품은 이러한 관계의 흔적을 뚜렷하게 지닐 수밖에 없다는 것을 일일이 논증할 필요는 없어 보인다. 곰브리치가 잘 보여주듯이, 예를 들어 알베르티(Alberti)의 작품처럼 예술이 자신을 자각하게 되자마자 예술은 부정, 거절, 단념에 의해 정의되게 되는데, 바로 이것이 단순한 감각적 쾌락과 '속물'들의 통속적 취향을 사로잡는 금과 장식의 표피적인 유혹에 대해 뚜렷한 거리를 유지할 수 있도록 해주는 예술적 세련미의 토대를 이루고 있다. "16세기와 17세기처럼 엄격하게 계층화된 사회에서는 '속물적인 것'과 '귀족적인 것' 간의 이러한 대립이 비평가들의 주요 관심사였다 … 이들은 모두 일정한 형식이나 방식은 하층민만을 즐겁게 해주기 때문에 '정말' 속물적인데 반해 오직 세련된 취향을 갖춘 사람들만이 향유할 수 있는 일부 다른 형식이나 양식은 본질적으로 귀족적이라고 믿었다."[2] 점점 더 주문자들의 '저급한 취향'을 실망시킬지도 모를 위험을 감수하면서까지 양식의 자유에 대한 배타적인 통제권을 요구하던 예술가들의 특수한 이해관심을 표현하는 구별 의도는 예술작품의 주문자나 소장자들이 실제로 각 작품에 부여하던 기능

---

[2] E. H. Gombrich, *Méditations* … , *op. cit.*, pp. 17~18

과 전혀 상충되지 않았다. 노베르트 엘리아스가 위대한 세기(Grand siècle)의 사회와 관련하여 잘 지적하고 있듯이, "우리는 순수 미학적 관점에서만 바라보고 마는 이러한 문화적 창조물도 당시 사람들은 특정한 사회적 특징이 고도로 차별화된 표현으로 받아들였다."[3]

이것은 곧 예이츠(W. B. Yeats)가 규정하는 예술("예술은 고독한 사람의 사회적 행위이다")과 마찬가지로 구별관계를 현실화하고 구체화하는 예술작품을 소유하는 행위는 모두 그 자체가 사회적 관계이며, 문화적 공산주의 환상'illusion du communisme culturel과는 정반대로 구별관계이기도 하다는 것을 의미한다. 문화적 재화를 상징적으로 소유할 수 있는 수단을 갖고 있는 사람들은 다른 사람들보다 예술작품과 문화적 상품 일반은 오직 경제적 차원을 통할 때만 희소가치를 얻게 된다고 믿는 경향이 훨씬 더 강하다. 이들은 상징적 소유(이들에게는 이것만이 유일하게 정통적인 소유방식이다)를 각자가 일정한 몫을 나누어 갖고 있는 공동 재산에의 일종의 신비적 참여로, 그리고 현실적으로 독점권을, 따라서 배제권을 긍정하는 물질적 소유와 달리 배타적인 특권과 독점을 배제하는 역설적 소유로 바라보길 좋아한다. "제가 뿌셍Poussin의 그림을 감상하거나 플라톤의 대화록을 읽는다고 해서 그것이 곧 다른 사람들이 저와 다른 식으로 보거나 읽을 권리를 박탈하거나, 마찬가지 얘기지만, 수없이 많을 잠재적인 관람객이나 독자를 위해 그만큼 많은 뿌셍이나 플라톤이 존재할 가능성이 없다는 이야기는 아닙니다"(철학교사, 30세).

예술에 대한 사랑은 "신에 대한 지적인 사랑", 즉 스피노자에 따르면 점점 더 많은 사람이 향유할수록 행복해지는 사랑의 속화된 형태로 생각되어 왔다. 과거로부터 상속되어 박물관이나 개인소장품 안에 안치

---

3) N. Elias, *La Société* ⋯ , *op. cit.*, p. 38.

된 예술작품, 그리고 이 모든 것을 넘어, 책과 다양한 물품, 문서, 도구의 형태(이것들은 모두 이론, 또는 이론에 대한 비판과 문제틀, 또는 개념체계의 흔적 또는 구체화이다)로 축적된 역사의 산물인 모든 **객체화된 문화자본**은 자율적인 세계로 나타난다. 다시 말해 이 세계는 역사적 행동의 산물이지만, 마치 사전과 문법 속에 객체화된 언어가 실제로 소유하고 있는 언어로, 즉 각 발화자 또는 인구 전체에 내재화되어 있는 언어로 환원될 수 없듯이, 개인의 의지를 초월하는 자체의 고유한 법칙을 갖고 있으며 각 행위자, 심지어는 모든 행위자들이 소유할 수 있는 것(즉 육화된 문화자본)으로 환원되지도 않는다. 하지만 이념세계의 자율성 이론이나 '인식주체 없는 객관적 지식' 또는 '주체 없는 과정들'(이 점에서 루이 알뛰세Louis Althusser와 칼 포퍼Karl Popper는 의견이 일치한다)의 이론과는 정반대로 객체화된 문화 자본은 오직 문화생산(예술의 장, 과학의 장 등)의 장들과 그리고 이 모든 장을 넘어서 사회계급의 장에서 진행되는 투쟁 속에서만 그리고 그 투쟁을 통해서만 비로소 물질적-상징적 효력을 발휘하고 그 효력을 유지할 수 있음을 지적할 필요가 있는데, 각 행위자는 이러한 객관화된 자본의 장악정도에 비례해 즉 육화된 자본에 비례해 힘을 행사하고 이윤을 획득할 수 있다.[4]

4) 뒤르케임은 예를 들어 포퍼의 명제를 선취하고 있음에도 불구하고 포퍼와는 달리(K. Popper, *Objective Knowledge: An Evolutionary Approach*, Oxford, Oxford University Press, 1972, 특히 제3장을 참조하라) '집중되고 축적된 인간존재의 결과'인 과학 세계와 개인적 이성의 관계에 관한 문제를 제기하지만 즉시 참여의 언어, 즉 문화적 공산주의라는 환상의 토대를 이루는 언어를 갖고 이 문제에 대답함으로써 문제 자체를 흐려버리고 만다. "철학자들은 흔히 인간오성의 한계를 넘어선 곳에 일종의 보편적이며 비개인적인 이성이 존재하며 개인의 정신은 신비적 수단을 통해 그것에 참여할 수 있다고 상상해왔다. 물론 이러한 종류의 오성이 존재하기는 하지만 그것은 결코 초월적인 세계가 아니라 바로 이 세계 자체 안에 존재한다. 이것은 과학의 세계 안에 존재한다. 또는 최소한 이 과학 안에서 점진적으로 실현된다. 그리고 바로 이것이 논리적 생동성의 궁극적인 원천을 이루며, 인간의 합리성은 바로 이러한 상태에 도달하게 된다(E. Durkheim, *L'évolution pédagogique en France*, vol. I, Paris, Alcan, 1938, pp. 215~216).

예술작품을 소유하려면 (외견상 선천적으로 타고 태어나는 것처럼 보이지만) 보편적으로는 분배되지 않는 성향과 능력이 전제되기 때문에, 작품들은 물질적일 뿐만 아니라 상징적으로도 배타적인 소유(화)에 종속될 수밖에 없다. (객체화된 또는 육화된) 문화자본으로 기능하는 이들은 **구별 이윤**(이 이윤은 예술작품을 소유하는데 필요한 수단의 희소성에 비례한다)과 **정통성의 이윤**을 낳는데, 특히 **자신의 존재**(현재의 자신의 모습), **현재의 존재가 정당하다는** 느낌을 주는 정당화의 이익을 가져다준다.[5] 바로 이것이 계급분화가 명확하게 이루어져 지배를 표현하거나 정당화하기 위한 산물로 나타나는 계급사회의 정통 문화와 계급분화가 제대로 이루어지지 않거나 거의 이루어지지 않은 사회의 문화 간의 차이를 만들어낸다. 후자 사회의 경우 문화유산을 소유하는데 필요한 수단에 접근할 수 있는 기회가 상당히 공평하게 분배되어 있기 때문에 집단의 거의 모든 성원들이 문화를 비슷하게 지배하고 있어서 문화는 문화자본 즉 지배도구로서 기능하지 않거나, 아주 협소한 한계 내에서나 또는 고도로 완곡한 형태로나 그렇게 기능할 뿐이다.

예술작품의 물질적-상징적 소유를 통해 얻을 수 있는 상징적 이윤은 해당 작품이 요구하는 성향과 능력의 희소성(역으로 이것이 작품의 계급적 분포를 규정한다)이 가져다주는 변별적 가치에 의해 측정된다.[6]

---

[5] 예술작품의 소유는 단순히 소유자의 사유재산의 풍부함뿐만 아니라 훌륭한 취향을 증언해주기도 하기 때문에 그러한 물건을 소유할 만한 **장점**을 지니고 있다는 생각과 함께 소유 자체가 정통성을 보증해주는 경향이 있다는 생각이 나타나게 된다.
[6] 예술성이 '높은' 작품이 '현대적'일수록 그것이 요구하는 능력은 그만큼 희귀해진다. 즉 여러 생산의 장들이 갖는 상대적인 자율성의 역사에 따라 달라지는데, 그 장의 역사가 최근의 단계에 가까울수록 커지게 된다. 이러한 역사는 축적가능해 보인다. 왜냐하면 특정한 장과 ('획기적인') 장의 역사에 속한다는 것은 곧 바로 직전의 예술과의 대비 참조, 그리고 일반적으로는 그와의 대립을 통한 자기규정을 함축하고 있기 때문이다(예를 들어 음악의 장의 경우, 몇몇 시기에 이 때문에 용인되는 화음의 장 또는 수용가능한 전조轉調의 폭이 끊임없이 확대되는 일이 나타나게 되었다). 개인의 취향의 역사가 일부 일탈은 있지

미묘한 위계를 이루고 있는 문화 작품들은, 발레리 라르보(Valéry Larbaud)에 따르면 문화기획을 규정하는 입문과정의 각 단계와 등급의 특징을 분명하게 드러내주는 경향이 있다. 천상의 예루살렘으로 나가려는 '기독교도'의 순례처럼 이것은 '문맹'으로부터 '무교양'과 '반(半)-교양'을 거쳐 '교양인'으로, 또는 '평범한 독자'lecteur로부터 (애서광愛書狂은 논외로 하더라도) 진정 교양 있는 '애서가(愛書家)'로 이끌어준다. 문화의 비의는 세례지원자(洗禮志願者)나, 비의를 전수받으려고 입문한 사람 또는 서원(誓願)한 수도자나 성인(聖人), 그리고 도저히 모방할 수 없을 정도로 미묘한 뉘앙스를 갖는 매너에 의해 일반 신도들과는 뚜렷하게 구별되며 "사람 자체에서 느껴지는 뭔가 독특한 자질에 의해 함께 묶여 있는 탁월한 엘리트들"을 갖고 있다. 그러한 자질이 바로 "이들의 행복의 일부로, 그것은 이들에게는 매우 유용할 수 있지만 예의바름이나 용기나 선의와 마찬가지로 한 푼의 물질적 도움도 되지 않는다."7)

교리가 서책으로 정돈되어 있는 모든 종교의 학자들이 끊임없이 경전을 개정하고, 재번역하고, 재점검하는 것은 바로 이 때문이다. '독해' 수준은 독자들의 위계를 가리키기 때문에 독자들의 위계를 바꿔놓으려면 독서방식의 위계를 바꾸어야만 하며, 또 그것으로 충분하게 된다.

이제까지의 논의를 통해 우리는 다음과 같은 결론을 내릴 수 있다. 재화나 실천의 계급별 분포구조를 단순히 평행이동시키게 되면(이렇게 하면 각 재화의 소유자의 비율 또한 모든 계급에서 증가하게 된다) 각 재화나 실천의 희소성이나 변별적 가치를 감소시키고, 이전부터 소유해온 사람이 누리던 구별효과를 위협하는 효과를 가져오게 된다. 따라서 문화보급과정에서의 개종(改宗) 권유prosélytisme culturel에 대한 지식인과

만 해당 예술의 역사를 재현하는 경향이 있는 것은 바로 이 때문이다.
7) 이와 관련하여 나는 장-다니엘 레이노(Jean-Daniel Reynaud)에게 큰 빚을 지고 있다.

예술가들의 관심은 크게 달라지게 된다. 즉 청중을 늘림으로써 **시장을 확보하려는** 기대에서 큰 차이가 나게 된다. 이것은 이들로 하여금 대중화vulgarisation를 선호하도록 만들지만 동시에 자신들의 희소성의 유일한 객관적 토대인 문화적 독특함을 잃어버리지 않을까 하는 근심과 불안도 크게 늘어나게 만든다. 따라서 '문화의 민주화'démocratisation de la culture와 관련된 모든 사안에 대한 이들의 관계에서는 철저한 애증 병립적인 이중적 태도가 뚜렷하게 나타나는데, 이러한 태도는 문화보급기관과 대중 간의 관계에 대한 이중적인 담론 속에서 분명하게 표현된다.

어떻게 하면 미술관에 진열되어 있는 작품의 전시방법을 개선할 수 있겠느냐는 질문에 대해서, 특히 교육혁신을 호기로 삼아 기술적, 역사적 또는 미학적 설명을 제공함으로써 누구나 쉽게 접근할 수 있는 정도로 '공급' 수준을 낮추는 방법은 어떻겠느냐는 질문에 대해 지배계급의 성원들, 특히 교사와 예술전문가들은 **다른 사람들에게는 바람직한 것도 자신들에게는 바람직하지 않다**는 말로 자가당착적 상황을 피하기 위해 요모조모 애를 쓴다. 미술관은 그 자체가 이들의 배타적인 특권의 장이기 때문이다. 따라서 다른 사람들이 자신들과 같이 되어야 한다. 다시 말해, 사람들이 박물관에 맞추어야 한다. 하지만 이들은 단골habitué인 자신들이 무엇을 해야 할지에 대해서는 처음으로 자문 받게 되었다는 사실에 민감하게 반응하지 않을 수가 없다. 왜냐하면 결국 그 질문은 이들이 이제까지 누려온 특권의 일부를 다른 사람들에게 나누어줄 수 있는 특권을 갖고 있음을 인정하기 때문이다. 교육을 통한 개선을 수용하게 되면 이제 박물관은 **그들의 미술관, 그들만이** 즐길 수 있는 미술관이 된다. 이리하여 결국 엄격하고 금욕주의적이며 귀족적인 박물관을 다른 사람들에게 마치 은총을 베풀 듯이 열어주게 된다.[8]

예술작품, 학력자격, 영화 교양과 같은 문화적 소유나 소비행동의 변별력은 그것을 소유할 수 있는 사람들의 절대적 숫자가 증가하면 당연히 감소하는 경향이 있기 때문에 자체가 상승지향과 구별의 변증법에 의해 지배되는 문화제품 생산의 장이 결국 새로운 상품이나 동일한 상품을 사용하는 새로운 방법을 제공하지 못하게 되면 구별이윤도 서서히 사라지게 된다.

상품생산과 취향생산의 상응관계

다른 시장도 마찬가지지만 문화 시장에서 공급과 수요의 일치는 소비를 요구하는 생산의 단순한 효과도 아니며 소비자의 욕구에 봉사하려는 생산자 측의 의식적인 노력의 효과도 아니다. 오히려 상대적으로 독립적인 두 논리, 즉 생산의 장의 논리와 소비의 장의 논리의 객관적인 조화orchestration에 따른 결과이다. 특정한 제품의 생산을 목표로 하는 생산의 장과 취향을 규정하는 장(사회계급 또는 지배계급의 장) 간에는 상당히 밀접한 상동성이 존재한다. 다시 말해, 각 생산의 장이 참여하며 생산물간의 끊임없는 교환의 원천을 이루는 경쟁적 투쟁의 산물인 생산물들은, 분명하게 추구되지 않더라도 물질적 또는 문화적 소비재를 둘러싸고 형성되는 다양한 계급 또는 계급 분파들간의 객관적 또는 주관적으로 적대적인 관계 속에서, 더 정확하게는 이러한 상품을 둘러싸고 벌어지는 이들간의 경쟁적 투쟁(그리고 이것은 동시에 취향의 끊

8) 값싼 문고판 — 이것은 저자에게는 대중성을 가져다주지만 독자들에게는 자신이 좋아하는 작가의 통속화라는 위험을 가하게 된다 — 이 시장에 나왔을 때 벌어진 논쟁에 대한 분석도 이와 비슷한 애증병립적인 태도를 보여준다.

임없는 교환의 원천이기도 하다) 속에서 형성되는 요구를 충족시켜준다. 각 생산의 장이 제공하는 **가능성**의 세계에서 극히 다양한 취향의 실현조건을 찾을 수 있는 것은 이처럼 공급과 수요가 객관적으로 조화를 이루기 때문이다. 역으로 다양한 취향을 충족시키려는 생산의 장 또한 다양한 제품을 위해서 (장기간의 또는 단기간의) 시장을 마련해주는 다양한 취향 속에서 각 장의 조직화와 기능을 위한 전제조건을 찾을 수 있다.9)

생산의 장은 이미 존재하는 취향에, 아주 명확하게 또는 불명확하게 규정된 상품을 소비하려는 다소간 강력한 소비취향에 의존하지 않는 한 분명히 제대로 기능할 수 없는데, 바로 이 장이 취향으로 하여금 어떤 순간이건 양식적 가능성의 체계(이로부터 생활양식을 구성하는 양식주의적 특징들의 체계를 선택할 수 있다) 안에서 스스로를 **실현할 수 있도록** 해준다. 물론 각 생산의 장이 제공하는 생산물들의 세계는 특정 순간에 객관적으로 가능한 (미적, 윤리적, 정치적 등) 경험 현실의 세계를 실제로는 제한하는 경향이 있다는 것이 항상 쉽게 망각되고 있다.10) 무엇보다 먼저, 모든 지배계급과 이들의 모든 속성 속에서 인정되고 있는 **탁월성**_distinction_이 실제로 효과적으로 이용가능한 '계급'class의 변별적 지표의 상태에 따라 다양한 형태를 취하는 것은 바로 이 때문이다. 최

---

9) 따라서 E. B. 헤닝(E. B. Henning)은 양식적으로 다양한 생산물을 제공할 수 있는 상대적으로 자율적인 예술생산의 장의 구성은, 예술적 욕구는 상이하지만 자신들의 욕구에 맞는 작품을 고를 수 있는 힘은 동등하게 가진 둘 또는 그 이상의 후원자의 존재에 달려있다는 점을 입증할 수 있었다(E. B. Henning, "Patronage and Style in the Arts: a Suggestion concerning their Relations", *The Journal of Eathetics and Art Criticism*, vol. 19. n° 4. 1960년 6월호, pp. 464~471).
10) 윤리적, 미학적 또는 정치적 '가능성'으로 구성되는 이러한 체계는 특정 순간에는 효과적으로 사용가능하며, 의문의 여지없이 사유방식과 세계관의 역사성 그리고 동일한 시대와 장소에 얽매여있는 개인들과 집단들의 동시대성을 구성하는 것의 핵심적인 요소를 이룬다.

소한 문화상품 생산의 장의 경우, 수요와 공급의 관계는 특수한 형태를 띠게 된다. 즉 공급은 항상 상징 부과 효과를 발휘한다. 아방-가르드 회화, 정치 선언문, 신문과 같은 문화적 생산물은 구성된 취향이다. 즉 현재의 상황에서는 거의 언제나 전문가들이 주도하게 되는 객관화 작업에 의해, 절반만 정식화되거나 거의 제대로 정식화되지 않은 체험의 막연한 그림자와 잠재적인 또는 무의식적인 욕망으로부터 시작하여 완성품에 이르러 완벽한 실재성을 드러내는 취향이라고 할 수 있다. 따라서 이것은 자체로서 이미 합법화licitation와 정통화를 강화하는 힘을 갖게 된다. 특히 지금처럼 구조적 상동성의 논리가 이러한 능력을 커다란 명성을 얻고 있는 특권적 집단에게 할당해서, 이 능력이 각 성향에 집단적 승인을 제공함으로써 각 성향에 권위를 부여하고 재강화해주는 경우 특히 그렇다.[11] 취향은 다양한 조건의 공간 안에서 차지하는 특정한 위치와 결부된 존재상태와 연관된 여러 조건화conditionnements에 의해 구성되는 분류classification 체계로, 바로 이 취향이 객체화된 자본, 위계화되고 위계화시키는 대상들의 세계와의 관계를 규정하며 이러한 대상들은 각 취향이 구체적으로 실현되도록 해줌으로써 취향을 규정할 수 있도록 해준다.[12]

11) 사치품 선전 광고는 특정 상품과 한 집단의 연상관계를 체계적으로 활용한다. 사치품 판매만큼 판매기구가 고객층에 의해 분명하게 규정되는 장도 없을 것이다. 의문의 여지없이 이 부문에서는 생산물의 철저한 배제적 기능이 각 제품의 소유자들을 분류하기 때문이다. 골동품 시장에서는 표장(標章)의 가치와 상징을 소유한 집단의 연결관계가 아주 분명하기 때문에 어떤 대상의 가치는 그 대상의 이전 소유자의 사회적 지위의 고하로부터 끌어낼 수 있다.
12) 내면화된 취향의 분류기준들에 대해서는 어떤 순간이든 문화의 공인과 보존기관과 같은 여러 기관들 안에 객체화되어 있는 분류기준과 모든 객체화된 위계(각 기준들은 항상 부분적으로 이 위계의 산물이다)를 고려해야 한다. 하지만 역으로 지배자의 분류법은 분류투쟁을 통해 끊임없이 도전받고 수정되는데, 각 계급 또는 계급 분파들은 이러한 투쟁을 통해, 직접적이건, 혹은 생산의 특수한 장에서 탁월한 능력을 발휘할 수 있는 전문가들을 통해서건 자신들의 분류법을 정통적인 것으로 부과하려고 분투한다.

따라서 실제로 취향의 실현여부나 상태는 제공되는 상품들의 체계에 좌우되고 상품의 체계 안에서 진행되는 모든 교환은 취향의 교환을 유도한다. 하지만 역으로 생활조건과 그에 상응하는 성향의 변형으로부터 유래하는 취향의 모든 변화는, 직접적으로 또는 간접적으로, 생산의 장을 구성하는 투쟁 속에서 새로운 성향에 상응하는 요구를 만들어내기에 가장 적합한 생산자들이 성공하는데 유리한 조건을 조성함으로써 생산의 장의 변형을 유도한다. 따라서 매 순간 생산의 장이 제공하는 생산물과 사회적으로 생산된 취향들이 거의 기적에 가깝도록 상응하는 현상을 설명하기 위해 굳이 지고(至高)한 취향이 생산으로 하여금 사람들의 요구에 별 무리 없이 부합하도록 강요한다는 가설이나, 이와 정반대되는 가설 즉 취향 자체가 생산의 산물이라는 가설에 의존할 필요는 전혀 없다. 생산자들은 다른 생산자들과의 경쟁의 논리와 생산의 장에서 차지하는 위치와 밀접하게 연결되어 있는 특수한 이해관심(그리고 특정한 입장을 취하도록 이끌어준 아비투스)에 의해 이끌린다. 이들은 각 소비자가 계급적 조건과 위치에 따라 갖게 되는 상이한 문화적 이해관심을 충족시키고, 이를 통해 그러한 관심을 **충족시킬 수 있는** 실제적 가능성을 제공해줄 수 있는 변별적 제품을 생산해내려 한다. 간단히 말해 "취미는 각인각색(各人各色)"이라는 말대로, 또는 지배 집단의 각 분파가 자체에 고유한 미용사와 실내장식가, 또는 양복장이뿐만 아니라 독자적인 예술가와 철학자, 신문과 비평가를 갖고 있듯이 또는 어느 화가의 말마따나 "누구나 장사꾼"이듯이(그 사람은 아무리 화풍이 변화무쌍하더라도 모든 그림은 항상 결국 구매자를 찾게 된다는 의미로 이 말을 했다) 이것은 의도적인 계획이 아니라 두 가지 차이différence 체계가 만난 결과인 것이다.

생산의 장의 논리와 소비의 장의 논리의 객관적 조화를 보장해주는 기능적-구조적 상동성의 원리는 구체화된 모든 장(고급 양복점, 회화, 연극, 문학)이 동일한 논리에 의해, 즉 소유한 구체적 자본의 양(그리고 흔히 양과 결부되어 나타나는 소유 기한)에 의해 규정되는 경향이 있기 때문에 나타날 수 있다. 그리고 각각의 경우 특정 자본이 풍부한 사람과 빈곤한 사람 간에 나타나는 대립관계들이 상호 상동성을 갖게 되고(즉 수많은 상수들이 있으며), (지배계급과 피지배계급 간의) **사회계급의 장**과 (지배계급의 지배분파와 피지배분파 간의) **지배계급의 장**의 **구조**를 이루고 있는 **다른 대립관계**(이러한 대립관계는 현재의 소유자와 후계지명자, 고참과 신참, 구별과 상승지향, 정통과 이단, 후위와 전위, 질서와 운동 등에서도 그대로 나타난다)들과도 **상동관계**를 이루기 때문이기도 하다.13) 따라서 이런 식으로 제품들의 집합class과 소비자들의 집단classe 간에 객관적으로 성립하는 상응관계는 오직 소비행위 속에서만, 즉 **상품과 취향**을 규정하는 집단 간의 **상동성**을 드러내주는 매개작용을 통해서만 구체화될 수 있다. 각자의 취향에 따른 선택은 객관적으로 자신의 위치에 알맞은 상품을 구별하는 문제로서, 이렇게 해서 고른 대상은 영화건, 연극이건, 문화건 소설이건, 의복이건 가구건 각각의 공간에서 대략 비슷한 위치에 놓이게 되기 때문에 '잘 어울리게 된다.' 이러한 선택은 각종 제도, 즉 가게, 극장(좌안에 있느냐 아니면 우안에 있느냐), 비평가들, 신문과 잡지에 의해 **위치설정**repérage작업을 지원받게 되는데, 이러한 제도들 자체 또한 각

---

13) 장과 관련된 용어를 이용해 분석의 전제사항(특히 특수한 자본과 그 자본이 통용되며 여러 효과를 낳는 장 간의 상호의존관계)을 모두 정교하게 가다듬는 대신 나는 여기서는 단지 독자들에게 이러한 생각을 자세하게 전개한 이전의 논문들을 언급하는 데서 그치기로 하겠다(특히 P. Bourdieu, "Le marché des biens symboliques", *L'année sociologique*, 22, 1971, 49~126; "Genèse et structure du champ religieux", *Revue française de sociologie*, 12[3], 1971; "Champ du pouvoir, champ intellectuel et habitus de classe", *Scolies*, 1, 1971; "Le couturier et sa griffe", *Actes de la recherche en sciences sociales*, 1, 1975; "L'invention de la vie d'artiste", *Actes*, 2, 1975; "L'ontologie politique de Martin Heideggar", *Actes*, 5~6, 1975; "Le champ scientifique", *Actes*, 2/3, juin 1976; 그리고 마지막으로 특히 "La production de la croyance: contribution á une économie des biens symboliques", *Actes*, 13, février 1977을 보라).

장에서 차지하는 위치에 의해 규정되는 가운데 이러한 변별적 위치설정 작업을 수행하게 된다.

지배계급의 경우, 수요와 공급의 관계는 사전에 미리 확립되어 있는 조화의 형태를 띠게 된다. 사치품, 즉 '상층계급'의 표장emblème을 둘러싼 경쟁은 지배자들의 지배원리(지배계급은 이러한 지배의 한 차원을 구성하고 있다)를 부과하기 위한 투쟁의 한 차원일 뿐이다. 그리고 이것이 요구하는 전략들 — 이러한 전략의 공통적인 특징은 객관적으로 배타적 소유물의 변별적 이익을 최대화하는 방향으로 나가려고 애쓴다는 점에서 찾을 수 있다 — 은 필연적으로 이러한 공통의 기능을 수행하기 위해 다양한 무기를 사용하려 한다. 공급의 측면에서 보면, 변별적 기호와 "상층계급"의 탁월함을 생산하려면 생산의 장은 자체에 고유한 논리, 즉 구별distinction의 논리를 따르기만 하면 되는데, 이 논리는 항상 각 구별작업이 상징체계 — 바로 이러한 논리가 자체에 고유한 기능을 통해 이 체계를 만들어내며, 이 체계 내의 각 요소는 구별적 기능을 수행한다 — 의 논리와 유사한 구조에 따라 조직되도록 유도한다.

상동성의 효과

따라서 구별을 위한 의식적 노력을 의상의 변화를 추진하는 동인(動因)('트리클-다운 효과'the tricle-down effect; 정부 투자 등을 통해 대기업의 경제성장을 촉진하면 간접적으로 중소기업과 소비자에게도 영향을 미쳐 경기를 자극하게 된다는 이론 — 옮긴이)으로 간주하는 설명모델을 정당화시켜 주는 것처럼 보이는 유행mode은 상대적으로 자율적인 두 개의 공간과 역사가 일치하는 완벽한 실례라고 할 수 있다. 유행이 끊임없이 변하는 이유는 한편으로는 생산의 장에 내재한 투쟁의 논리와 다른 한편으로 지배계급의 장에 내재한 투쟁의 논리가 객관적으로 조화를 이루기 때문이다. 전자의 투쟁의 논리는 구식/신식과 같은 대립항의 형태로 조직되며, 값비싼/(상대적으로) 헐한, 고전적인/실용적인(또는 시대에 뒤진/아방-가르드적인)과 같은 대립항을 통해 다시 자체가 고령자/청년층 같은 대립항과 연결되며(스포츠에서와 마찬가지로 이 장에서는 이 대립항이 아주 중요하다), 후자의 투쟁은 앞에서 살펴보았듯이 지배계급내의 지배분파와 피지배분파, 또는 더 정확하게는 고참과 신참들을 대립시킨다. 다시 말해 권력(더 구체적으로는 경제력)과 연령이 일치하는 경우(이것은 곧 생물학적 나이가 동일한 경우 사회적 나이는 권력의 극점에 한층 가깝고 특정한 관계에 그만큼 오래 머무를 수 있는 기능을 한다는 것을 의미한다) 장년기의 원숙함과 결부되어 있는 사회적 속성들을 갖고 있는 사람들과 청년기의 미숙함과 결부되어 있는 사회적 속성을 갖고 있는 사람들을 대립시킨다. 마찬가지로 유행의 장에서 지배적인 위치를 차지하고 있는 양재사는 신중함과 자제undertatement라는 부정적 전략만을 따라야 하는데, 이 부정적 전략은 신흥 부르주아지들의 대담무쌍함과 상동적인 관계를 맺음으로써 거추장스런 복장을 거부하려는 구 부르주아지의 요구에 직접적으로 부합하려는 경쟁자들의 공격적인 경쟁에 의해 양재사 자신들에게 강요되는 것이다. 그리고 이와 마찬가지로 이 장에 진입해 들어오는 신참들, 즉 자신들의 전복적인 아이디어를 승인 받으려고 분투하는 젊은 양재사나 디자이너들은 지배분파의 젊은 세대나 부르주아지의 신흥 분파의 '객관적 동맹자'이다. 대담무쌍하고 다소 일탈적인 의상이나 화장이 전형적으로 보여주는 상징 혁명은 일시적 권력의 '가난한 친척'으로서의 이들의 애매모호한 상황을 표현하기 위한 완벽한 매체인 셈이다.[14]

---

[14] P. Bourdieu et Y. Delsaut, "Le couturier et sa griffe: contribution á une théorie de la magie", *Actes de la recherche en sciences sociales*, n° 1, janvier 1975, pp. 7~36. 패션의 장에서 특수한 위치를 차지하고 있는 디자이너(꾸레쥬Courrèges)의 성향이 신흥 부르주아지의 '현

문화상품 생산의 장이 기능하는 논리는 각 장의 역학dynamique을 규정하는 구별전략과 함께 패션 디자인이건 아니면 소설이건 간에 각 기능의 산물이 구별 수단으로서, 먼저 계급의 분파들간에 그리고 그 다음에는 각 계급간에 **차별적**으로 기능하는 성향을 띠게 한다. 생산자들은, 오직 특수한 이해관심만이 핵심적인 쟁점이 되어 있다고 확신하거나 아니면 그와 반대로 전적으로 무관심한 채 자신들이 장기간 또는 단기간에 걸쳐 특정한 대중을 위해 수행하는 역할에 대해 전혀 의식하지 못한 채, 그러면서도 특정한 계급이나 계급분파의 기대에 대한 반응을 한 순간도 멈추지 않은 채, 다른 생산자들과의 내부투쟁에 연루되어 헤어 나오지 못할 수도 있다.

연극의 경우 특히 이 점이 확연하게 드러나는데, 연극에서는 상호 자율적인 몇몇 공간 — 생산자들(극작가와 배우들)의 공간, 비평가들의 공간(그리고 이들을 통한 일간지와 주간지의 공간), 관객의 공간과 독자들의 공간(즉 지배계급의 공간)의 상응관계가 너무나 완벽하고, 필연적으로 나타나지만 오히려 그래서 그만큼 예견불가능하기 때문에 모든 배우는 자신의 기호préférences에 맞는 대상과의 만남을 선택의 기적le miracle d'une élection으로 체험하게 된다.15)

대적이고', '활동적이며', '간편한' 생활양식(이것은 전통적인 표상기능을 직업생활로 바꾸어버린다)과 직면하게 되는 경우 기성복 '혁명'이 일어나듯이 '진짜'나 '진품(중국 본토에서 생산된 비단옷, 파카와 진투모 또는 가벼운 우비 등 진짜 군대에서 유출된 잉여물건, 진짜 캐나다 산 사냥꾼의 재킷, 진짜 일본에서 만든 유도복, 사파리 재킷)에 기초한 새로운 패션 — 이것들은 대부분 모델이나, 사진사, 광고대리인들, 저널리스트 등 '멋진 사람들'로 이루어진 단골 고객층에게 한층 부풀린 가격으로 팔린다 — 도 젊은 대항-문화의 요구에 부응해야 비로소 성공을 거둘 수 있다.

15) P. Bourdieu, "La production de la croyance: contribution á une économie des biens symboliques", *Actes de la recherche en sciences sociales*, n° 13, février 1977, pp. 3~43을 보라. 이와 마찬가지로 심지어는 시장조사 단계에서도 신문들이 광고주와 독자를 확보하기 위한 경쟁의 논리에 얼마나 크게 매달리는지도 별로 어렵지 않게 논증할 수 있다. 정당과 마찬가지로 신문들은 고객들을 확대하기 위해, 심지어는 생산의 장에서 각자와 가장 가까운 경쟁자를

(외국 작품의 번안극이나 불르바르 '고전'의 리바이벌 등) 이미 검증되고 공인된 연극을 제공하며, 익히 성공을 거둘만한 공식에 따라 씌어지고 이미 성별된 배우들에 의해 공연되고 또, 굳이 많은 비용을 지불해야 제대로 된 연극을 구경할 수 있다고 생각하는 성향을 가진 중년의 부르주아지 관객을 위해 창작되는 불르바르 연극은, 윤리적-미학적 관습을 조롱하며 상대적으로 헐한 비용에 구경할 수 있기 때문에 젊고 '지적인' 관객들을 끌어들이는 실험연극과 모든 측면에서 대립된다. 생산공간의 이러한 구조는 극작가 또는 배우들과 이들의 연극, 그리고 비평가와 신문들 간의 대립을 생산해내는 메커니즘을 통해 현실 속에서, 그리고 이 뿐만 아니라 극작가와 작품, 스타일과 주제를 구별하고 평가할 수 있도록 지각방식과 평가방식을 형성해주는 여러 범주의 형태로 대중들의 가슴 속에서도 그대로 작동하게 된다. 따라서 문화생산의 장에서 대립적인 위치를 차지하고 있는 비평가들은 이들간의 객관적 거리를 파생시키는 바로 그 대립항들을 기준으로 연극들을 평가하며, 이러한 대립을 나타내는 용어들을 대립적인 위계로 배치한다.

예를 들어 1973년 아방-가르드 극작가로서 새출발하려는 불르바르 극작가의 야망을 극화한 프랑수아즈 도렝(Franèoise Dorin)의 연극『전환Le Tournant』은 연극평이 실린 신문이나 잡지의 위치에 따라, 즉 비평가와 관객들이 '부르주아적' 축으로부터, 다시 말해 도렝의 연극으로부터 얼마나 멀리 떨어져 있느냐에 따라 형식과 내용면에서 아주 다양한 반응을 불러일으켰다. 우파부터 좌파 쪽으로, 그리고 우안(右岸)으로부터 좌안(左岸)으로 나갈수록,『로로르L'Aurore』로부터『르 누벨 옵세르바뙤르』에 이르는 일간지와 주간지의 장에서, 그리고 이와 동시에 연극의

희생해가면서까지 끊임없이 분투하며 간간히 주제나 공식 그리고 심지어는 저널리스트까지 위장된 형태로 차용해오기도 한다. 하지만 핵심적인 독자층, 즉 각 신문을 규정하며 분포상의 가치를 부여해주는 좌우의 핵심적인 독자층을 한시라도 잃어버려서는 안 된다.

장을 규정하고 있는 대립항과 거의 완벽하게 상응하는 대립항에 따라 조직되는 독자들의 장에서 무조건적 경탄으로부터 중립적인 관점(『르몽드』가 이런 입장을 취했다)을 거쳐 경멸 섞인 묵살까지 정말 다양한 반응이 나왔다. 기본적인 대립항의 몇몇 요소로 조직된 것이 너무나 분명하게 들여다보이는 작품에 직면하게 된 비평가들, 즉 자체가 분류 대상과 그 대상에 적용하는 분류체계의 전체적인 틀을 규정하고 있는 구조들에 상응하여 형성되는 언론의 공간에 분배되는 이들 비평가들은 각 대상과 자신들을 분류하는 평가의 공간에서 자신들이 구별되는 공간을 재생산한다(전체적인 과정은 완벽한 순환구조를 구성하기 때문에 이 과정을 사회학적으로 객관화하는 방법 말고는 이로부터 벗어나올 수가 없다).

프랑수아즈 도렝은 연극 자체 안에서는 '부르주아지'의(즉 그녀 자신의) 드라마를 펼쳐 보이고 있다. 이 연극은 '지적인' 드라마의 전형적인 특징을 보여주는 '자기자랑'과 '허세'(이것들은 흔히, '현란한 자기노출'이라는 말로 은폐된다) 그리고 따분하기만 한 엄숙함이나 단조로운 무대장식과는 정반대로 '프랑스 연극의 전형적' 특징을 보여주는 야단법석, 경쾌함, 위트를 만들어내기 위한 기교적 솜씨를 동원하고 있다. 우안의 비평가들이 선호하는 일련의 대조적 속성들 — 따분함, 음울함, 애매모호함, 허장성쇠, 무거움이나 비관주의와 대립되는 기교적 세련미, 삶의 기쁨joie de vivre, 명징성, 편안함, 경쾌함, 낙관주의 — 은 좌안의 비평가들의 칼럼 속에서도 그래도 재등장하지만 여기서는 이러한 특징들의 위계가 역전되기 때문에 긍정적인 속성은 모두 부정적인 속성으로 그리고 부정적인 속성은 긍정적인 속성으로 변하게 된다.

양 극단에 위치해 있는 비평가들은 마치 거울 장난을 하듯 **정확하게 상대방 비평가**가 **말함직한** 내용을 거의 그대로 말하지만, 그의 말은 반어적인 가치를 갖게 되고, **반용어법**(反用語法; '150cm의 거인'처럼 어구를 반대의 뜻으로 쓰는 용법 — 옮긴이)을 통해 상대방이 칭찬할 내용에 오명을 쐬운다. 따라서 좌안의 '진보적인' 비평가들은 도렝에게 그녀 스스로 자임하고 있는 특징을 부여해주기는 하지만, 그의 독자들에게 그러한 특징들을 언급하는 경우 이러한 속성들은 자동적으로 웃음거리가 된다 (이리하여 그녀의 '기교'는 '조잡한 재주'가 되며, '상식'은 즉각 부르주아지의 어리석음과 동의어가 되어버린다). 이렇게 하다 보면 그 비평가는 결국 도렝이 장의 구조상의 논리를 이용하여 아방가르드 연극을 향해 겨누었던 바로 그 무기를 다시 도렝에게 겨누게 된다. 즉 '부르주아적' 수다뿐만 아니라 자명한 이치truisme와 상투적 문구cliché에 매달리는 '부르주아지' 연극에 맞서 도렝이 즐겨 사용했던 바로 그 무기(이것은 동시에 좌안의 비평가들이 애용하는 무기이기도 하다. 예를 들어『대머리 여가수』와『자끄Jacques』는 불르바르 연극, 즉 산산조각이 나면서 광기를 보이고 있는 불르바르 연극에 대한 일종의 패러디 또는 풍자라는 이오네스크의 발언을 보라)를 도렝은 아방-가르드 연극에 돌리려고 하지만 이 비평가들은 도렝에게 되 겨누게 된다.

두 경우 모두 똑같은 수법이 사용된다. 독자들과 맺고 있는 윤리적-미학적 공모관계는 패러디되고 있는 담론과 자신의 관객들이 맺고 있는 공모관계를 깨뜨려서 이것을 일련의 '때와 장소에 어울리지 않는' 표현으로, 즉 적절한 장소에서 적당한 관객들 앞에서 발화되지 않았기 때문에 충격과 함께 웃음을 자아내는 표현으로 바꾸어버릴 수 있는 지렛대 역할을 하게 된다. 하지만 곧 그러한 표현들은 '조롱', 패러디가 되어 관객들과 함께 직접적인 공모관계를 맺게 된다. 왜냐하면 그러한 표현들은 관객들로 하여금 패러디되는 담론의 전제조건을(만약 받아들였다면) 거부하도록 설득하기 때문이다.

이처럼 전형적인 사례가 분명하게 보여주듯이, 각 작품이 독자나 관객들의 기대에 부합하도록 만들어주는 것은 냉소적인 계산이 아니라 상동성의 논리라고 할 수 있다. 지식인들과 예술가들이 서로 격렬하게 투쟁하면서 수행하게 되는 부분적인 객관화 작업은, 실제로는 사전에 확립되어 있는 두 가지 이해관심 체계의 조화(이것은 '부르주아지' 작가의 인격과 일치할 수도 있다)의 결과를, 또는 더 정확하게는, 한편으로는 생산의 장에서 작가나 예술가가 차지하는 특정한 위치와 다른 한편으로는 계급들과 계급 분파들의 장에서 독자나 관객들이 차지하는 위치 간의 구조적-기능적 상동성의 결과를 관객면에서 성공을 거두려는 의식적인 노력의 산물로 설명하려 들면 그 속에 내재하는 본질적인 것을 놓치게 된다. 작가와 예술가들은 생산자와 청중들 간에 냉소적 계산이나 순수한 무사무욕성 이외의 다른 어떤 관계도 인정하기를 거부함으로써, 자신들의 논적(論敵)이 (우안의 비평가들의 주장에 따르면) 도발과 스캔들이건 아니면 (좌안의 비평가들의 주장에 따르면) 상업주의의 노예가 되건 아무 상관없이 어떤 대가를 치루더라도 성공을 거두기 위한 탐욕에 사로잡혀 있다고 폭로하는 반면, 본인들은 무사무욕적이라고 주장할 수 있는 편리한 도구를 마련하게 된다. 엄밀하게 말해 소위 '매문가(賣文家)들écrivains de service'이 자신들은 아무에게도 봉사하지 않는다고 생각하고 그렇게 공표하는 것은 어찌 보면 당연히 그럴 수밖에 없는 셈이다. 하지만 객관적 시각에서 볼 때 그 누군가를 위해 봉사하게 되는데, 아래와 같은 사실을 생각해보면 이를 분명하게 확인할 수 있다. 즉 아무리 진지하더라도 이들은 자신의 이익에, 다시 말해 특수하고, 고도로 승화되었으며 완곡하게 표현 되는 개인의 이해관심에 봉사하게 된다. 즉 연극이나 철학의 형식에 대한 '관심'은 논리적으로 특정한 장의 특정한 위치와 연결되어 있기 때문에, (위기의 시기이외에는) 심지어는 그 위치의 옹호자들로부터도 각 입장이 함축하고 있는 정치적 함의를 은폐할 개연성이 아주 높기 때문이다.

순수한 무사무욕성과 냉소적 비굴함 사이에는 아무런 의식적 의도 없이도 생산자와 관객의 관계가 수립될 수 있는 여지가 나타나게 되는

데, 바로 이 때문에 개별화되고 상대적으로 자율적인 생산의 장에서 생산된 실천과 작품들은 필연적으로 **과잉결정**되게 된다. 내부 투쟁에서 이들이 수행하는 기능들은 필연적으로 외적인 기능, 즉 지배계급의 각 분파들간의 투쟁과 궁극적으로는 계급간의 상징 투쟁에서 각각의 실천과 생산된 작품들에게 부여되는 외적인 기능과 짝을 이루게 된다. '진지함'sincérité(이것은 상징이 효율성을 발휘하기 위한 전제조건이다)은 오직 (그렇게 철저하게 성별聖別되어 있지는 않은 영역에서) 차지하고 있는 위치에 각인되어 있는 여러 기대(통상 이를 '위치규정'définition du poste이라고 부른다)와 그 자리를 차지하고 있는 사람의 성향이 완벽하고 즉각적으로 조화를 이룰 경우에만 비로소 가능하며 또 현실화될 수 있다. 이것은 사회적 감각(영어에서는 이를 '자신의 위치에 대한 감각'sense of one's place이라고 부른다)에 따라 생산의 장에서 **자연스런 장소**를 찾아낼 수 있는 사람들의 특권이기도 하다. 비평가는 개종한 사람에게 설교할 때 준수해야 하는 법칙대로 오직 이 권력을 제공할 때만 독자들에게 '영향을 행사할 수 있다.' 왜냐하면 사회세계, 취향, 아비투스 전체에 관한 독자들의 견해는 구조적으로 비평가에 맞추어 조율되기 때문이다. 오랫동안 『르 피가로』지의 문학비평란을 담당해온 장-자끄 고띠에는 저널리스트와 신문과 독자들 간의 이러한 선택적 친화성을 정확하게 묘사하고 있다. 『피가로』지의 뛰어난 편집자라면 즉 스스로 그러한 자리에 오를 뿐만 아니라 그와 똑같은 메커니즘에 따라 선발되는 편집자라면 '그 신문의 구독자들에게 말할 수 있는 적절한 톤을 갖고 있고', **일부러 힘들여 노력하지 않고도** '자연스럽게『피가로』의 언어를 말할 수 있으며', 신문의 '이상적인 독자'인 사람을 비평가로 고를 것이다. "만약 내가 내일, 예를 들어 『현대Les Temps Modernes』나 『셍뜨 샤뻴 데 레뜨르Saintes Chapelles des Lettres』지의 언어로 이야기하기 시작한다면 사람들은 더 이상 나의 글을 읽거나, 이해할 수 없을 것이며, 따라서 나의 말

사회학적 텍스트
— 프랑수아즈 도렝(Fançoise Dorin)의 『전환』에 대한 신문과 잡지의 연극평

우파로부터 좌파로, 또 우안으로부터 좌안으로 이동하면서 살펴보되 먼저 『로로르』지부터 시작해보자. "무례한 프랑수아즈 도렝은 우리의 고고한 마르크스주의적 지식인과 함께 곤궁에 빠지게 된다(이 두 가지 모습은 언제나 함께한다). 『역겨운 에고이스트』의 작가는 수많은 소위 아방-가르드적 연극작품의 전형적 특징인 엄숙한 권태, 뼈저리게 느껴지는 공허감, 지독한 허무감 등에 대해 아무런 경의도 표하지 않는다. 그녀는 불경스런 웃음소리로 현대 연극의 알파이자 오메가인 저 악명 높은 '존재의 교류불가능성'을 모독하고 있다. 소비사회의 가장 저급한 탐욕에 아부나 일삼는 이 타락한 반동(反動) 작가는 자신의 작업방식의 오류를 인정하고 불르바르 극작가의 평가를 겸손하게 받아들이기는커녕 마르게리트 뒤라스(Marguerite Duras)나 아라발(d'Arrabal)의 애매모호한 인식보다는 사하 귀트리(Sacha Guitry)의 자유분방한 발상이나 페이도(Feydeau)의 대중적 연극에 사용되는 기법을 차용하고 있다. 이것은 쉽게 용서할 수 없는 범죄행위이다. 특히 장기적 성공을 거둘 수 있도록 해주었지만 비난받아 마땅한 온갖 수단을 이용해 정말 경쾌하고 전혀 개의치 않는다는 태도로 그렇게 하고 있기 때문에 더욱더 그러한 비난을 받아 마땅하다"(질베르 기유미노Gilbert Guilleminaud, 『로로르』, 1973년 1월 12일자).

비평을 주업으로 하는 지식인들의 장의 경계선상, 즉 이미 국외자로서('우리 지식인') 연극에 대해 이야기할 위치에 있는 『로로르』의 이 비평가는 완곡하게 말하거나 자신의 전략을 감출 필요를 전혀 느끼지 못한다('반동'을 반동이라고 말한다). 반어적으로 기능하는 자신의 담론이 외견상의 의미와는 정반대되는 내용을 의미할 수 있는 한, 적의 입을 빌려 의미를 전달하려는 수사학적 전략이 효과를 발휘하려면 비평의 장의 구조와 위치의 상동성에 기반한 직접적인 공모관계 자체가 전제되고 또 이것들을 활용해야 한다.

그러면 이제 『로로르』로부터 『르 피가로』로 옮겨가보기로 하자. 『전환』의 작가와 완벽한 조화(협화음을 이루는 아비투스의 조화)를 이루는 『피가로』지의 필자는 자신의

지각도식과 평가도식, 자신의 연극관과 세계관에 너무나 완벽하게 들어맞는 이 연극을 보고 절대적인 기쁨을 느끼지 않을 수가 없었다. 하지만 고도로 완벽한 완곡어법을 사용해야 했으므로 그는 누가 봐도 분명하게 모든 정치적 비판은 배제하고 순전히 미학과 윤리학 언어만을 사용해 논의를 전개시켜 나간다. "프랑수아즈 도렝 여사가 그처럼 가볍고 대담하게 쓴 글을 읽는 즐거움이란. 그녀의 글은 재기발랄한 극적 재미와 함께 전혀 진지함을 잃지 않고 있으며 또 대담무쌍하지만 황당무계하지는 않다. 이 희극은 노골적인 불르바르 연극으로 밀고 나가지만 정말 극히 미묘한 방식으로 그렇게 한다. 언제나 깜짝 놀랄 만한 예술적 솜씨를 뽐내온 도렝은 풍자를 세련미와 결합시킨다. … 도렝은 극작법의 기교, 희극을 맛깔스럽게 만드는 기법, 상황의 가능성들, 정말 적재적소에 멋진 말을 사용해 해학적인 풍미나 신랄한 기운이 한층 멋지게 발휘될 수 있도록 해주는 재주에서 다른 모든 사람의 추종을 불허한다. … 정말 그렇다. 사물의 전혀 다른 면모를 드러내는 해체기술이며, 의식적으로 한발 물러나는 말 속에 숨겨져 있는 아이러니며, 여러 사건의 흑막을 드러내는 기교는 얼마나 탁월한가! 『전환』은 전혀 자기기만이나 통속성으로 빠지지 않고 온갖 종류의 즐거움을 맛볼 수 있도록 해준다. 그렇다고 그렇게 수월하게 읽히지는 않는데, 왜냐하면 현대를 기준으로 본다면 이 작품은 거의 완벽하게 체제순응주의적인 아방-가르드 작품을 보여주기 때문이다. 근엄함은 우스꽝스럽고, 위선적인 태도는 지루할 뿐이다. 프랑수아즈 도렝 여사는 제대로 균형감각을 갖춘 관객들에게는 건강한 웃음과 다시 균형을 되찾으면서도 그처럼 번잡한 일을 덜어줄 수 있을 것이다. … 어서 서둘러 본인의 눈으로 확인하시길. 한참 배꼽을 잡고 웃다보면 누구나 세간에 떠도는 대로 그녀가 아직도 자신이 살고 있는 세계에 대한 감을 잃어버리지는 않았나 하는 우려가 얼마나 부질없는지를 생각할 겨를조차 없을 것이다. … 결국 이것은 누구나 스스로에게 자문해보아야 할 질문이며, 오직 유머와 도저히 어쩔 수 없는 낙관주의만이 그러한 질문으로부터 벗어날 수 있도록 해줄 수 있다"(장-자끄 고띠에, 『르 피가로』, 1973년 1월 12일자).

『르 피가로』를 검토했으면 당연히 이러한 찬동과 초연함 사이에서 균형을 찾아 앞의 두 연극비평보다고도의 완곡어법을 구사하고 있는 『렉스프레스』를 살펴보아야 한다. "논란의 여지가 없는 성공작임에 틀림이 없다. … 재기발랄하고 흥미진진한 작품이다. 인물 묘사도 훌륭하다. 배역도 아주 적절하다. 장 삐아(Jean Piat)의 연기는 정말 탁월하다 … 아주 예외적으로 가끔 지나친 감이 없지 않으나 누가 봐도 빼어난 예술적 솜씨가 두드러지며, 교묘한 지성의 생기와 절묘한 극작법의 기교 또한 완벽함을 자랑한다. 프랑수아즈 도렝은 불르바르의 '전환점'에 관한 희극을 썼는데, 역설적으로 이 희극은 불르바르 연극 중 가장 전통적인 연극이라고 해도 큰 무리는 아니다. 두 가지 종류의 연극 간의 대비, 정치생활 그리고 그 이면에 감추어져 있는 사생활에 대한 두 가지 견해의 대비의 성패 여부를 지나치게 깊이 파고들어가려는 사람들은 오직 까탈스런 현학자들밖에 없을 것이다. 위트와 경구(驚句)로 가득 찬 현란한 대화는 이따금 섬뜩할 정도로 풍자적이다. 하지만 로멩(Romain)은 풍자적인 인물이 아니며 평범한 아방-가르드 작가보다는 훨씬 덜 어리석다. 오히려 자신의 존재근거를 갖고 있는 필립(Philippe)이 주인공의 역할을 하게 된다. 『극장에서처럼』의 작가가 은근히 하고 싶은 이야기는 아마 불르바르의 무대에서도 사람들은 '실제 생활'에서처럼 말하고 행동할 수 있어야 한다는 것일 것이다. 이것은 사실이지만 부분적 진실에 불과하다. 그리고 그 이유 또한 단지 그것이 계급적 진리이기 때문만은 아니다"(로베르 칸터스Robert Kanters, 『렉스프레스』, 1973년 1월 15~21일).

여기서 이 연극에 대해 여전히 호평으로 일관하고 있지만 애매모호한 정식을 체계적으로 사용하면서 미묘한 여운을 남기게 된다. 특히 반대의 뜻으로도 읽을 수 있는 문장이 그렇다. "논란의 여지가 없는 성공작임에 틀림이 없다." "교묘한 지성의 생기와 절묘한 극작법의 기교 또한 완벽함을 자랑한다." "필립이 주인공의 역할을 하게 된다"와 같은 정식도 이와 마찬가지로 얼마든지 경멸적인 의미를 함축하고 있는 표현으로 읽을 수 있다. 심지어 우리는 부정적인 표현의 이면을 파고들어 가면 그와 정반대되는 진리("오직 까탈스런 현학자들밖에…")나 평범한 진리에 대한 암시를 찾아낼 수도 있다. 이 평범한 진리는 양의적(兩意的) 표현과 부정적 표현에 의해 중성화된다("그리고 그 이유 또한 단지 그것이 계급적 진리이기 때문만은 아니다").

『르 몽드』는 중립적인 담론의 완벽한 실례를 제공한다. 즉 이 신문은 『로로르』의 노골적인 정치적 담론과 『누벨 옵세르바뙤르』의 경멸적인 침묵처럼 서로 대립적인 입장의 가운데 서서 해설자처럼 중립적인 입장을 고수하려 한다. "아주 간단한 또는 지나치게 단순한 줄거리가 중층적 수법에 의해 아주 복잡해져버리고 말았다. 그래서 두 개의 희극이 겹쳐 있는 듯한 느낌을 준다. 즉 전통적인 작가인 프랑수아즈 도렝이 쓴 희극과 현대극의 '전환'을 추구하는 필립 루셀이 창작한 희극 말이다. 프랑수아즈 도렝은 루셀이 공격하고 있는 불르바르의 상투적 문구를 의식적으로 과시하며, 그의 목소리를 통해 부르주아지를 격렬하게 비난한다. 제2단계에서 그녀는 이 언어를 젊은 작가의 언어와 비교하면서, 그에게도 한바탕 공격을 퍼붓는다. 결국 이러한 궤적은 이 무기를 불르바르 무대로 되돌려놓아 전통적 연극의 수법에 의해 이러한 메커니즘의 무익함이 폭로된다. 결국 이러한 메커니즘은 그 가치를 전혀 잃어버리지 않은 셈이다. 필립은 '보통 사람들처럼 말하는 등장인물'을 고안한 자신은 '용감할 정도로 가벼운' 극작가라고 선언할 수도 있었다. 그는 자신의 예술은 '경계가 없으며, 따라서 비정치적apolitique이라고 주장할 수도 있었다. 하지만 이러한 시위는 프랑수아즈 도렝이 고른 모델적인 아방-가르드 작가 때문에 완벽하게 왜곡된다. 방코비치(Vankovicz)는 마르게리트 뒤라스의 아류로, 때늦게 나타난 이 실존주의자의 전투적인 자세는 아무래도 애매모호하게 느껴질 수밖에 없다. 그는 이 작품에서 고발되고 있는 연극과 마찬가지로 극도로 패러디적이다("검은 커튼과 건축현장의 비계飛階가 분명히 도와줄 것이오!" 또는 이 연극에 나오는 대사인 "크라소프 씨 당신의 커피 안에 불안한 마음을 한 조각 넣어보세요"를 생각해보라). 관객들은 현대극을 조롱하는 방법을 보고 한바탕 웃음을 참지 못하게 된다. 부르주아지에 대한 비난은 마음에 들지 않는 혐오스러운 희생자를 겨냥하고 거기서 끝나는 경우 관객의 마음을 아주 흥겹게 해주는 도발이 된다. … 부르주아지 연극의 현상황을 반영하고 방어 메커니즘을 드러내는 한, 『전환』은 중요한 작품으로 간주될 수 있다. 이 작품만큼 '외부로부터의' 위협에 대한 불안감이 속속들이 배어들게 하고, 또 그러한 불안감을 엄청난 무의식적인 열기를 통해 회유하도록 해주는 작품도 드물 것이다(루이 당드렐Louis Dandrel, 『르 몽드』, 1973년 1월 13일).

로베르 칸터스가 이미 앞에서 사용하고 있는 양의적 표현은 여기서 다시 정점에 도달한다. "논지는 아주 간단하거나 또는 지나치게 단순하다." 그러니 마음에 드는 대로 선택하시라. 이 연극은 두 가지 방향으로 나뉘어져 진행된다. 따라서 관객들이 선택할 수 있도록 두 개의 작품이 제공되는 셈이다. 부르주아지를 '격렬하지만 회유적'으로 비난하는 연극과 비정치적 예술을 옹호하는 연극을 옹호하는 관객들 각자가 편한 대로 골라 볼 수 있는 연극으로 말이다. 연극평론가가 작품에 대해 '찬성하는지 아니면 반대하는지' 또는 연극이 '마음에 드는지 아니면 맘에 들지 않는지'를 자문하는 소박한 사람들에게는 항상 두 가지 답이 주어질 수 있다. 먼저 '아방-가르드 작가가 제시하고 있는 내용은 극도로 패러디적으로 관객의 마음을 아주 흥겹게 해준다'는 객관적 정보제공자의 보고를 들 수 있다(하지만 우리는 이 관객들과 관련하여 이 비평가가 어떤 위치에서 있는지 따라서 그 웃음이 무엇을 의미하는지를 알지 못한다). 그리고 많은 유보조건과 다양한 뉘앙스, 대학의 강의를 생각나게 하는 신중한 언어구사("하는 한", "…로 간주될 수 있다)에 의해 양의적인 의미를 갖게 되는 일련의 판단을 제시한 후 결국 『전환』은 '중요한 작품'이라고 승인하는 방법도 있다. 하지만 현대 문명의 위기에 관한 기록으로서만 그렇다는 점을 지적할 필요가 있다. 아마 씨앙스뽀의 사람들은 의문의 여지없이 이런 식으로 평가할 것이다.

이러한 회유와 타협의 기술은 가톨릭 신문인 『라 크르와』지의 비평가의 예술을 위한 예술의 절묘한 기교로 나아간다. 그는 무조건적인 찬성을 표명하지만 아주 미묘한 언어를 통한 정당화와 이중 부정을 통한 곡언법, 유보적인 태도와 자기부정을 통해 유보적인 평가를 함께 뒤섞어 나가기 때문에 결국 대립물의 양립conciliatio oppositorium이 나타나게 된다. 그의 말에 따르면 '내용과 형식 모두에서' 너무 제수이트적jésuitique이기 때문에 "『전환』은 이미 앞에서 말한 대로 형식과 내용 양면에서 감탄할 만한 작품처럼 보인다"고 굳이 지적할 필요는 없어 보인다. "물론 그렇다고 그의 작품이 많은 사람들에게 불유쾌하게 받아들여지지 않으리라는 이야기는 아니다. 나는 우연히 아방-가르드의 무조건적인 지지자 바로 옆에 앉게 되었는데, 연극이 공연되는 내내 그가 분노를 거의 참지 못하는 모습을 계속 바라볼 수밖에 없었다. 하지만 나는 프랑수아즈 도렝이 현대연극에서 이루어진 아주 존경할 만한 실험들(종종 지루하기 짝이 없는 것도 있다)을 아주 불공정하게 다루고 있다고는 생각하지 않는다. … 그리고 불르바르의 연극(하지만 이 불르바르 연극은 자체가 아방-가르드 연극이기도 하다)이 승리하리라는 결론을 내리더라도(그녀가 어느 쪽을 선호하는지는 절묘하게 암시되어 있다) 그 이유는 이미 몇 해 전부터 아누이(Anouilh)와 같은 거장이 이러한 교차로에서 교통 안내원으로 서 있었기 때문이다(장 비녜롱Jean Vign-eron, 『라 크르와』, 1973년 1월 21일).

비록 『누벨 옵세르바뙤르』의 침묵은 그 자체로서 많은 의미를 함축하고 있지만 펠리시앙 마르소(Félicien Marceau)의 작품 『사거법(四去法, La preuve par quatre)』에 대한 서명 또는 당시 『꽁바Combat』 지 주필로 있으면서 『까나르 앙셰네』 지에 『전환』의 서평을 쓴 필립 떼송(Philippe Tesson)의 글을 읽어봄으로써 이 잡지가 어떤 입장을 취했

을 지를 대략적으로나마 유추해보기로 하자.

"이처럼 상인들과 여사업가들의 사교적 모임을 그리고 있는 작품에 대해서 연극이라는 명칭을 붙이는 것이 아무래도 무리가 아닌가 싶다. 이러한 모임에서는 아주 유명하며 대중적인 인기를 누리고 있는 배우가 마찬가지로 유명 극작가의 기지로 가득한 문장을 무대 장치의 한 가운데서 낭독할 뿐이다. 폴롱(Folon)의 절제된 유머를 본떠 요모조모 꾸민 회전식 무대도 가끔씩 이용된다. … 따라서 의식(儀式)이나 '카타르시스' 또는 '고발'은 전혀 찾아볼 수 없다. 즉흥적인 재미도 거의 찾기 힘들다. 연중 내내 이러한 메뉴밖에 맛보지 못하는 부르주아지의 위장에는 잘 어울릴 만한 요리상이라고 할 수 있다. … 파리의 불르바르 연극을 보러 오는 다른 모든 관객과 마찬가지로 이처럼 손쉽게 다룰 수 있는 합리주의 정신에 지배되는 이들 관객들은 가장 순응주의적인 장소에서 필요할 때면 하나같이 웃음을 터트린다. 이러한 공범관계는 너무나 완벽하며 모든 배우들이 모두 이 일에 몰두해 있다. 이 연극은 10년 전이나 20년 전 또는 30년 전에 씌어졌어도 전혀 상관없었을 것이다(M. 뻬에레

M. pierret, 『르 누벨 옵세르바뙤르』, 1964년 2월 12일자에 실린 펠리시앙 마르소의 작품 『사거법(四去法)』에 대한 서평).

"프랑수아즈 도렝은 정말 영리한 사람이다. 그녀는 정말 탁월한 일급의 회유자(懷柔子)이자 경탄할 만큼 뛰어난 교양인이다. 그녀의 『전환』은 탁월한 불르바르 희극작품으로 주로 악의mauvaise foi와 선동démagogie을 통해 진행된다. 여사는 아방-가르드 연극은 전혀 쓸모없다는 것을 입증하려고 한다. 그렇게 하기 위해 거대한 끈(연극의 여러 가지 기교 — 옮긴이)을 손에 잡으며, 두말할 필요 없이 그녀가 끈을 잡아당기자마자 청중 중의 하나가 자지러지게 배꼽을 잡고 웃으며 더 많은 재주를 요구하게 된다. 바로 그것을 요구하고 있던 우리의 작가는 기다렸다는 듯이 다시 그 요구에 화답한다. 그녀는 우리에게 방코비치라는 이름의 좌익극작가를 등장시켜 — 나의 시선을 잘 따라오도록! — 그를 우스꽝스럽고 처신하기 어렵고 너무 어려운 상황에 빠트려 이 젊은 신사양반도 당신이나 나와 마찬가지로 사리사욕을 초월하지는 못하며 또 부르주아지와 크게 다르지 않다는 점을 보여 준다. 도렝 여사는 얼마나 상식적이고 얼마나 명석하고 진솔한가! 최소한 당신은 자신의 견해를 고수할 만큼의 용기는 갖고 있군요. 그 의견도 그 나름대로는 아주 건전하고 우리나라 사람이라면 얼마든지 할 수 있는 이야기일 테니"(필립 떼송, 『까나르 앙세네』, 1973년 3월 17일[앞의 문장에 나오는 모든 강조는 나의 것이다]).

을 들으려고 하지 않을 것이다. 왜냐하면 내가 사용하게 될 일련의 개념이나 주장에 대해 우리 독자들은 전혀 관심을 두고 있지 않기 때문이다."16) 각 입장에는 선입견, 통념doxa이 상응하며, 생산자들이 차지하는 위치와 고객들의 위치 간의 상동성은 이러한 공모가 이루어지기 위한 전제조건인데, 이것은 연극에서처럼 기본적인 가치가 연관되는 경우 한층 강력하게 요구된다.

선택적 친화

이처럼 극단적인 사례는 현상적으로는 직접적으로 서로 영향을 미치고 있는 듯한 수요와 공급의 관계에 대해 질문하고, 상품생산의 논리와 취향생산의 논리 간의 모든 조응(이를 통해 적절한 것, 즉 적절한 물건, 사람, 지식, 기억 등의 세계가 구성된다)형태를 새롭게 조명할 것을 강요한다. 사회적으로 인정되건 그렇지 않건 지속적인 관계를 만들어주는 동정심, 우정, 사랑에서 나오는 호선(互選)과 관련된 모든 행위야말로, 사회적으로 분류된 개인과 역시 사회적으로 분류된 사물들 또는 각 사물에 '어울리는' 사람들 간의 조응을 가져오는 상동적 구조와 연속적 과정의 일치를 극단적으로 보여주는 경우라고 할 수 있다. 사회적 감각은 무한대로 반복되고 상호 복잡하게 연관되면서 서로를 강화해주는 기호들의 체계système de signes에 의해 인도되는데, 신체 즉 복장, 억양, 자세, 태도, 매너야말로 이러한 기호의 담지자라고 할 수 있다. 그리고 무의식적으로 기록되는 이러한 기호들이 '반감' 또는 '호감'의 토대를 이

---

16) J. J. Gautier, *Théâtre d'aujourd'hui*, Julliard, 1972, pp. 25~26. 자신의 평론이 인기를 끈 이유는 독자들의 기대치에 대한 계산적인 영합 때문이 아니라 양쪽의 시각의 객관적 조화, 즉 독자들이 보기에 믿을 수 있고 따라서 맘에 드는 글이라는 독자들의 신뢰감 때문이었다는 고티에의 말을 액면 그대로 받아들일 수 있을 것이다.

루게 된다. 하지만 얼핏 보면 극히 무매개적으로 보이는 이러한 '선택적 친화성'도 항상 부분적으로는 표현적 특징의 무의식적인 해독에 기반하고 있는데, 이러한 특징들 각각은 오직 계급에 따른 다양한 변형의 체계 안에서만 의미와 가치를 가질 수 있다(일상 언어에서 웃는 방법과 미소 짓는 방법을 어떻게 묘사하고 있는지만 생각해보아도 충분할 것이다). 이처럼 서로 잘 어울리는 사물과 사람을 짝지어 주는 것이 취향이라고 할 수 있다.

동일한 계급간 내혼(內婚)endogamie 또는 동일한 계급분파간의 내혼은 사회적 양립가능성과 양립불가능성에 대한 이러한 종류의 사회적 감각을 논란의 여지없이 극명하게 보여주는 증거라고 할 수 있다. 연인을 자유롭게 선택한다고 해도 가족의 노골적인 개입만큼이나 엄밀한 규제가 따르게 된다. 잘 알려져 있듯이 결혼상대자를 고르는 상호교환 체계의 구조는 앞서 살펴본 대로 사회 공간의 구조를 재생산하는 경향이 있다(A. Desrosières, "Marché matrimonial et structures des classes sociales", *Actes de la recherche en sciences sociales*, 20/21, 1978, pp. 97~107). 부부의 동종적(同種的) 성격은 여전히 평가절하되고 있지만 배우자와 그 가족의 '이차적인' 속성을 좀더 정확하게 알게 됨에 따라 외견상으로는 우연적으로 보이는 요소들을 계속 줄여나갈 수도 있을 것이다. 예를 들어 에꼴 노르말의 문과입학생(1948~1953)을 대상으로 1964년에 실시한 결혼전략에 관한 조사는 당시 결혼한 사람들(85%) 중에서는 59%가 교사와, 다시 이들 중 58%가 아그레제(agrégée; 교수자격 취득자 — 옮긴이)와 결혼했음을 보여준다(P. Bourdieu/M. de Saint Martin, "Les catégories de l'entendement professoral", *Actes de la recherche en sciences sociales*, 3, 1975, p. 87과 90을 보라). 공직과 개인사업 사이의 매개적인 위치를 차지하고 있는 중앙행정 기구의 부장(이들 중 아버지가 공무원인 사람은 22.6%, 그리고 사업가인

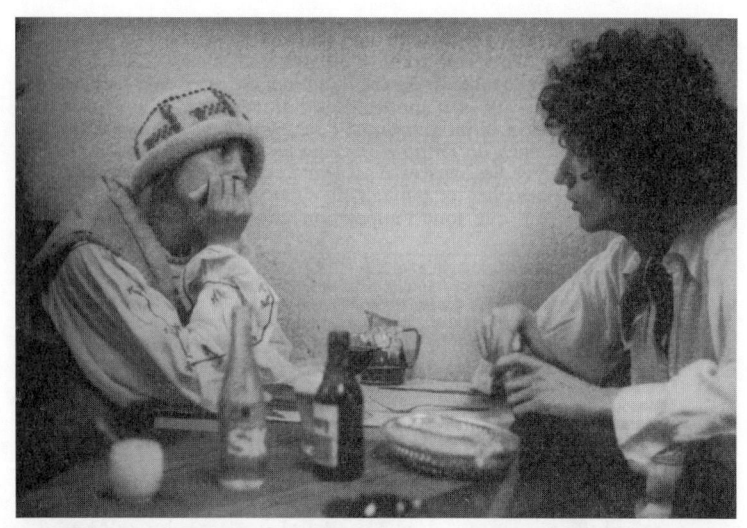

사람은 22%였다) 중 결혼한 사람의 16.6%는 장인도 공무원이었으며 25.2%는 장인이 사업가였다(Ezra N. Suleuman, *Politics, Power and Bureaucracy in France. The Administrative Elite*, Princeton, Princeton University Press, 1974, p. 69). 그리고 사기업의 미래의 최고경영자를 양성하는 INSEAD(European Institute of Business Administration)의 졸업생 중 아버지가 상공업경영자인 사람의 비율은 28%, 상급관리직이거나 상급기술자인 사람은 19.5%이었는데, 이중 결혼한 사람의 23.5%의 장인이 고용주였으며 21%의 장인이 간부이거나 상급기술자였다. 교사의 아들 (2%) 또는 사위(5%)인 경우는 아주 적었다(J. Marceau, *The Social Origins, Educational Experience and Career Paths of a Young Business Elite, Final Report for SSRC Grant of 1973~1975*, 미발간 원고). 이전의 연구에서도 결혼에 따른 교환의 논리가 대 부르주아지의 재생산에 커다란 기여를 하고 있음을 밝힌 바 있다(P. Bourdieu/M. de Saint Martin, *Le Patronat, loc. cit*).

취향은 중매자이다. 색깔과 사람뿐만 아니라 '천생연분'인 사람들을 맺어준다. '일차적 집단'을 구성해내는 모든 호선행위는 지식행위의 주제들을 통해 타인들을 아는 행동, 또는 이보다 덜 현학적인 용어로 표현해 보자면, 기호를 해독하는 작업(이것은 특히 첫번째 만남에서 분명하게 드러난다)으로, 바로 이것을 통해 하나의 아비투스는 다른 아비투스들과의 친화성을 발견하게 된다. 통상적인 부부가 놀라울 정도로 조화를 이루는 이유도 이런 식으로 이해할 수 있는데, 이들은 처음부터 잘 어울릴 수도 있지만 흔히 상호간의 "문화변용acculturation mutuelle"을 통해 점차 서로에게 어울리는 쌍이 되어간다.17) 이처럼 거의 자동적

---

17) 불화나 이혼처럼 이와 정반대되는 사실을 지적하기 전에, 관습과 사회법에 의해 규정되는 결혼행위에 함축되어 있는 모순들을 교정하려면 아비투스의 조화에 의해 구성되는 응집력이 얼마나 강한지를 고려해볼 필요가 있다.

으로 한 아비투스 속에서 다른 아비투스를 재인식할 수 있기 때문에 선택적 친화성이 직접적으로 나타날 수 있는데, 이러한 친화성은 사회적으로 불일치하는 관계들은 억누르고 잘 어울리는 관계를 조장하면서 사회적 일치를 유도하려고 하면서도 호(好)/불호(不好), 호감과 반감처럼 사회적으로 순진무구한 언어 이외의 다른 언어로는 이러한 작업을 정식화하려고 하지 않는다.[18] 상호교환가능한 우연적 사건들은 개연성의 법칙을 따르지만 특수한 개인들간의 특수한 조응은 극단적으로 비개연적이라는 논리에 의해 곧 베일에 가려지며, 따라서 각 쌍으로 하여금 상호 선택을 행복한 우연으로, 초월적인 계획에 따른 우연의 일치로, 따라서 기적에 가깝다는 느낌('당신을 위해 태어났다': 몽테뉴, 『에세이』 제1권, 28장, "우정" — 옮긴이)을 강화시켜주게 된다.

우리의 취향에 맞는다고 생각되는 사람들은 우리가 이들의 실천을 지각하면서 동원하게 되는 취향과 하등 다르지 않은 취향을 실천에서 보여준다. 서로에 대해 같은 취향을 갖고 있는 사실보다 두 사람의 친화성을 분명하게 보여주는 증거도 없을 것이다. 마치 예술 애호가가 발견자들의 예리한 눈을 영원히 기다리고 있는 듯한 작품을 발견하는 데서 자신의 존재이유를 찾듯이, 연인들은 '존재가 정당화되고', 사르트르의 말대로 하면, '각자를 위해 만들어지고', 자신이 전적으로 자신의 존

---

18) 아비투스의 직관은 다음과 같은 사실에 대한 즉각적인 이해를 제공해준다(물론 이것을 분명하게 정당화하려면 일정한 시간이 필요하다). 즉 일련의 인물들 중 자택에서의 저녁식사에 초대할 사람을 고르라고 했을 경우 상급관리직과 자유업에 종사하는 사람들은 다른 모든 계급들보다 더 빈번하게 시몬느 베이유, 지스카르, 바레, 프랑수아즈(지스카르 이외의 세 사람은 모두 지스카르 내각의 장관들 — 옮긴이), 시락, 그리고 지켈과 무루시(뒤의 두 사람은 모두 TV와 라디오의 유명인물 — 옮긴이)를 선택하는 반면, 민중계급은 가장 빈번하게 꼴뤼쉬(연예인 — 옮긴이), 풀리도르와 페브네(둘 다 유명한 사이클 선수 — 옮긴이)와 마르셰를 고른 반면, 중간계급은 르 뤼롱(연예인 — 옮긴이), 미테랑, 모나코의 캐롤린 공주, 플라티니(유명한 축구선수 — 옮긴이)와 조프레(테니스 선수 — 옮긴이)를 골랐다(보충자료 43). (지스카르, 마르셰, 미테랑에 대해서는 <부록 4>를 보라)

재에 의존하고 있는 타자의 존재의 목적과 존재이유로 구성되어 있으며, 따라서 극히 우연적인 모든 형상 즉 웃는 방법 또는 말하는 방법 모두가 그대로 받아들여지고 인정된다는 느낌을 갖게 된다. 간단히 말해 아주 자의적인 존재방식과 행동방식, 생물학적-사회적 운명이 정통성을 부여받고 있다는 느낌을 갖게 된다. 사랑은 누군가 다른 사람 속에서 자신의 운명을 사랑하는 방식이며, 따라서 자신의 운명이 사랑받고 있다고 느끼는 방식이기도 하다. 의문의 여지없이 이것은 일종의 최고의 인튜이투스 오리지나리우스*intuitus originarius*(천성에 대한 직관 — 옮긴이)체험으로, 사치품이나 예술작품(즉 소유자들을 위해서 만들어진 작품들)의 소유도 이와 근사한 형태의 체험을 가능하게 해주며 지각하고 명명하는 주체(우리는 사랑하는 관계에서 이름을 부여하는 일이 어떤 역할을 하는지를 잘 알고 있다)를 지각 대상의 원인이자 목표, 간단히 말해 존재이유로 만들어준다.

> 지나가던 스승의 깊은 눈길이 마음 설레며
> 경이로움을 감추지 못하던 에덴을 고요 속에 잠재우고
> 그의 목소리만으로 마지막으로 전율했다.
> 장미와 백합은 이름의 신비이기 때문.
> (Malarmé, 'Toast Funèbre', *Oeuvres complètes*, p. 55)

취향은 특히 운명애*amor fati*의 형식이다. 아비투스는 표상과 실천을 생성해내는데, 이것들은 항상 얼핏 보기보다는 이것들을 만들어내는 객관적 조건에 훨씬 더 순응되어 있다. "쁘띠 부르주아지는 자신의 두뇌의 한계를 초월할 수 없다"(다른 사람이라면 지력知力의 한계라고 말할지도 모르겠다)라는 마르크스의 말은, 곧 사고는 그의 존재상태와 똑같은 한계를 갖고 있으며, 그의 존재상태는 어떤 의미에서 그를 이중적으로,

즉 그의 실천에 가해지는 물질적 제한과 그의 사유 따라서 실천에 제한을 가하고 이러한 한계를 수용하고 더 나아가 사랑하도록 만드는 한계를 통해 이중적으로 제한되고 있다는 의미로 이해될 수 있다.19) 이리하여 우리는 이제 '계급적 자각prise de conscience'의 고유한 효과를 훨씬 더 잘 이해할 수 있는 위치에 서게 되었다. 주어진 대상을 해명하려면 개연적인 관계들에 대한 인식connaissance이 이들에 대한 승인reconnaissance으로부터 분리될 수 있도록 주어진 것에의 즉각적인 애착을 중단해야 한다. 이리하여 운명애는 오디움 파티odium fati, 즉 자신의 운명에 대한 증오로 전변된다.

상징투쟁

사회 공간을 상호작용의 국면적 공간으로, 즉 추상적 위치상황situations20)의 불연속적인 계기로 환원시키는 주관주의적 환상을 피하려면 사회공간을 객관적 공간, 즉 상호작용 가능한 형태를 규정하는 객관

---

19) 반감에 관한 그칠 줄 모르는 담론은 자신이 갖고 있는 것에 대한 만족감을 재강화시켜 준다. 예를 들어 "바닷가 바로 옆에 있는 별장을 빌리는데 얼마나 많은 비용이 드는지를 한번 생각해 봐!"처럼 흔히 들을 수 있는 말을 생각해 보라.
20) 상호작용론자들이 범하는 오류의 핵심에 자리잡고 있는 이러한 상황이라는 개념은 모든 실질적인 상호작용을 조직하며 공식적으로 구성되고 보장되는 입장들간의 관계의 기저에 자리잡고 있는 객관적이고 지속적인 구조를 일시적이며 국지적인 질서(이방인들간의 우연적인 조우) 그리고 흔히 인공적인 질서(사회심리학적 실험)로 축소시켜 버린다. 상호 작용하는 개인들은 자신들의 모든 성향을 극히 상황종속적인 상호작용 속으로 몰아넣을 수 있으며, 사회 구조(또는 구체화된 장) 안에서 각 개인이 차지하는 상대적 위치가 상호작용과정에서 차지하는 위치를 지배한다('상황'과 장 또는 시장의 대립관계에 대해서는 P. Bourdieu, "Economics des échanges linguistiques", *Langue Française*, 34, mai 1977, pp. 17~34를 보라).

적 관계들의 구조 그리고 상호작용하는 사람들이 이러한 객관적 구조에 대해 갖게 되는 표상들의 관계로 구성해야만 한다. 하지만 우리는 '사회적 사실과 사건을 다루면서' 묘사 대상을 물상화하는 이러한 일시적provisoire 객관주의를 넘어서야 한다. 관찰자에게는 정태적 질서ordre statique 안에서 통계적으로 면밀한 순서에 따라partes extra partes 배치된 것처럼 나타나는 이러한 사회적 위치들은 각 위치를 점하고 있는 집단들간의 경계에 관한 순전히 이론적인 문제를 제기하는데, 이러한 위치들은 동시에 전략적 위치이자 각 계급과 분파들의 투쟁의 장에서 방어해야 할 요새, 탈취해야 할 진지이기도 하다.

이러한 공간 안에서 단 하나의 측면에서 완벽하게 규정되고 명백한 경계선에 의해 뚜렷하게 분할되는 구역을 도출해내려는 객관주의적 경향(이것은 공간도식에서 구체화되고 강화된다)을 피하기 위해 주의하지 않으면 안 된다. 예를 들어 공업경영자를 통해 이미 살펴보았듯이, 그리고 아래에서 그러한 점에서 쁘띠 부르주아지에 의해 대변되는 상대적 불확정성의 특히 불확정적인 구역을 차지하고 있는 신흥 쁘띠 부르주아지의 각 분파들이 전형적으로 보여주고 있듯이, 통계학의 통상적인 분류법에 따라 구성되는 여러 위치들의 집합은 자체가 상대적으로 자율적인 장으로 기능할 수 있다. 예를 들어 의사, 마취사, 간호사, 산파, 물리요법사, 치료사(이들이 속해있는 세계 각각이 투쟁의 장으로 기능하고 있다) 등 다양한 자격을 소유하고 있는 여러 행위자들이 여러 능력을 놓고 갈등 ― 직업이 허락하는 정통적인 실천 그리고 관할 범위를 대변할 수 있는 정통적인 자격을 둘러싼 갈등 ― 을 벌이도록 만드는 경쟁관계망의 등장을 포착하려면 통계 축적의 필요성에 의해 부과되는 상대적으로 추상적인 범주들을 아주 엄밀하게 규정된 직업상의 위치로 대체해보기만 해도 충분하다. 이러한 갈등은 대부분은 최근에 생긴 직업들 사이에서 벌어지며, 따라서 사회적 원조를 제공하는 직업(사회사업가, 가계-재정 운영 카운슬러, 탁아사업, 파출부, 등), 교육 관계 직업들(장애아 특수교사, 치료교사, 보호감찰교사), 문화관계 직업(문화활동 지도자, 청년문화 지도자, 성인교육지도자), 또는 의학-정신위생 관계 직업들(결혼생활 카운슬러, 보모, 운동요법사 등) 간에도 벌어질 수 있다. 이들의 공통점은 다름 아니라 이들이 자신들간의 경쟁 속에서 그리고 그러한 경쟁에 의해서만, 또 기성의 질서 안에서 **공인된** 위치를 안전하게 확보하기 위해서 바로 그 질서를 변형시키려는 적대적인 전략에 의해서만 규정된다는 점에서 찾을 수 있다.

여기서 제출된 사회공간 모델은 사용된(또는 사용가능한) 자료의 속성 때문만이 아니라 특히 실제로 이러한 분석에 몇몇 개인이나 집단이 갖고 있는 경제 권력, 그리고 그와 관련된 무수히 많은 은폐된 이익과 같은 구조적 양상을 포함시키는 것이 불가능하기 때문에 아주 제한적인 성격을 갖고 있다. 경험적 연구를 수행하는 대부분의 사람들이 흔히 함축적으로건 아니면 명시적으로건 계급을 단순히 서열화되기만 했지 적대관계를 형성하지는 않는 계층으로 환원하는 이유는 무엇보다 먼저 이들의 실천의 논리 자체가 모든 분배 속에 객관적으로 각인되어 있는 것을 무시하도록 이끌기 때문이다. 통계적 의미뿐만 아니라 정치경제학적 의미의 **분배**는 **특정한** 순간에는 이전의 전투에서 획득하고 그 다음 투쟁에 투자할 수 있는 이윤에 대한 대차대조표가 된다. 이것은 각 계급간의 세력관계, 또는 더 구체적으로는 희귀한 상품을, 특히 이윤의 **분배와 재분배를 둘러싼 정치권력**을 소유하기 위한 투쟁의 상태를 표현해준다.

따라서 사회세계를 계층화stratificaion의 언어 속에서 묘사하는 이론과 계급투쟁의 언어로 말하는 이론 간의 대립은 사회 세계를 바라보는 두 가지 방식과 상응한다. 이 두 세계는 **실제로는** 조화시키기 어렵지만 원칙과 관련해서는 상호 배제적이지 않다. '경험주의자들'은 후자는 '이론가들'에게 맡겨놓고 전자에 갇혀 있는 것처럼 보인다. 왜냐하면 계급 또는 계급 분파들을 개인들에게 분배되는 속성들이 **한 시점**에 전체적으로 나타나는 형태로만 드러낼 수 있는 기술적-설명적 연구는 항상 **전투 후에**(또는 그 전에) 이루어지며, 따라서 필연적으로 이러한 분배의 전제조건을 이루는 투쟁을 괄호 속에 넣게 되기 때문이다. 통계학자가 자신이 다루는 **모든** 속성, 즉 자신이 분류하고 측정하는 속성뿐만 아니라 분류하고 측정하기 위해 이용하는 속성들이 각 계급간의 투쟁의 무기이자 투쟁목표, 또는 쟁점이라는 사실을 망각한다면 그는 각 계급을 다른 계급들과의 관계로부터, 즉 각 속성에 변별적 가치를 부여해주는 대립적 관계뿐만 아니라 권력관계와 분배의 토대를 이루는 권력투쟁의 관계로부터도 추상화시키게(단절시키게) 된다. 특정한 단계에서 자산항목(구슬 또는 칩)의 **대차대조표**를 고정해놓은 구슬치기 놀이 또는 포커 게임 사진처럼, 연구는 각 참가자들이 이전 단계의 투쟁에서 획득한 자본(이 자본은 투쟁 자체에 대한 권력, 따라서 다른 사람들이 보유하고 있는 자본에 대한 권력을 함축하고 있다)을 매 순간 다시 집어넣는 투쟁의 특정한 순간을 고정시켜 놓는다.

계급관계 구조는 계급간 투쟁의 장의 (다소간 안정적인) 상태를 고정시키기 위한 공시적인 횡단면coupe synchronique을 이용해야 비로소 얻을 수 있다. 각 개인이 이 투쟁 속에 집어넣을 수 있는 상대적인 힘이, 다시 말해 특정 순간의 다양한 유형의 자본 분배상태가 그 장의 구조를 규정한다. 하지만 이와 마찬가지로 각 개인이 행사할 수 있는 힘은 투쟁의 핵심적인 대상에 대한 규정을 둘러싼 투쟁의 상태에 좌우되기도 한다. 투쟁의 정통적인 수단과 핵심적인 대상에 대한 규정은 실제로는 투쟁의 여러 대상 중의 하나로, 게임을 통제할 수 있는 여러 수단(다양한 종류의 자본)의 상대적 효율성 자체가 투쟁의 핵심적인 대상이 되며, 따라서 게임 과정에서 끊임없이 변하게 된다. 따라서 (비록 인용부호를 사용하기는 했지만) 여기서도 끊임없이 강조했듯이 '자본의 총량'이라는 개념은, 실천의 몇몇 측면을 설명하기 위해서 구성되어야 하지만 그럼에도 불구하고 이론적 구성물에 지나지 않는다. 따라서 그 자체로 볼 때 이 개념을 구성하기 위해 배제된 모든 것을 망각한다면 극히 위험한 효과를 낳을 수 있다. 한 종류의 자본과 다른 종류의 자본 간의 전환율 taux de conversion은 언제나 격렬한 투쟁의 대상이며, 따라서 끊임없이 유동하게 된다는 사실까지 언급할 필요는 없겠다.

성향은 일련의 가능성과 불가능성으로 나타나는 계급 조건뿐만 아니라 상관적으로 규정된 위치, 계급구조 안의 서열에 순응되어 있다. 따라서 이들은 항상, 적어도 객관적으로는, 다른 위치와 연관된 성향들과 관련되어 있다. 즉 필요로부터의 거리의 구체적인 수준이 전형적으로 보여주는 특정한 생활조건(의 집합)에 '순응되어' 있는 계급의 '도덕'과 '미학' 또한 자동적으로 통속성 또는 탁월성의 정도를 기준으로 하여 각자의 위치를 배정받게 된다. 그리고 이들이 생산하는 모든 '선택'은 **자동적으로 변별적 위치와 연관되어 있으며, 따라서 변별적 가치를 부여받는다.** 의식적인 **구별의도 또는 명백한 차이의 추구 없이도** 이런 일이 일어날 수 있다. 한 집단의 성원들이 바로 아래에 있는(또는 그렇게 믿어지는) 집단과 스스로를 구별하기 위해(이들은 항상 이 집단을 자신을 화려하게 보이기 위한 들러리repoussoir로 이용한다), 그리고 바로 위의(또는 그렇게 믿어지는) 집단과 동일시하기 위해(이들은 이 집단을 정통적인 생활양식의 소유자로 인정한다) 구사하는 진짜 의도적인 전략은 단지 의도적인 증폭작용에 의해 생산되는 조건과 성향의 객관적인 차별화 안에 각인되어 있는 희소성과 통속성, 신식과 구식 간의 변증법의 자동적이며 무의식적인 효과를 위해서만 완벽한 효율성을 확보해줄 수 있을 뿐이다.

민중계급의 절도 없는 태도로부터 거리를 두려는 의식적인 노력에 의해 추동되지 않는 경우에도 하나하나의 행동마다 엄격한 절도를 요구하며 언제나 정결함과 착실함, 단정함을 찬미하는 쁘띠 부르주아지의 태도 속에는 암묵적이지만 불결함, 그리고 말과 사물의 무절제함과 임시방편에 대한 고민이 함축되어 있음을 확인할 수 있다. 이와 마찬가지로 안락함과 사려깊음, 초연함과 무사무욕을 요구하는 부르주아지의 태도 또한 함축적으로는 항상 과도함 또는 불충분함에 의해 특징지어지는 '상승지향', '속 좁고' '겉만 번지르르하고', '건방진' 또는 '비굴한', '무식한' 또는 '젠체하는' 쁘띠 부르주아지에 대한 비난을 담고 있다는 사실까지 규명할 필요는 없어 보인다.

각 집단이 흔히 가장 최근에 획득한 차이 속에서, 그 차이를 특수하게 규정하는 구조적-생성적 편차 속에서 각 집단에 고유한 — 소쉬르적 의미에서 — 가치를 재인식하는 것은 전혀 우연이 아니다. '필수적인'de premières nécessité 상품과 미덕만을 분배받는 민중계급들은 정결함과 실용성을 요구하는 반면, 필요로부터 상대적으로 이들보다 자유로운 중간계급들은 따뜻하고, '아늑하며', 편안한 또는 말끔한 인테리어나 또는 유행하고 있거나 독창적인 옷을 찾는다.21) 이것들은 특권 계급들이 이류 계급에게 떼밀어주는 가치이기도 하다. 왜냐하면 이것들은 오랫동안 특권계급의 소유물이었으며, 따라서 별다른 말이 없이도 이들의

---

21) 신흥 쁘띠 부르주아지는 여기서도 역시 구별의도를 극히 분명하게 드러내주는 형용사, 예를 들어 실내 인테리어의 경우 '정성들여 꾸민' 또는 드레스의 경우 '세련되고 유행하고 있는'이라는 형용사를 특히 빈번하게 고름으로써 스스로를 구별짓는다. 그리고 이와 비슷하게 포부르에서 파는 사치품처럼 보이는 제품들을 광고하고 있는 생-안뚜완느의 광고들은 사치품 상점(포부르 생 또노레)들이 단지 (예를 들어 예술을 언급하면서) 암시하고 마는 '가치들'을 노골적으로 선언하는데, 이 때문에 너무 '효과'만 추구하다가 '통속성'에 빠졌다는 비난을 자초한다. (포부르 생-안뚜완느에 있는 가게인 — 옮긴이) "클로드 데코의 가구는 우아함과 말할 수 없는 매력을 갖고 있다"는 광고 문구를 생각해 보라.

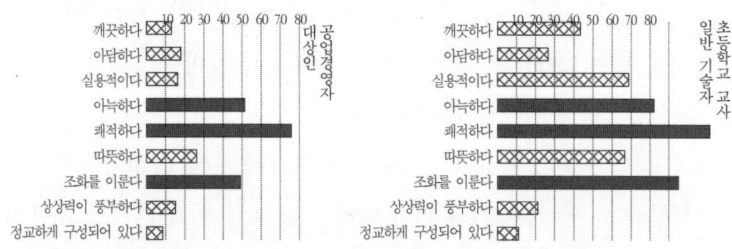

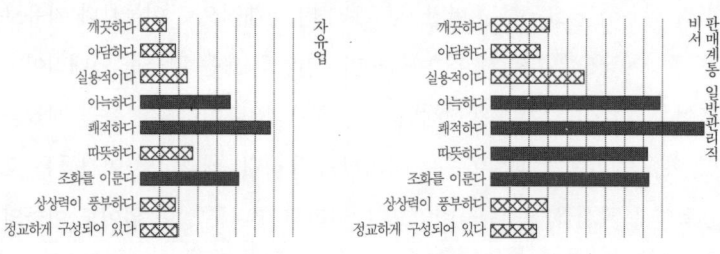

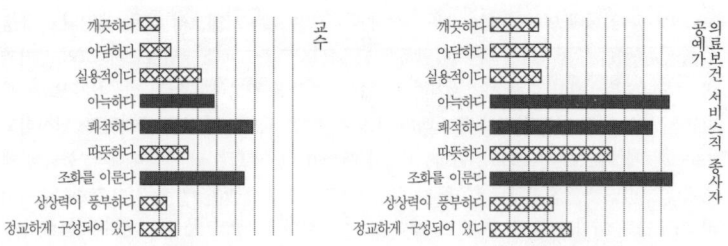

446 제2부 실천의 경제

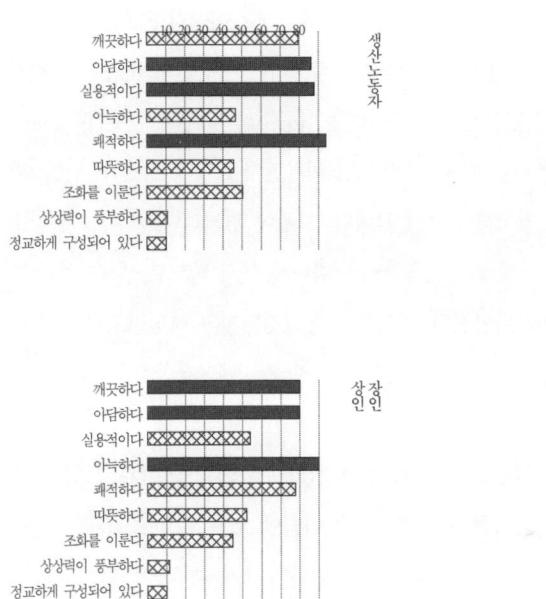

〈그림 10〉 이상적인 집안의 모습

것이라는 점이 분명해졌기 때문이다. 조화와 구성미의 추구처럼 사회적으로 미적이라고 공인된 의도들을 획득한 이들은 더 이상 자신의 것이라고 주장해야 하거나, 상투적인 것이 되어 변별적 가치를 잃어버렸기 때문에 더 이상 그렇게 주장할 수도 없는 속성과 실천 또는 '미덕'과 자신들의 탁월성distinction을 동일시할 수는 없는 것이다.

집안의 이상적인 인테리어를 가리키는 형용사가 각 계급분파에 따라 어떻게 나타나는지를 가리키는 일련의 막대그래프(아래의 [그림 10])가 잘 보여주듯이 분명하게 미학적 속성을 강조하는 사람들의 비율은 사회적 위계의 상층으로 올라갈수록 증가하는(이중 고전적이다, 산뜻하다soigné, 수수하다는 형용사는 의미가 애매모호해서인지 그렇지 않았다) 반면 '기능주의적' 선택(깨끗하다, 실용적이다, 보관에 편리하다)의 비율은 감소한다. 막대그래프 형태의 연속적인 변화는 공통의 척도로 잴 수 없는 세 개의 극점을 향해 나아간다. 상인들은 산업경영자와 대상인으로, 초등학교 교사들은 중학교 교사로, 문화 매개자들은 예술생산자로 나간다.22)

따라서 취향도 일종의 일반화된 엥겔(Engel) 법칙을 따르고 있는 셈이다. 분포의 각 수준에서, 특정한 수준 이하에 있는 사람들에게는 희귀하면서도 쉽게 접근할 수 없었던 사치품이나 상식을 뛰어넘었던 환상적인 작품도 새롭고 더 희귀하며 더 변별적인 상품이 등장함에 따라 마

---

22) 형용사의 거부에서도 똑같은 논리가 발견된다. 노동계급은 '깨끗하고 아담한', '보관에 편리한' 또는 '실용적인'과 같은 형용사를 거부하지 않는다. 중간계급의 경우, (사무원, 사무계통 일반관리직, 장인과 상인과 같은) 기성의 분파들은 '고전적인'이라는 형용사보다 훨씬 빈번하게 '기발한'이라는 형용사를 거부하는 반면 쁘띠 부르주아지는 ('장인의 예술가구'를 논외로 하고) 지배계급의 대부분의 분파들(특히 교사들과 전문직업인들)과 마찬가지로 '기발한'이라는 형용사보다는 '고전적인'이라는 형용사를 훨씬 더 빈번하게 거부한다.

치 그 이전에 그곳에 있었던 것처럼 너무나 당연해 보이는 대상의 위치로 밀려나게 된다. 그리고 여기서도 역시 이러한 일은 구별적이며, 구별된 희소가치를 의도적으로 추구하지 않아도 일어날 수 있다.23) 이제 정확한 투자감각은 유행에 뒤처진 또는 평가절하된 대상이나 위치 또는 실천으로부터 물러나 새로움을 추구하는 무한한 충동 속에서 일종의 아방-가르드적 도주방식에 따라 끊임없이 앞으로 나가면서 점점 새로운 대상 쪽으로 움직일 것을 요구하는데 스포츠와 요리, 바캉스, 식당 등 모든 영역에서 작동하는 이 정확한 투자감각은 명시적인 경고("생-트로페" — 또는 리용역의 뷔페나 그 밖의 다른 어떤 곳도 — 에서는 "불가능하게 되었다")로부터 거의 무의식적인 제도들에 이르기까지 무한히 다양한 지수(指數)와 지시에 의해 이끌린다. 이것은 통속화(通俗化)나 과밀화(過密化)에 대한 체험과 마찬가지로 교묘하게 상투적인 것이 된 대상이나 실천에 대한 공포감이나 혐오감을 불러일으킨다(따라서 회화나 음악에 대한 취향이 흔히 개인사의 발전과정을 그대로 재현하며 개인의 발전과정을 드러내고 재평가해주는 것은 전혀 우연이 아니다). 따라서 탁월화의 추구를 그 자체로 바라봐서는 안 된다. 부르주아적 성장과정에서 주입된 대로 소음과 접촉 등을 도저히 참지 못하는 태도만을 보아도 일부 사람들이 휴식을 취하거나 일을 하는 특정한 순간에 가장 희귀한 대상과 위치 또는 활동이 자리잡고 있는 영역이나 대상을 선호하리라는 것을 쉽게 알 수 있다. 다른 사람과 구별된다고 생각하는 사람들은 자신의 탁월함에 대해 걱정하지 않아도 되는 특권을 갖고 있다. 이들은

---

23) '트리클 다운' 효과라는 모델에 내재해 있는 오류는 실제로는 소비자의 조건과 성향의 차별화, 그리고 생산의 장의 차별화(이것은 의도적일 수도 있고 그렇지 않을 수도 있다)의 객관적이며 자동적인 효과를 차별화의 의도적인 추구로 환원시키는 데 있다(B. Barber and L. S. Lobel, "Fashion and Women's Clothes and the American Social System", *Social Forces*, XXXI, 1952, pp. 124~131; Ll. A. Fallers, "A Note on the 'Trickle Effect'", *Public Opinion Quarterly*, Vol. 18, 1954,. pp. 314~321).

이 문제를 변별적 속성을 제공해주는 객관적 메커니즘과 '통상적인' 모든 것으로부터 벗어날 수 있도록 이끌어주는 '구별감각'에 맡겨도 되기 때문이다. 쁘띠 부르주아지나 벼락부자들이 '티를 냄으로써' 스스로의 불안감을 노출하는 반면, 부르주아적 신중함은 일종의 과시적인 신중함이나 절제 또는 '현란하고', '겉만 번지르르하며' 상승지향적이며 **구별의도 자체**를 통해 거꾸로 스스로를 평가절하하게 되는 모든 것에 대한 평가절하나 거부를 통해 비로소 모습을 드러내기 시작한다.24)

경제적 또는 문화적 상품을 획득하기 위한 투쟁은 동시에 구별된 또는 구별하는 상품이나 실천의 형태로 적절한 **구별기호**signes distinctifsf를 획득하고, 이러한 변별적 속성들의 구별원리를 보존 또는 전복하기 위한 상징적 투쟁과 분리할 수 없다. 그 결과, 생활양식의 공간, 즉 다양한 입장의 점유자들이 구별의도와 무관하게 스스로를 차별화할 수 있도록 해주는 여러 속성들의 세계는 자체가 특정한 순간에는 정통적인 생활양식을 부과하기 위한 상징적 투쟁의 대차대조표일 뿐이다. 이 것은 사치품이나 정통적인 문화상품과 같은 '상층계급'의 표장emblèmes과 이러한 상품들을 전유하기 위한 정통적인 방식을 독점하기 위한 투쟁에서 가장 완벽하게 드러난다. 이러한 상품들이 생산되고 재생산되며, 유통되면서 구별이윤을 낳는 장(場)의 역학은 각 상품의 희소성과 각 상품의 가치에 대한 신념을 불어넣는 전략 그리고 대립적인 경쟁을 하지만 객관적인 효과를 낳기 위해 서로 결합하여 협력하는 전략에

---

24) "남편의 직장상사 집에 저녁식사를 초대받은 경우 어떤 옷을 입고 가느냐"는 질문에 대해 "일반관리직과 사무직 노동자 부인들의 33%가 '최고로 좋은 의상'을 입고 간다고 대답한 반면(이러한 수치는 생산직 노동자 부인의 경우에는 32%, 농업 종사자 부인들의 경우에는 29%에 달한다), 공업경영자와 대상인, 상급관리직, 자유업 종사자 부인들은 단지 19%만이 그렇게 대답했다. 이들도 옷을 바꿔 입지만 "수수하게 입는다"고 대답했는데, 사무직 노동자와 일반관리직 부인들의 67%에 비해 이들의 81%가 그렇게 대답했으며, 생산직 노동자와 농민의 부인들은 68%가 그렇게 대답했다(보충자료 42).

서 찾을 수 있다. '구별' 또는 더 정확하게는 '상층계급적 특징', 즉 정통적인 따라서 변형되고 오인될 수 있는 형태의 사회 계급은 '자연적인 구별'을 만들어낼 수 있는 변별적 기호(記號)를 배타적으로 전유하려는 투쟁을 통해서만 존재할 수 있다.

문화는 다른 모든 사회적 투쟁목표(또는 내기 돈)와 마찬가지로 사회의 각 성원이 참여해야 비로소 시작되고 그 안에 푹 빠져 들어가야 제대로 진행되며, 따라서 그것을 요구하는 사회적 투쟁목표이다. 경주나 경합, 경쟁을 가능하게 해주는 문화에 대한 관심은 바로 이 문화를 생산하는 그 경주나 경쟁에 의해 생산된다. 최고의 물신(物神)인 문화의 가치는 게임에 들어가 그 게임을 만들며 내기 돈을 무한대로 다시 만들어내는 게임의 가치에 대한 집단의 신념에 동참하면서 내게 되는 최초의 투자에 의해 생성된다. 내기의 절대적 가치에 대한 믿음을 유지함으로써 게임을 유지하는 '진짜'authentique와 '모조'simili, '진정한'vrai 문화와 통속 문화vulgarisation 간의 대립은 일루시오illusio를, 즉 문화생산과 그 내기 돈에 대한 기본 인식의 생산과 재생산에 필수불가결한 **공모(共謀)관계**collusio를 은폐한다. 구별과 상승지향, 고급문화와 중간취향의 문화는 고급 양장점과 보통 양장점, 고급 미용실과 보통 미용실 등과 마찬가지로 오직 상대방이 존재해야 비로소 존재하며, 이들 각각의 생산기구와 고객들의 관계나 객관적인 **협력**이 바로 문화의 가치와 문화의 전유욕구를 만들어낸다고 할 수 있다. 문화의 가치는 이처럼 **객관적으로 공모하고 있는 적대자들의 투쟁** 속에서 생성되며, 또는 결국 마찬가지 이야기지만, 이 효과 중의 하나인 문화의 가치에 대한 신념, 즉 문화에 대한 관심intérêt pour la culture, 문화가 주는 이익intérêt de la culture도 마찬가지다. 물론 이 게임은 유희욕과 놀이의 즐거움이란 생래적(生來的)이라는 신념을 불러일으키는 효과를 가져오지만 그것은 결코 자명한 것은 아니다. 문화가 어떤 기능을 하는가 하고 묻는 것은 야만적이다.

또한 문화는 내부의 고유한 가치를 결여하고 있을지도 모르며, 문화에 대한 관심은 자연적인 속성이 아니고 (오히려 이것은 마치 야만인과 선민들prédestinés을 구별하기 위한 것인 양 불평등하게 분배된다) 그것은 단순한 사회적 인공물이나 특수한 형태의 **물신주의**라는 가설을 인정하는 것도 야만적이며, 아무런 내재적 이익(가령 감지할 수 있는 즐거움)도 제공하지 못하기 때문에 이해와는 무관하다(무사무욕적)고 불리는 활동이 어떤 이익을 가져다주는지, 따라서 이해관계로부터의 초연함 또는 **무사무욕성**이 어떤 이익을 주는지에 대해 질문하는 것도 마찬가지다.

    이리하여 투쟁 자체가 투쟁의 존재 자체를 은폐하는 경향이 있는 효과들을 생산하게 된다. 다양한 사회계급이 문화와 맺고 있는 관계를 '문화적 가치중심으로부터의 거리'(모리스 알박스Maurice Halbwacs가 이러한 언어를 선호했다)를 가리키는 언어나 갈등의 언어로 무차별하게 표현하는 이유는 계급간의 상징투쟁이 그 자체로 파악되고 조직될 기회를 갖지 못하고, 경쟁의 원인이기도 한 격차의 재생산을 부추길 뿐인 경쟁투쟁luttes de concurrence의 형태를 취할 수밖에 없기 때문이다. 과연 쁘띠 부르주아지답게 예술가들의 방탕하고 단정치 못한 생활양식에 공포감(마르크스는 이를 'irae hominis probi〔인간 본연의 분노 — 옮긴이〕' 라고 본다)을 드러낸 프루동(그러나 그는 이를 통해 모순적인 또는 **애증병립적인** 쁘띠 부르주아지의 예술관의 숨겨지고, 억압된 면모를 드러낼 뿐이다)을 예외로 한다면, 실제로 문화적 게임의 진정한 객체화를 유도하는 문화나 예술에 대한 질문을 전혀 제기하지 않는 것은 전혀 우연이 아니다. 피지배 계급과 이들의 대변인들은 자신들의 문화적 무가치함에 대한 감정을 한층 더 강력하게 부여받게 된다.25)

25) 이러한 종류의 객관화의 조작 중 일부 예술가들이 몰두하고 있는 예술적 문제제기(P. Bourdieu, "La production de la croyance", *loc. cit.*) 또는 '대항-문화'라는 이름아래 진행되는 행위만큼 이와 무관한 것도 없을 것이다. 후자의 행위는 각 문화를 대립시키며 상대적으로

피지배계급은 변별적 생활양식의 특징을 보여주는 변별적 속성을 획득하기 위한 상징 투쟁에서, 특히 권유할 만한 속성들과 정통적 전유양식을 정의하기 위한 투쟁에서 오직 수동적 참조사항으로만, 즉 들러리*repoussoir*로서만 개입할 수 있을 뿐이다. 여기서 문화가 구성되면서 부정(否定)의 대상이 되는 자연nature은 '상스럽고', '대중적이며', '통속적이고', '상투적인' 것에 다름 아니다. 즉 '신분상승'을 꾀하려는 사람은 누구든 본성nature의 변화를 대가로(심지어는 metabasis eis allo genos[한 종족의 타고난 천성을 철저하게 변형시켜야 한다고 — 옮긴이]라고 할 수도 있다) 지불해야 한다. 진정 인간적인 인간을 규정하고 있는 모든 것에 접근하려면, 즉 존재론적 승격이나 '문명화' 과정(위고V. Hugo는 어딘가에서 "예술은 문명화하는 힘을 갖고 있다"고 언급한 바 있다)으로 체험되는 '사회적 승진'을 이룩하고 자연으로부터 문화로 도약하는 동시에 동물로부터 인간으로 도약하려면 그에 합당한 대가를 치러야 한다. 하지만 문화의 핵심에 자리잡고 있는 계급투쟁을 내면화하게 되면 옛날의 아담처럼 자신의 언어, 육신, 취향 그리고 자신의 뿌리*genos*와 가족, 동년배, 심지어는 모국어처럼 어쩔 수 없이 묶여 있었지만 이제는 다른 어떤 타부보다도 절대적인 경계에 의해 자신과 분리되어 있는 이 모든 것을 부끄러워하고, 그것에 대해 공포감에 사로잡히고 심지어는 증오하게 된다.

　사회세계에서 신념, 불신과 신뢰, 지각과 평가, 인지와 승인의 대상이 되는 모든 것, 즉 명성, 평판, 위신, 명예, 영광, 권위, 다시 말해 공인된 권력으로서 상징권력을 구성하는 것을 획득하기 위한 투쟁은 항상

자율적인 문화생산의 장과 문화보급의 장 안에서 피지배적인 문화(그렇다고 해서 이것이 피지배계급의 문화는 아니다)를 지배적인 문화에 대립시킬 뿐인데, 따라서 항상 이미 예정된 문화적 아방-가르드 역할을 하게 되며, 이들은 이들 자체의 존재 자체만으로도 이미 문화적 게임의 물레역할을 하게 된다.

현재의 '탁월한' 소유자와 '상승지향적인' 도전자를 중심으로 전개된다. 허장성세나 모방과 같은 환상적인 형태로 나타나기도 하지만 아무튼 탁월성을 소유하려는 노력 속에서 확인되는 상승지향, 구별에 대한 인정은 그 자체를 통속화함으로써 이제껏 극히 변별적이었던 속성을 획득하도록 자극한다. 따라서 이것은 상징적 상품의 시장이 지속적인 긴장을 유지하도록 해주며, 변별적 속성의 소유자들로 하여금 통속화에 맞서 자신이 갖고 있는 속성의 희소성을 확보하기 위해 끝없이 새로운 성향을 찾아나서야 하는 위험에 직면하도록 만든다.26) 이러한 변증법에 의해 생성되는 요구는 규정상*per definitionem* 소진될 수가 없다. 왜냐하면 피지배자들의 욕구는 자신들과 관련해서는 언제나 부정적으로만 정의되는 차별화와 관련해 항상 끊임없이 재규정되어야 하기 때문이다.

실체와 외양을 둘러싼 상징투쟁과, 예컨대 옛날의 사치금지령처럼 자연스런 '은총'을 부당한 '허세와 은총'으로부터 분리하는 등 적절함과 적절하지 않음에 대한 감각을 다양한 사회적 조건에 엄격하게 할당하는("그 사람은 자신이 누구라고 생각해?") 상징적 표상을 둘러싼 상징투쟁은, 모두 상징적 표상의 특수한 논리에 따라 자신에게 허용되는 특수한 사회적 조건으로부터의 자유의 정도에 따라 다양한 토대와 투쟁

26) 니체의 계몽된 엘리트주의élitisme bien compris는 교양의 가치에 대한 믿음을 불러일으키는 메커니즘의 과학적 진리로부터 그리 멀리 떨어져 있지 않다. "당신은 흔히 정말 교양을 갖춘 사람이 믿지 못할 정도로 소수며, 또 그럴 수밖에 없다는 사실을 사람들이 안다면 교양을 획득하기 위해 필사적으로 노력할 사람은 하나도 없을 것이라고 말할 것이다. 그리고 기본적으로 자신의 본성에 거슬러서만 그리고 유혹적인 환상을 통해서만 교양을 추구하는 다수 대중이 존재하지 않는다면 심지어는 이처럼 소수의 진정 교양 있는 사람들조차도 존재할 수 없으리라고 말할 것이다. 따라서 이것만큼 진정 교양 있는 사람들의 숫자와 포괄적인 문화 기구 간의 우스꽝스러운 불균형을 공개적으로 폭로하는 것도 없다고 이야기할 것이다. 또 이것이 바로 문화의 특이한 비밀이라고 말하며, 수많은 사람이 문화(교양), 즉 분명히 자신을 위해 노력하지만 궁극적으로는 소수의 사람들만이 성공을 거둘 수 있다"고 이야기할 것이다(F. Nietzsche, *Sur l'avenir de nos établissements d'enseignements*, Paris, Gallimard, 1973, pp. 41~42).

목표를 갖게 된다. 무자격자의 제복착용, 훈장의 착용, 칭호의 사칭과 관련된 모든 법률로부터, 현실감 즉 한계 감각을 되찾도록 하기 위한 극히 부드러운 형태의 억압에 이르기까지 실체와 외양간의 관계를 규제하기 위해 무수히 많은 사회적 조치가 마련된다. 즉 자신들의 사회적 존재조건보다 한 단계 더 높은 조건과 결부된 부의 외적인 기호(記號)에 집착함으로써 자기는 자신의 실제 위치와는 '뭔가 다른 사람'이라는 점을 과시하려는 사람, 즉 상승지향적인 사람들, 다시 말해 여러 포즈와 얼굴표정을 통해 '짐짓 꾸민 자세'를 드러내고 마는 사람들, 그리고 다른 사람들이 자신들에 대해 갖고 있는 이미지와는 너무나 동떨어진, 그래서 그들의 자기 이미지를 끌어내리는 것이 마땅한 사람들에게 현실감을 회복시켜 주기 위한 여러 사회적 조치가 마련된다.27)

물론 그렇다고 하여 상승지향 전략들이 처음부터 좌초할 수밖에 없다는 이야기는 아니다. 정통성의 가장 확실한 기호(記號)는 정통성을 주장할 수 있는 자신감이므로, 따라서 만약 성공하기만 한다면(먼저 허세를 부리는 사람 자신을 속여 넘김으로써) 허세는 통상 자신이 처해있는 조건보다 더 위에 있는 조건과 결부되어 있는 자기-재현을 부과하기 위해, 그리고 이것을 정통적이며 객관적인 재현으로 만들어줄 수 있는 가입과 승인을 획득하기 위해 상징기능의 상대적인 자율성을 이용해 사

---

27) 몇 가지 태도나 몸가짐 속에서 표현되는 신체와의 관계('자연적인' 자신감, 세련됨, 스스로 권위를 갖고 있다고 생각되는["그 사람이면 그 일을 할 만하지"] 분야에 대한 자신 있는 태도, 자신의 정통성을 의심하는 사람에 대해 누가 봐도 분명하게 그만한 권위를 주장할 때 보여주는 신중한 처신이나 분노)는 다양한 사회집단에게 아주 불평등하게 나타나는 원형적 상황situations archétypales에 대해 어떤 사람이 일찌감치 그리고 반복적으로 노출되었음을 보여주는 가장 뚜렷한 흔적 중의 하나이다. 이러한 관계는 분명히 가장 강력한 식별효과를 가진 사회적 지표 중의 하나인데, 바로 이 때문에 그것은 또한 전략적 조작의 특권적 대상이 된다. 따라서 어떤 사람이 마지못해서 내보이거나 또는 짐짓 꾸며대는 편안함은 항상 그러한 태도를 '빤히 꿰차고 있으며' 따라서 '연루되길' 거부하는 사람의 탈신화적인 조롱에 부딪히게 된다.

회적 조건의 한계를 피할 수 있는 드문 방법 중의 하나가 되는 셈이다. 사회 세계를 의지와 표상으로 보는 (전형적으로 쁘띠 부르주아적인) 관념론적 상호작용주의에 따르지 않도록 주의해야 하지만, 그렇다고 행위자가 구성하는 표상을 이 사회현실로부터 배제하는 것은 부조리하다. 사회 세계의 현실은 실제로 부분적으로는 사회 세계 안에서 자신이 차지하는 위치와 그 세계에 대한 표상을 둘러싼 행위자들의 투쟁에 의해 부분적으로 규정된다.

노동자계급으로부터 쁘띠 부르주아지로 올라갈수록 음식과 의복에 대한 지출, 더 일반적으로는 실체에 대한 지출과 외양에 드는 지출 간의 관계가 역전되는 사실이 잘 보여주듯이 중간계급들은 상징적인 것에 많은 비중을 둔다. 불행한 의식으로 체험될 수도 있고, 또 때로는 거만함으로 가장되기도 하지만(우리는 종종 쁘띠 부르주아지의 별장에서 "이것만으로도 내게 충분하다"라거나 "정말 맘에 들어"라는 말을 들을 수 있다) 외양에 대한 이들의 관심은 동시에 이들의 **상승지향**의 원천이기도 하다. 그런데, 이 상승지향은 '외양'을 통해 '실제적인 모습'을 미리 보여주고 외양이 현실성을 갖도록 하고, 명목(名目)이 실제를 갖도록 하며 분류나 그 원리 안에서 제시되는 서열의 표상을 수정함으로써 객관적 분류체계 속에서 차지하는 위치를 변경시키려는 일종의 허세나 사회적 정체성을 횡령하려는(부당한 소유) 영구적 성향의 원천이기도 하다. 객관적으로는 피지배층의 입장에 처해있지만 의도적으로는 지배자들의 가치에 동참하려는 의도가 빚어내는 온갖 모순 때문에 산산조각 나 있는 쁘띠 부르주아지는 자신이 다른 사람들에게 제공하는 외양과 타인들이 그 외양에 대해 갖고 있는 판단 간의 분열 때문에 크게 시달린다. 그는 표적에 미치지 못할까 하는 두려움을 갖고 있지만 끊임없이 윗부분을 쏘며, 자신이 "어디에 속한다"는 사실을 보여주거나 그런 "**인상을 심어 주려고**" 하지만 막상 특정한 위치에 속한다는 사실에 대해 불편함과 불안감을 그대로 드러내고 만다. 그는 끊임없이 이러한 대타 존재(對他 存在)에 대해 아무런 관심도 없는 민중계급들만 아니라 자신의 존재에 대해 자신감이 있기 때문에 외양에 대해 별다른 관심이 없는 특권계급들과 같은 다른 사람들의 시선이 자신을 바라보고 있다는 의식에 시달리며, 언제나 남의 눈에 잘 보이는 것에만 몰두해 있는 외양의 인간으로 비칠 수밖에 없게 된다.

이처럼 외양에 얽매여 있는 쁘띠 부르주아지는 사회세계를 버클리(Berkeley)식으로 바라보게 된다. 즉 그는 자신의 역할을 하기 위해, 남이 '믿도록 하기 위해', 다른 사람을 '속여 넘기기 위해', 신뢰감과 존경을 불러일으키기 위해 또는 사회적 성격, (세일즈맨이나 사업의 대리인, 호스티스처럼) 그가 제공하는 상품이나 서비스의 보증자로서 '표상'을 제시하기 위해서 뿐만 아니라 자신의 상승지향과 요구를 관철하기 위해, 이해관심과 상승욕구를 미리 투자하기 위해서도 외양을 꾸며야 한다. 이와 같이 사회 세계란 존재를 그저 지각된 존재로 확립시켜 버리는 무대로, 연극 공연의 정신적 재현représentation에 지나지 않는다.28) 사회 구조 속에서 애매모호한 위치(이것은 종종 조작당하는 조작자들, 기만당하는 기만자들처럼 각 계급의 매개자들의 역할에 내재되어 있는 애매모호함 때문에 한층 복잡하게 된다)를 차지하고 있는 그의 사회적 궤적(바로 이것이 쁘띠 부르주아지들로 하여금 부사령관, 이등항해사, 조연助演, 제2바이올린, 심복이나 앞잡이éminence grise, 대리인이나 대변인 또는 대역代役처럼 이차적이고 부차적인 역할을 맡도록 한다)은 흔히 정통성을 갖고 협잡질을 할 수 있도록 해주기도 하는(하지만 제대로 위치되는 경우 각 위치

---

28) 「결론」부분에서 나는 바로 그러한 명제가 어빙 고프만 식의 사회세계상, 즉 일종의 사회적 한계효용이론의 기저에 자리잡고 있음을 논증해 볼 생각이다. 이 시각에 따르면 사회질서의 현실은 각 행위자들이 다른 행위자들에 의해 자신들에게 부여되는 (연극적) 공연에 대해 갖고 있는 (주관적) 표상의 총합으로 환원된다.

의 진정한 토대를 의심할 수 있도록 해준다) 공인된 신분과 공식적 위임과 관련된 상징이윤을 모두 빼앗기게 한다. 모든 것이 그로 하여금 사회 세계를 외양과 실제라는 관점에서 지각하려는 성향을 갖도록 만든다. 그리고 개인적으로는 과대평가를 대폭 '끌어내릴'수록 그는 그만큼 분노감이 짙게 배어있는 의심어린 눈길로 교묘한 조작과 기만적 행위를 바라보게 된다.29)

물론 본래적인 의미의 상징투쟁의 장은 지배계급 자체에서 찾을 수 있다. 정통 문화에 대한 규정을 둘러싸고 예술가들과 지식인들이 벌이는 논쟁은 단지 지배계급의 다양한 분파들이 사회적 투쟁의 정통적인 투쟁목표와 무기에 대한 정의를 부과하기 위해, 다시 말해 경제자본과 학력자본 또는 사회 자본과 사회적 권력(각 권력의 구체적인 효율성은 특히 상징적 효율성, 즉 집단적 신념에 의해 공인되고 위임된 권위 때문에 배가된다)의 정통적인 지배 원리를 규정하기 위해 벌이는 끝없는 투쟁의 한 측면일 뿐이다. 지배 분파와 피지배분파들(이들 자체가 지배계급 전체의 장場과 상동적인 구조 속에서 조직되는 여러 장을 구성하고 있다) 간의 투쟁을 이데올로기적으로 재번역해 보면 — 그리고 여기서는 피지배분파들이 주도권과 통제권을 갖고 있다 — 그것은 지배적인 견해가 지배계급과 피지배 계급들 간에 설정하는 대립항들로 그대로 이항가능한 대립항에 의해 조직되는 경향이 있다. 한편으로 자유, 무사무욕, 승화된 취향의 '순수성', 내세에서의 구원, 그리고 다른 한편으로는 필요, 이해관심, 물질적 만족의 비속함, 현세에서의 구원이 대립된다. 이로부터 '부르주아지'에 맞서 예술가와 지식인들이 생산해내는 모든 전략은 필

---

29) 상승지향적이며 '~인체 하는 사람'과 확고한 자신감을 갖고 있는 사람 간의 관계가 감정적 긴장감으로 가득 차고 분노를 불러일으키는 이유는 그 관계가 본질적으로 양의성(兩義性)을 갖고 있어 복종과 공격을 번갈아가며 불러일으키고 따라서 항상 굴복하고 모욕당할 위험을 감수해야 하기 때문이다.

연적으로 아무런 명백한 의도 없이도 이들이 생성되는 공간의 구조덕분에 이중적 효과를 가져오는 행동의 도구가 되는 경향이 있다. 즉, 민중적, 물질적 이해와 부르주아적 이해 양자에 대한 어떠한 형태의 종속도 **무차별적**으로 거부하는 도구가 된다. 플로베르는 이를 다음과 같이 표현하고 있다. "나는 저급한 방식으로 생각하는 사람은 누구나 부르주아지라고 부른다." 이러한 본질적인 과잉결정은 '부르주아지'들이 피지배계급들과 비교해 자신들은 '무사무욕', '자유', '순수성', '영혼' 쪽에 서 있음을 표시함으로써 다른 계급들이 자신들을 겨냥하고 만든 무기들을 다른 계급들에게 되돌리려 할 때마다 자신들에게 적대적으로 생산된 예술을 그토록 손쉽게 자신들의 탁월함을 과시하기 위한 수단으로 이용할 수 있는 이유를 설명해준다.

이처럼 지배적인 예술과 지배적인 생활양식이 기본적인 탁월화(구별)방법에서 의견이 일치하는 것은 전혀 우연이 아니다. 즉 대다수 사람들에게 강요되는 잔혹하고 야만적인 필요와 필요로부터의 거리를 표상하는 사치품이나 또는 의식적으로 스스로에게 부과하는 절제로서의 금욕 간의 대립, 즉 자연, 욕구, 식욕, 욕망을 부정하기 위한 두 가지 대조적이며 상호보충적인 방법간의 대립이 또는 일상생활의 결핍상태만을 집중적으로 조명할 뿐인 고삐 풀린 방종과 불필요한 낭비의 가시적인 자유와 선택적 제한의 금욕 간의 대립이, 직접적이고 편안한 만족과 가동되는 수단과 비례해 지출의 절약을 약속해주는 수단의 경제(즉 절약 — 옮긴이)에 기반하고 있는 것은 전혀 우연이 아니다. 안락함이 그토록 보편적으로 승인되는 이유는 오직 이것이 보통 사람을 지배하고 있는 구속요인들로부터의 자유를 가장 분명한 형태로 긍정하는 방법을 대변하기 때문이다. 즉 자본만이 생물학적-사회적 성격을 가진 요구를 만족시켜줄 수 있는 능력을, 또는 그러한 요구를 무시해도 좋을 권위를 갖고 있다는 점을 논박의 여지없이 확인해주고 있다.

따라서 언어(학)적 세련됨은 엄격한 문법적 또는 실용적progmatiques 제약에 의해 요구되는 것을 위반(제멋대로 연음連音을 사용하거나 통상적인 단어나 어구를 사용해야 할 지점에 거의 사용하지 않는 단어나 미사여구를 사용하는 것을 예로 들 수 있다)할 수 있는 뚜르 드 포르스(tour de force; 힘을 이용한 절묘한 재주 ― 옮긴이)나 상황의 요구나 언어의 요구로부터의 자유 속에서 드러나는데, 통상 많은 것을 아는 사람만이 이러한 자유를 누릴 수 있다고 생각된다. 보통의 화자에게 부과되는 법칙과 예절들을 초월할 수 있도록 해주는 이처럼 대립적인 전략들은 결코 상호 배타적이지 않다. 규범에 대한 지나칠 정도의 충실한 준수와 절묘하고 과감한 위반 등 두 가지 형태의 자유의 과시는 동일한 담론의 다른 순간에 또는 다른 수준에서 공존할 수 있다. 예를 들어 어휘상의 '이완'(弛緩)은 구문이나 발성법에서의 긴장의 증가에 의해 균형을 이룰 수 있으며, 그 역도 마찬가지다(이것은 겸양전략les stratégies de condescendance에서 분명하게 드러난다. 이러한 전략에서는 그러한 식으로 유지되는 언어수준 간의 격차가 외견상으로는 거리를 부인하는 듯 보이지만 실제로는 거리를 긍정하는 이중적인 게임의 상징적 등가물이 된다). 완전하게 무의식적이며, 그렇기 때문에 그만큼 커다란 효과를 가져오는 이러한 전략은 상승지향적인 신참의, 즉 언제나 너무 지나치거나 모자랄 수밖에 없기 때문에 규칙 그리고 그 규칙에 순응하는 올바른 방식에 대해 스스로 의구심에 사로잡히게 되며 세련됨과 정반대되는 자기반성에 골몰함에 의해 마비되고, '기댈 지반이 없게 되는' 신참의 과잉교정hypercorrection 전략에 대한 최후의 뜻하지 않았던 반격이 된다.

오직 현학자나 문법학자들이나 누릴 수 있는 자유, 즉 법칙의 바깥에 서 있어도 좋은 '자유를 누릴 수 있는' 화자는 자신을 더 고급스런 규칙의 제조자, 다시 말해 **취향의 창조자**taste maker, **우아미의 판정자**arbiter elegantium로 자임할 수 있다. 그의 침범행위는 오류가 아니라 새로운 유행, 새로운 표현양식 또는 새로운 행동양식의 고지(告知)가 된다. 이리하여 이것은 모델이 되는데, 다시 유행이 되어 통상적인 것이 될 때 그것은 규범이 된다. 그러나 이러한 유행에 휩쓸려 전혀 분류기능을 하지 못하는 그리고 또 전혀 뚜렷하지 않으며 극히 통상적인, 전혀 변별적이지 않으며 구별작용을 하지 못하는 속성에 의해 규정되는 집단에 포섭되고 흡수되는 것을 거부하는 사람들이 다시 이 유행을 위반할 것을 요구한다. 따라서 우리는 모든 단순 소박한 다윈주의적darwiniennes 확신과는 정반대로 (사회적으로는 확실한 근거를 찾을 수 있는) '태어나면서부터의 탁월함'이라는 환상이 궁극적으로는 단순히 존재 자체만을 통해서도 탁월함에 대한 규정을 부과할 수 있는 지배자들의 권력에 근거하고 있음을 확인할 수 있다. 이러한 탁월함은 이들의 존재방식 자체이므로 변별적인 동시에 차별적인 힘을 갖게 되고, 따라서 자의적인(다른 많은 존재방식 중의 하나일 뿐이다) 동시에 철저하게 필연적이며, 또한 그것은 절대적인 동시에 자연적으로 보이게 된다.

'자연적 능숙함'이라는 의미의 편안함은 '편안한 삶을 보장해주는 재산상태'라는 의미의 편안함과 하등 다르지 않다. 이 명제는 자기 파괴적이다. 왜냐하면 편안함은 단지 그 자체일 뿐, 실제로 그 밖의 다른 무엇일 수 없다(이것 자체가 바로 이 진리의 첫번째 조건을 이루고 있다)는 점을 굳이 지적할 필요는 없기 때문이다. 하지만 이것은 대상에 대한 완벽한 규정 속에 대상에 대한 표상을, 즉 '객관적인' 규정에 도달하려면 먼저 파괴했어야 할 대상에 대한 표상을 포함시키는 것을 망각하는 객관주의의 오류라고 할 수 있다. 이것은 동시에 사회적 사실의 진실을 파악하는데 필수불가결한 환원작업을 최종적인 차원의 환원작업에 다시 환원해야 할 필요를 망각함으로써 오류를 범하고 만다. 사회적 사실의 객관적 진리를 포착하려면 반드시 그렇게 해야 하는데도 말이다. 이러한 대상들의 존재는 **동시에** 지각된다는 사실에서 찾을 수 있기 때문이다.30) 완전한 규정에 도달하려는 편안함은 아리스토텔레스의 미덕처럼 일정한 외적인 전제조건을 요구한다(또는 역으로 강요된 행동은 물질적 강제가 있어야 비로소 가능해진다)고 주장하면서 배제했던 내용, 즉 탁월하려면 단지 존재하기만 하면 되는 사람들이 단순한 존재 자체를 통해 행사하게 되는 부과효과를 재도입하지 않으면 안 된다. 이처럼 완벽한 일치야말로 편안함에 대한 규정 자체라고 할 수 있다. 역으로 이것은 '존재'와 '당위'의 일치, 그리고 이것이 갖고 있는 자기 긍정적인 힘을 입증해준다.

소탈함과 온갖 형태로 자아로부터 거리를 두려는 태도에 높은 가치가 부여되는 이유는 끊임없이 타인뿐만 아니라 자신에 대한 의구심에 사로잡히게 되는 신참들의 근심어린 긴장감과 정반대로 그러한 형태들이 거대 자본(언어자본이건 그 밖의 다른 자본이건 상관이 없다)의 소유에 대한 거만한 태도와 함께, 그 자본과 관련해 자유(필요에 대한 권력의 이차적인 긍정)를 누리고 있음을 보여주기 때문이다. 예술작품을 물질적 또는 상징적으로 획득하려면 반드시 갖추어야 되는 언어사용상의 기교나 시간과 돈의 무상지출 또는 고차적인 차원에서는, (마르크스가 세네카를 두고 이야기하듯이) '특권계급들의 금욕주의'를 구성하고 있는 자기 부과적인 제약요소와 규제조치들, 그리고 모든 '순수' 미학의 토대를 이루는 용이함에 대한 거부 등은 모두 주인과 노예의 변증법 즉 소유자가 자신의 소유물들에 대한 소유를 재확인하도록 해주는 이 변증법의 변형태들을 계속 그대로 반복하고 있을 뿐이다. 그렇게 하는 가운데 소유자들은 계속 무소유자들로부터 거리를 벌리는데, 어떤 형태로 보나

---

30) "사회적 사실은 사물처럼 다루어야 한다"는 뒤르케임의 유명한 가르침은 자기부정적인 요소를 함축하고 있다. 자체가 사회적 사실인 동시에 사회적 사실을 만드는데 일정한 역할을 하는 통상적 지각이 사회적 사실을 과학이 요구하는 대로 다루는 이상 이러한 방법론적 원리를 이처럼 강조할 필요는 전혀 없어 보이기 때문이다.

사회적-경제적 필요의 노예일 뿐인 자신의 상태에 만족하지 못하는 무소유자들은 소유욕에 사로잡혀 있다는 의심을 받게 되며, 따라서 잠재적으로는 막상 소유하고 있지 않은 또는 아직 소유하고 있지 않은 소유물에 의해 소유당하게 된다.[31]

---

[31] '소비 사회'를 비난하는 일련의 입장의 기저에는 의문의 여지없이 탈이해성désintér-essement에 관한 귀족주의적 이데올로기가 자리잡고 있는데, 이들은 소비에 대한 비난 자체가 소비자들의 발상이라는 점을 잊고 있다.